자신의 측근들에게 『로마법 대전』을 수여하는 동로마 제국 황제 유스티니아누스.
그는 『로마법 대전』 편찬이나 하기아 소피아 성당 건립, 옛 로마 제국 영토 수복 등과
같은 업적으로 후세로부터 '대제'라는 존칭을 얻었다.

라벤나에 남아 있는 테오도리크 영묘. 동고트족 족장인 테오도리크는
서로마 제국 멸망 후 17년 동안 '이탈리아의 왕'을 자칭하며 치세를 누리던
오도아케르를 493년에 제거한 뒤, 자신도 무려 33년이나
'이탈리아의 왕'으로 치세를 누린다.

반달족의 '로마 겁탈'. 서기 455년에 로마는 겐세리크가 이끄는 반달족에 의해
보름 동안 체계적으로 약탈당했는데, 그들은 오스티아 외항에 정박해둔 배에
금화와 보석 장식품만이 아니라 청동상은 물론 구리에 조각을 새긴 다리 난간과
문짝도 떼어서 실었다. 카피톨리노 언덕 위에 서 있던 최고신 유피테르 신전의 지붕은
금을 입힌 구리 기와로 덮여 있었는데, 그 기와도 모조리 벗겨서 가져갔다.

아르카디우스 황제의 아내인 에우독시아가 자신의 비위를 거스른
콘스탄티노폴리스 총주교 요한네스 크리소스토모스에게 귀양을 통고하고 있다.
콘스탄티노폴리스 황궁에서 주도권을 쥔 사람은 황제 아르카디우스가 아니라
황후 에우독시아와 그녀가 황후 자리에 앉는 것을 적극적으로 도와준
환관 에우트로피우스였다.

ROMA-JIN NO MONOGATARI XV

ROMA SEKAI NO SHUEN

by Nanami Shiono

Copyright © 2006 by Nanami Shiono

Original Japanese edition published by Shincho-sha Co., Ltd.
Korean translation rights arranged with Shincho-sha Co., Ltd.
through Japan Foreign-Rights Centre

Translated by Kim Seok-hee
Published by Hangilsa Publishing Co., Ltd., Korea, 2007

塩野七生, ローマ人の物語 ⅩⅤ(ローマ世界の終焉), 新潮社, 2006

로마인 이야기 15

로마 세계의 종언

시오노 나나미 지음 · 김석희 옮김

한길사

로마인 이야기

로마인 이야기 15

로마 세계의 종언

시오노 나나미 지음 · 김석희 옮김

한길사

로마인 이야기 15
로마 세계의 종언

북해

발렌시아

브리타니아 II

플라비아
카이사리엔시스

브리타니아

브리타니아 I 막시마
카이사리엔시스

서로마제국

대서양

벨기카 II

게르마니아

루그두넨시스 II

벨기카 I

게르마니아 I

게르마니아

루그두넨시스 III 루그두넨시스
세노니스

갈리아

노리쿰 리펜세

아퀴타니아 II

셉티멤로빙키아

아퀴타니아 I

루그두넨시스

막시마
세콴노룸

라이티아 II

이탈리아

노리쿰
메디테라네움

사비아

노벰포풀리

나르보넨시스
I

알펜페니이

라이티아 I

엘리리쿰

리구리아

에밀리아 베네티아

플라미니아

이스트리아

갈라이키아

히스파니아

타라코넨시스

나르보넨시스

알페스
코티아이

투스키아 라벤나
움브리아

페게눔

수브루비칼리움

루시타니아

카르타기넨시스

알페스 마리티마이

코르시카

로마 삼니움

이탈리아
수브루비칼리아

바이티카

사르데냐

아폴리아
칼라브리아

루카니아
부루티

시칠리아

팅기타나

마우리타니아
카이사리엔시스

마우리타니아
시티펜시스

누미디아

아프리카
프로콘술라리스

비자케나

아프리카

트리폴리타니아

로마 제국 국경	관구 경계
내지 방위선	행정구 경계
오늘날의 국경	■ 수도
	○ 그밖의 도시

동서 분리 이후의 로마 제국

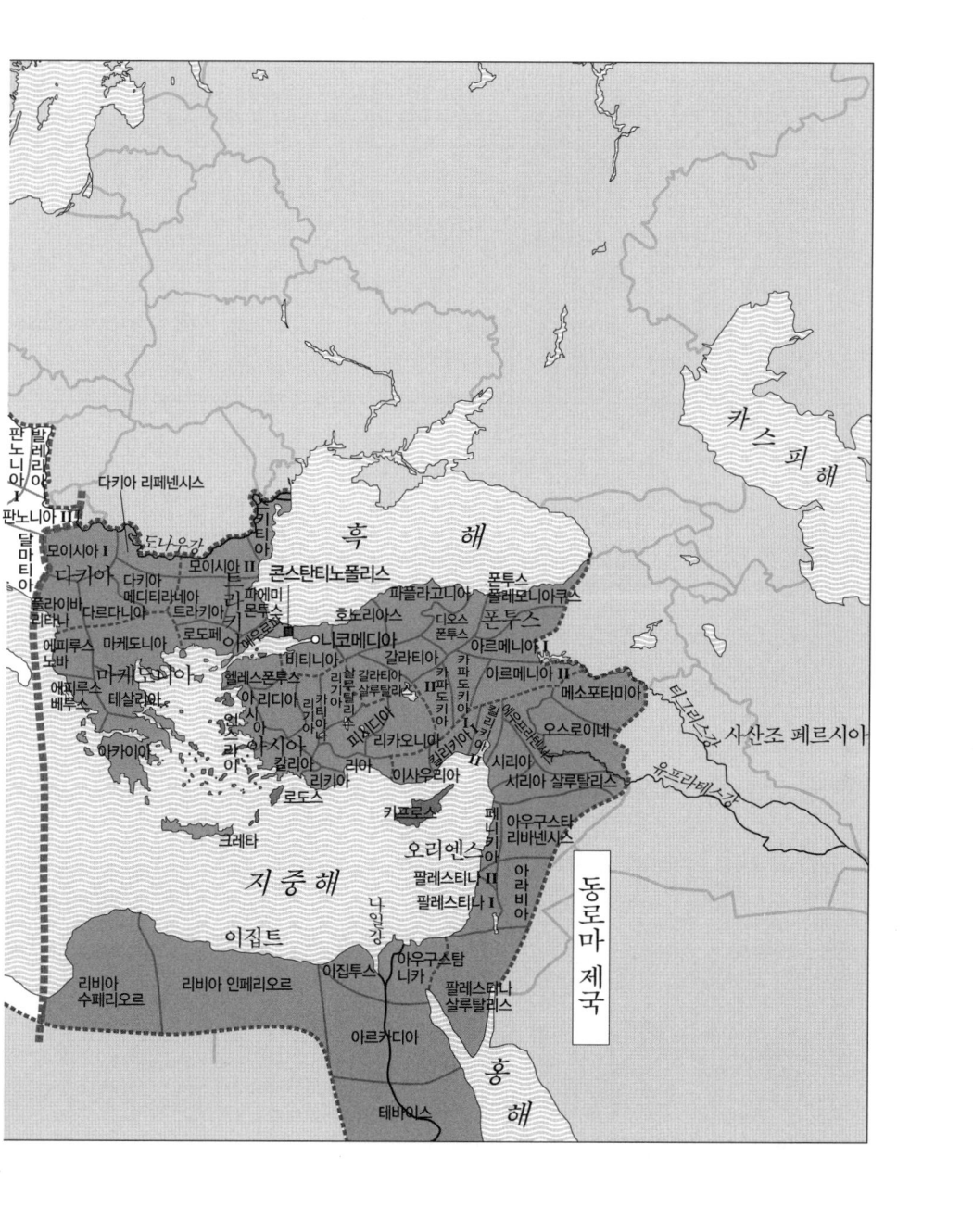

카스피해

흑해

판노니아 I
발레리아
다키아 리페넨시스
스키티아
콘스탄티노폴리스
폰투스 폴레모니아쿠스
판노니아 II
모이시아 I
도나우강
모이시아 II
파플라고니아
폰투스
달마티아
다키아
다키아 메디티라네아
트라키아
파에미몬투스
호노리아스
디오스폰투스
아르메니아 I
플라이바 리타나
다르다니아
로도페
아르메니아 II
메소포타미아
에피루스 노바
마케도니아
비티니아
갈라티아
티그리스강
오스로이네
사산조 페르시아
애피루스 베투스
테살리아
헬레스폰투스
아리디아
리디아 갈라티아 II
살루탈리스
카파도키아 I
카파도키아 II
유프라테스강
아카이아
아시아
프리기아
리카오니아
갈라티아 II
시리아
칼리아
리키아
이사우리아
시리아 살루탈리스
로도스
키프로스
페니키아
아우구스타 리바넨시스
크레타
오리엔스
아라비아
팔레스티나 II
팔레스티나 I
지중해
이집트
나일강
아우구스탐니카
팔레스티나 살루탈리스
리비아 수페리오르
리비아 인페리오르
이집투스
아르카디아
홍해
테바이스

동로마 제국

독자들에게

로마 시가지 남쪽 끝에 기독교 교회로는 가장 오래된 산 조반니(성 요한) 인 라테라노 교회가 있다. 서기 312년에 정적 막센티우스를 무찌르고 승자로서 로마에 입성한 콘스탄티누스가 무엇보다 먼저 세우게 한 것이 이 교회였다. 바티칸에 있는 산 피에트로(성 베드로) 대성당도 역시 콘스탄티누스가 세웠지만, 이 성당은 마지막까지 남은 정적 리키니우스를 쓰러뜨린 뒤에 지었으니까 12년 뒤인 324년에 건립된 것이다. 덧붙여 말하면, 콘스탄티누스가 역사에서 '대제'라는 존칭으로 불리는 것은 기독교를 최초로 공인한 로마 황제였기 때문이다. 라테라노 교회는 유명한 '밀라노 칙령'으로 기독교가 공인되기 1년 전에 세워졌다.

초기 기독교 시대라고 불리는 고대에는 더욱 그러했지만, 기독교 교회는 신앙을 끝까지 지키면서 죽은 순교자의 무덤 위에 세워지는 것으로 되어 있었다. 산 피에트로 대성당은 사도 베드로가 순교했다는 바티칸에 세워졌고, 산 피에트로 대성당·산 조반니 교회와 더불어 로마의 4대 교회의 하나로 꼽히는 산 파올로(성 바오로) 교회도 '푸오리 무라'(성벽 밖)라는 호칭이 보여주듯 사도 바오로가 순교했다고 전해지는 성 밖 가도 옆에 지어졌다.

하지만 산 조반니 인 라테라노 교회는 다르다. 로마 성벽에 접해 있

오늘날의 산 조반니 인 라테라노 교회

고 전부터 라테라노 지구라고 불린 이곳에는 콘스탄티누스와 권력투쟁을 벌인 끝에 패배한 막센티우스 황제 휘하의 기병군단 막사가 있었다. 기독교 반대파이기도 했던 정적의 세력 기반을 파괴하고 그 터에 기독교 교회를 세우는 것은, 보기 드문 정치적 인간인 콘스탄티누스가 막센티우스를 지지했던 로마 민중에게 승자로서의 자신을 과시하는 행위이기도 했다. 그와 동시에 1년 뒤 공포될 '밀라노 칙령'의 전주곡이라는 의미도 있었다.

이리하여 산 조반니 인 라테라노 교회는 단순한 교회가 아니라 황제 콘스탄티누스가 로마 주교에게 기증한 주교좌 교회, 즉 '양'인 신도를 이끄는 '양치기'의 관저가 되었다. 당시 로마 교황은 벽토도 채 마르지 않은 서기 314년에 서둘러 이곳으로 이주했다. 그리고 1309년에 프랑스 국왕이 로마 교황을 억류한 저 유명한 '아비뇽 유수' 사건이 일어날 때까지 1천 년 동안 라테라노 교회는 줄곧 로마 교황의 처소였다.

'아비뇽 유수'가 끝난 뒤에는 교황의 처소가 산 피에트로 대성당으로 옮겨진 모양이지만, 그래도 로마의 주교좌 교회라는 라테라노 교회의 지위는 지금까지 변하지 않았다. 로마 교황은 로마 주교이고, 지금도 이 겸직 상태는 계속되고 있기 때문이다. 사실 새로 선출된 교황이 맨 처음 찾아가는 곳은 라테라노 교회다.

1,700년 가까운 역사를 갖고 있으니까 당연한 일이지만, 오랜 세월 동안 몇 번이나 개조되어 지금 우리가 볼 수 있는 교회는 외부도 내부도 18세기 바로크 양식의 위용으로 가득 차 있다. 하지만 교회인 이상 그곳은 기도를 드리는 곳이고 미사를 올리는 곳이고, 세례식과 장례식과 결혼식이 거행되는 곳이기도 하다. 다만 지금은 본당이 너무 광대하고 순례자와 관광객이 끊이지 않기 때문에, 사적인 의식에는 옛날 주교관의 일부를 식장으로 제공하는 모양이다. 그 문장이 내 눈에 띈 것도 친구 딸의 결혼식에 참석했을 때였다.

결혼식은 신랑이나 신부 어느 쪽과도 가까운 관계가 아닌 사람에게는 특별한 느낌이 없는 의식이다. 그리고 결혼식이 거행된 작은 예배당은 평소에는 견학할 수 없는 곳이다. 나는 호기심이 이끄는 대로 눈만 돌려서 벽을 훑어보다가, 제단을 향해 오른쪽 벽에 쓰인 문자에 눈길이 멎었다.

CHRISTUS VINCUT
CHRISTUS REGNAT
CHRISTUS IMPERAT

학교 선생이라면 빨간 줄을 긋고 고칠 만한 수준의 라틴어지만, 의미는 다음과 같다.

> 그리스도가 승리하고
> 그리스도가 군림하고
> 그리스도가 통치하다

내 머리는 어떤 생각으로 가득 차서 사제의 주례사 따위는 귀에 들어오지도 않게 되었다. 'CHRISTUS' 대신 그 자리에 'ROMANUS'를 넣으면 위의 문장은 다음과 같이 바뀐다.

> 로마인이 승리하고
> 로마인이 군림하고
> 로마인이 통치하다

주어가 바뀌면, 누구에게 승리하고 어떻게 군림하고 어떤 방식으로 통치하는지도 바뀌는 것이 당연하다. 그리고 이 차이가 고대와 중세를 구분하는 특질이 아닐까 하는 생각이 들었다.

제1부

최후의 로마인

(서기 395~410년)

스틸리코

동서 분리

　서기 395년 1월, 로마 황제 테오도시우스가 사망했다. 당시에도 이른 나이인 48세에 맞은 죽음이었지만, 전쟁 중에 죽은 것도 아니고 정적의 칼에 맞아 죽은 것도 아닌 병사다. 처음 4년 동안은 그라티아누스 황제와 동서를 분담 통치했지만 그 후 12년 동안은 사실상 혼자서 제국을 통치했으니까, 합하면 무려 16년 동안이나 격무에 시달린 끝에 죽은 셈이다. '임페라토르'는 병력을 이끌고 국토방위를 담당하기 때문에 주어진 존칭이지만, 이 이름에 걸맞은 로마 황제는 그가 마지막이다. 16년 동안 그는 적이 쳐들어왔다는 소식을 들으면 당장 군대를 이끌고 광대한 로마 제국의 동쪽에서 서쪽으로 달려갔다. 밀라노에서 죽은 것도 394년 가을까지 병력을 이끌고 갈리아의 제위 찬탈자를 토벌하고 있었기 때문이고, 1월에 죽은 것도 겨울철 숙영에 들어간 뒤 그동안 쌓인 피로가 한꺼번에 몰려온 결과인지도 모른다.

　몸소 군대를 이끌고 싸워서라도 국민의 안전을 보장하는 것은 지극히 로마적인 사고방식이다. 기독교를 공인하여 '대제'라는 존칭을 받은 콘스탄티누스에 이어 테오도시우스도 '대제'라고 불리게 되는 것은 그 역시 기독교회 진흥에 힘썼기 때문이다.

　4세기 초의 사람이었던 콘스탄티누스는 속마음이야 어떻든 겉으로는 다른 모든 종교와 똑같이 기독교 신앙을 공인했기 때문에 '대제'로 존경받았지만, 4세기 말의 사람인 테오도시우스는 이단과 이교를 일절 인정하지 않고 철저히 배척하는 일신교적 사고방식을 강행했기 때문에 '대제'라고 불린다. 밀라노 주교 암브로시우스라는 유능한 '양치기'의 존재도 크게 작용했다. 암브로시우스는 테오도시우스의 장례식에서 이렇게 설교했다.

"테오도시우스 황제는 죽지 않았습니다. 뒤에 남은 두 아들을 통해 살아 계십니다. 아버지는 하늘에 있어도 지상에 남은 두 아들한테서 눈을 떼지 않고 지켜주고 계십니다. 그러니까 장병 여러분도, 시민 여러분도, 돌아가신 황제한테 충성을 바쳤던 것처럼 젊은 두 후계자에게도 충성을 다해야 합니다."

황제 테오도시우스의 뒤를 이은 것은 장남 아르카디우스(Arcadius)와 차남 호노리우스(Honorius)였다. 아르카디우스는 열여덟 살이었지만, 호노리우스는 겨우 열 살밖에 되지 않았다. 두 아들 이외에 테오도시우스에게는, 4년 동안 공동 황제였던 그라티아누스의 이복누이인 갈라와 관계해서 낳은 딸이 있었다. 테오도시우스가 죽은 해에 이 황녀는 대여섯 살이었을 것으로 여겨진다.

서기 395년에 테오도시우스의 죽음과 함께 로마 제국은 동로마 제국과 서로마 제국으로 분할되었다는 것이 역사상 정설로 되어 있다. 하지만 이것은 결과적으로 그렇게 되었을 뿐, 테오도시우스가 처음부터 로마 제국을 동서로 분할하여 장남과 차남에게 나누어줄 생각은 아니었던 것 같다.

동서를 분담하여 통치하는 방식은 이미 3세기 말의 '사두제'(四頭制) 시대부터 시행되었고, 각지의 국경에서 서로 다른 야만족이 일제히 쳐들어오는 시대를 맞이하여 거기에 대처하기 위한 고육책이었다. 따라서 장남 아르카디우스에게는 동방을, 차남 호노리우스에게는 서방을 남긴 테오도시우스의 참뜻은, 동로마 제국과 서로마 제국의 분할이 아니라 동방과 서방을 나누어 담당하는 종래의 방식을 계속 유지하

테오도시우스 황통(주요 인물)

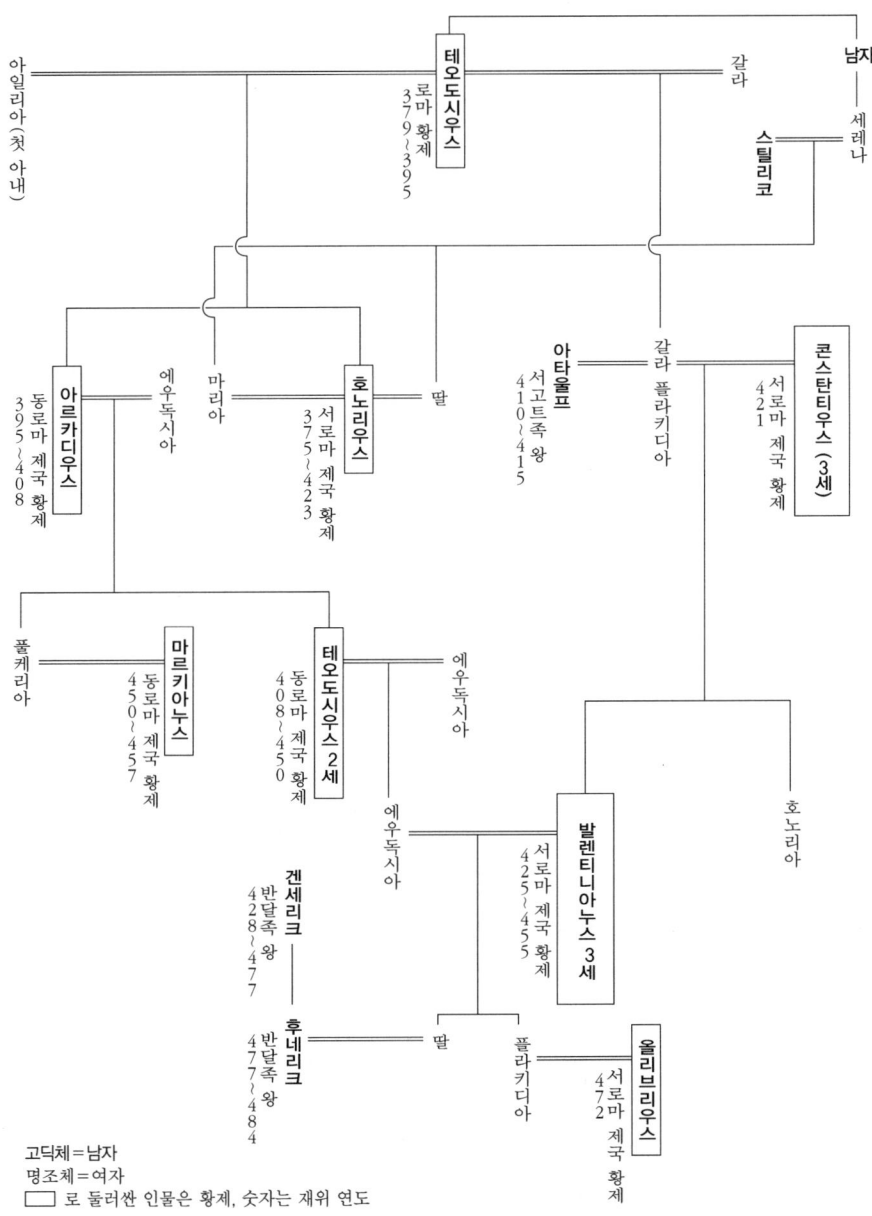

고딕체＝남자
명조체＝여자
☐ 로 둘러싼 인물은 황제, 숫자는 재위 연도

는 데 있었을 것이다. 그것도 피를 나눈 형제 사이니까, 피 한 방울 섞이지 않은 타인끼리 분담하여 통치하는 것보다 훨씬 효율적일 거라고 생각했을 게 분명하다.

사실 죽음의 병상에서 테오도시우스 황제는 두 아들을 스틸리코 장군에게 부탁했다. 동서 분할이 테오도시우스의 참뜻이었다면, 두 명의 장군에게 아들을 한 명씩 맡겼을 것이다. 자기가 죽으면 로마 제국이 동서로 양분되리라고는 꿈에도 생각지 않았다는 방증이 아닐까.

하지만 테오도시우스 황제의 이 유지는 결국 계승되지 못하고, 로마 제국은 분담 통치가 아니라 동서 분리 쪽으로 나아갔다. 첫째 이유는 형제라고 해서 반드시 사이가 좋다고는 할 수 없기 때문이다. 둘째, 테오도시우스가 서방으로 전쟁을 수행하러 가기 전에 동방 통치를 맡긴 맏아들 아르카디우스의 측근들 중에는 서방으로부터 분리되기를 바라는 사람이 많았기 때문이다. 하지만 선제의 유지는 신하가 반드시 지켜야 할 것 가운데 으뜸이다. 테오도시우스가 죽자마자 제국이 당장 동서로 분리된 것이 아니라, 동로마 제국과 서로마 제국의 분립은 처음 얼마 동안은 어스름 속을 나아가듯 조금씩 형태가 분명해진다.

이것이 대부분의 당사자에게 불행을 초래하게 되었다. 확실치 않은 상태에서도 행동할 수밖에 없을 때 일어나기 쉬운 것은 양쪽의 오해이기 때문이다.

테오도시우스는 열성적인 가톨릭교도이기는 했지만, 16년 동안이나 황제를 지낸 사람이다. 남기고 가는 두 아들의 장래가 주교의 입을 통해 전달되는 신의 은총이나 하늘에서 내려다보며 감시할 그 자신의

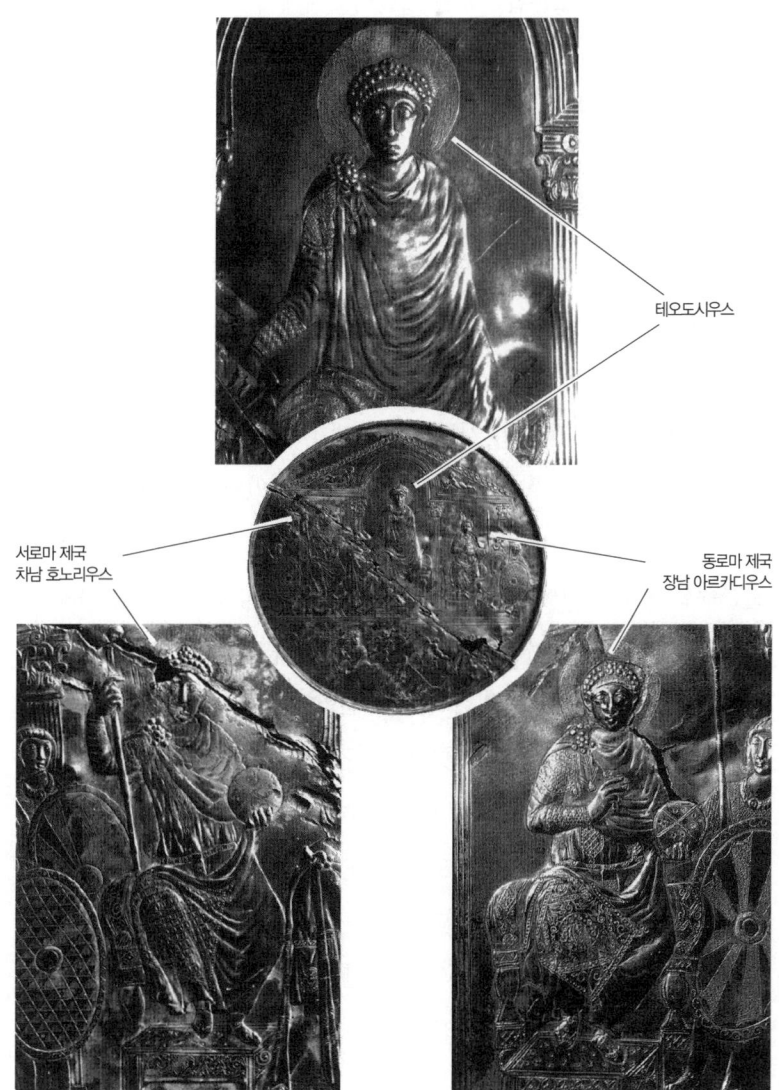

테오도시우스

서로마 제국
차남 호노리우스

동로마 제국
장남 아르카디우스

'테오도시우스의 은쟁반'에 새겨진 아버지와 두 아들의 초상

눈만으로 충분히 보장되리라고는 생각지 않았을 것이다. 그래서 유능하고 충실한 그의 오른팔이었던 스틸리코에게 두 아들을 맡겼다.

이탈리아의 로마사 연구자인 파리베니의 말을 빌리면, 열여덟 살인 아르카디우스와 열 살밖에 안 된 호노리우스는 다음과 같은 인물이었다.

"늘 황궁 안에서 살면서, 민중과는 멀리 떨어진 채 어떤 접촉도 없고, 병사들도 자기네 최고사령관이 말을 타고 군대를 지휘하는 모습을 본 적이 없었다. 그런데도 두 사람이 제위에 앉아 있을 수 있었던 것은 오로지 선제의 아들이라는 이유 때문이었다."

아르카디우스는 동로마 제국의 제위에 13년 동안, 호노리우스는 서로마 제국의 제위에 무려 28년 동안이나 앉아 있었다. 현세의 최고 권력자는 신이 원했기 때문에 그 지위를 차지할 수 있다는 기독교의 '왕권신수설'이 지배자에게 얼마나 유리했는지 상상할 수 있다. 이제 옛날처럼 엘리트 양성 기관인 원로원(senatus)과 로마 시민권을 가진 민중(populus)이 황제에게 권력 행사를 위임한 시대는 아니었다.

치세 16년의 대부분을 전쟁터에서 군대를 지휘하며 보낸 테오도시우스 황제는 생전부터 이미 두 아들의 자질이 군무에는 적합하지 않다는 것을 꿰뚫어보고 있었는지도 모른다. 그래서 스틸리코 장군에게 두 아들을 맡기고 죽었지만, 스틸리코라는 성은 로마사에서 별로 친숙하지 않은 이름이다. 그것은 이 인물이 반달족 출신으로, 당시 로마인의 눈으로 보면 야만족이었기 때문이다.

로마인과 야만족

로마 제국의 마지막 세기가 되는 서기 5세기는 게르만계와 비(非)게르만계를 막론하고 '야만족'(barbarus)의 중요성이 더욱 커진 시대다. 통틀어 '바르바루스'라고 불리는 야만족에도 세 부류가 있었다.

첫째, 적어도 로마군에서 군무에 종사한 아버지 대부터 로마 제국과 관계를 맺고, 아버지에게 주어진 로마 시민권과 아버지를 통해 얻은 로마와의 인간관계를 활용하여 로마 제국 내부에서 경력을 쌓은 야만족 출신자. 이민 2세대라는 표현을 흉내내면 야만족 2세대라고 할까.

둘째, 출신 부족을 떠나지 않고 부족장으로 동포를 통솔하면서 로마 제국과는 '동맹부족' 관계로 맺어져 있는 경우. 동맹부족은 당시에 많이 쓰인 '포이데라투스'(foederatus)라는 라틴어 낱말을 직역한 것이다. 이 동맹관계는 로마가 제국 영토 안에 그들 야만족의 거주지역을 제공하고 야만족은 로마군과 협력하여 다른 야만족의 침입을 격퇴한다는 약속으로 성립된다. 일종의 용병 관계니까 로마 쪽에서는 봉급을 지불한다. 야만족은 거주지와 봉급을 보장받는 대신 로마 영토의 다른 지역을 침범·약탈하지는 않는다는 것이다.

로마 제국의 위세가 주변을 압도하던 시대에도 황제가 지휘하는 군대에 고용되어 군무에 종사하는 야만족은 늘 존재했다. 다만 그 시대에는 로마 병사와 함께 싸우는 야만족이 집단으로 정착하여 살 땅을 줄 필요는 없었다. 하물며 그들에게서 로마 영토 내의 다른 지역을 침범·약탈하지 않겠다는 약속을 받아낸다는 것은 양쪽 다 생각하지도 않았다. 3세기까지의 로마와 4세기 이후의 로마는 똑같이 로마 제국이라고 불리지만 알맹이에는 상당한 차이가 있었다. 한마디로 말하면,

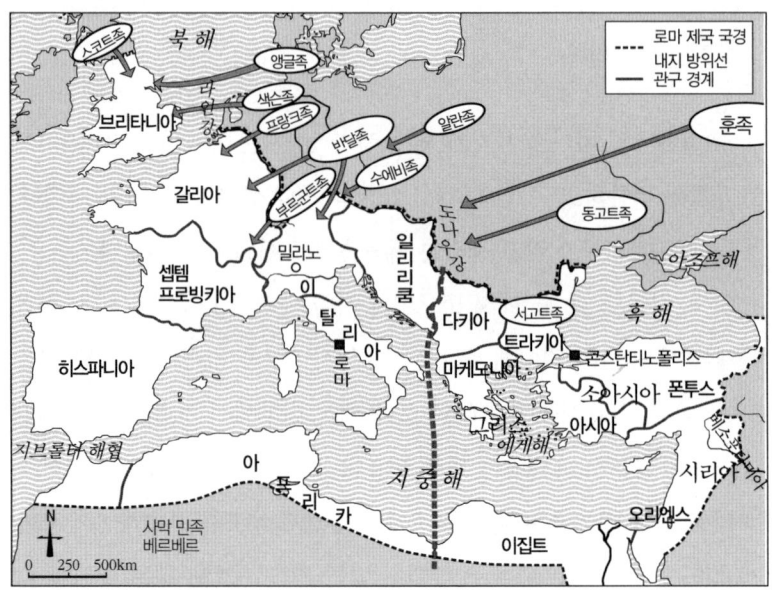

4세기 말의 야만족 분포도

로마인과 야만족이 공수를 교대한 것이 4세기 이후의 로마사였다고
해도 좋다.

마지막 세 번째 부류로 분류되는 야만족에게 로마 제국은 침략의
대상일 뿐이다. 그래서 로마와의 관계는 아주 약하다. 침범해서 빼앗
은 물건을 가지고 퇴각해주었을 때는 그래도 나았다. 그런데 쳐들어와
서 분탕질한 뒤에도 물러가지 않고 눌러앉게 된 뒤에는 로마에 아주
골치 아픈 존재가 된다. 멀리 아시아에서 서쪽으로 진격해온 훈족에게
밀려났기 때문이지만, 훈족도 역시 이 세 번째 부류에 속하고, 게다가
비게르만계 야만족이었다.

이 시대가 되면 종교의 차이도 큰 의미를 갖게 된다.

첫 번째 부류에 속하는 야만족에는 콘스탄티누스 대제가 주도한 니케아 공의회에서 정통으로 결정한 삼위일체파 기독교도가 많다.

반면에 두 번째 부류의 야만족은 모두 아리우스파 기독교도였다. 아마 니케아 공의회 이후 '이단'으로 몰려 종교 활동을 방해받고 추방당하는 일이 많았던 아리우스파 성직자들이 제국 바깥에 사는 야만족에게 열심히 포교한 결과일 것이다.

그리고 세 번째 부류의 야만족은 게르만계와 비게르만계를 막론하고 '이교도'라는 공통점을 갖고 있었다. 이교도라 해도 그리스인이나 로마인의 신들을 믿은 것은 아니다. 게르만계는 게르만족에 예로부터 내려오는 전통적인 신들에 대한 신앙을 지켰고, 로마인이 혐오했기 때문에 700년 전에 사라진 '인신공희'(人身供犧 : 사람을 제물로 바치는 종교적 풍습 – 옮긴이)까지도 북방 야만족 '이교도' 사이에는 아직 남아 있었다.

이렇게 4세기 이후의 야만족을 세 부류로 분류하기는 했지만, 이 분류가 이대로 계속 유지된 것은 결코 아니다. 두 번째 부류에 속하는 야만족 부족장이 어떤 이유로든 불만을 품고 세 번째 부류로 바뀌는 일도 자주 일어났고, 세 번째 부류였던 야만족이 밀려나도 돌아갈 곳이 없어지자 두 번째 부류로 전향한 경우도 적지 않았다.

망국은 말없이 조용히 살다가 찾아오는 현상이 아니다. 강풍에 일어난 파도가 좌충우돌하여 거품을 일으키듯, 사회가 통제되지 않고 이리저리 움직인 끝에 망국이라는 결말에 이르게 되는 것이다. 로마 제국 최후의 주인공들은, 세 가지 부류 가운데 어디에 속하느냐에 따라 성질의 차이는 있지만, 대부분 '야만족'이라는 공통점을 갖고 있었다.

스틸리코 장군

스틸리코는 '로마화한 야만족'이라고 불리는 첫 번째 부류의 야만족으로, 아버지는 반달족 출신이지만 어머니는 로마 여자였다. 어쩌면 스틸리코의 어머니는 '팍스 로마나'(로마에 의한 평화)가 기능을 발휘하고 있던 시대에 제국의 변방에 정착한 로마인 농장주의 후손인지도 모른다. 로마인은 예로부터 이민족과 결혼하여 피를 섞는 데 저항감이 없었다. 다만 옛날에는 트라야누스 황제처럼 로마인 병사와 이민족 여자의 결혼에서 태어난 혼혈인이 많았지만, 4세기 이후에는 야만족 남자와 로마인 여자의 결합이 지배적인 경향이 된다. 이런 면에서도 공수가 바뀌었다.

로마 사회는 부계사회여서, 어머니가 야만족이라도 아버지가 로마인이면 그 자식은 로마인이지만, 어머니가 로마인이라도 아버지가 야만족이면 그 자식은 어디까지나 야만족이었다. 로마식으로 플라비우스 스틸리코라고 이름을 대도, 그를 로마인으로 보는 사람은 없었을 것이다. 이탈리아 태생의 로마인이면서도 팔레스타인에 오래 살았고 성서의 라틴어 번역본을 비롯하여 많은 연구서를 남긴 성 히에로니무스는 스틸리코를 '야만족'으로 몰아세우지는 않았지만 '반야만족'(semi-barbarus)이라고 말했다. 참고로, 이 두 사람은 다른 세계에 살고 있었지만 동시대인이었다.

이 '반야만족'이 후세 역사가들에게 '최후의 로마인'이라고 불리게 되니, 참으로 얄궂은 일이다. 그런데 이민족이라도 전혀 망설이지 않고 등용하여 활용한 율리우스 카이사르와 그의 뒤를 이은 원수정 시대의 황제들이 알았다면 뭐라고 할까. 어쩌면 그것이야말로 다민족 국가인 로마 제국의 최후에 어울린다고 말할지도 모른다.

그렇기는 하지만, 제국 말기의 로마인에게는 어디까지나 '야만족'이니까 스틸리코가 어디에서 태어났는지를 알려주는 기록은 존재하지 않는다. 태어난 해도 서기 360년 무렵으로 알려져 있을 뿐이다. 아버지 이름도 어머니 이름도 모른다. 알려져 있는 것은 아버지가 기병대를 이끌고 발렌스 황제 시대부터 로마군에 소속되어 있었다는 것과 어머니가 로마인이었다는 것뿐이다.

군사령관의 아들로 태어난 것도 아니고, 로마의 명문 출신 여자를 어머니로 둔 것도 아니면서, '반야만족' 출신의 스틸리코는 일찍 두각을 나타냈다. 게다가 이 사내는 그와 비슷한 환경에서 태어나 두각을 나타낸 남자들과는 달리 군단의 밑바닥부터 잔다리를 밟아 출세한 것도 아니었다. 또한 황궁 내부에서 행정관료 경력을 쌓은 것도 아니었다. 실제로 이 '반야만족' 출신 사내가 23세가 될 때까지 어디서 무엇을 했는지는 전혀 알려져 있지 않다. 다만 23세 무렵에 테오도시우스 황제에게 인정받은 것은 사실이다. 테오도시우스는 군대와 함께 있는 시간이 많았으니까, 휘하 장수의 아들을 만날 기회는 부족하지 않았을 것이다.

이름만 들어도 로마인이 아닌 것을 알 수 있는 이 반달족 출신 젊은이가 무대 전면에 등장하는 것은 서기 383년, 그의 나이 스물세 살 때였다. 페르시아와 불가침협정을 교섭하기 위해 파견된 사절단에 이 젊은이가 끼어 있었다. 테오도시우스가 직접 사절로 임명했다고 주장하는 연구자도 있다. 그렇다 해도 그 나이에 수석대표를 맡지는 않았을 것이다. 하지만 모두 나이 많은 고관으로 이루어진 사절단을 주도하다시피 하여 이 어려운 교섭을 매듭지은 것은 23세의 젊은이였다.

외교 교섭에는 상대와 타협점을 찾는 유연성도 필요하지만, 물러설 수 없는 선에서는 절대 물러서지 않는 의연한 태도도 반드시 필요하다. 이때부터 유연함과 의연함은 동시대인들이 스틸리코를 언급할 때 붙이는 수식어처럼 되었다.

동쪽 국경을 접하고 있는 대국 페르시아로부터 이렇다 할 양보도 없이 불가침 약속을 받아낸 것은, 문제가 별로 없는 시기라 해도 로마 제국에는 고마운 일이다. 하지만 서기 383년은 제국 서방을 담당하고 있던 그라티아누스 황제가 살해된 해이기도 하다. 이는 곧 테오도시우스가 혼자서 제국 전체의 방위를 어깨에 짊어지게 되었다는 뜻이다. 협정을 맺고 수도 콘스탄티노폴리스로 돌아온 스틸리코를 황제가 기쁨을 드러내며 맞이한 것도 무리는 아니었다.

뿐만 아니라 테오도시우스는 스틸리코를 '황제 호위대장'에 임명하여 그의 공훈에 보답했다. 이것만으로도 상당한 발탁이지만, 테오도시우스는 스틸리코를 황실에 가족의 일원으로 맞아들였다.

테오도시우스에게는 남동생이 하나 있었지만, 그 동생은 딸 하나를 남기고 세상을 떠났다. 황제는 그 조카딸 세레나를 맡아서 키우고 있었다. 세레나는 수도 콘스탄티노폴리스의 황궁에서 황제의 외동딸처럼 자랐다. 테오도시우스의 친딸인 갈라 플라키디아는 그때 아직 태어나지 않았다.

황제 테오도시우스는 이 세레나를 정식 양녀로 맞아들인 뒤 자기 딸로서 스틸리코에게 시집보냈다. 야만족 출신 젊은이는 이리하여 황제의 가족이 되었다. 로마 시대에는 이런 관계를 '파렌스'(parens)라고 불렀다. 이탈리아어의 'parente', 영어의 'parent'는 여기서 유래한 낱말이다. 절대군주정으로 바뀐 로마 제국 후기에는 절대군주의 친족이 되는 것은 사적인 의미를 넘어 공적인 의미도 가지고 있었다.

황제와 야만족 출신 젊은이의 나이 차이는 열세 살이었다. 그 사이에 통하는 감정은 장인과 사위가 아니라 젊은 삼촌과 조카 사이의 감정과 비슷했을 것이다. 양녀로 삼았다고는 하지만 조카딸을 아내로 주었으니까, 테오도시우스와 스틸리코 사이는 실제로도 삼촌과 조카였다. '피'만이 아니라 '심정'으로도 '파렌스'가 될 수 있다. 당시 테오도시우스는 36세, 스틸리코는 23세였다.

황제가 야만족 출신 젊은이에게 아내로 준 세레나는, 큰아버지와 마찬가지로 에스파냐 태생의 늘씬한 미녀인 데다 이지적이고 자기주장이 분명한 여자였다. 오리엔트 색채가 짙은 콘스탄티노폴리스 황궁에서는 이색적인 존재이기도 했다.

이색적이라면, 스틸리코도 중동이나 이집트나 그리스 출신 남자들 중에서는 이색적이었을 것이다. 부계인 게르만족에게는 건장하고 다부진 육체와 꼿꼿한 자세를 물려받았고, 모계인 라틴족에게는 품격을 유지하면서도 누구한테나 개방적인 기질과 자연스럽고 대범한 행동거지를 물려받았다. 그 후 스틸리코와 세레나의 생활을 보면, 두 사람 사이에는 정략적인 이유만이 아니라 남녀의 사랑도 개재해 있었던 것으로 여겨진다. 이 결혼에서는 1남 2녀가 태어났다.

아들 에우케리우스는 테오도시우스 황제의 둘째 아들 호노리우스와 같은 또래였던 모양이다. 왕자의 학우 같은 느낌으로, 호노리우스가 참석하는 축제에도 동석했다. 호노리우스는 어머니를 일찍 여의었기 때문에 스틸리코의 아내 세레나가 어머니 역할을 맡은 모양이었다.

황제 호위의 책임을 맡게 된 이상, 테오도시우스가 가는 곳이면 어디든 따라가는 것이 그 후 스틸리코의 생활이 된다. 전쟁터에 있을 때가 더 많았던 테오도시우스 곁에 오랫동안 있다 보면, 군무 경험이 없었던 스틸리코도 군사 전반에 대해 배울 기회가 부족하지 않았을 것이다. 실제 전투에도 적극적으로 참가하여, 그라티아누스 황제를 살해하고 갈리아에 눌러앉아 있던 제위 찬탈자 막시무스와 맞붙은 전투에서는 한쪽 날개를 맡아서 승리의 원동력이 되었다. 그의 나이 28세 때였다. 또한 대거 침입한 서고트족을 맞아 싸운 전투에서도 로마군은 눈부신 전과를 거두고 적을 격퇴했는데, 이때의 승리도 스틸리코의 공이었다. 스틸리코가 31세 되던 해였다.

테오도시우스 황제는 이 스틸리코를 '군사령관'(magister militum)으로 승격시켰다. 로마 제국 말기의 '주인공들'이라 해도 좋은 '군사령관'은 반드시 최고사령관인 황제가 총지휘하는 전투에서 일부 병력을 이끌고 싸우는 존재라고는 할 수 없고, 오히려 황제가 파견한 군대의 총지휘를 맡는 경우가 많다. 따라서 실전에 동원되는 만 명 규모의 병력을 이끄는 우두머리다. 30대에 갓 접어든 야만족 출신 젊은이에게는 파격적인 대우라고 말할 수밖에 없었다.

누가 보아도 실력으로 출세한 것이 분명하더라도, 이렇게 파격적인 승진을 한 사람에게는 적이 반드시 생기게 마련이다. 특히 제국 동방의 수도가 된 콘스탄티노폴리스의 황궁에는 스틸리코에게 반감을 품

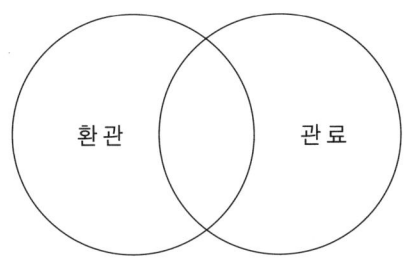

환관   관료

는 고관이 많아졌다. 도표로 나타내면 위의 그림처럼 되겠지만, 오리엔트 전제군주의 궁정에서 강한 영향을 받은 콘스탄티노폴리스 황궁에서는 관저의 행정을 담당하는 관료들 가운데 적지 않은 수가 '에우누코스'(거세된 남자)였다. 황제의 공관이기도 한 황궁의 '안채', 즉 황제 일가족의 사적인 거주구역에서 일하는 남자는 모두 '에우누코스'라고 해도 좋았다.

행정을 담당하는 문관은 원래부터 군사를 담당하는 무관을 좋게 여기지 않는 경향이 강하다. '에우누코스'의 경우에는 이 경향이 더욱 강해진다. 거세된 남자는 생식능력을 잃었을 뿐, 동성애자와는 다르다. 이들에게 사내다운 사내는 동경의 대상이 아니라 질투의 대상이 된다. 질투는 자기보다 우월한 자에게 증오심을 품는 것이기 때문이다.

황제 테오도시우스는 늘 전쟁터에 싸우러 나가야 했을 뿐만 아니라, 본래 타고난 성품으로도 구중궁궐에서 소용돌이치는 음모에 휘둘릴 사람이 아니었다. 스틸리코도 황제를 따라 콘스탄티노폴리스를 떠나 있을 때가 많았다. 그렇다 해도 스틸리코가 궁정 사람들의 반감이나 질투에 직접 노출되지 않고 지낼 수 있었던 것은 콘스탄티노폴리스 황궁에 남아 있는 아내 세레나가 황제의 양녀이자 제위 계승자의 어머니 대신이라는 지위를 활용하여 '방패' 역할을 맡아주었기 때문이다.

후견인

이렇게 12년이 지난다. 그리고 스틸리코에게 운명의 해인 서기 395년이 되었다.

테오도시우스는 겨울철 숙영에 들어갈 무렵에 이미 죽음이 다가오고 있음을 알아차린 모양이다. 그가 맨 처음 한 일은 스틸리코를 '총사령관'(magister utriusque militiae)에 임명하는 것이었다. '군사령관'은 몇 명이나 있지만, '총사령관'은 페르시아와 국경을 맞대고 있는 제국 동방의 방위를 담당한 또 한 사람을 포함하여 제국 전체에 두 명밖에 없다. 그리고 테오도시우스는 뒤에 남기고 가는 두 아들과 그들이 짊어지게 될 로마 제국을 이제 막 35세를 맞으려 하고 있는 '반야만족'에게 맡겼다.

이 두 가지 일은 장군과 고관들이 죽어가는 테오도시우스를 둘러싸고 임종하는 자리에서 이루어졌다. 황제의 공식적인 결정이고 유언이라는 것을 그들에게 보여주는 동시에, 장군과 고관들을 유언의 증인으로 삼으려는 테오도시우스의 뜻이었다.

스틸리코에 대한 테오도시우스의 신뢰와 기대는 진심이었을 것이다. 하지만 테오도시우스에게는 계산도 있었다. 야만족 출신은 아무리 유능해도 로마 제국의 제위를 노리지는 않을 거라는.

사실 야만족 출신이라도 로마군에서 출세한 장군이 반란을 일으켜 황제를 죽이는 일도 있었지만, 그 경우에도 자신이 직접 제위에 앉는 대신 '로마인'을 제위에 앉히고, 그 배후에서 황제를 조종했다. 이 시대에는 '야만족'이 명실 공히 최고위자가 되기에는 아직 저항이 너무 강했다. 이런 정세 아래에서 스틸리코는 두 아들을 맡기기에 안성맞춤인

인물이었다.

서기 395년 1월 17일에 죽은 테오도시우스에게 뒷일을 부탁받았을 당시, 스틸리코는 로마군에서 질적으로나 양적으로 가장 뛰어난 정예부대를 휘하에 거느리고 있었다. 제국 서방의 적을 소탕하기로 결정한 테오도시우스 황제가 그 목적을 이루기 위한 병력을 편성할 때, 페르시아와 관계가 좋아진 것을 기회 삼아 제국 동방에 주둔하는 병사들 가운데 우수한 자들을 선발하여 서방에 주둔하는 장병과 함께 참전시켰기 때문이다. 그 병력을 '총사령관'에 취임한 스틸리코가 그대로 물려받았다.

요컨대 스틸리코는 395년 당시 로마 제국에서 가장 강력한 군대를 장악하고 있었다는 이야기가 된다. 게다가 그 군대의 공식 최고사령관인 황제는 이제 열여덟 살과 열 살밖에 안 된 소년들이다. 스틸리코가 마음만 먹으면 두 소년 황제를 밀어내고 제위를 장악할 수도 있었다. 적어도 열 살배기 황제를 모시게 된 제국 서방은 확실히 손에 넣을 수 있었을 것이다. 이 해에 스틸리코는 35세의 한창 때였고, 선제의 양녀 세레나의 남편이라는 유효한 카드까지 갖고 있었다. 하지만 스틸리코는 그렇게 하지 않았다. 상황을 살피는 미묘한 움직임조차 보이지 않았다.

이런 부류의 남자는 그의 지위와 권력을 못마땅하게 여기는 적이 생기는 것을 절대로 피할 수 없다. 하지만 한편으로는 그에게 심취한 추종자를 얻는 경우도 많다. 어쨌든 남자가 홀딱 반할 만한 남자의 전형이기 때문이다. 이 스틸리코에게 심취한 사람이 이집트 태생의 시인 클라우디아누스였다.

'현장 증인'

'시'(poema)라고 말하면 현대에는 글쓴이 자신의 감동이나 정서를 주관적으로 묘사한 운문조의 문학작품, 즉 서정시라고 생각하는 사람이 많다. 따라서 '시인'(poeta)은 운문 서정시를 쓰는 사람이라고 생각한다. 하지만 '시'는 원래 서정시와 서사시와 극시로 이루어지는 문학형식이고, 서정시만 '시'는 아니다. 고대에는 극장에서 공연되는 비극과 희극도 정통적인 '시'의 한 분야로 여겨졌다. 따라서 시인은 문장을 표현 수단으로 선택한 사람이라고 바꿔 말해도 좋다. 이집트 태생인데도 클라우디아누스가 사랑한 사람은 둘 다 서사시인인 그리스의 호메로스와 로마의 베르길리우스였다.

언제 태어났는지는 알려져 있지 않다. 창작 활동이 395년부터 404년 사이에 집중되어 있으니까, 스틸리코와 같은 세대이거나 테오도시우스 황제와 스틸리코의 중간 세대일 것으로 짐작된다. 그는 거의 모든 작품에서 스틸리코를 언급하고 있는데, 그것을 읽어보아도 연하의 남자가 연장자에 대해 말하고 있는 듯한 느낌은 들지 않는다. 또는 궁정시인이 주군에게 아첨하는 듯한 느낌도 들지 않는다. 이 시인에게 스틸리코는 북방 야만족 출신인 것과는 무관한 영웅이다. 이집트 태생이지만 자신을 로마 제국 시민으로 여기는 클라우디아누스에게 스틸리코는 나라를 지켜주는 '로마 제국 최후의 방패'였다.

홀딱 반한 사람이 쓴 글이니까 객관성이 부족하다는 평가도 어느 정도는 옳을 것이다. 하지만 그가 글을 써서 남겨주지 않았다면, 막판에 역적이라는 오명을 뒤집어쓰고 죽게 되는 스틸리코에 대해서는 반대자 쪽의 주장만으로 역사적 평가가 내려졌을 것이다. 클라우디아누스의 저술은 그것을 중화하는 데 도움이 되었다. 적만이 아니라 지지자 쪽의 정보도 후세에 남겼다는 점에서 그렇다. 어쨌든 시인은 395년부터 404년까지 9년 동안 이 시기의 주인공이었던 스틸리코 측근에 머물면서, 이 야만족 출신 장군의 행적을 직접 목격한 현장 증인이었던 게 분명하다.

테오도시우스 황제가 죽은 곳도 밀라노였지만, 4세기의 황제들은 제국 서방의 본거지를 로마가 아니라 밀라노에 두고 있었다. 이유는 두 가지다.

첫째, 야만족의 침략은 라인강과 도나우강 중간까지 뻗어 있는 제국 방위선에 집중되고 있었다. 군대를 이끌고 이곳으로 달려가려면 이탈리아 남부에 있는 로마보다 북부의 밀라노에 있는 편이 유리했다.

둘째, 기독교도가 된 4세기 이후의 로마 황제들에게 로마는 이교적인 색채가 너무 짙었다.

어쨌든 그들은 모두 제국의 '지방'에서 태어나 자랐다. 후세에는 한 나라의 수도나 주요 도시로 발전했지만 로마 시대에는 속주의 지방 도시에 불과했던 런던이나 파리, 빈이나 베오그라드밖에 모르는 사람이 로마를 방문했다면 어떤 감개를 가졌을까 하고 나는 이따금 생각한다.

오늘날 이런 도시들이 세심한 주의를 기울여 발굴하고 보존하는 로마 시대의 유적을 볼 때마다 느끼는 것은 '세계의 수도'라고 불린 로마와 그 제국의 속주에 있었던 도시들의 규모와 수준 차이다. 미국으로 바꾸어 말하면, 몬태나주나 오하이오주의 시골에서 뉴욕에 나온 사람이 품는 느낌과 비슷하지 않았을까 하는 생각이 든다.

기독교도가 된 이상은 일찍이 기독교도의 적이었던 로마를 혐오하고 무시해도 좋을 텐데, 이제 실질적으로는 제국의 수도가 아닌 로마는 아직도 무시할 수 없는 압도적인 존재감을 갖고 있었다. 제국 말기에는 수리나 보수가 이루어진 지도 오래되어, 강렬한 햇빛만은 옛날과 다름이 없지만 일찍이 웅장하고 화려했던 도시는 칙칙하게 퇴색했을 것이다. 하지만 처음 건설할 때부터 로마식으로 철저히 잘 지은 도시다. 4세기 중엽에 로마를 방문한 콘스탄티우스 황제가 할 말을 잃었듯이, 제국 말기에도 여전히 로마는 압도적인 이교 문명의 도시였다. 기독교도인 황제들은 로마 문명에 압도당하는 기분이 들었을지도 모른다. 기독교도 황제들은 기독교적이라고는 말할 수 없는 개선식을 거행할 때에만 이 로마에 발을 들여놓았다.

로마와 달리 이탈리아 북부의 도시 밀라노에는 이런 종류의 압박감은 없었다. 제국 말기의 밀라노는 유능한 지도자인 밀라노 주교 암브로시우스의 본거지라는 사정도 있어서, 열성적인 기독교도들의 도시로 정착해 있었다. 기독교도 황제들에게는 로마보다 훨씬 친밀감을 느낄 수 있는 도시가 아니었을까.

아버지를 여의고 10세 나이에 제위에 오른 호노리우스가 황궁을 둔 곳이 이곳 밀라노였다. 소년 황제의 후견인이 된 스틸리코도 당연히 밀라노에 본거지를 두었다. 아내 세레나도 이때부터는 콘스탄티노폴리스를 떠나 밀라노에 살게 되었다. 그로 말미암아 제국 동방의 수도인 콘스탄티노폴리스 황궁에서 스틸리코 반대파의 움직임에 제동을 걸 사람이 없어졌다. 그들의 책동을 통제할 테오도시우스 황제도 없어지고, 18세의 새 황제는 국사에 무관심했다. 이런 콘스탄티노폴리스 황궁에서 권력을 제멋대로 휘두르게 된 것이 관료 출신 재상인 루피누스였다.

서고트족

실력 있는 황제가 죽고 아무 실적도 없는 새 황제가 그 뒤를 이은 시기는 침공할 기회를 노리고 있는 자에게는 절호의 기회다. 서기 395년, 전 황제가 죽은 지 석 달도 지나지 않은 봄에 일찌감치 행동을 개시한 것은 서고트족이었다.

고트족은 4세기에 접어든 뒤 자주 로마 제국 영토를 침범했지만, 4세기 말에는 이미 서고트족(Visigoto)과 동고트족(Ostrogoto)으로 양분되어 각각 다른 족장의 통솔을 받고 있었다. 서고트족이 로마 제국의 '동맹부족'이 되었기 때문인데, 그 서고트족을 이끈 지도자가 로마군에서 복무한 경험도 있는 알라리크(라틴어 이름은 알라리쿠스)다. 동맹 관계에 있다면 침략을 하지 않을 텐데, 형편이 좋지 않으면 태연히 협약을 깨니까 야만족이다. 거주지로 지정된 트라키아 지방에서 농사에 힘쓰기보다 약탈이라는 손쉬운 수단을 택했다. 교활하다고 해도 좋은 알라리크는 스틸리코가 지휘하는 로마군 주력부대가 있는 서방을 피해 동방을 노렸다. 동방은 정예병력을 서방으로 보냈기 때문에 방위가 허술해져 있었다. 알라리크는 도나우강 하류에 면한 트라키아 북부를 떠나 남쪽으로 대거 쳐들어왔다.

그것은 눈사태였고 해일이었다. 성채와 요새는 맞아 싸울 준비를 할 새도 없이 무너지고 떠내려갔다. 역사 연구자들 중에는 이 현상을 야만족의 침공이 아니라 '민족 대이동'이라고 주장하는 사람이 있지만, 이렇게 폭력적으로 이루어진 경우에도 '이동'일까.

야만족은 전투 요원인 병사들만 쳐들어오는 경우는 드물고, 대부분의 경우 노인과 여자와 아이들까지 포함한 가족 집단으로 침공한다. 이것이 전투 요원만으로 그들을 맞아 싸우는 로마와의 차이점이다. 물론 전쟁터에서 서로 맞서 싸우는 것은 남자들이고, 가족은 뒤에 짐수레를 원형으로 늘어놓고 그 안에서 기다린다.

하지만 가족이 뒤에서 대기하는 것은 양쪽 군대가 진을 치고 회전을 벌일 때뿐이고, 회전에 이긴 뒤거나 처음부터 습격만 이루어진 경우에는 노인도 여자도 아이들까지도 살육과 약탈에 적극적으로 가담했다. 힘없는 노약자들이니까 살육에 따른 희생이나 약탈의 피해도 적었을 거라고 생각하기 쉽지만, 실상은 전혀 그렇지 않다. 여자와 아이들이 어른 남자보다 더 잔혹하게 구는 경우도 많다. 게다가 병사들은 지휘관의 명령에 따르니까 지휘관이 마음만 먹으면 통제할 수도 있지만, 여자와 아이들은 그런 것에 얽매이지 않는다. 부족장도 이들의 만행을 통제하기는 어려웠다.

그렇기는 하지만, 여자와 아이들을 데려오는 이상 로마군의 공격에 희생된 사람들 가운데 아녀자가 차지하는 비율도 그에 비례하여 높아질 수밖에 없다. 하지만 인적 희생에 민감한 것은 문명인이고, 비문명인은 그런 데 무신경한 것이 보통이다. 이것도 '야만족'의 특징이고, 그들이 강했던 원인의 하나였다. 이런 사람들이 이런 식으로 로마 제국 말기의 '민족 대이동'을 일으킨 것이다.

알라리크가 이끄는 서고트족의 남하 속도는 가족을 데려오는 것치고는 너무 빨랐다. 필요한 것은 약탈하면 된다고 생각하니까, 살림살이나 가축은 놓아두고 떠났기 때문이다. 오늘날의 불가리아에 해당하는 트라키아와 다키아 전역이 순식간에 유린당했고, 오늘날 터키 서부의 주요 도시인 에디르네까지 점령되었다. 로마 시대에는 건설한 황제의 이름을 따서 하드리아노폴리스라고 불린 이 도시에서 콘스탄티노폴리스까지의 거리는 고대의 고속도로인 로마 가도를 이용하면 200킬로미터가 채 안 된다. 동로마 제국 수도로 가는 길이 활짝 열린 거나 마찬가지였다.

같은 무렵, 서방에 있는 스틸리코는 야만족이 황제 교체기를 활용하지 못하도록 방위체제를 정비하기 위해 라인강 상류 지역에 나가 있었다. 그곳에서 발칸 지방의 요충인 하드리아노폴리스가 서고트족의 손아귀에 들어갔다는 소식을 받는다. 그는 당장 병력을 둘로 나누어, 제1군은 계속 갈리아의 방위체제를 정비하도록 남겨두고, 테오도시우스가 동방에서 데려온 병사들로 이루어진 제2군만 이끌고 발칸으로 떠났다.

스틸리코는 테오도시우스 황제의 임명으로 '총사령관'이 되어 있었다. 35세의 이 장수는 제국 서방만이 아니라 동방을 방위할 책임도 자기한테 있다고 생각했다. 게다가 서방과 인접한 발칸 지방이라면 더욱 그렇다. 그래서 콘스탄티노폴리스에 있는 아르카디우스 황제로부터 빨리 발칸으로 가라는 명령을 받은 것은 아니었지만, 당연한 책무라고 믿고 발칸으로 달려간 것이다.

스틸리코와 알라리크는 모르는 사이가 아니었다. 스틸리코가 반달족의 피를 이어받았고 알라리크가 서고트족 출신이기 때문은 아니다.

알라리크도 로마의 '동맹부족'이었던 서고트족의 남자들을 이끌고 테오도시우스 황제 휘하의 군대에서 복무했기 때문이다. 이 서고트족 우두머리가 언제 태어났는지는 알려져 있지 않지만, 죽은 해에서 역산해보면 스틸리코와 같은 세대였을 것으로 여겨진다.

이 두 남자의 정면 대결은 그해 초여름 아드리아해에 면한 살로나라는 도시 근처의 평원에서 벌어졌다. 전투는 처음부터 끝까지 우세하게 싸운 스틸리코의 승리로 끝난다. 알라리크는 3천 명이 넘는 전사자를 전쟁터에 버려둔 채 산악지대로 도망쳐 들어갈 수밖에 없었다.

스틸리코는 그 적을 추적하여 포위하고, 제2차 전투에서 결말을 낼 작정이었다. 그러려면 지금 휘하에 있는 병력으로는 부족하다. 그래서 미리 지령을 내려둔 병력이 라인강에서 도착하기를 기다리고 있었지만, 그 병력이 도착한 것은 한여름이 된 뒤였다.

그런데 예상치 못했던 일이 일어났다. 갈리아에서도 병력이 도착하여, 그들에게 필요한 만큼 휴식을 준 뒤 드디어 제2차 전투를 시작하려 할 때였다. 스틸리코가 황제의 명령을 받은 곳은 그리스 북동부의 항구도시 테살로니키였다. 그곳을 집결지로 삼은 것은 갈리아 병력이 바닷길을 따라 오기 때문이었다. 시인 클라우디아누스는 그때의 상황을 이렇게 묘사하고 있다.

〈기병은 말고삐를 끌면서, 나팔수는 나팔이 전쟁터에서 잘 울려 퍼지도록 마지막 손질을 하면서, 총사령관이 출전 명령을 내리기를 기다리고 있었다. 그때 황제의 명령서를 손에 쥔 전령이 급히 달려왔다.

당장 황제의 명령서를 펼쳐본 스틸리코는 아연실색했다. 하지만 곧 그의 입에서 억누를 수 없는 분노가 터져 나왔다. "비겁한 그 바보의

짓이야!"

 그 어리석은 겁쟁이가 누구를 말하는 것인지는 구태여 들을 필요도 없었다. 그것은 황제를 보좌한다는 명목으로 전권을 장악한 재상 루피누스였다. 진영으로 삼고 있던 궁전으로 돌아가는 스틸리코의 얼굴은 분노를 폭발시킨 뒤에 찾아온 굴욕감으로 일그러져 있었다.〉

 아르카디우스 황제의 명령서는 테오도시우스 황제가 동방에서 데려간 병력을 콘스탄티노폴리스로 보내고 총사령관 스틸리코는 서방 병력만 거느리고 서쪽으로 돌아가라는 내용이었다.

 출격을 앞둔 병사들에게 출격이 중지되었다는 소식이 부관의 입을 통해 전달되었다. 궁전에 들어간 채 아무도 만나지 않던 스틸리코는 얼마 후 가이나스라는 장군을 불러들였다. 가이나스는 고트족 출신이지만 로마군에서 잔뼈가 굵었고, 오로지 자신의 재능만으로 장군까지 진급한 인물이었다. 스틸리코는 이 가이나스에게 콘스탄티노폴리스로 가는 병사들의 지휘를 맡겼다.

 출격 준비를 마친 병력이 명령만 기다리고 있을 때 갑자기 출격이 중지되었으니, 각자의 기지로 돌아가란다고 해서 곧바로 방향을 바꿀 수 있는 것은 아니다. 만 명 규모의 병력이다. 그리고 군대는 대부분의 물자를 자급할 수 있어야만 군사 면에서도 제대로 기능을 발휘할 수 있다. 출격이 아니라 행군할 때는 순수한 전투 요원인 병사들만 거느리고 가면 되는 것은 아니었다. 군대에 딸린 모든 것을 행군용으로 다시 준비할 필요가 있었다.

 여기에 며칠이 걸렸는지는 알 수 없다. 어쨌든 이번에는 육로를 통해 서쪽으로 돌아가는 스틸리코 군대가 이탈리아에 들어간 것은 겨울에 접어든 뒤였고, 동쪽으로 가는 가이나스 군대가 콘스탄티노폴리스 교외에 도착한 것도 11월 말이 되어서였다.

귀환하는 장병을 맞이하는 것은 최고사령관인 황제의 의무다. 아르카디우스 황제도 콘스탄티노폴리스 시내에서 1로마마일(약 1.5킬로미터) 떨어진 연병장에서 귀환한 병사들을 열병하게 되었다. 재상 루피누스도 당연히 참석했다. 서기 395년 11월 27일, 국사에 대한 무관심이 표정에 그대로 드러나 있는 18세의 황제 앞에서 지휘관 가이나스의 호령으로 열병식이 시작되었다.

열병식이 절반쯤 진행되었을 때였다. 줄지어 황제 앞을 행진하고 있던 병사들 가운데 한 무리가 갑자기 대열을 이탈하여 황제 오른쪽에 서 있는 루피누스에게 돌진했다. 그들은 칼을 빼들었고, 주위에 있는 사람들이 소리도 지르지 못하는 사이에 모든 것이 끝나버렸다. 콘스탄티노폴리스 황궁에서 권세를 자랑하던 루피누스는 창백해진 얼굴로 부들부들 떨고만 있는 황제의 발치에 고인 핏물 웅덩이 속에 누워 있었다.

황제를 제외하면 동로마 제국 최고의 권력자였던 사람이 살해되었지만, 그에 따른 혼란은 조금도 일어나지 않았다. 당장 다른 권력자가 들어섰기 때문이다. 시종장 에우트로피우스가 그 사람이다. 이 '에우누코스'(환관)가 모든 일을 무난히 수습했다.

루피누스를 죽인 병사들 가운데 처벌을 받은 사람은 하나도 없었다. 그리고 살해된 루피누스는 황궁 안에도 밖에도 적이 많았다.

황궁 내부의 적으로는 우선 황후가 있었고, 황후와 손잡은 시종장

에우트로피우스를 비롯한 환관들도 루피누스의 적이었다. 황궁 외부의 적은 엄격하게 거두어들이는 무거운 세금에 절망한 민중이었다. 거기에 항의라도 하면 루피누스는 가차 없이 군대를 보내 무력으로 탄압했다. 요컨대 루피누스가 살해당한 것을 슬퍼하고 안타까워하는 사람은 하나도 없었다. 이 루피누스 살해에 스틸리코가 관여했는지는 알려져 있지 않다. 후세 역사가들 중에는 관여했을 거라고 생각하는 사람이 많다.

하지만 로마 제국 내부에서 일어난 이 일련의 사건은 여름 전투에서 스틸리코에게 패하고 산악지대로 도망쳐 들어갈 수밖에 없었던 알라리크가 재기하는 데 필요한 시간을 충분히 주었다.

알라리크

서기 396년으로 해가 바뀐 뒤에 찾아온 봄, 알라리크가 이끄는 서고트족이 다시 움직이기 시작했다. 스틸리코가 서쪽으로 떠나버린 발칸 지방에 그를 가로막는 장애물은 없었다. 콘스탄티노폴리스에는 가이나스가 지휘하는 군대가 있었지만, 알라리크는 이 군대를 피한 것이 아니라 장기전이 될 게 뻔한 대도시 공격을 피했다.

이리하여 야만족은 그리스를 북쪽에서 남쪽으로 훑으면서 쳐내려오게 된다. 마케도니아를 분탕질한 뒤 아카이아 지방으로 들어간 서고트족은 아테네를 공략하고 코린트를 함락하고, 일찍이 하드리아누스 황제와 마르쿠스 아우렐리우스 황제도 참가한 신비의식으로 유명했던 엘레우시스(제9권 307쪽 참조)도 약탈했다. 야만족의 발길은 펠로폰네소스반도 제일의 도시인 아르고스까지 뻗쳤다.

같은 펠로폰네소스반도에 있고, 스파르타식이라는 말이 남을 만큼 예로부터 값비싼 사치품과는 인연이 먼 것으로 알려진 스파르타까지도 야만족의 유린을 면치 못했다. 사람, 그것도 젊은이와 아이들을 데려가기 위해서다. 협박당하고 숨겨둔 돈을 척 내놓을 수 있을 만큼 풍족하지 않은 사람이라도 제 자식이 노예로 팔려간다고 생각하면, 모든 수단을 동원하여 몸값을 마련하기 때문이다. 부모가 돈을 마련하지 못하면 그 자식은 노예로 팔려갈 운명이었다.

이렇게 알라리크가 이끄는 서고트족은 1년 내내 그리스 전역을 제 세상인 양 활보하면서 온갖 만행을 저질렀다. 콘스탄티노폴리스 황궁은 그것을 알면서도 꼼짝하지 않았다. 황제 아르카디우스가 가이나스 장군에게 내린 명령은 수도를 단단히 지키라는 것뿐이었다.

이런 상황이라면 알라리크가 아니더라도 한껏 이용할 마음이 드는 게 당연하다. 마음만 먹었다면 이 시기에 벌써 그리스 중남부를 제압할 수도 있었을 것이다. 하지만 이 일대의 그리스는 산이 많고 경작지가 부족하다. 그래서 옛날 그리스인은 교역에 힘쓰고 해외로 진출하는 기운이 왕성했다. 하지만 고트족은 도나우강 이북에 살고 있던 사람들이다. 이제 빼앗을 물자도 사람도 없는 지방은 그들에게는 머물러 있어 봤자 아무 쓸모도 없는 땅이다. 해가 바뀌어 397년 봄이 오자, 알라리크가 이끄는 서고트족은 아직 빼앗을 것이 있을 만한 땅을 찾아 북쪽으로 발길을 돌렸다.

북상하는 그들의 걸음은 성난 파도처럼 남하했을 때와는 달리 속도가 떨어져 있었을 것이다. 약탈한 물자와 사람을 끌고 이동해야 한다. 게다가 그들은 평화롭게 이동하지도 않았다. 이번에는 그리스 서해안

인장에 새겨진 알라리크의 상
(인장이라서 각인이 거꾸로 뒤집혀 있다)

지대가 남쪽에서 북쪽으로 철저히 유린당했다.

　아르카디우스 황제의 명령이나 요청이 있었는지 어떤지는 알려져 있지 않다. 하지만 스틸리코는 마침내 군대를 움직인다. 그가 직접 군대를 이끌고 그리스로 갔다. 이탈리아반도의 아드리아 연안 항구에서 출항한 배는 아드리아해를 남하하여 이오니아해로 들어가 그리스 북서부에 상륙했기 때문에, 북쪽으로 가고 있던 알라리크와 서고트족의 코앞을 막아서는 꼴이 되었다.

　그래도 곧바로 전투를 벌이지는 않았다. 공병으로 변신한 병사들이 긴 울타리를 두르고, 그 울타리 안에 여자와 아이들을 포함한 서고트족을 몰아넣을 작정이었다. 이번에야말로 적을 궤멸시키기 위한 전략이었지만, 내 상상으로는 스틸리코에게 심취해 있던 가이나스의 동방 군대가 도착하기를 기다려 전투를 개시할 작정이었던 게 아닌가 싶다.

북쪽과 동쪽에서 협공하면 서고트족에게 충분히 궤멸적인 타격을 줄 수도 있었다.

로마군은 전통적으로 대군을 한꺼번에 투입하여 문제를 신속하게 해결하는 전법을 좋아했다. 공화정 시대에도 그랬고, 제정으로 이행한 뒤에도 마찬가지였다. 힘이 약한 적에게까지 대군을 투입한다는 비판 따위는 태연히 무시했다. 서기 1세기의 유대 전쟁 때도 항복을 거부하고 마사다 요새에 틀어박혀 농성한 유대인은 기껏해야 1천 명 정도에 불과했다. 깎아지른 높은 벼랑 위에 있는 마사다 요새는 문자 그대로 난공불락이었지만, 로마군은 이곳을 지키는 1천 명을 무찌르기 위해 1만 명의 병력을 투입했다.

로마인은 병력을 단계적으로 차례차례 투입하는 방식을 몹시 싫어했다. 결국에는 장기전이 되어, 치르지 않아도 될 희생까지 치르게 되기 때문이다. 하지만 제국이 쇠퇴하면서 그에 비례하듯 이런 사고방식도 잊혀갔다. 397년 봄에도 콘스탄티노폴리스에서 올 병력은 아무리 기다려도 모습을 나타내지 않았다.

4세기 초의 디오클레티아누스 황제 시대에는 로마 제국 전체의 병력이 60만 명에 달했다고 한다. 하지만 그 후 100년 동안 서서히 줄어들어, 제국 최후의 세기인 5세기에 접어들 무렵에는 그 3분의 1 또는 심지어 4분의 1까지 줄어든 상태였다고 말하는 연구자도 있다. 그것이 사실이라면 총사령관 스틸리코가 거느릴 수 있는 병력도 겨우 1만 명 내지 2만 명 정도가 아니었을까. 이래서는 원수정 시대의 1개 군단 규모밖에 안 되고, 군단장급이 맡고 있던 병력에 불과하다. 도저히 서고트족을 포위하여 궤멸시킬 수 있는 전력은 아니었다.

결국 이탈리아에서 데려온 병력만으로 알라리크와 대결하게 된 스틸리코는 이번에도 전투에서 승리자가 되었다. 이번에도 패배한 알라리크는 약탈한 물자와 사람을 내버린 채 다시 산악지대로 도망쳐 들어갈 수밖에 없었다.

하지만 콘스탄티노폴리스에서는 스틸리코에 대한 비난이 일어났다. 스틸리코도 야만족 출신이고 알라리크도 야만족이다. 같은 야만족끼리니까 스틸리코가 적당히 싸우다 말았다는 것이다. 콘스탄티노폴리스의 원로원에서는 스틸리코를 '국가의 적'으로 인정해야 한다는 목소리까지 일어났다. 여기에는 스틸리코도 정나미가 떨어졌을 것이다. 추격을 중지하고 그대로 군대를 이끌고 이탈리아로 돌아가버렸다. 하지만 이것이 알라리크에게 또다시 재기의 기회를 주게 되었다.

알라리크가 이끄는 서고트족은 이번에는 그리스 북서부 일대를 무대로 만행을 저질렀다. 그리스 동쪽 끝에 있는 콘스탄티노폴리스에서는 멀리 떨어져 있으니까 안전하다고 생각할 수 있는가 하면, 전혀 그렇지 않다. 그리스 북부를 가로지르는 에그나티아 가도를 통해 일찍이 비잔티움이라고 불린 콘스탄티노폴리스와 직접 연결되어 있기 때문이다. 이 동로마 제국의 수도에 사는 사람들은 지금 당장이라도 가도 저편에 서고트족이 나타나지 않을까 하는 공포 때문에 밤에도 잠을 이룰 수 없게 되었다.

콘스탄티노폴리스 황궁에서 주도권을 쥐고 있는 사람은 황제인 아르카디우스가 아니었다. 황궁을 수중에 넣은 것은 프랑크족 출신 장군의 딸로 황후가 된 에우독시아와 그녀가 황후 자리에 앉는 것을 적극적으로 도와준 환관 에우트로피우스였다. 이 두 사람이 어떻게 하면 알라리크의 위협을 제거할 수 있을지 의논한 결과, 한 가지 해결책을 생각해냈다. 스물한 살이 된 황제는 그들이 내민 서류에 서명만 했을 뿐이다.

이리하여 서고트족의 족장 알라리크는 공식적으로 로마 제국의 '군사령관'에 임명되었다. 그것도 '일리리쿰 담당 군사령관'(magister militum per Illyricum)이었다. 일리리쿰은 북쪽의 도나우강에서 남쪽의 아드리아해에 이르는 넓은 지역을 가리킨다. 2세기까지는 '가까운 판노니아'와 '먼 판노니아', '노리쿰'과 '달마티아'라는 네 개의 속주로 나뉘어 로마 제국의 안전 보장이 제대로 기능을 발휘하고 있는지를 가늠하는 바로미터로 여겨졌을 만큼 중요시된 도나우강 중류의 '방위선'을 문자 그대로 철벽으로 만든 지방이다. 로마 군단 기지가 설치된 것을 계기로 도시화한 빈도보나(오늘날의 빈), 아퀸쿰(오늘날의 부다페스트), 싱기두눔(오늘날의 베오그라드)은 모두 도나우강에 면하여, 강 너머의 야만족을 엄중하게 감시하고 있었다.

그런데 4세기 말에는 제국 방위에 더할 나위 없이 중요한 이 일대의 군사령관에 야만족이 임명되었다. 어제까지만 해도 제국을 침략하고 도시를 파괴하고 불태운 인물이 군사령관에 임명된 것이다. 그리고 족장이 공식 지위를 얻은 이상, 그 부족도 황제가 공인한 '동맹부족'이 되었다. 따라서 앞으로는 습격할 필요도 없고 강탈할 필요도 없었다. 공출하라고 명령만 하면 무엇이든 손에 넣을 수 있었기 때문이다. 야만족에게 아들을 잃은 아버지도, 아내를 능욕당한 남편도 이제는 '군사령관' 알라리크의 명령에 복종할 의무가 있었다. 어쨌든 그것이 황

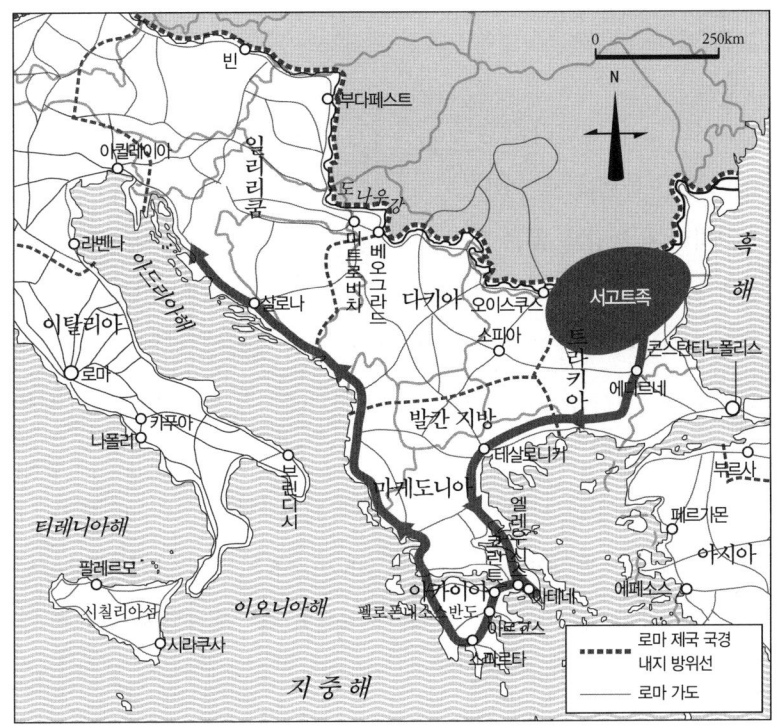

알라리크와 서고트족의 발칸 침공

제의 뜻이었기 때문이다.

　알라리크에 대한 처우가 이례적이었던 것은 아니다. 하지만 지금까지는 전투에 승리한 로마가 만약 우리와 동맹관계를 맺고 로마군에 병력을 제공한다면 우리 편에 끼워주겠다는 느낌으로 궁지에 몰린 야만족 족장을 '군사령관'에 임명하고 그들과 '동맹부족' 협정을 맺었다. 그런데 알라리크의 경우에는 로마 제국도 협박하면 굴복한다는 사실을 세상에 드러낸 꼴이었다. 다른 야만족 족장들에게도 이런 풍조가 미치는 것은 이제 시간문제였다.

　로마 제국은 야만족의 습격만이 아니라 야만족의 협박까지 당하게 되었다.

알라리크가 '일리리쿰 담당 군사령관'에 취임한 것은 서로마 제국에
는 또 다른 문제를 제기했다.

일리리쿰 지방은 많은 역사서에 실려 있는 동서 분리 이후의 로마
제국 지도에는 분명 서로마 제국에 속해 있다. 하지만 그것은 동로마
제국과 서로마 제국의 분리가 명확해진 뒤의 상태였고, 테오도시우스
황제가 죽은 지 3년도 지나지 않은 이 시기에는 동서의 경계가 그렇게
명확하지는 않았다. 그것은 테오도시우스 황제가 장남에게는 동방을,
차남에게는 서방을 나누어 맡긴 데 불과했기 때문이고, 두 형제가 사
이좋게 제국을 통치하라는 것이 테오도시우스의 참뜻이었다. 따라서
동로마 제국과 서로마 제국의 경계를 확실한 선으로 구분할 필요는 없
다고 생각했을 것이다.

테오도시우스도 서방 담당이었던 그라티아누스 황제가 죽은 뒤에
는 제국의 동방과 서방을 혼자서 12년 동안이나 통치하고 방위했다.
게다가 그 당시 그리스계 로마인에게서는 서방을 경시하는 경향을 많
이 볼 수 있었지만, 에스파냐 태생으로 라틴계 로마인인 그에게는 그
런 경향도 없었다. 그런 사람이 로마 제국 황제들 가운데 아무도 실행
하지 않았고 생각조차 하지 않은 제국의 동서 분리를 강행할 리가 없
다. 원수정 시대의 황제인 아우구스투스나 트라야누스, 하드리아누스
는 물론이고 쇠퇴기에 접어든 뒤의 황제인 디오클레티아누스와 콘스
탄티누스 대제조차도 제국 방위는 다른 사람과 분담할지언정 그 사람
들에게 국토를 나누어주지는 않았다.

몸소 군대를 지휘한 마지막 로마 제국 황제인 테오도시우스가 로마

제국의 전통을 깰 리는 없었다. 하지만 결과적으로는 그가 죽은 뒤 로마 제국이 동서로 쪼개진다. 그것은 주로 서방과 손을 끊으려는 생각이 동방을 지배하게 되었기 때문이다. 그것은 동로마 제국 정부라고 말할 수 있는 콘스탄티노폴리스 황궁을 장악한 사람들이 라틴계 로마인에서 그리스계 로마인으로 바뀌어간 시기와 일치한다.

알라리크의 '군사령관' 임명은 콘스탄티노폴리스 황궁을 지배하게 된 이 풍조의 구체적 사례이기도 했다. 자기 집 정원에서 귀찮은 애물단지를 좋은 말로 쫓아내는 것이 그들의 본심이었기 때문이다. 귀찮은 존재가 이웃집 마당에 정착했다 해도, 그것은 쫓아내는 쪽과는 관계없는 일이었다.

하지만 테오도시우스 황제가 경계를 명시하지는 않았다 해도, 그리고 모두 같은 도나우강에 접해 있기는 하지만, 다키아와 트라키아는 동방에 속하고 일리리쿰은 서방에 속한다는 것은 지도만 보아도 분명했을 것이다. 제국에서 가장 중요한 방위선으로 꼽힌 도나우강 상류와 중류의 최전선에서 출발한 가도는 대부분 서방인 본국 이탈리아로 향하는 반면, 도나우강 하류의 전선에서 출발한 가도는 동방인 콘스탄티노폴리스로 향한다.

이것은 콘스탄티누스 대제가 콘스탄티노폴리스를 건설하기 전부터 있었던 현상이다. 시리아의 안티오키아에서 이탈리아 로마로 가는 황제들 중에는 일단 도나우 '방위선'에 들러 시찰한 뒤 이탈리아로 가는 경우가 적지 않았다. 물론 동방의 속주 시리아에서 본국 이탈리아로 직행하는 길도 육로와 해로 모두 기능을 발휘하고 있었다. 따라서 동방에서 도나우강을 거쳐 본국 이탈리아로 돌아가는 우회로를 택한

5세기 초의 로마 제국

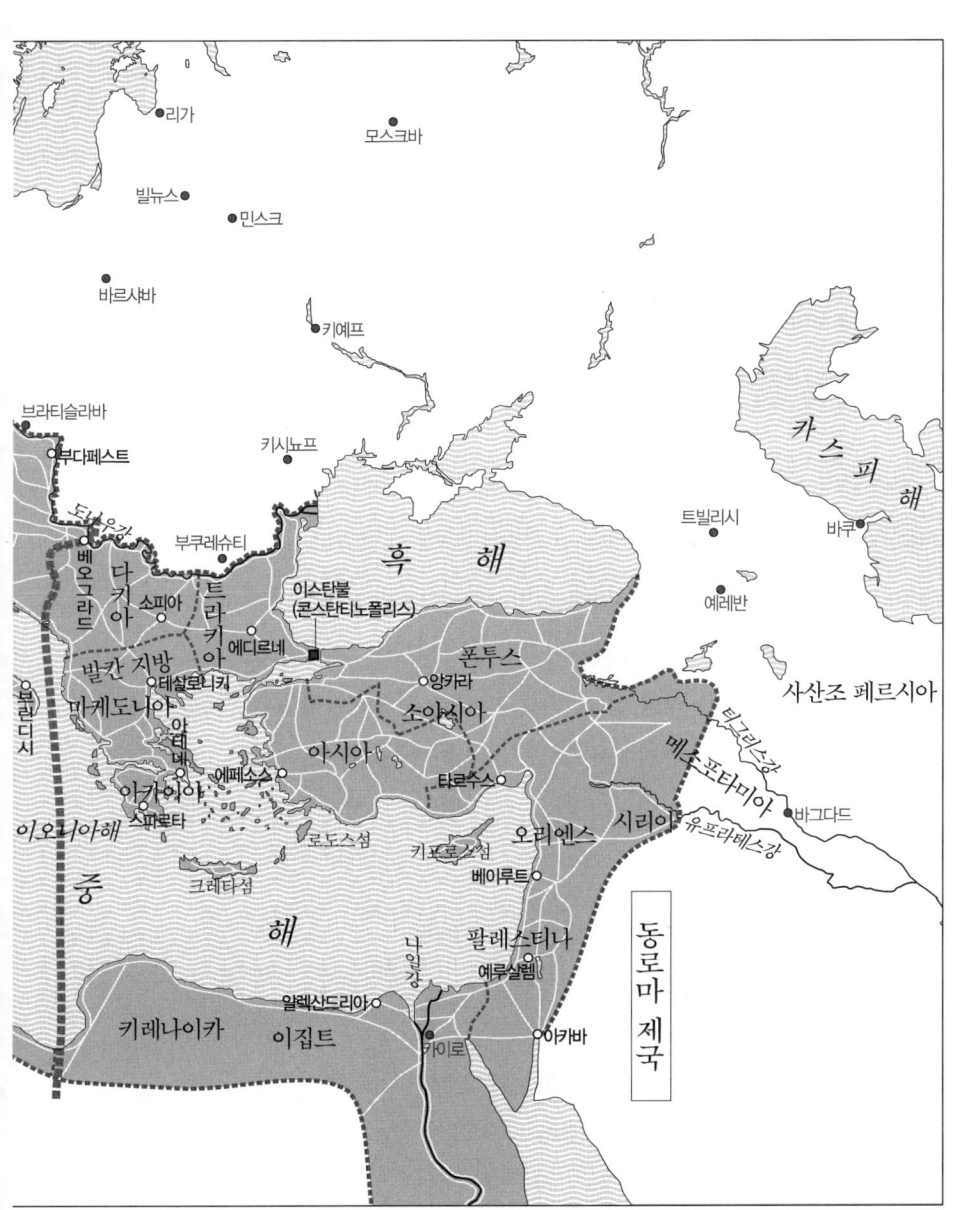

리가

모스크바

빌뉴스

민스크

바르샤바

키예프

브라티슬라바

키시뇨프

부다페스트

흑　해

트빌리시

카
스
피
해

바쿠

도나우강

부쿠레슈티

베오그라드

다키아

소피아

트라키아

이스탄불
(콘스탄티노폴리스)

예레반

사산조 페르시아

에디르네

발칸 지방

테살로니키

마케도니아

폰투스

앙카라

소아시아

아시아

메소포타미아

티그리스강

아테네

에페소스

이게이아

스파르타

타르수스

바그다드

이오니아해

로도스섬

키프로스섬

오리엔스

시리아

유프라테스강

중

크레타섬

베이루트

해

니일강

팔레스티나

예루살렘

알렉산드리아

키레나이카

이집트

카이로

아카바

동
로
마
제
국

브린디시

것은 군사상 그럴 필요가 있었기 때문으로 여겨진다. 황제는 군사상의 이유로 길을 우회해도, 행정관이나 상인은 굳이 먼 길을 돌아갈 필요가 없었기 때문이다.

그래서 도나우강에서 출발하는 로마 가도는 동남쪽으로 향하는 가도와 서방으로 향하는 가도로 나눌 수 있었다. 일리리쿰에서 출발하는 가도는 대부분 서방을 향하고 있었다. 이 일리리쿰 지방의 '군사령관'에 어제까지만 해도 온갖 만행을 저지른 알라리크가 취임했을 때 서로마 제국의 기분이 편치 않았던 것은 당연하다.

오늘날의 사고방식으로 생각하면 고대의 로마 세계를 이해할 수 없다. 일리리쿰 지방은 오늘날 '중유럽'의 남반부에 해당한다. 한편 이탈리아는 남유럽이다. 하지만 고대의 로마 세계는 중유럽의 남반부만이 아니라 동유럽에서 서유럽, 북아프리카와 중동에까지 걸쳐 있었다. 게다가 일리리쿰 지방의 북쪽 끝에 있는 빈에서 이탈리아반도의 북동쪽 입구에 해당하는 아퀼레이아까지의 거리와 아퀼레이아에서 로마까지의 거리는 거의 같다. 그리고 일리리쿰 지방의 남쪽은 아드리아해에 면해 있다. 아드리아해로 나오면 거기에서 이탈리아반도까지는 오늘날의 밀입국자가 고무보트를 타고 하루면 건널 수 있는 거리밖에 안 된다. 현대의 밀입국자 같은 기분이 되어 보면 고대의 로마 세계를 더 이해하기 쉬울지도 모르겠다.

이 시기의 동로마 제국에 서로마 제국의 방위 따위는 '내가 알 바 아니다'라는 생각이 있었던 것은 확실하다. 게다가 지리적으로나 방위상으로도 서로마 제국에 속하는 것이 당연한 일리리쿰을 야만족에 주어버린 것은 무책임하고 심술궂기까지 했다.

로마 제국의 동서 분리는 '동' 쪽에서 떨어져나간 것이다. 동로마 제국은 그리스인의 기독교 제국이 되어가고 있었던 반면, 서로마 제국은 라틴인의 기독교 제국이라 해도 이교 시대의 로마 색채가 아직 짙게 남아 있었다. 그런 서로마 제국에 대해 동로마 제국은 동질감을 느끼지 못했을지도 모른다. 이리하여 로마 세계의 동서 분리는 결정적이 되었다.

하지만 로마 세계가 동서로는 분리되었어도 남북으로는 아직 분리되지 않았다는 것을 잊어서는 안 된다. 이것도 오늘날의 사고방식으로 생각하면 이해할 수 없는 것 가운데 하나다. 따라서 여기서도 밀입국자의 관점에서 생각하는 편이 이해의 지름길이다. 아드리아해 건너편에 있는 오늘날의 크로아티아까지 알라리크가 이끄는 서고트족이 진출해 있는데도, 서로마 제국을 실질적으로 책임지고 관리하는 스틸리코가 알라리크는 일단 제쳐놓고 정세가 급변한 북아프리카 문제에 진지하게 대처하지 않을 수 없었던 것을 이해하기 위해서라도 그렇다.

지중해가 '내해'(內海)였던 시대

로마인이 카르타고를 격파하고 북아프리카까지 패권을 확대한 기원전 2세기, 그곳에는 이미 패배자가 된 카르타고인을 비롯하여 많은 민족이 정착해 살고 있었다. 그들 가운데 한 민족이 주로 오늘날의 모로코 일대에 살고 있었던 무어인이다. 이 지방이 로마 시대에 '마우리타니아'라고 불리게 된 것도 로마인이 '마우루스'라고 부른 마우리타니아인(또는 모리타니아인)이 살고 있었기 때문이다. 라틴어의 '마우루스'에서 '무어'(영어 moor)나 '모로'(이탈리아어 moro)라는 호칭이 생겨나게 된다. 셰익스피어의 비극 『오셀로』의 주인공이 바로 무어인이다.

같은 북아프리카 민족이라도 사막을 유랑하며 사는 베르베르인과는 달리 무어인은 체격도 그렇게 늠름하지 않고 피부색도 더 밝다. 통상으로 살아가는 민족이었기 때문에, 육로에서도 해로에서도 대단히 활동적이었다.

로마인은 정복자였지만 피정복자를 공동운명체 — 로마인의 표현을 빌리면 '파밀리아'(가족)의 일원 — 로 만들어가는 것을 제국의 기본 정책으로 삼은 민족이다. 아니, 로마인이 생각하는 '제국' 자체가 다인종·다민족·다문화·다종교 국가였기 때문에 '공생'은 지나칠 만큼 당연한 사고방식일 뿐이었다. 백년 동안이나 사투를 되풀이한 카르타고인까지도 흡수한 로마인이니까, 무어인을 자기네 사회에 흡수하는 것은 당연했을 것이다.

고대의 북아프리카는 좋은 말의 산지이기도 했다. 그래서 로마군 편에서 참전하는 '마우루스' 중에는 기병이 많았다. 그중에서도 가장 유명한 인물은 트라야누스 황제가 지휘한 다키아 전쟁에서 무공을 세운 루시우스 퀴에투스였다. 집정관에 선출되기까지 한 사람이니까 이름도 로마식으로 바꾸었지만, 사실은 순수한 무어인이었다. 지금도 로마 시내에 서 있는 '트라야누스 원기둥'은 그 다키아 전쟁을 부조로 '서술'한 것인데, 이 원기둥에 새겨진 전투 장면에 트라야누스 다음으로 많이 등장하는 사람이 바로 이 무어인이다. 마우리타니아 출신 기병대를 이끌고 크게 활약한 공로자였기 때문이다.

로마의 위세가 제국 전역에 미친 원수정 시대에는 제국 안의 이민족도 로마인과의 공생을 받아들이고 있었다. 유대 민족을 제하면 반란을 일으킨 민족이 거의 없는 것은 공생 노선이 기능을 발휘하고 있었다는 것을 증명한다. 하지만 그것은 공생에서 이점을 찾을 수 없게 되면 이반하는 방향으로 나아간다는 뜻이기도 했다. 북아프리카에서는 이 '공생'이 500년도 넘게 지속되고 있었다. 하지만 아무리 '파밀리아'의 일원이라도, 열차가 폭주하기 시작하면 자기만이라도 뛰어내려 살고 싶어하는 것은 지극히 자연스러운 인지상정이다.

국가가 제대로 기능을 발휘하고 있는지 어떤지는 로마 시대에는 '속주'에 여실히 나타난다. '국가의 아버지'라는 존칭을 받는 경우가 많았던 역대 로마 황제들은 말하자면 로마 제국이라는 '대가족'의 '가장'이었다. 다만 같은 피를 이어받은 사람들로 이루어지는 가족의 가장과는 달리 다민족 국가인 로마 제국의 가장은 가만히 앉아 있기만 해서는 가장 노릇을 할 수 없다.

제9권 『현제의 세기』에 등장하는 트라야누스 황제를 나는 사원이 보낸 이메일에 성실하게 답장을 보내는 사장에 비유했는데, 이 사람은 속주 통치를 맡은 총독들의 보고서를 일일이 훑어볼 뿐만 아니라 그들이 보내오는 온갖 다양한 질문에 성실하고 분명하게 대답하는 데 시간을 아낌없이 쏟아부은 황제였다.

역시 제9권에서 다룬 하드리아누스 황제는 보고서가 오기를 기다리기보다 자기가 직접 속주에 가서 속주가 안고 있는 여러 가지 문제와 과제를 현지에서 바로 해결한 사람이다. 이 사람은 재임 중에 각국에 흩어져 있는 해외 법인을 빠짐없이 시찰하고 다니는 다국적 기업의 총

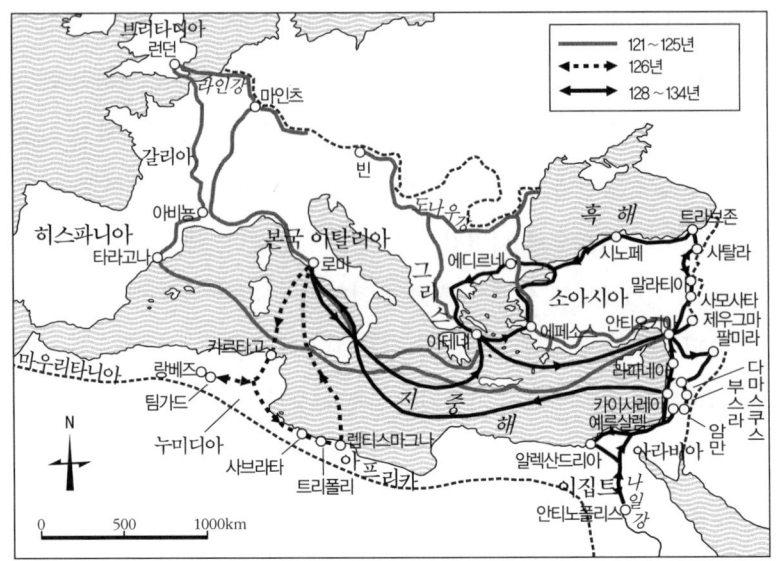

하드리아누스 황제의 순행 경로

수와 비슷했을 것이다. 하지만 이것이 강대한 권력을 위임받은 사람의 책무이고, 원수정 시대 황제들은—몇몇 예외는 있지만—이것이 책무라는 생각을 공유하고 있었다.

　하지만 이런 부류의 '가장'도 2세기 말을 경계로 모습을 감춘다. 야만족의 대규모 침략에 흔들린 3세기, 그리고 기독교로 말미암아 공동체—즉 '가족'—의 의미 자체가 달라진 4세기를 거친 뒤에는 '가장'이 가족 모두를 살피고 감독할 여유가 없어졌다. 속주 총독은 실이 끊어진 연이 된다. 그리고 이 폐해가 다른 어느 지방보다 뚜렷이 나타난 곳이 바로 북아프리카였다.

아프리카, 반란

로마인이 '아프리카'라고 말하면, 그것은 이집트를 제외한 아프리카 북부를 가리킨다. 로마 시대에는 키레나이카, 트리폴리타니아, 아프리카 프로콘술라리스(전직 집정관이 통치하는 아프리카), 누미디아, 마우리타니아 카이사리엔시스, 마우리타니아 팅기타나라는 여섯 속주가 동쪽에서 서쪽으로 늘어서 있었다. 오늘날에는 리비아, 튀니지, 알제리, 모로코의 네 나라에 해당한다.

이 북아프리카의 행정 책임자들이 다른 어떤 속주보다 '실이 끊어진 연'이 되어버린 것, 바꿔 말하면 본국의 통제를 받지 않고 멋대로 속주를 통치하게 된 것은 역설적이게도 북아프리카에서는 카르타고를 중심으로 한 기독교회의 세력이 강했기 때문이다.

로마 제국 동방에서 이집트의 알렉산드리아와 시리아의 안티오키아와 콘스탄티노폴리스가 강력한 주교구였던 시대, 제국 서방에서 강력한 주교구는 로마와 카르타고였다. 밀라노 주교 암브로시우스는 강력한 영향력을 휘두른 것으로 유명했지만, 그것은 그 개인의 재능이 뛰어났기 때문이지 밀라노가 주교구로서 강력했기 때문은 아니다. 강력한 주교구란 신자의 수가 많고 교회 자산도 풍부하고 당시의 권력자와 밀접한 관계를 유지하고 있는 곳이다. 물론 이런 특권을 획득하고 유지하려면 주교 개인의 재능이 영향을 미치지 않을 수 없었다.

종교도 인간 활동의 하나인 이상, 존경이나 경의나 숭배처럼 구체적인 형태로 드러나지 않는 무형의 감정도 유형의 것으로 바뀌는 현상과 무관하지 않다. 돈이 절대적 주역인 금융 세계에서도 신용이 중요한

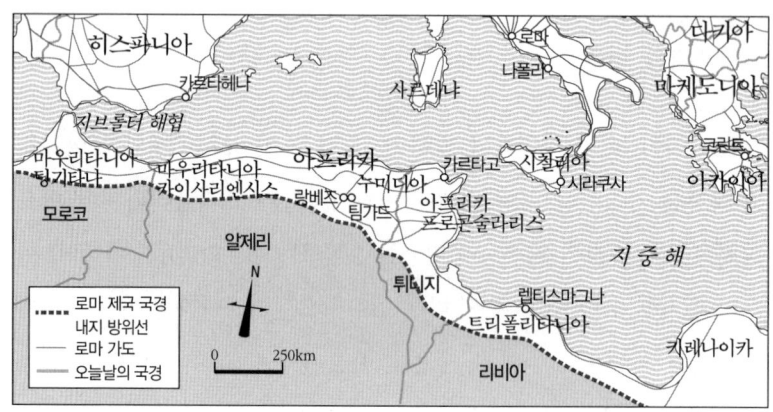

북아프리카와 그 주변

역할을 맡고 있는 것과 비슷하다. 카르타고 주교구를 중심으로 하는
북아프리카의 기독교회가 강력해질 수 있었던 것은 이곳에서 열심히
종교 활동을 하는 이곳 출신의 뛰어난 성직자들이 있었기 때문이다.

이런 성직자들 가운데 제12권 『위기로 치닫는 제국』의 마지막을 마
무리한 카르타고 주교 키프리아누스가 있다. 그는 전혀 광신적인 신앙
에 빠진 사람이 아니었고, 4세기 후반에 산발적으로 일어난 황제의 기
독교도 탄압을 피하려고 마음만 먹었다면 얼마든지 피할 수 있었다.
실제로 한번은 도망치기도 했다. 하지만 주교인 이상 피할 수 없다고
마음을 고쳐먹고 자진 출두하여 순교했다.

자신은 순교하게 되었어도, 이 사람은 탄압에 못 이겨 기독교를 버
린 신자들의 복귀에 관대했다. '양치기'에게는 양치기의 책무가 있지
만, '양'에게 그것까지 요구하는 것은 인간성에 어긋난다고 생각했는
지도 모른다. 나는 이 사람과 같은 시대에 태어나 그의 설교를 들었다
해도 기독교도가 되지는 않았겠지만, 이 사람을 '시대의 양심'이라고
부르는 것을 주저하지 않을 것이다. 하지만 이 사람과 같은 생각이 퍼

지면 반드시 반대자가 나타난다. 키프리아누스와 그의 지지자들을 미적지근하다고 비난한 사람이 같은 북아프리카 주교였던 도나투스였다. 그래서 키프리아누스를 비롯한 관대파와 선을 긋게 되는 강경파를 '도나투스파'라고 부르게 되었다.

도나투스파가 생각하는 기독교회는 순수하고 죄 없는 사람들로만 구성되는 신앙 조직이고, 죄를 저지른 경우—죄라 해도 법적인 죄가 아니라 신앙상의 죄지만—에는 참회만으로는 끝나지 않고 다시 한번 세례를 받아 처음부터 다시 시작해야 한다는 입장이었다. 현실 생활에서 가톨릭과 도나투스파의 차이를 한마디로 말하면, 가톨릭은 로마 제국을 세속 기구로서 인정하는 반면 도나투스파는 로마든 뭐든 기성 조직은 일절 인정하지 않았다.

이렇게 되면 당연한 일이지만, 기독교를 공인하고 니케아 공의회에서 삼위일체파인 가톨릭을 정통으로 결정한 로마 제국에서 도나투스파는 '이단'으로 배척받는 대상이 되었다.

그런데 당시 북아프리카에는 로마보다 순수한 기독교도가 훨씬 많았던 모양이다. 다른 지방에서는 가톨릭이 주류가 되었지만, 이곳에는 다른 지방보다 도나투스파가 많았다. 가톨릭과 도나투스파가 타협점을 찾기 위해 공의회를 열었지만, 양쪽에서 참석한 주교의 수가 거의 비슷했다. 그렇다면 북아프리카에서는 가톨릭과 도나투스파의 세력이 서로 백중했다고 추측할 수도 있다. 이런 상태에서 '이단'으로 몰린 쪽이 잠자코 물러날 리는 없었다. 체제 쪽인 가톨릭에 대해 도나투스파는 반체제파가 되었다. 속주 정부의 악정에 항의하는 쪽이 도나투스파로 분류된 것이다. 그리고 북아프리카의 이런 실정에 자신의 야심을 겹칠 생각을 한 사람이 나타난다. 그 사람이 바로 무어인인 길도였다.

다민족 국가인 로마 제국은 로마에 져서 로마의 지배를 받게 된 이민족 출신이라도 로마인 사회에 침투하는 사람에게는 완전히 문호를 개방했고, 부족으로 뭉친 상태로 로마 제국이라는 '대가족'의 일원이 되고 싶어하는 자들에게도 그것을 인정해주었다. 로마 황제까지 배출하면서 완전히 로마 사회에 동화한 옛 카르타고인은 전자의 좋은 예지만, 로마 시대에 '마우루스'라고 불린 무어인은 후자의 경향이 더 강했던 모양이다. 오늘날의 모로코와 알제리 서부에 해당하는 지방이 로마 시대에 '마우리타니아'라고 불린 것도 마우루스(무어인)가 많이 살고 있었기 때문이다.

길도는 이 무어인의 유력한 가문에서 태어났다. 속주의 유력한 가문 출신은 로마 군단에서 경력을 쌓는 경우가 많다. 길도의 집안에서도 길도와 그의 형에 아우까지 삼형제가 모두 로마군 장교가 되었다.

그런데 맏이인 피르무스가, 원인이 무엇인지는 알 수 없지만 카르타고에 있는 총독에 맞서 반란을 일으켰다.

속주 정부가 단호하게 대처하기 전에 반란의 불길은 순식간에 퍼져 갔다. 테오도시우스 황제가 아직 살아 있을 때의 일이다. 북아프리카에서 반란이 일어났다면, 테오도시우스도 방치할 수 없다. 유럽에서 군대를 파견하여 반란을 진압하려고 애쓰게 되었는데, 길도가 그 진압군에 가담하여 친형에게 활을 당겼다.

진압은 주모자인 피르무스의 죽음으로 끝났다. 테오도시우스는 그 후 길도를 북아프리카 방위 책임자로 임명했다. 이 무어인이 로마 황제에게 받은 지위는 '아프리카 담당 군사령관'(magister militum per Africae)이었다. 속주 총독이 충분히 직무를 수행할 수 없게 된 4세기 말, 실질적으로는 북아프리카 전역에서 가장 높은 지위를 의미했다. 하지만 길도는 북아프리카에서 명실 공히 가장 높은 지위를 노리고 있었다.

테오도시우스 황제의 죽음이 그 기회를 가져다주었다. 테오도시우스의 뒤를 이은 두 아들은 아직 어렸고, 북아프리카가 속해 있는 제국 서방의 황제에 취임한 호노리우스는 겨우 열 살밖에 안 된 소년이었다.

테오도시우스가 죽은 서기 395년 당시에는 길도가 아직 태도를 분명히 하지 않았다. 하지만 2년 뒤에는 야망의 첫걸음을 내디뎠다. 그가 군사령관을 맡고 있는 북아프리카는 밀라노에 있는 호노리우스 황제가 아니라 콘스탄티노폴리스에 있는 아르카디우스 황제에게 충성을 맹세한다고 선언한 것이다. 가까운 '주인'보다 멀리 있는 '주인'을 섬기는 편이 자유롭게 행동할 수 있는 여지가 크다고 판단했을 것이다.

곧바로 두 번째 걸음도 내디뎠다. 서기 330년에 태어났다는 설이 옳다면, 길도는 이 해에 벌써 67세가 되어 있었다. 시간을 낭비할 수 없다고 생각했는지도 모른다. 그가 내디딘 두 번째 걸음은 북아프리카에서 이탈리아로 보내는 식량에 대해 금수 조치를 내린 것이었다. 구체적으로는 밀을 가득 싣고 카르타고 항을 떠날 예정인 모든 상선의 출항을 금지했다.

로마 제국의 본국인 이탈리아, 특히 그 수도인 로마가 주식인 밀을 수입에 의존하게 된 것은 기원전 3세기까지만 해도 로마보다 훨씬 강국이었던 카르타고를 무찌르고 서지중해의 패권을 잡은 뒤부터니까, 벌써 550년이나 계속되고 있는 전통이었다. 직접적인 요인은 넓은 경작지가 적은 이탈리아반도에서 나는 밀이 넓은 경작지가 있는 시칠리아나 북아프리카산 밀에 가격 경쟁에서 졌기 때문이지만, 로마는 그것을 자기 패권 아래 들어온 나라들에 대한 지배 정책으로 바꾸었다.

인간은 군사력에서 패했기 때문에 굴복할 수밖에 없었다는 것을 알면서도, 패권자한테 자신들이 필요한 존재가 되면 패권 아래 놓여 있는 것에 대한 저항감도 약해진다. 승자인 로마는 패배자들이 오랫동안 축적해온 것을 인정하고 받아들여 그들의 심정을 존중해주면 그들을 지배하기가 더 쉽다고 생각했다.

지중해 세계의 최고 학부는 그리스의 아테네와 이집트의 알렉산드리아에 있었다. 로마는 그런 교육기관을 로마로 옮기지 않고, 로마의 양갓집 자제들이 그쪽으로 유학을 갔다.

또한 카르타고에는 포에니 전쟁이 시작되기 오래전부터 농경 연구서 내지 농사 안내서가 존재했다. 카르타고인은 통상 민족인 동시에 효율적인 농장 경영자이기도 했다. 이런 카르타고를 격파한 로마는 그들의 장기인 통상과 농경을 그대로 남겨둔다. 로마의 곡창으로 변한 북아프리카에서 밀을 비롯한 농산물이 카르타고인의 배에 실려 이탈리아로 건너가게 되었다. 로마의 외항인 오스티아에는 카르타고 상선 회사의 지점이 설치되었을 정도였다.

이집트가 로마의 곡창이 된 것은 정복자 로마가 나일강 유역에서 생산되는 밀의 구매자가 됨으로써 오랜 역사를 자랑하는 이 대국을 지배하기 위해서이기도 했다. 무엇이든 혼자 독차지하는 것은 지배 정책으로는 가장 서투른 방식이다. 다만 주식을 수입에 의존하게 된 뒤에는 식량을 보장하는 것이 역대 로마 황제들의 중요한 임무가 되었다. 밀의 비축과 품질 유지에 쏟은 황제들의 세심한 배려는 역사의 뒷이야기로 말하기가 아까울 정도다.

이탈리아와 북아프리카 사이에 이런 관계가 생긴 뒤 550년의 세월이 지났지만, 길도는 이탈리아로 밀을 수출하지 않으면 강력한 무기를 손에 쥐는 것과 마찬가지라고 생각했을 것이다. 길도가 이 무기를 휘둘러 얻으려 한 것은 말할 것도 없이 북아프리카를 서로마 제국에서 분리하는 것이었다.

서로마 제국을 군량으로 공격하는 전략이니까 아주 좋은 점에 착안했다고 말할 수 있다. 실제로 이 사실을 안 로마 민중은 앞을 다투어 시장으로 몰려들었다.

이것만으로도 서로마 제국에는 우려할 만한 사태지만, 북아프리카 민중의 절반 가까이가 길도를 지지한 것이 문제를 더욱 복잡하게 만들고 있었다. 길도는 '군사령관'이라는 공식 지위에 있으면서도, 그때까지 1세기 가까이 가톨릭에 저항해온 도나투스파 기독교도들을 자기편으로 끌어들였다.

'도나투스파'라고 불린 이들은 가톨릭 쪽에서 이단으로 몰려 오랫동안 배척과 탄압을 받아왔다. 대충 분류하면, 로마인과의 동화가 많이 진행된 도시 지역에 사는 옛 카르타고계 주민은 가톨릭이고, 도시에 비해 동화가 덜 된 농촌 지역에는 도나투스파가 많았다고 말할 수도 있다. 이것은 도나투스파가 속주 정치의 주류에서도 벗어나 있었다는 뜻이다. 그리고 동서고금을 막론하고 언제 어디서나 볼 수 있는 일이지만, 로마 제국의 곡창이라고 불릴 만큼 이탈리아반도와 교역이 활발하게 이루어진 이곳에서 그 교역으로 이익을 얻는 것은 생산자보다 중개자 쪽이었다.

요컨대 북아프리카에서 도나투스파가 무시할 수 없는 세력이 된 데에는 종교적·정치적·경제적 이유가 있었다. 나중에 가톨릭의 '교부'가 되고 성인 반열에 오른 성 아우구스티누스가 도나투스파를 아무리 성심껏 설득해도 먹혀들지 않은 진짜 요인은 바로 이것이었다.

종교적 이유가 관련되면 타협은 있을 수 없다. 북아프리카의 도나투스파에게 가톨릭교도는 그릇된 가르침을 믿는 가증스러운 적일 뿐이었다. 다른 종교인 '이교' 배척보다 같은 종교 내부에서 벌어지는 '이단' 배척이 더 음습하고 더 잔인해지는 것은 중세에 휩몰아친 이단 재판의 광풍을 상기할 필요도 없는 역사적 사실이다. 체제와 가톨릭에 대한 반감에 불타는 도나투스파는 무어인이라는 이유로 기성 지배층과 거리가 있었던 길도에게 희망을 걸었다.

5세기를 코앞에 둔 시기의 북아프리카가 이런 실정이었다면, 호노리우스 황제의 보좌역이라 해도 실질적으로 서로마 제국을 통치하고 있었던 스틸리코가 이리저리 해결책을 궁리한 것은 당연한 일이다. 그 결과, 이 반달족 출신 '총사령관'은 37세라는 나이에 어울리는 과감하면서도 신중한 해결책을 선택했다.

우선 긴급 명령을 보내, 갈리아와 히스파니아에서 밀을 다량으로 수입했다. 우선 시장을 진정시키는 것이 선결문제였기 때문이다. 그리고 이 밀이 시장에 나타났을 무렵, 로마 원로원에 가서 '군사령관' 길도를 '공공의 적'(hostis publicus)으로 결의해달라고 요구했다. 자기보다 훨씬 나이 많은 원로원 의원들 앞에서 37세의 스틸리코는 이렇게 말했다.

"우리 식량이 일개 무어인의 마음 하나에 달려 있습니다. 게다가 그 인물은 공급자가 아니라 협박자로 행동하게 되었습니다."

이 스틸리코를, 그에게 심취해 있던 시인 클라우디아누스는 이렇게 묘사했다.

〈군대는 원로원의 결의가 없으면 진군하지 않는다는 것이 예로부터 로마인의 방식이었다. 스틸리코는 로마의 이 좋은 전통을 몇 세기나 지난 이제 와서 부활시켰다. 원로원이 장군에게 명령을 내린 뒤에야 군대가 군사행동을 개시하는 이 방식이 전쟁터에서 로마가 거둔 수많은 승리로 연결되었다.

정직하게 말하자. 로물루스 이래 법의 권위가 부활하고 무기가 원로원의 결정에 따르는 모양을 보는 것이 얼마나 큰 기쁨이었는지.〉

심취한 사람은 유용하기도 하지만 곤란한 존재이기도 하다. 무엇보다도 4세기에 살았던 이 이집트 출신 로마 심취자가 생각한 것과는 달리, 왕정과 공화정과 원수정으로 정치체제는 바뀌어도 로마 역사를 통틀어 원로원이 문관들만의 모임이었던 적은 한 번도 없었다. 후기에 이르기까지 로마라는 국가에는 문관과 무관의 구별이 없었다. 구별이 생긴 것은 4세기에 접어든 뒤였다. 이 시기에 로마 제국이 원수정에서 절대군주정으로 바뀌었기 때문이다. 최고 권력자가 '원수' 또는 '시민 가운데 제일인자'에서 '절대군주'로 바뀌면, 최고 권력자의 보좌 기관으로서 그 권력을 통제하는 역할을 맡고 있었던 '원로원'도 존재가치가 떨어지는 것이 당연하다. 4세기에 접어든 뒤 원로원의 권위와 권력이 가파른 내리막길을 굴러 떨어지듯 급속히 약해진 진짜 원인은 문관과 무관이 명확히 분리되었기 때문이다. 실권을 갖지 않은 권위는 진정한 권위가 될 수 없다. 시인이 그리워하고 있는 과거의 원로원은 문관인 동시에 무관인 사람들, 즉 군사를 아는 정치인들이 모여 있는 기관이었다. 그래서 선전포고를 하느냐 마느냐 하는 중대한 문제에 군사적으로도 적절한 판단을 내릴 수 있었고, 그것이 승률을 높여주기도 했다.

군사에도 재능이 있다는 것을 지금까지의 전투에서 여실히 보여준 스틸리코다. 전쟁터의 흙을 밟지도 않고 100년이 지난 원로원 의원들에게 단지 옛날을 그리워하는 마음만으로 북아프리카 원정의 가부를 물을 리는 없었다. 그가 원로원에 요구한 것은 '총사령관'인 자신에게 본래는 동료인 '군사령관' 길도를 공격할 대의명분을 달라는 것이었다. 로마인의 눈으로 보면 그가 야만족인 반달족 출신이기 때문에 그런 대의명분이 더 필요했다. 어쨌든 상대는 반달족보다 몇백 년 전부터 로마인과 함께 싸운 역사를 가진 무어인이었기 때문이다.

원로원의 '공공의 적' 선언은 군사행동을 측면에서 지원해주는 조치이기도 했다. 공공의 적을 상대로 전쟁을 하게 되면 대농장에서 일하는 농노를 병사로 징집하는 것도 허용되었고, 농장주가 그것을 회피하려고 하면 농노를 공출하지 않는 대신 농노 1인당 25솔리두스를 부과할 수도 있었다. 물론 이 돈은 로마군에서 복무하는 데 매력을 느끼고 있던 야만족을 용병으로 고용하는 데 쓰인다. 이것도 로마 제국 군대에 야만족의 수가 늘어난 원인이었다.

바로 이 마지막 이유 때문에, 대규모 농장 소유자가 주류를 차지하고 있던 원로원이 스틸리코의 요청—길도에 대한 '공공의 적' 선언—을 망설였다. 대농장에서는 거의 모든 것을 자급자족할 수 있었기 때문에, 북아프리카에서 밀 수입이 중단되어도 일반 서민만큼 큰 영향을 받지는 않았다. 또한 시장에서 식량이 사라지면 민중이 폭동을 일으키고 대농장도 폭도의 습격을 받을 위험은 있었지만, 스틸리코의 긴급 수입으로 시장도 진정되어가고 있었다.

시야가 좁고 이기적으로 행동할 줄밖에 모르는 원로원 의원들 앞에서 스틸리코도 강경한 수단에 호소하지 않을 수 없었다. 밀라노에 있는 호노리우스 황제를 로마로 불러, 원로원 회의장에서 길도를 토벌해야 할 필요성을 연설하게 했다. 열두 살의 소년 황제는 스틸리코가 써준 글을 읽는 게 고작이었지만, 그래도 북아프리카 원정은 스틸리코 혼자만의 생각이 아니라 황제와 원로원도 함께 참여하는 거국적 군사 행동이라는 모양새를 만드는 데 성공했다. 황제가 참석한 원로원 회의에서 의원들은 길도를 국가의 적으로 선언하는 결의안을 만장일치로 채택했다.

북아프리카 원정에 스틸리코는 직접 나서지 않았다. 아니, 나설 수 없었다고 말하는 편이 옳다. 군사령관이라는 공적 지위까지 손에 넣은 알라리크와 그 휘하의 서고트족이 이탈리아반도 바로 옆에 버티고 앉아 있는 상태에서 이탈리아를 떠날 수는 없었기 때문이다. 원정군 지휘는 길도를 토벌하기에 가장 적합한 무장에게 맡겼다.

그 인물은 바로 길도의 친동생인 마스케젤이었다. 그는 길도에게 져서 이탈리아로 망명해 있었다. 야망을 실현하기 위해서라면 이단으로 배척당하고 있는 도나투스파와 손잡는 것도 마다하지 않는 길도의 방식에 독실한 가톨릭 신자인 마스케젤이 반대한 것이 형제 싸움의 원인이었다고 한다. 종교가 관련되었기 때문에 이 형제 싸움은 격렬했던 모양이다. 길도에게 두 아들을 잃은 마스케젤은 이탈리아로 망명할 수밖에 없었다. 두 아들을 잃은 아버지의 원한만이 아니라 이단인 도나투스파를 타도하겠다는 열성적인 가톨릭교도의 정열도 형 길도에 대한 마스케젤의 증오심을 떠받치고 있었다. 스틸리코가 마스케젤을 원정군 지휘관으로 선택한 이유도 여기에 있었다.

마스케젤이 이끌고 가게 된 토벌군은 '군'이라고 부르기가 꺼려질 만큼 소규모여서, 병력이 5천 명밖에 안 된다. 하지만 이 5천 명은 전투의 베테랑일 뿐만 아니라, 모두 열광적이라고 해도 좋을 정도의 가톨릭 신자였다. 이 병사들을 선발한 스틸리코의 뜻은 분명하다. 적군 쪽에는 가톨릭 신자도 있지만 적지 않은 수의 도나투스파 병사도 참전했다. 그렇다면 이쪽은 정통 기독교도라고 믿어 의심치 않는 가톨릭 신자를 보내서 적군의 분열을 노리자는 것이 그의 속셈이었다.

이 작전은 멋지게 성공했다. 북아프리카에 상륙한 5천 명의 마스케젤 군대와 맞선 길도 군대는 그 15배에 가까운 7만 명이었다고 한다. 하지만 양쪽 군대가 평원에 진을 친 뒤, 혼자 앞으로 나선 마스케젤의 외침소리가 승패를 결정지었다. 이 전투는 정통 기독교와 이단의 싸움이라고 그는 외쳤다. 그러자 길도 진영에 있던 가톨릭 병사들이 무기를 버리고 싸울 뜻이 없다는 것을 보여주었고, 열성적인 기독교도가 아닌 무어인 병사들도 그것을 보고는 침착성을 잃고 달아날 생각밖에 하지 않았다. 길도 군대는 완전히 붕괴되었다. 길도도 도주했다. 하지만 곧 뒤따라온 토벌군에게 사로잡혀, 마스케젤이 보는 앞에서 목이 잘렸다. 이리하여 서기 398년 여름, 토벌군이 피사 항을 떠난 지 반년도 지나기 전에 북아프리카는 다시금 서로마 제국으로 돌아왔다.

그러나 마스케젤은 승리자로서 카르타고에 입성하지 못했다. 카르타고로 가는 도중에 다리를 건너다가 강물에 빠져 죽은 것이다. 무거운 갑옷 때문에 익사했다고 한다. 길도와 도나투스파에 반대한 사람이지만 마스케젤도 무어인이었다. 마스케젤이 죽자, 당장 다른 인물이 지휘관에 취임했다. 스틸리코가 미리 토벌군에 동행시킨 인물로, 무어인은 아니다. 이 인물에게는 길도가 오랫동안 군림해온 북아프리카를 재정비하는 임무도 맡겨졌다.

북아프리카 문제가 이렇게 빨리 해결된 것을 기뻐한 사람은 주식인 밀의 공급 부족을 걱정할 필요가 없게 된 일반 서민만은 아니었다. 지금까지는 협력하기를 꺼렸던 원로원도 스틸리코의 공적을 인정하여 포로 로마노에 스틸리코의 입상을 세우기로 결의했다. 로마의 중심부에 입상이 세워지는 것은 이곳이 로마 제국의 두뇌이자 심장이었던 시대부터 로마 남자들에게는 더없는 명예로 여겨졌다.

하지만 스틸리코에게는 공화정 시대의 지도자들처럼 공공 건조물을 지어서 시민에게 기증하는 것은 허용되지 않았다. 제정으로 이행한 뒤에는 황제가 승리의 영예를 한몸에 받게 되었고, 거기에 대한 답례로 공공 건조물을 시민에게 기증할 권리도 황제에게만 주어졌기 때문이다.

길도의 재산은 모두 몰수되어 승자인 황제의 것이 되었는데, 길도는 오랫동안 권력을 행사했기 때문에 재산이 엄청난 액수에 이르렀던 모양이다. 이 몰수한 재산을 스틸리코는 동로마 제국 황제인 아르카디우스와 서로마 제국 황제인 호노리우스의 이름으로, 도시 로마에 신선한 물을 공급하는 수도의 전면 보수작업에 쓰기로 결정했다. 로마 제국의 공공 건축물에는 그것을 처음 건설한 사람의 이름을 새긴 석판을 끼워넣는 것은 물론, 수리하거나 보수한 사람의 이름도 명기하는 것이 관례였다. 로마인은 인프라의 유지 보수가 얼마나 중요한지를 잘 알고 있었기 때문에 생긴 관례였고, 서기 398년에도 이 관례는 답습되었다. 우뚝 솟은 수도교 벽면에 끼워진 대리석판에는 다음과 같은 글이 새겨져 있었다고 한다.

〈황제 아르카디우스와 황제 호노리우스는 존경하는 총사령관 스틸리코의 진언을 받아들여 황실 비용으로 보수공사를 실시한 것을 여기에 기록한다.〉

하지만 38세가 된 스틸리코는 이 정도의 일로 자신의 처지를 잊을 남자는 아니었다. 그는 원로원의 집요한 반대를 잊지 않았다. 야만족 출신이라는 꼬리표가 항상 따라다니는 자신의 지위를 좀더 확고하게 다질 필요를 느끼고 있었다. 이 시대에는 딸을 낳으면 '마리아'라고 이름짓는 부모가 늘어나고 있었는데, 스틸리코에게도 마리아라는 딸이 있었다. 스틸리코는 딸 마리아를 호노리우스 황제에게 시집보냈다. 호노리우스는 열네 살, 마리아는 그보다 조금 어렸던 모양이다. 둘 다 아직 어린 나이니까 금방 아이가 태어나기를 기대할 수는 없었지만, 적어도 스틸리코는 황후의 아버지이자 황제의 장인이 되었다. 소년 황제를 보좌하라는 것이 선제 테오도시우스가 그에게 맡긴 임무였지만, 황제의 장인이 되면 반대파도 그의 보좌 역할을 반대하기 어려워질 거라고 생각했다. 황제의 장인이 되지 않더라도 북아프리카 문제를 조기에 해결한 398년 당시 그의 위세는 계속 상승하고 있었지만, 권력과 위세는 지극히 사소한 일로 말미암아 순식간에 추락하는 것이기도 하다. 38세의 총사령관은 그렇게 되기 전에 지반을 더욱 단단히 굳히고 싶었던 것이다. 그가 앞으로 손대려 하는 일을 생각하면 지반 굳히기를 소홀히 할 수 없었다. 게다가 스틸리코처럼 무슨 일을 하든 '야만족 출신'이라는 꼬리표가 따라다니는 사람에게는 더욱 그것이 허용되지 않았다.

로마의 역사가 끝에 가까워질수록 지금까지 내 머리를 차지해온 생각들 중에서도 특히 한 가지 생각이 조금씩, 하지만 확실하게 자리를 넓혀가고 있는 듯한 느낌이 든다. 인간의 행운과 불운은 그 사람 자신의 재능보다도 그 사람이 어떤 시대에 살았느냐와 더 관계가 깊은 게 아닐까 하는 생각이다. 스틸리코의 인생 후반은 그 전형인 듯하다. 제국의 마지막 1세기에 살게 된 스틸리코는 고도성장기였던 공화정 시대의 로마, 안정성장기라고 생각해도 좋은 제정, 즉 원수정 시대의 로마 제국에서 살았던 사람이라면 직면하지 않아도 되는 어려운 문제와 맞설 수밖에 없었다.

로마인의 눈으로 보면 스틸리코는 틀림없는 야만족인 반달족의 피를 받았지만, 이민족도 태연히 받아들일 만큼 개방적이었던 과거의 로마 제국에서 태어났다면 군사적 재능을 인정받고 제국의 중요한 '방위선' 하나를 맡아 칭송과 명예 속에서 인생을 마쳤을 것이다. 하지만 인간 사회는 활력이 떨어질수록 폐쇄적이 되어가는 법이다. 이것은 시대의 진전과는 전혀 관계가 없다. 2세기까지는 장애가 되지 않았던 것도 5세기에는 장애가 되었으니까.

게다가 4세기 이후 로마 제국의 최고위자는 시민 가운데 제일인자를 뜻하는 '원수'가 아니라 기독교 신의 뜻을 드러내는 '절대군주'로 바뀌었다. 신이 결정한 인사니까 인간이 멋대로 바꾸면 안 된다는 것이다. 후세에 나온 '왕권신수설'의 이정표가 되는 이 시스템을 창설한 것은 콘스탄티누스 대제였고, 그로부터 1세기 가까운 세월이 지났다. 100년은 시스템이 정착하기에 충분한 시간이고, 무능한데도 뜻밖에 오랫동안 황제의 지위를 누린 5세기 전반의 황제들이 이 시스템의 유효성을 실증한다.

황제의 지위는 신으로부터 받은 것이라는 이 시스템 이외에 스틸리코는 호노리우스 황제의 지위를 끝까지 지켜주어야 할 의무가 있었다. 죽어가는 테오도시우스 황제 앞에서 그것을 서약했기 때문이다. 로마인은 법의 민족이다. 법치 민족이라고 해서 서명한 서약서만 효력을 갖는 것은 아니다. 로마인은 구두 서약도 충분히 효력을 갖는다고 생각했다. 현대식으로 표현하면 '신사협정'이지만, 서로 상대를 믿고 약속한 이상은 우리가 흔히 말하는 '사나이의 약속'이다. 로마인은 이런 서약을 깨고도 부끄러워하지 않는 것이야말로 야만족인 증거라고 생각했기 때문에, 로마인보다 더 로마인이 되려고 애쓴 스틸리코가 그 서약을 깰 수 있을 리가 없었다.

하지만 스틸리코는 소년 황제를 세워놓고도 실제로는 그 혼자서 5세기 로마 제국의 문제에 직면해야 했다. 바꿔 말하면, 모든 것이 원수정 시대와는 정반대가 된 로마 제국의 실정과 맞서야 했다.

국가라고 부르든 부르지 않든, 인간 사회는 크게 두 종류의 인간으로 구성되어 있다. 그것은 생산자와 비생산자다. 이 양자를 엄밀하게 구분하기는 어렵지만, 대충 나누면 우선 다음과 같이 될 것이다.

생산자는 한자로 나타내면 '農'(농)·'工'(공)·'商'(상)에 종사하는 사람들. 상인은 스스로 생산하지는 않는다고 말할지 모르지만, 유통은 차후의 생산과 결부되기 때문에 나는 생산자로 분류한다.

비생산자는 정치와 행정과 군사를 담당하는 사람들. 자신은 생산하지 않지만 생산자가 생산에 전념할 수 있는 환경을 갖추는 것이 이들의 직무라는 공통점을 갖고 있다.

이 두 계층은 둘 다 인간 사회에 없어서는 안 될 만큼 중요하지만, 비생산자 계층의 책임이 더 무겁다. 하드웨어와 소프트웨어 양쪽에서 사회의 '인프라스트럭처'를 갖추는 것이 그들의 직무이기 때문이다. '인프라'는 개인이 아무리 노력해도 불가능한 일을 사회가 대신 하는 것이라고 나는 생각한다. 매일 밤 자기 집 문을 잠그는 것은 개인도 할 수 있지만, 개인이 외적의 내습까지 막을 수는 없기 때문이다.

농민에서 농노로

농업이 주요 산업이었던 고대에는 농민이 생산자를 대표했다. 로마 제국이 쇠퇴의 길을 걷기 시작한 3세기부터 5세기까지 농민의 동향을 간단히 더듬어보면 다음과 같다.

3세기 — 거듭되는 대규모 야만족의 침입 앞에서 어찌 할 바를 모르게 된 농민은 경작지를 팔거나 버리고 자기 땅을 떠나 성벽으로 둘러싸인 도시로 흘러들게 되었다. 지방은 인구가 줄고 도시는 과밀해졌다. 미래에 절망한 사람들에게 구원에 대한 희망을 준 기독교는 특히 도시 지역에서 급속히 퍼졌는데, 그 온상이 된 것이 바로 도시의 과밀화였다.

4세기—4세기 전반을 장식한 디오클레티아누스 황제와 콘스탄티누스 대제라는 두 전제군주는 모든 직업의 세습을 제도화했다. 농민의 자식으로 태어나면 농민으로 일생을 마쳐야 하게 되었다. 이 정책을 강행한 덕분에 무서운 기세로 진행되고 있던 지방의 인구 감소 속도를 떨어뜨리는 데에는 성공한 모양이다. 하지만 쳐들어온 야만족을 맞아 싸우면, 설령 야만족을 물리치는 데 성공하더라도 로마 제국 영토가 전쟁터가 되는 것은 피할 수 없다. 요컨대 '팍스 로마나'가 돌아온 것은 아니었다. 땅에 묶여 있는 농민에게 다시 평화와 안전이 보장된 것은 아니었다는 뜻이다.

5세기—4세기 후반부터 농민의 지방 회귀 현상이 나타나기 시작했다. 다만 그 내용은 좀 달랐다. 군사에 종사하면서 제국 방위를 담당하는 사람의 수는 원수정 시대의 두 배로 늘어나 있었지만, 병력 증강으로 제국의 평화와 안전이 농사에 전념할 수 있을 만큼 보장된 것은 아니다. 따라서 농민들은 경작지에 돌아왔지만, 전처럼 '자작농'(agricultor)이 아니라 대규모 농장에 고용되어 일하는 '농노'(colonus)로 돌아왔다. 그라쿠스 형제와 율리우스 카이사르는 '농지법'을 성립시켜 농민을 로마 사회의 중견층으로 육성하고 확립하려고 애썼지만, 그것도 이제는 옛날 이야기일 뿐이었다. 이래서는 자작농 출신이 기둥을 이루고 있는 로마 군사력이 질적으로나 양적으로나 쇠퇴하는 것을 어찌해볼 도리가 없었다.

자작농에서 농노로 전락한 것을 로마인의 활력이 떨어진 탓이라고 비판하기 전에, 우리가 그들의 처지였다면 어떠했을까.

거듭되는 야만족의 습격에 시달린 농민들은, 애써 수확한 농산물을 송두리째 빼앗길 뿐만 아니라 온 가족의 안전까지 위험에 노출되어 있다는 두려움을 한시도 잊을 수 없었다.

또한 로마 제국 전역의 평화와 안전을 보장해주었던 '팍스 로마나'의 종언으로 야만족만 쳐들어온 것이 아니라 도적 떼까지 날뛰게 되었기 때문에, 농산물을 도시로 운반하려 해도 도중에 빼앗기기 일쑤였다.

게다가 가장 과세하기 쉬운 직종으로 여겨졌기 때문에 온갖 명목으로 세금이 부과되었다. 옛날에는 사실상 영구 임대였던 공유지 소작료가 수익의 10퍼센트였지만, 이제 그것으로는 어림도 없었다. 연구자의 계산에 따르면 자기 소유의 농지를 경작하는 농민도 25퍼센트에서 30퍼센트, 공유지나 남의 땅을 빌려서 농사를 짓는 농민은 50퍼센트를 지불해야 했다. 그런 데다 세금은 화폐가치 변동의 영향을 받지 않는 금화로 내야 한다. 그래도 수확물이 다 팔리면 어떻게든 되었을지 모르지만, 이제는 그것도 점점 보장받을 수 없게 되었다.

농노가 되면 자영농이 어깨에 짊어지고 있는 이런 중압이 대부분 사라진다. 대규모 농장은 자경단을 조직해서 자체적으로 농장을 지켰다. 야만족의 대규모 침략에는 저항할 수 없다 해도, 상대가 야만족의 소규모 분대나 도적 떼라면 대항할 수 있다. 또한 수확물을 팔아치울 걱정도, 세금이나 그밖에 공공기관과의 접촉도 모두 주인이 맡아준다. 자기와 가족은 농장주에게는 귀중한 노동력이니까, 황제가 징집명령을 내려도 전처럼 겁낼 필요가 없다. 개개의 농민은 황제의 명령에 따를 수밖에 없지만, 대농장의 주인쯤 되면 원로원 의원이거나 고위 공직자가 많으니까 어떻게든 빠져나갈 길이 있다.

대신 잃는 것은 자유와 독립이다. 하지만 농노는 '물건'이나 마찬가지로 여겨지는 노예가 아니다. 농장이 팔리면 거기서 일하는 농노도 함께 딸려가는 것이 보통이었지만, 직업의 세습제로 말미암아 농민으로 남을 수밖에 없었던 시대에 자유와 독립보다 안전과 식량을 보장받는 것을 우선했다고 해서 국력 쇠퇴에 따른 폐해를 가장 강하게 받은 이 사람들을 비난할 수는 없다.

유산 상속 등으로 주인이 바뀌는 것이 걱정이라면, 그런 문제가 생기지 않는 기독교 교회 소유의 농장에서 농노로 일하면 된다. 교회나 수도원 소유의 농장도 당시의 권력과 밀접하게 연결되어 있었으니까, 이런 농장에 몸을 의탁하여 안전과 식량을 보장받는 것은 당시에는 효과적인 선택이었을 것이다. 중세의 농업을 떠받치게 된 지방 호족과 교회 소유의 장원은 이렇게 태어났다.

자작농에서 농노로 이행하는 현상을 한마디로 말하면 '큰 나무 그늘'이다. 이왕 남에게 의지할 바에는 힘깨나 있는 사람에게 기대는 편이 낫다는 뜻이다. '국가'가 본래의 책무를 다하지 못하게 되면 개인은 스스로 살 길을 찾을 수밖에 없었다.

농민이 농노에 불과한 신세가 되어도 생산성만 유지되면 아직 국가에는 희망이 있지만, 그 생산성도 계속 떨어져가고 있었다. 원인은 지금까지 이야기한 자작농의 생산성 저하와 같고, 이것이 '工'(공)과 '商'(상)의 생산성 저하와 맞물려 로마 제국 경제 전반의 생산성 저하로 이어졌다.

경제력 저하는 인구 감소로 이어진다. 우선 결혼하고 싶어도 형편이 안 되어 결혼하지 못하는 사람이 늘어난다. 그러면 자연히 출생률이 떨어지고, 게다가 영양이 충분하지 않으면 신체 저항력이 떨어지니까 병에 걸리기도 쉬워진다. 또한 목욕을 환영하지 않는 기독교의 보급으로 몸을 청결하게 유지하는 생활 습관도 사라지고 있었기 때문에, 야만족이나 강도의 손에 죽지 않아도 병에 걸려 죽는 사람이 늘어났다. 농민의 지방 회귀 현상을 계산에 넣는다 해도, 4세기 말부터 5세기에 걸쳐 대도시의 인구 감소는 극적이기까지 하다.

2세기에 150만 명이었다는 수도 로마의 인구는 4세기에 접어들 무렵에 이미 절반으로 줄어들어 있었지만, 4세기 말에는 더욱 줄어서 30만 명에 가까웠을 것으로 연구자들은 추정하고 있다. '세계의 수도'의 면모는 인구 면에서도 희미해져가고 있었다.

생산하지 않는 사람들의 증가

4세기 후반부터 5세기에 걸쳐 로마 제국이 직면한 진짜 문제는 생산자 수의 감소와 생산성 저하에 반비례하듯 비생산자 수가 늘어난 데 있었다. 지금까지 양대 비생산자는 군인과 관료였지만, 이제 로마 제국은 기독교회 관계자까지 먹여 살려야 했다. 교회 관계자는 수적으로도 그렇고 힘에서도 군인과 관료보다 나았으면 나았지 결코 못하지 않았다. 어쨌든 기독교는 이제 완전히 로마 제국의 국교다. 게다가 이 새로운 국교와 종래의 로마 종교는 일신교와 다신교라는 차이만이 아니라 전업 성직자 계급의 유무에도 차이가 있었다. 전업 성직자의 주요 임무는 신을 섬기는 것이니까, 그럴 수 있는 환경을 다른 사람이 갖추어주어야 한다. 수도원에는 밭이 있다고 말할지 모르지만, 수도원에 딸린 밭의 목적은 생산이 아니라 노동이다. 따라서 신을 섬기는 데 나쁜 영향을 초래할 만한 중노동은 농노한테 시켰다. 또한 교회 활동에 필요한 비용은 선의의 기부나 교회 자산 운용으로 충당하는 것이 이상적이지만, 현실의 교회 조직은 그것으로는 도저히 충당할 수 없을 만큼 커지고 있었다.

물론 국가가 주교를 비롯한 성직자들에게 군인이나 관료처럼 봉급을 보장한 것은 아니다. 성직자들에게는 교회 활동 경비라는 명목으로 관할 주교구에서 돈이 지불된다. 교회 활동에는 미사나 기도만이 아니라 자선과 사회복지, 의료와 교육도 포함되어 있었다. 원수정 시대까지는 국가와 지방자치단체와 유복한 개인들이 사회복지를 분담했고, 의료와 교육은 민간 활동에 맡기는 대신 거기에 종사하는 사람에게는 속주민이라도 로마 시민권을 부여하여 속주세라는 이름의 직접세를 면제해주었다. 하지만 제국의 쇠퇴는 '공'과 '사'가 절묘하게 결합하여 생겨난 이 시스템을 붕괴시켜버렸다. 시스템이 무너진 자리에 들어온 것이 기독교회다. 이리하여 원래 그들이 장기로 삼는 분야였던 자선에다 복지와 의료와 교육까지 기독교회가 독점하는 상태가 되었다. 이렇게 되면 세속 조직인 국가도 어떤 형태로든 교회 활동에 협력하고 지원하지 않을 수 없다. 로마사 연구자들이 말기의 로마 제국을 짓누른

4대 '비'생산자 계층으로 군인과 관료에 이어 기독교 성직자를 들고 있는 것은 이런 사정 때문이다.

공공심의 쇠퇴

서양의 로마사 연구자나 그들의 생각을 따르는 학자들 중에는 4대 '비'생산자의 마지막 계층으로 원로원 계급을 드는 사람이 많다. 막대한 수입을 얻으면서도 그것을 개인의 사치나 호화로운 구경거리를 제공하는 데에만 사용한 것은 제국 말기의 공공심 결여를 드러낸다고 비난한다. 특히 비난의 표적이 된 것은 동방의 수도 콘스탄티노폴리스의 원로원 의원이나 속주의 대농장주가 아니라 서방의 로마 원로원 계급이었다. 전자보다 후자가 훨씬 부유했는데도 공공심이 부족했으니까, 비난받을 이유는 충분하다는 것이다. 나도 전에는 그렇게 생각하고 똑같이 분개했다. 이마에 땀을 흘리지도 않는 부유층의 이기주의가 로마 제국을 멸망시켰다고 생각했던 것이다.

하지만 지금은 거기에 큰 의문을 품고 있다.

우선 대농장 소유자가 과연 '비'생산자일까. 해외에 속주를 갖는 것이 당연해진 기원전 1세기부터 속주의 농업을 책임진 것은 대규모 농장이었고, 로마 제국의 본국인 이탈리아반도에서만 공화정 시대의 전통을 이어받아 중소 규모의 자영농이 주류를 이루고 있었다. 도시국가에서는 농민도 시민이고, 나라의 행방을 결정하는 유권자였다. 그 시대부터 이미 원로원은 대농장주의 보루로 여겨지고 있었다. 이 부유층에 대하여 민중파로 분류된 사람이 그라쿠스 형제와 율리우스 카이사르였고, 그들이 자영농의 권리 확립에 특히 열심이었던 것은 국가 로마의 중견층을 육성하려는 큰 목적 외에 자신들의 지지층에 이익이 돌아가도록 유도하기 위해서이기도 했다.

하지만 지지층의 이익을 유도했다 해도 좋은 정책임에는 변함이 없다. 이 자영농 우대책 덕분에 마지막까지 자영농민층이 남아 있었던 곳이 로마 제국의 본국인 이탈리아였다. 그런데 제국 말기가 되면 그 이탈리아에서도 자작농이 농노가 되어 대규모 농장에 흡수되었다.

이런 사회 현상을 현대식으로 말하면 독과점화다. 로마 제국 말기의 농업도 독과점으로 말미암은 폐해를 면치 못하고 농업 전체의 생산성이 떨어졌다. 하지만 농산물이 시장에 나오지 않게 된 것은 아니다. '팍스 로마나'가 충분히 기능을 발휘하고 있던 시대에는 농산물 유통이 보장되었고, 자영농민이 건재하여 생산성도 높았고, 따라서 시장에 나오는 농산물의 양도 많았다. 하지만 이 두 가지가 부족해진 4세기 말에도 대규모 기근이 로마 제국을 자주 덮쳤다는 기록은 없다. 그런 추측을 불러일으키는 기록도 없다. 전보다 값은 비싸졌다 해도 시장에는 농산물이 충분히 나오고 있었다. 그 농산물 생산을 주로 담당한 것이 대규모 농장이 아니었을까 하고 나는 생각한다.

그렇다면 대농장주이기도 한 원로원 계급을 비생산자로 단정할 수는 없지 않을까. 원래 전원주택을 뜻하는 로마인의 '빌라'(villa)는 밭을 갈고 가축을 키우고 포도주(vinum)를 비롯한 농산물을 생산하는 기지였다. 원래 본국 이탈리아의 빌라는 규모가 작았는데, 제국 말기가 되면 속주 못지않은 대규모 농장으로 변모했을 뿐이다. 그리고 자영농이 자취를 감추고 농노가 눈에 띄는 시대가 되자 국가 전체의 '식량'까지 주로 맡게 되었다. 실제로 대농장까지 조국 멸망의 피해를 정면으로 받게 되면 시장에서는 정말로 식량이 자취를 감춘다.

하지만 5세기로 접어들고 있는 시대의 로마 원로원 계급에 공공심이 결여되어 있었던 것은 분명하다. 스틸리코가 북아프리카에 군대를 파견할 때 길도를 '공공의 적'으로 선언해달라고 원로원에 강력하게 요구한 것은, 이렇게 일종의 비상사태를 선언해야만 대농장의 자경단이나 대농장에서 일하는 농노들을 병사로 징집할 수 있었기 때문이다. 옛날에도 원로원 의원들 중에는 대지주가 많았지만, 그 시대에는 자기 농장에서 일하는 남자들을 농장주가 몸소 이끌고 달려왔다. 그런데 지금은 농노를 병사로 제공하지 않으려면 농노 1인당 25솔리두스를 지불하라는 요청에도 떨떠름한 기색을 보였다. 로마사 연구자들 대부분이 말하듯, 제국 말기에 원로원 계급이 보인 이기주의는, 이것도 말기 증세의 한 예가 아닐까 싶을 만큼 심했다.

하지만 이것도 1,500년이 넘는 세월이 지난 21세기의 시점이 아니라 5세기의 시점에서 보았다면 어떨까.

대농장주들이 자경단이나 농노에 대한 징집명령에 저항한 것은 그들이 농장에 있어야만 가족과 재산을 지킬 수 있다는 것을 알았기 때문이다. 바꿔 말하면 국가의 안전 보장을 믿지 않게 된 것이다.

기원전 1세기, 수도 로마의 도심을 확장하기로 마음먹은 율리우스 카이사르는 그 시대의 로마를 둘러싸고 있던 세르비우스 성벽이 도심 확장에 걸림돌이 되고 있다는 것을 알고, 설계를 변경하기보다 성벽 자체를 허물어버렸다. 하지만 성벽이라는 공공 건조물을 허물려면 나름대로 대의명분이 필요하다. 또한 카이사르라는 인물은 무엇이든 한 가지 목적만으로 하는 남자가 아니었다. 국가 로마의 안전 보장은 '방위선', 즉 국경에서 이루어져야지 수도의 성벽에서 이루어지면 안 된다고 선언하고, 파괴한 성벽을 그대로 방치해 두었다. 국가 로마가 앞으로 나아가야 할 방향을 결정한 카이사르의 이 생각은 그 후의 황제들이 이어받았고, 덕분에 공화정 시대의 로마를 지켜온 세르비우스 성벽은 각지에서 토막토막 끊겼고, 지금은 몇 군데에 돌무더기로 남아 있을 뿐이다.

그 후 320년 동안 제국의 수도 로마는 성벽 없이 지내왔다. 광대한 로마 제국 전역을 빙 둘러싼 '방위선'이 외적으로부터 제국을 지켜주었기 때문이다. 그동안 줄곧 수도만이 아니라 제국 전역의 다른 도시들도 야간에 밤도둑을 막을 수 있을 정도의 성벽만으로 지내왔다.

'팍스 로마나'는 외적에 대한 안전 보장에만 머물지 않고 국내의 적에 대한 안전까지 보장했다는 데 획기적인 의미가 있었다. 전자가 국방이라면, 후자는 치안이다. 제2대 황제 티베리우스는 특히 치안에 신경을 써서, 이 황제 덕분에 가도를 다니는 것도 시골에 사는 것도 전보다 훨씬 안전해졌다.

로마 시대의 '빌라'와 중세 영주의 저택은 구조만 보아도 뚜렷한 차이가 있다. 로마 시대의 빌라는 방위에 대한 배려가 부족하다. 낮은 돌담을 두르기는 했지만, 그 정도로는 밤중에 숲에서 나와 인가로 접근하는 들짐승의 침입을 막는 데에는 도움이 되었을지 몰라도 화적패의 습격을 받았다면 어떻게 대처했을까. 하지만 티베리우스 황제는 경기장 한복판에 통나무를 세워놓고 거기에 죄인을 묶어서 산 채로 맹수에게 먹히게 하는 최고의 극형을 화적패 두목에게 부과한 황제이기도 했다. 로마인의 말을 빌리면 국내외에서 모두 '세쿠리타스'(안전)가 보장되어야만 '팍스'(평화)가 된다. '팍스 로마나'의 진정한 가치는 여기에 있었다. 이것이 과거의 일이 된 시대에 사는 사람들은 '세쿠리타스'도 '팍스'도 스스로 보장할 수밖에 없었다.

'공동체'와 '개인'의 이해관계가 일치하지 않게 되는 것도 말기 증세의 하나가 아닐까 하는 생각이 든다. 공공심도 개인들이 자신의 이익과 자기가 속한 공동체의 이익이 연동한다고 생각할 수 있을 때 발휘되는 게 아닐까.

최후의 1세기에 막 접어들려 하던 시대의 로마 제국, 특히 서로마 제국의 원로원 계급이 국방력의 빈곤을 모른 체하고 호사스러운 생활을 바꾸지 않았던 것도 사실이다. 이것은 후세의 역사 연구자들에게 그들이 비난받은 이유이기도 하다. 하지만 이것도 후세의 시점이 아니라 당시의 시점에서 바라보면 변명할 여지가 있다.

전에 나는 똑같이 야만족의 침입을 받았는데도 서로마 제국은 멸망하고 동로마 제국은 존속한 요인에 대해 다음과 같은 가설을 세운 적이 있다.

서로마 제국의 부유층이 더 안전하다고 생각한 동로마 제국으로 피난했고, 그 때문에 서로마 제국의 경제력이 쇠퇴했고, 경제력의 쇠퇴로 방위비가 줄어들었고, 그래서 야만족의 침입을 막지 못한 반면, 동로마 제국은 서쪽에서 이주해온 사람과 돈을 방위에 투입할 수 있었기 때문에 존속할 수 있었다는 가설이다.

하지만 이 가설은 이제 완전히 버렸다. 서로마 제국의 부유층은 경제력의 기반을 광대한 농지에 두고 있었다는 사실을 생각해냈기 때문이다. 토지를 갖고 달아날 수는 없다. 그들은 야만족 침입의 위험을 알면서도 서방에 남아 있었다. 학자들의 설에 따르면 서방의 수도 로마의 원로원 계급이 동방의 수도 콘스탄티노폴리스의 원로원 계급보다 재력이 훨씬 강했다는데, 그들이 로마와 이탈리아에 남아 있었다.

남아 있기는 했지만, 가진 돈을 경기대회 개최나 검투사 시합, 맹수 싸움 같은 구경거리에 사용했다. 그래서 공공심이 부족했다는 후세의 비난을 받게 된 것이다.

하지만 이런 것은 민족 고유의 문화가 아닐까.

일본인인 나는 영국의 시골 신사들이 좋아하는 여우 사냥을 도무지 이해할 수가 없다. 많은 사냥개와 사람과 말이 합세하여 여우 한 마리를 궁지에 몰아넣는 것부터가 불공정하다고 생각한다. 하지만 그들에게도 할 말은 있을 것이다. 우선 자연환경보호, 둘째는 고용보호, 셋째는 조상 대대로 전해 내려온 문화를 지키는 것.

로마 제국 말기의 원로원 의원들이 아들의 공직 취임을 축하하기 위해 전차 경주나 맹수 싸움을 벌이게 하고 시민들을 초대한 것은 옛날부터 이어져 내려온 로마 엘리트의 생활방식을 그대로 따랐을 뿐이다. 국정에 참여할 권리도 빼앗기고, 문관과 무관이 엄격히 구분된 뒤에는 국방에 관여할 수도 없게 된 그들에게는, 이런저런 명목을 붙여 오락적인 구경거리를 개최하고 시민들을 초대하는 것이 그나마 남아 있는 원로원 의원으로서의 긍지였는지도 모른다. 제14권 끝부분에 소개된 심마쿠스, 밀라노 주교 암브로시우스에 맞서 이교도 쪽의 마지막 주장을 편 심마쿠스가 사사로운 편지에서는 아들이 처음 공직에 취임한 것을 축하하기 위해 개최하는 시합에 필요한 맹수가 북아프리카에서 제때에 도착할지를 걱정하고 있다. 그것을 읽고 제국 말기 엘리트의 타락을 개탄하는 것은 간단하다. 하지만 인간이 유일하게 남은 '존재이유'에 매달리는 것은 허용해도 좋지 않을까. 야만족이 물밀듯이 밀어닥치고 있는데 로마 제국 전성기와 마찬가지로 전차 경주에 열광하는 것이 시대착오인 것은 분명하지만 말이다.

지금까지 기술한 것이 소년 황제를 세워놓고 스틸리코가 직면해야 했던 서로마 제국의 실태였다. 쓸데없는 참견이지만 스틸리코한테 말해주고 싶다. 야만족 출신이니까 성가신 로마인을 버리고 쳐들어오는 야만족 편에 서는 것이 훨씬 현명한 선택이 아니냐고. 스틸리코의 군사적 재능과 게르만족의 용맹함이 합쳐지면 서로마 제국 따위는 쉽게 무너뜨릴 수 있었을 테니까.

하지만 그에게도 '존재이유'가 있었다. 남들은 이해할 수 없어도, 그것 없이는 살 가치가 없는 무언가가 있었다.

서기 398년부터 401년까지 3년 동안 서로마 제국은 잠시 평온을 누리고 있었다. 식량 위기까지 일으킨 북아프리카 문제도 가뜩이나 쇠약해진 서로마 제국의 체력을 더는 소모하지 않고 해결되었다. 무어인 수령인 길도를 반년도 채 안 되는 짧은 기간에, 게다가 5천 명에 불과한 소수 병력만 파견하여 토벌하는 데 성공했기 때문이다. 이리하여 남쪽의 적에 대한 걱정은 일단 사라졌다. 한편 스틸리코는 그동안에도 북이탈리아에 남아서 서방의 갈리아, 북방의 게르마니아, 동방의 발칸을 주의 깊게 지켜보고 있었기 때문에, 라인강이나 도나우강을 건너

처들어올 기회를 노리는 북방 야만족도 움직임을 멈추고 있었다. 서고 트족을 이끄는 알라리크도 침략을 미루고 있었던 것은 마찬가지지만, 이 기간을 휘하 세력을 강화하는 데 활용했다.

동로마 제국 황제한테서 공식적으로 발칸 지방을 담당하는 '군사령 관'에 임명된 알라리크는, 그 지위에 있는 사람에게 인정된 권리를 충분히 이용한다. 그것은 로마 제국 군수 창고에 비축되어 있는 무기와 군장과 식량을 마음대로 쓸 수 있는 권리였다. 그래서 서고트족 병사들은 다른 야만족 남자들과는 달리 고도의 무기를 다룰 수 있게 되었고, 몸을 충분히 방어할 수 있는 군장을 갖추게 되었고, 영양도 충분히 섭취하게 되었다.

이것을 스틸리코는 말없이 바라볼 수밖에 없었다. 알라리크는 이제 동로마 제국이 공식적으로 인정한 '군사령관'이고, '총사령관'인 스틸리코보다 지위는 낮아도 군사 면에서 동료가 되어 있었기 때문이다.

게다가 서기 401년은 스틸리코에게 불리한 사건으로 시작되었다. 동로마 제국의 군사령관이었던 가이나스가 실각하고 살해된 것이다. 고트족 출신인 가이나스는 선제 테오도시우스 휘하의 군대에서 경력을 쌓은 장군인데, 동로마 제국에서 데려간 병력을 동방으로 돌려보내라고 아르카디우스 황제가 명령했을 때 스틸리코는 그 장병들을 이끌고 가는 역할을 가이나스에게 맡겼다. 재상 루피누스가 살해된 것은 스틸리코의 음모라는 소문이 처음부터 파다했지만, 가이나스가 관여하지 않았다면 일어날 수 없는 사건이었다.

이 가이나스가 실각한 것은 동로마 제국에 일어난 야만족 배척운동에 휘말렸기 때문이다. 지금은 로마 제국 편에 서 있다 해도 가이나스는 고트족 출신이고, 고트족은 아리우스파 기독교를 믿고 있었다. 동로마 제국과 서로마 제국은 둘 다 삼위일체설을 신봉하는 가톨릭파 기독교 국가지만, 신앙의 열기는 동쪽이 더 높았다. 동로마 제국에서 일어난 야만족 배척운동은 민족차별을 빙자한 이단 배척이었다.

스틸리코에게 가이나스의 죽음은 동로마 제국과 그를 간신히 연결해주고 있던 가느다란 한 가닥 끈이 끊어진 것과 마찬가지였다. 게다가 동방에서는 가톨릭 주교를 앞세운 야만족 배척운동이 솟아오르는 불길처럼 거세게 일어나고 있다. 순수한 고트족이고 아리우스파 기독교를 믿었던 가이나스만이 아니라 몸속에 흐르는 피의 절반이 반달족이고 가톨릭교도인 스틸리코도 그들에게는 똑같은 '야만족'일 뿐이었다. 동로마 제국 주교들의 설교는 갈수록 뜨겁고 격렬해졌다.

"서방은 해방되어야 한다. 야만족과 아리우스파의 횡포로부터 서방을 해방하자!"

북방 야만족이 호시탐탐 노리고 있는 서로마 제국을 도와주기는커녕, 동로마 제국 자신이 동포인 서로마 제국을 짓밟으려고 덤벼드는 것 같았다.

침공 재개

가이나스의 죽음, 동서 관계의 냉각에 이어 서기 401년 가을에 도나우강 상류 이북 일대에 사는 야만족이 오늘날의 독일 남부와 오스트리아 서부에 해당하는 라이티아 속주로 대거 쳐들어왔다. 야만족의 침입도 이 무렵에는 옛날과 달라져서, 먹고살기 힘들어진 야만족이 로마 제국 영토로 쳐들어와 약탈한 것을 가지고 자기네 땅으로 돌아가는 형태가 아니었다. 이제는 쳐들어와서 그곳에 눌러앉아버리는 침공으로 바뀌어 있었다. 다른 야만족이 자기네 땅으로 쳐들어왔기 때문에 새로운 정착지를 찾아 로마 제국 영토로 들어오는 이런 형태의 야만족 침공은 이미 2세기 말부터 나타난 현상이지만, 이 시대에는 같은 게르만계 부족들 사이에 '밀고 밀리는' 형태였다. 그런데 4세기 말에 아시아계 민족인 훈족이 등장하면서 양상이 바뀌었다. 훈족은 게르만계 야만족조차도 '야만족'이라고 부르면서 무서워할 만큼 사나웠다. 그들에게 죽고 싶지 않으면 도망칠 수밖에 없었다. 5세기에 들어온 뒤 재개된 야만족의 침공은 대규모로 쳐들어온다는 점에서는 전과 마찬가지지만, 목숨을 건 필사적 승부의 양상이 더 짙었다. 따라서 그들을 맞아싸우는 쪽에도 그에 상응하는 마음의 준비가 필요했다.

북방 야만족이 라이티아로 쳐들어왔다는 소식을 받은 총사령관 스틸리코는 기다렸다는 듯이 병력을 이끌고 북쪽으로 올라갔다. 그 지방이 야만족으로 넘쳐나게 되면 이탈리아와 야만족 사이에는 알프스산맥이 가로놓여 있을 뿐이다. 이 알프스산맥은 이탈리아반도의 북쪽을 서쪽에서 동쪽으로 활 모양으로 둘러싸고 있지만, 로마인은 이 산맥에도 로마식으로 완전 포장한 가도를 몇 개나 뚫어놓았다. 서쪽의 갈리아와 이탈리아반도를 잇는 가도가 넷, 북쪽의 도나우강 상류 일대로 가는 가도가 셋, 동쪽의 도나우강 중류와 이탈리아를 잇는 가도가 둘, 통틀어 아홉 개나 되는 간선도로를 건설하여, 알프스산맥을 겨울에도 다닐 수 있는 곳으로 바꾸어놓았다.

물론 '인프라스트럭처'는 가도나 다리, 공공 건조물 같은 '하드웨어' 분야에서도, 법률이나 금융제도, 의료, 교육 같은 '소프트웨어' 분야에서도 유지 보수라는 이름의 '애프터서비스'가 없이는 기능이 지속되기를 기대할 수 없다. 원수정 시대까지는 사후 관리가 부족하지 않았지만, 제국이 갈팡질팡하며 위기로 치닫기 시작한 3세기부터는 거기에 할애할 자본력도 의지력도 계속 줄어들고 있었다. 로마 가도를 연구하는 학자에 따르면, 마지막 보수 공사가 이루어진 것이 서기 375년이라고 한다. 도로를 새로 건설하거나 보수하는 공사를 실제로 맡아서 하는 것은 병사들이다. 로마 가도는 원래 군단이 목적지로 신속하게 이동할 수 있도록 건설되었기 때문에, 칼 대신 곡괭이를 쥔 군단병이 도로를 건설하고 보수하는 것이 전통이었다. 따라서 병사를 동원한 공사라면, 기존의 도로를 보수하는 포장 공사라 해도 본격적으로 이루어진 것을 의미한다. 그 본격적인 유지 보수가 마지막으로 이루어진 것이 375년이라면, 서기 401년에는 로마 가도망이 아직 기능을 발휘하고 있었다고 생각해도 좋다. 그렇다면 평지는 가을이지만 산악지대에 들어가면 겨울인 계절에도 알프스를 넘는 로마 가도는 사람이 충분히 다닐 수 있었을 것이다. 그것은 야만족과 싸우러 가는 로마군이 알프스를 쉽게 넘을 수 있었던 것과 마찬가지로, 가족과 함께 남쪽으로 내려오는 야만족이 알프스를 넘는 것도 군대의 행군보다는 어려웠겠지만 적어도 불가능한 일은 아니었다는 뜻이다. 또한 인적 손실에 무신경한 것도 야만족이 야만족인 이유라는 점을 잊어서는 안 된다. 강을 건너다 물에 빠져 죽는 사람이 나와도, 산을 넘다가 발을 헛디뎌 절벽에서 떨어져 죽는 사람이 나와도 전진을 멈추지 않는다는 데 야만족의 무서움이 있었다.

도나우강 상류 지방으로 달려간 스틸리코가 우르르 들이닥친 야만

족을 어떻게 격퇴했는지는 알려져 있지 않다. 그래도 일단 격퇴하는
데에는 성공한 모양이다. 그는 그대로 라이티아 지방에 발이 묶이지
않고 이탈리아로 돌아올 수 있었기 때문이다. 스틸리코가 도나우강 상
류에 간 것을 안 알라리크가 휘하의 서고트족을 총동원하여 동쪽에서
알프스를 넘어 이탈리아 북부로 쳐들어왔다.

이탈리아로

군사령관으로서 알라리크가 담당한 지역은 나중에 발칸이라고 불
리게 된 일리리쿰이다. 서로마 제국과 동로마 제국을 분할하는 선의
바로 서쪽에 자리잡고 있다. 아무리 경계선에 붙어 있다 해도 엄연히
서로마 제국 영토인데, 동로마 제국 황제한테서 군사령관에 임명된 알
라리크는 동로마 제국의 고관으로 여겨지게 되었다. 이렇게 '동'과 '서'
의 구분이 명확하지 않았다는 점에서 이것도 지극히 발칸적인 사고방
식, 즉 동서 양쪽의 생각이 겹친 예라고 말할 수 있다.

알라리크와 그 휘하의 서고트족은 동로마 쪽에서 보면 야만족이고,
가톨릭 쪽에서 보면 이단인 아리우스파 기독교도였다. 동로마 제국 내
부에서 휘몰아치고 있는 야만족 배척과 이단 배척을 알았다면, 알라리
크가 동방보다 서방 쪽에서 자신과 동족의 미래를 보았다 해도 그를
비난할 수는 없었다. 북방 야만족이 도나우강을 건너 쳐들어온 것은
훈족에게 밀려났기 때문이지만, 서고트족의 침공은 같은 기독교도인
가톨릭파의 광신을 피하기 위한 것이기도 했다.

발칸을 방위할 임무를 띠고 있는 알라리크가 이탈리아를 침공한 것

은 월경행위일 뿐만 아니라, 그가 동로마 제국의 군사령관인 이상 월권 행위이기도 했다. 원래는 아르카디우스 황제가 막아야 할 일이다. 하지만 동방과 서방 사이는 앞에서 말한 이유로 이미 차갑게 냉각되어 있었다. 뿐만 아니라 동로마 제국으로서는 야만족인 데다 이단인 아리우스파 기독교를 믿고 있는 알라리크와 그 휘하의 서고트족이 제 발로 '동'에서 나가 '서'로 가준다면 그보다 좋은 일은 없었다.

아마 알라리크도 동방이 이렇게 나올 것을 예상할 수 있었기 때문에 이탈리아로 쳐들어갔을 것이다. 고대에는 '율리우스의 알프스' (Alpes Iuliae)라고 불렀고, 오늘날에도 이와 같은 이름을 이탈리아 쪽에서는 이탈리아어 발음으로, 슬로베니아 쪽에서는 슬라브어 발음으로 부르고 있는 산맥을 넘어 대거 쳐들어왔다. 그리고 당장 이탈리아 반도 북동부의 주요 도시인 아퀼레이아를 공략하기 시작했다. 401년 11월도 이미 하순에 접어들어 있었다.

이리하여 스틸리코는 도나우강 상류의 라이티아와 서로마 제국의 현관이라 해도 좋은 이탈리아 북동부 양쪽에 동시에 적을 갖게 되었다. 41세가 된 스틸리코는 총사령관에다 집정관이기도 했다. 군사와 통치의 책임이 그의 두 어깨에 걸려 있었다.

알라리크는 상당한 전략가였다. 아무리 많은 병력으로 공격해도 성벽에 둘러싸인 도시를 함락하기는 쉽지 않다. 그래서 알라리크는 북이탈리아 주민이라면 모르는 사람이 없는 아퀼레이아가 공격당하고 있다는 소식이 북이탈리아 전역에 퍼질 때까지는 아퀼레이아를 공격했지만, 완전한 함락에 집착하지는 않았다. 아퀼레이아가 위험하다는 소식에 겁을 먹은 북이탈리아 전역을 분탕질하고 다니는 쪽으로 전략을 바꾼 것이다. 계절은 겨울. 이탈리아에서도 북부의 겨울은 매섭지만, 큰 하천인 포강이 가로지르는 북이탈리아에는 농지가 많다. 수확이 끝난 겨울에는 부하들의 식량을 걱정할 필요도 없었다. 물론 남의 식량을 강탈하는 것이지만.

알라리크가 이탈리아를 침공했다는 소식을 도나우강 상류에서 받은 스틸리코는 당장 이탈리아로 돌아가지는 않았다. 알라리크와는 5년 전에 이미 싸워보았고 게다가 두 번 다 이겼기 때문에, 어떻게 싸우면 이길 수 있는지 알고 있었다. 하지만 밀라노에 있는 호노리우스가 공포에 질려 제정신이 아니라는 것을 알고, 소수의 기병만 거느리고 서둘러 알프스를 넘어 밀라노로 돌아갔다.

서로마 제국 황제인 호노리우스는 제위에 오른 지 6년, 나이도 열여섯 살이 되었지만, 금방이라도 알라리크가 문을 부수고 나타날 것만 같아서 밤에도 잠을 이루지 못하고 있었다. 이 호노리우스의 입에서 나오는 말은 갈리아 남부(오늘날의 남프랑스)로 도망치겠다는 말뿐이었다.

밀라노로 돌아온 스틸리코를 보고 호노리우스는 또 그 말을 되풀이했다. 황제답지 않은 16세 소년에게 41세의 스틸리코는 엄격한 어조로 말한다.

"황제가 속주로 도망치는 것은 로마 제국에 더없는 치욕입니다."

하지만 평소에는 나약해도 일단 마음을 먹으면 멋대로 치닫는 성질을 가진 호노리우스를 밀라노에 계속 놓아두는 것도 위험했다. 스틸리코는 심복 부하를 로마의 '수도장관'에 임명하고, 로마로 피난시킬 황제와 황후의 안전을 그에게 맡겼다. 황후는 스틸리코의 딸 마리아였고, 황제의 어머니 역할을 맡아온 스틸리코의 아내 세레나도 동행한다. 스틸리코는 로마의 성벽을 보강하는 공사도 수도장관에게 지시했다.

로마 시대에 '메디올라눔'이라고 불린 밀라노에서 로마로 가려면 우선 아이밀리아 가도를 따라 아드리아해 연안의 리미니까지 간 다음, 플라미니아 가도를 따라 로마에 이르는 것이 보통이었다. 하지만 북이탈리아에 알라리크와 서고트족이 출몰하는 상황에서는 그 남쪽 가장자리를 가로지르는 아이밀리아 가도를 이용할 수는 없었다. 밀라노에서 제노바(로마 시대의 이름은 게노아)까지 가서 티레니아해를 따라 남하하는 아우렐리아 가도를 통해 로마로 가는 길을 택한다. 로마인은 매사에 선택의 여지가 없는 상황에 몰리지 않도록 선택할 수 있는 사항을 여러 개 가졌고, 가도는 여러 개 만드는 것을 당연하게 생각하고 실행했다. 그것이 이런 경우에도 도움이 되었다.

스틸리코는 황제 일행이 밀라노를 떠나는 것을 배웅하지도 않고, 황제보다 먼저 북쪽으로 떠난 모양이다. 한겨울의 알프스를 짧은 기간에 왕복한 것이지만, 도나우강에서는 그가 아니면 처리할 수 없는 문제가 그를 기다리고 있었다.

도나우강 상류를 건너 라이티아 지방으로 쳐들어온 야만족은 수에비족과 알란족이었다. 둘 다 게르만계 부족이고, 훈족에게 밀려났다는 것도 공통점이었다. 게다가 스틸리코에게 다행이었던 것은 두 부족을 이끌고 있는 지도자가 수에비족의 왕이었다는 점이다. 교섭 상대가 실권을 쥐고 있는 한 사람인 경우에는 교섭을 매듭짓기가 쉽다. 라이티아로 돌아간 스틸리코는 이 수에비족 왕과 직접 교섭했다. 스틸리코가 이끄는 로마군에 호된 반격을 받은 뒤이기도 해서, 수에비족 왕은 협상하자는 스틸리코의 제의를 기꺼이 받아들였다.

양쪽은 '동맹자'(foedelatus) 협정을 맺고, 야만족은 정착할 땅을 받는 대신 그 땅을 지키기 위해 노력하기로 했다. 일종의 용병 계약이지만 용병료에 대한 기록은 없다. 용병료를 내지 않아도 되었다면, 지금까지의 전투가 로마 쪽에 절대적으로 우세하게 진행되었기 때문일 것이다. 어쨌든 스틸리코는 양쪽의 적 가운데 한쪽에 대해서는 신경을 쓸 필요가 없게 되었다. 도나우강 상류로 데려간 병력을 거의 그대로 데리고 돌아올 수 있었다. 이제 남은 일은 그 병사들을 이끌고 알라리크와 대결하는 것뿐이었다.

밀라노에서 도나우강 상류로 갈 때는 밀라노에서 코모로 가서, 코모 호를 비롯하여 알프스산맥에 있는 수많은 호수에 항시 정박시켜둔 배를 이용했을 것으로 여겨진다. 로마인은 산악지대에 무슨 수를 써서라도 길을 뚫지는 않았다. 호수가 있으면 거기에 선단을 상주시키고, 그 배로 병력을 실어 나르는 방식을 택했다. 깎아지른 절벽에 무리해서 길을 뚫은 것은 아니다. 이리하여 알프스산맥 바로 밑에 있는 코모 호만이 아니라 산중에 수없이 많은 작은 호수들까지도 활용되었다. 이 방식을 처음 생각하고 실행한 것은 기원전 1세기 전반에 살았던 율리우스 카이사르였다. 카이사르가 생각했듯이, 그 후 500년 동안 로마인의 '방위선'은 알프스산맥이 아니라 라인강과 도나우강이었다.

이탈리아에서 알프스를 넘어 북쪽으로 가는 길은 이것만이 아니었다. 해가 바뀌어 402년 2월, 스틸리코가 병력을 이끌고 알프스를 넘어 이탈리아로 돌아왔을 때도 이 길을 택하지 않고 그보다 동쪽에 있는 가도를 택했다. 그것은 기원전 1세기 후반에 로마가 제정으로 이행한 뒤 초대 황제 아우구스투스가 게르마니아 정복을 단행한 시대에 건설한 도로였다. 그 때문에 이탈리아에서 알프스를 넘어 북쪽으로 가는 길로는 다른 세 개보다 시설이 완비되어 있었다. 1,800년이 지난 뒤에도 괴테를 비롯하여 '그대 아는가 남쪽 나라' 이탈리아를 동경한 독일인들이 지나간 길이다. 인스브루크(로마 시대의 이름은 오이니폰스)에서 남하한 뒤, 브렌네르 고개에서 오스트리아와 이탈리아의 국경을 넘어 볼차노(바우차눔)와 트렌토(트리덴툼)를 거쳐 베로나에 이른다. 오늘날에는 고속도로로 한달음에 갈 수 있는 거리라는 느낌이고, 로마 시대에도 북쪽으로 가는 주요 간선도로였다.

스틸리코가 이 길을 택한 것은 간선도로이기 때문이 아니다. 알라리크와 서고트족은 봄이 오면 공격을 개시하려고 밀라노 주변에서 겨울을 나고 있었다. 따라서 코모호를 지나 남하하면 분산해서 숙영하고 있는 적을 각개 격파하지 않으면 안 된다. 그보다는 베로나로 내려간 뒤 서쪽으로 방향을 바꾸어 밀라노로 가면, 알라리크가 있는 적의 본영을 배후에서 공격할 수 있었다. 알라리크의 본거지는 이탈리아 동쪽에 있는 발칸이니까, 동쪽에서 공격하면 알라리크의 퇴로를 차단하게 된다.

대결

모든 게 스틸리코의 생각대로 진행되었다. 2월은 아직 겨울이다. 그 겨울에 알프스를 넘어 반격해올 줄은 꿈에도 생각지 못한 알라리크와 서고트족은 여자와 아이들을 피난시키고 남자끼리만 진용을 다시 갖출 여유를 잃었다. 아녀자들만 피난시키려 해도 밀라노 주변에는 안전한 곳이 없다. 그리고 밀라노도 공격을 받고 있기는 했지만 함락당한 것은 아니었다. 서고트족은 동쪽에서 다가오는 스틸리코 군대와 아직 건재한 밀라노의 수비군 사이에서 협공당할 위험이 높았다.

알라리크는 도주하기로 결정했다. 하지만 북쪽은 알프스산맥에 가로막혀 있고, 동쪽에서는 스틸리코가 다가오고 있다. 남쪽의 제노바로 달아나는 것도 생각할 수 없는 일이다. 당시 제노바는 작은 항구에 불과해서, 수만 명 규모의 야만족을 먹여 살릴 기반이 없었다. 결국 알프스에 가로막혀 있는 것은 북쪽과 마찬가지지만 퇴로는 서쪽밖에 없다고 생각한 모양이다. 알라리크는 토리노를 함락시키고 그 여세를 몰아 알프스를 넘어 갈리아로 도망치기로 결정했다.

밀라노 포위망을 푼 알라리크와 서고트족은 우선 남쪽의 파비아로 가서 서쪽으로 뻗어 있는 가도를 지나 토리노로 갔다. 궁지에서 벗어났다는 생각에 밀라노 주민이 내지르는 기쁨의 함성을 등 뒤로 들으면서, 지금까지와는 달리 약탈한 물건을 가득 실은 짐수레를 끌고 갔다.

밀라노 시내에 울려 퍼지는 환성에 귀를 기울이지 않은 것은 스틸리코도 마찬가지였다. 스틸리코와 그의 병사들은 밀라노 시내에 들어가지 않고 곧바로 알라리크와 서고트족을 추격했다. 다만 서고트족과는 다른 길을 택했다. 게다가 모든 병력이 한 덩어리로 뭉쳐서 추격하는 것이 아니라 수많은 분대로 나뉘어 추격했다.

알라리크가 이끄는 서고트족이 수에서는 절대적으로 우세해도 아녀자들을 데리고 수레까지 끌고 가야 하기 때문에, 전원이 한곳에 모여 있지 않고 흩어져 있었다. 스틸리코 군대는, 넓게 펼친 그물을 조금씩 좁혀서 바다 전체의 물고기를 한곳에 모으듯, 분대로 나뉘어 추격하여 적을 한곳에 모을 필요가 있었다. 수적으로 열세인 병력으로 우세한 적을 공격하려면 흩어져 있는 적을 한곳에 모은 다음 단번에 공격하는 편이 효과적이었다. 스틸리코의 이 전략에 넘어가버린 알라리크는, 토리노로 가려면 곧장 서쪽으로 가야 하는데 도중에 남서쪽으로 길을 크게 벗어나고 말았다.

폴렌초는 지금은 19세기에 이탈리아 왕의 사냥용 저택이 있었던 곳으로만 알려진 작은 마을에 불과하다. 하지만 폴렌티아라고 불린 로마 시대에는 수공업으로 번영한 소도시였다. 지도에도 실려 있지 않은 이 작은 마을에는 어울리지 않는다고 말할 수밖에 없는 로마 시대의 수도교와 신전 유적이 지금도 남아 있다. 이 폴렌티아 근처의 평원이 스틸리코와 알라리크의 대결장이 되었다.

서기 402년 4월 6일, 폴렌티아 벌판에서 양쪽 군대가 맞섰다. 서고트족은 아녀자와 짐수레를 뒤로 물리고, 남자들만 알라리크의 지휘 아래 전투에 대비했다. 스틸리코 군대는 보병을 중앙에 배치하고 기병은 양쪽 날개에 배치하는 전통적인 로마식 대형으로 포진했다.

하지만 양쪽 진영을 모두 시야에 넣을 수 있었던 사람이라면, 로마군다운 것은 스틸리코가 이끄는 로마군 진영이 아니라 오히려 알라리크가 이끄는 서고트 진영 쪽이라고 말했을 것이다. 스틸리코 진영의 좌익에는 얼마 전에 '동맹자'가 된 알란족 기병대가 대기하고 있었는데, 그들은 멀리서 보아도 게르만족 남자임을 알 수 있는 반나체에 무장을 하고 있었다. 반면에 맞은편의 서고트 진영은 로마 제국의 군수

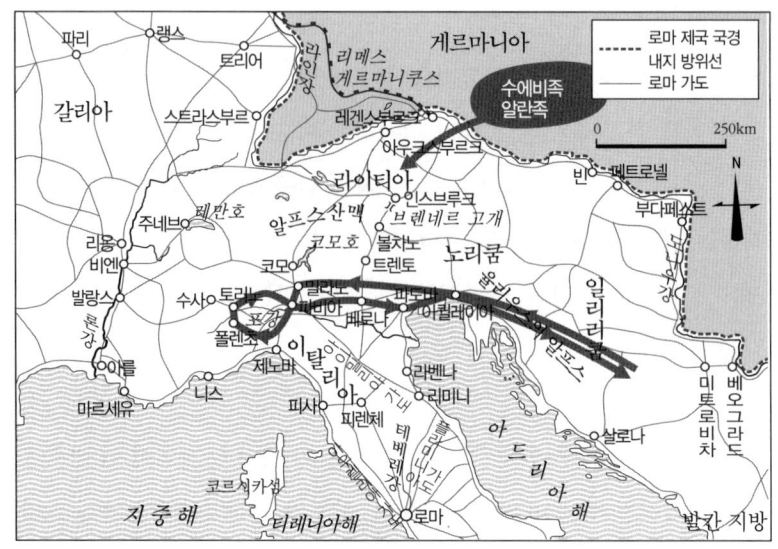

서기 401~402년의 알라리크와 북방 야만족의 침공 경로

창고에서 가져온 로마군의 무기와 군장을 갖추고 있었다.

알라리크가 어디에서 총지휘를 하고 있었는지는 알 수 없다. 하지만 스틸리코는 중앙에 배치한 본대 바로 뒤에서 말 위에 앉아 등을 꼿꼿이 편 모습이어서 눈에 금방 띄었다.

전황이 어떻게 전개되었는지도 자세히는 알 수 없다. 이 전쟁을 기술한 시인 클라우디아누스는 거기에 별로 관심이 없었던 모양이다. 하지만 스틸리코 진영의 기병대가 양쪽 날개에서 재빨리 움직여 기선을 제압한 듯, 서고트족 병사들은 계류를 등진 좁은 평지로 쫓겨 들어갔고, 그것이 거치적거리는 족쇄가 되어 참패한 모양이다. 서고트족 군대는 전열이 흐트러지고 궁지에 몰린 끝에 살해되었다. 알라리크의 처자식까지 사로잡혔다니까, 후방에 있었던 병사의 가족들도 안전하지 않았다. 그래도 알라리크와 서고트족 군대의 절반은 퇴각하는 데 성공했다. 따라서 스틸리코와 알라리크의 대결은 이것으로 끝나지 않았다.

이번에는 동쪽으로 달아나는 알라리크와 서고트족을 따라 전쟁터가 베로나로 옮겨졌다. 스틸리코는 베로나 근처에서 벌어진 전투에서 또다시 승리를 거두었다. 서고트족 군대도 이번만은 완패를 면치 못했다.

그래도 알라리크는 달아나는 데 성공하지만, 알라리크와 그를 따르는 서고트족 병사들은 폴렌티아 전투 때처럼 퇴각하는 것이 아니라 패주한다고밖에 말할 수 없는 상태로 겨우 반년 전에 버리고 온 발칸 지방으로 허둥지둥 돌아가야 했다.

알라리크와 서고트족이 한동안은 재기할 수 없는 타격을 받은 것은 확실했다. 그것은 앞으로 당분간은 알라리크가 이탈리아에 위협이 되지 않는다는 뜻이었다.

직접 피해를 입은 북이탈리아만이 아니라 이탈리아 전역이 야만족의 위협에서 해방된 기쁨으로 들끓었다. 안도의 한숨을 내쉬고 기쁨에 잠긴 것은 원로원 의원도 서민도 마찬가지였다. 그리고 이 시기에는 스틸리코가 두 번 다 알라리크를 일부러 놓아준 게 아닐까 하고 의심한 사람은 아무도 없었다.

갈리아를 버리다

야만족의 위협에서 벗어났다는 안도감으로 대다수 사람들이 긴장을 풀고 느슨해져 있었지만, 공로자인 스틸리코만은 정신을 바짝 차렸다. 이 기회를 이용하여, 여느 때라면 사람들한테 환영받지 못할 게 뻔한 법률을 차례로 성립시켰다. 그것도 디오클레티아누스 대제와 콘스탄티누스 대제가 로마 제국을 전제군주정으로 바꾼 이래 로마인이 익숙해져 있던 '칙령'이 아니라, 원수정 시대와 같은 절차를 밟아 입법기관인 원로원이 법안을 가결하여 국법으로 성립시켰다. 따라서 사람들의 지지를 기대할 수 있는 지금이야말로 인기 없는 법률을 제정할 좋은 기회라고 생각한 것이다.

서기 402년 가을부터 403년 가을까지 1년 동안 스틸리코가 성립시킨 법률을 크게 나누면 두 가지다. 첫째는 이탈리아의 방위, 둘째는 속주—특히 이탈리아의 안전과 밀접한 관계를 가진 갈리아 남부—의 방위였다. 방위체제의 재정비라는 점에서는 둘 다 마찬가지였지만.

처음 성립시킨 법률은 이탈리아반도의 '장관'에게 병사 모집을 일임한다는 것이었다. 다음에는 이 장관의 손발이 되어 움직일 기관을 공인했다. 또한 입대한 뒤에 확실한 이유도 없이 탈영한 자에 대한 처벌이 강화되었다. 그 후 제정된 법률에서는 처벌이 더욱 엄격해져서, 탈영한 자를 잡으면 그 자리에서 당장 사형에 처한다고 되어 있었다.

이런 법률은 당시의 정황에서는 필요했지만, 사회 전체가 위에서 아래까지 모두 불평을 했다. 벌써 100년이 넘도록 이탈리아반도에서는 병사 모집이 이루어진 적이 없었다. 본국 남자들은 연약하게 여겨진 반면, 갈리아 동부나 발칸 지방의 남자들은 가혹한 조건과 열악한 환경도 견딜 수 있다는 이유로 그 지방에서 지원병을 모집하는 것이 상례였다. 공화정 시대나 원수정 시대의 로마인이 알았다면 분개하겠지만, 이것은 이탈리아반도에 사는 남자들을 병역 기피로 내몰고 있었다. 제 몸에 스스로 상처를 내면서까지 병역을 면하려는 서민이 끊이지 않았고, 대농장 주인은 또 그들대로 자기네 농장에서 일하는 경비원이나 농노를 내놓고 싶어하지 않았다. 일단 사라져버린 공공심을 회복하기란 참으로 어려운 일이다.

갈리아의 방위체제 정비가 언제 어떤 법률을 통해 이루어졌는지는 알 수 없다. 로마 제국도 말기에 접어들면 기록을 남길 의욕마저 시들어버렸는지, 본국 이탈리아에 관한 기록은 별문제지만 속주에 관한 기록은 양도 줄어들고 질도 현저히 떨어진다. 그래도 스틸리코가 갈리아 전역을 총괄하는 로마 세력의 본거지를 종래의 트리어에서 아를로 옮긴 것은 알려져 있다.

라인강으로 흘러드는 지류인 모젤강 중류에 자리잡은 트리어는 모젤강만이 아니라 세 개나 되는 가도를 통해 로마 제국의 '방위선'과 직결되어 있고, 초대 황제 아우구스투스의 이름을 따서 '아우구스타 트레비로룸'이라고 불린 가장 중요한 기지였다. 그런 기지를 버리고, 지중해에 근접해 있는 아를(로마 시대의 이름은 '아렐라테')로 본거지를 옮긴 것이다. 오늘날로 치면 독일의 서쪽 끝에서 프랑스 남쪽 끝으로 본거지를 옮긴 셈이 된다. 스틸리코가 생각하고 있던 갈리아 방위가 어떤 것인지는 이것으로 충분히 상상할 수 있다.

그는 로마인들이 오랫동안 '장발의 갈리아'(갈리아 코마타)라고 부른 갈리아 북부와 중부를 버렸다. 기원전 1세기에 율리우스 카이사르가 정복한 갈리아를 450년 뒤에 버린 것이다. '장발의 갈리아'를 버린다는 것은 브리타니아까지 포기한다는 뜻이다. 브리타니아는 갈리아를 방위하는 데 반드시 필요했고, 그래서 거기에 3개 군단을 상주시키는 것도 의미가 있었다. 그러면 왜 갈리아 남부는 남겼을까.

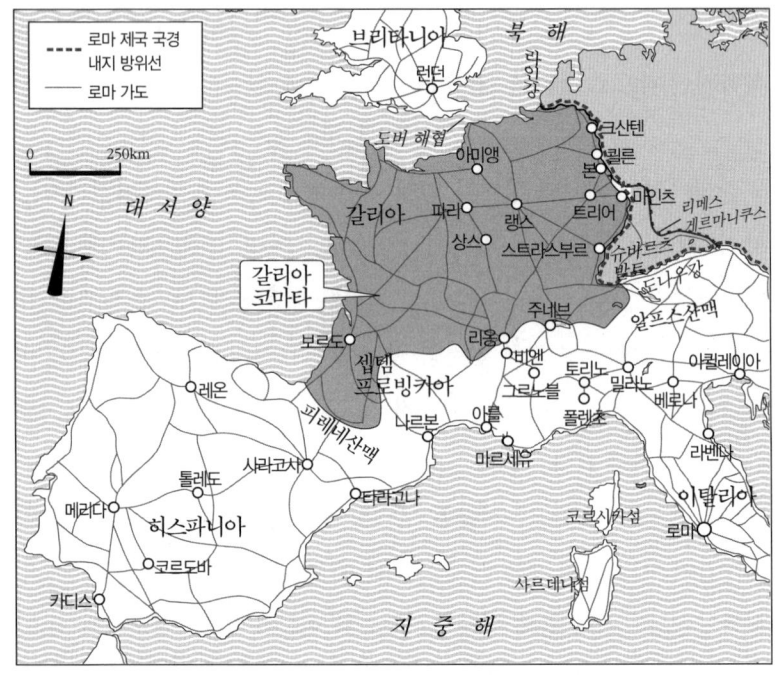

갈리아 및 히스파니아

　　오늘날 남프랑스는 프로방스라고 불린다. 로마인의 언어인 라틴어로 속주를 뜻하는 '프로빙키아'를 프랑스어식으로 발음하면 '프로방스'가 된다. 로마는 카르타고와 싸운 제2차 포에니 전쟁에서 한니발을 무찌른 기원전 3세기 말부터 남프랑스를 속주로 삼았다. 로마 가도망이 본국 이탈리아 밖까지 대대적으로 퍼져가게 된 것은 제정으로 바뀐 기원전 1세기부터지만, 남프랑스를 횡단하는 가도는 그보다 100년이나 전에 이미 건설되어 있었다. 제2차 포에니 전쟁에서 얻은 에스파냐와 이탈리아를 잇는 길로 건설한 것이다. 갈리아 북부와 중부를 속주로 삼은 것은 기원전 1세기 중엽에 이곳을 정복한 카이사르였지만, 갈리아 남부가 속주화한 것은 그보다 무려 150년 전이었다.

따라서 프로방스는 로마인에게 단순한 속주가 아니라 로마와 일체화한 속주였다. '장발의 갈리아'나 브리타니아 출신으로 로마 제국 황제 자리에 오른 사람은 하나도 없지만, 남프랑스 출신은 있다. 오현제의 하나인 안토니누스 피우스가 그 사람이다. 에스파냐 출신이지만 원래는 그곳에 이주한 로마 시민의 피를 이어받은 트라야누스 황제나 하드리아누스 황제와는 달리, 로마 제국 전성기의 황제인 안토니누스 피우스는 로마에 정복당한 부족의 후예다. 원수정 시대에는 그 사람처럼 로마화한 갈리아인이 제국의 고위층에 잔뜩 있었다.

고대 프로방스는 후세의 우리가 생각하는 것과는 달리 프랑스의 일부가 아니었다. 고대 로마인에게는 프랑스 북부·중부나 영국보다 남프랑스와 에스파냐와 북아프리카가 훨씬 가까운 존재였다. 로마가 공화정 시대부터 제정에 이르기까지 줄곧 지중해 제국이었다는 것을 명심해둘 필요가 있다.

그리고 스틸리코는 게르만계 야만족인 반달족 출신이지만, 그 점에서는 로마인이었다. 브리타니아나 '장발의 갈리아'는 버리면서도 프로방스는 남겨둔 것은 그에게는 지극히 자연스러운 선택이었을 것이다.

하지만 이것도 비난을 받았다. 이탈리아반도에 사는 일반 시민들에게 알프스 너머에 있는 갈리아는 역시 멀었고, 그래서 그들에게 직접 영향을 미치는 병역제도만큼 격렬한 반발은 일어나지 않았다. 하지만 원로원 의원들까지 속일 수는 없었다. 갈리아에서 로마 세력의 본거지를 트리어에서 아를로 옮기는 참뜻을 그들은 알아차리고 있었다. 물론 스틸리코는 갈리아 북부·중부를 포기한다고는 절대로 공언하지 않았다. 브리타니아에 주둔해 있는 군단도 철수시키지 않았다. 하지만 라인강 중류에서 지중해 연안으로 본거지를 옮겼다는 것만으로도 스틸리코의 의중을 꿰뚫어보기에는 충분했다.

'원로원 계급'이라는 이름으로 일괄하여 불리는 남자들, 지위로 보나 재력으로 보나 로마 사회의 상층부에 속하는 그들 사이에 스틸리코에 대한 반감이 싹트기 시작했다. 그들이 소유하고 있는 대규모 농장의 경비원이나 농노를 군대에 보내라고 강요하는 스틸리코에게도 화가 났지만, '장발의 갈리아'를 사실상 포기한 것은 그들의 마음속에 우리 조상이 애써 쌓아올린 영광을 대체 뭘로 아느냐 하는 분노를 낳았다. 게다가 그것을 실행한 사람이 야만족 출신이라는 것이 그들의 분노를 더욱 부추겼다.

이런 감정은 회고 취미이고, 현재의 가혹한 상황을 직시한다면 과거를 잘라내는 용기가 필요하다고 설득해봤자 아무 소용도 없었을 것이다. 서기 5세기의 로마 상층부 사람들도 '이치'로는 충분히 알고 있었기 때문이다. 하지만 '국가'가 무너져가는 과정에서 사람들의 마음을 더 강하게 지배하는 것은 '이치'가 아니라 '감정'이었다.

스틸리코도 사회 전체가 위에서 아래까지 그에게 반감을 품기 시작한 것을 알고 있었다. 그래서 오랜만에 로마에서 개선식을 거행하여 그 반감을 해소하려고 했다.

개선식을 거행할 명분은 있었다. 2년 전 북이탈리아로 쳐들어온 알라리크와 서고트족을 폴렌티아와 베로나에서 두 번에 걸쳐 격파했고, 알라리크는 허둥지둥 달아나 발칸으로 돌아갈 수밖에 없었다. 그때의 승리를 시민들과 함께 축하하는 것이 목적이라면, 승리를 거둔 해인 402년 가을에 개선식을 거행했어야 한다. 하지만 두 해나 지난 404년 가을에 개선식을 거행한 것은 무엇 때문일까. 승전을 축하한다는 것은 겉으로 내세운 명분일 뿐이고, 실제로는 스틸리코에 대한 반감을 해소하는 데 목적이 있었기 때문이다.

개선식

제정 시대에 접어든 뒤에는 수도 로마에서 거행되는 개선식에서 주역을 맡는 것은 으레 황제로 정해져 있었다. 승리의 공로자가 따로 있어도, 로마군 최고사령관은 어디까지나 황제였기 때문이다. 서기 404년 가을에 거행된 개선식에서도 두 필의 말이 끄는 전차를 타고 길 양쪽을 가득 메운 군중의 환호를 받은 것은 황제 호노리우스였다.

하지만 개선식은 로마 특유의 제전이고, 따라서 로마인의 전통과 깊이 결부되어 있다. 기독교 쪽에서 보면 이교적 색채가 너무 강하다. 원래는 개선식 자체가 기독교 국가와 모순되겠지만, 민중은 개선식에 열광했다. 그래서 기독교 국가가 된 뒤에도 개선식은 남아 있었지만, 전과는 색깔이 달라졌다.

우선 백마 네 마리를 개선장군이 손수 모는 스타일은 완전히 사라졌다. 말은 여전히 백마였지만, 네 마리가 아니라 두 마리로 바뀐 듯하다. 그 두 마리도 마부가 모는 것이 통례가 된다.

또한 개선장군이 얼굴에 붉은 물감을 칠하는 관습도 사라졌다. 얼굴을 붉게 칠하는 것은 로마에서는 신이라는 표시다. 개선장군이 적을 무찔러 백성의 안전을 지킨 공로로 그날 하루만은 '신'이 되었다는 의미를 나타낸다. 하지만 일신교인 기독교는 설령 하루라 해도 유일신이외의 신이 존재하는 것을 허락하지 않는다. 이 '하루만의 신'을 폐지하자, 전에는 민중의 환호에 답하는 개선장군 바로 뒤에 서서 '모멘토 모리'(죽음을 잊지 말라)를 되풀이해 속삭이던 노예도 사라졌다. 하루뿐일망정 '신'으로 만들어놓고 동시에 '죽음을 피할 수 없는 인간'임을 잊지 말라고 말하는 이 교묘한 균형 감각이야말로 기독교화하기 전의 로마인이 가진 특질이었지만, 로마도 이제는 그런 균형 감각이 필요하다고 생각지 않는 국가가 되어 있었다.

승리자의 증표였던 월계관도 자취를 감추었다. 월계수 잎을 엮어 만든 월계관은 그리스 올림피아 경기대회의 승자나 로마 황제의 머리 위에서 빛나던 과거를 갖고 있었기 때문에, 이교적인 것의 상징으로 간주되었다. 실제로 기독교 국가가 된 이후 로마의 화폐에서는 월계관을 쓴 황제의 초상은 찾아볼 수 없다.

서기 404년 가을에 로마에서 거행된 개선식은 이렇게 이교적인 색채를 최대한 배제했고, 개선행렬의 마지막을 장식한 개선장군 전차에는 황제 호노리우스 이외에 스틸리코도 함께 탔다. 두 필의 말이 끄는 전차의 앞쪽에서 군중의 환호를 한몸에 받는 것은 물론 호노리우스였다. 하지만 아무리 호화로운 군장을 걸쳤어도 이제 열아홉 살이 된 호노리우스는 키가 작고 뚱뚱하고 다리가 짧은 체형이었고, 그 무표정한 얼굴에서는 쳐들어온 야만족을 격파한 사나이의 패기는 찾아볼 수 없었다. 반대로 호노리우스 바로 뒤에 서 있는 스틸리코는 남자의 황금기인 40대 중반의 위엄과 힘을 보여주었고, 호노리우스보다 머리 하나가 더 큰 키와 다부진 몸매와 형형한 눈빛으로 주역인 황제보다 사람들의 눈길을 더 많이 모으고 있었다. 민중도 알고 있었다. 호노리우스는 이미 3년 전에 성인식을 끝냈지만 적이 쳐들어오자마자 밀라노에서 로마로 피신했고, 적과 맞선 것은 스틸리코라는 것을 알고 있었다. 원로원 의원들도 그것을 인정하지 않을 수 없었다. 두 필의 말이 끄는 개선장군용 전차 위에 두 사람이 함께 서서 시민과 기쁨을 나눈다는 '시위'는 성공한 모양이다.

스틸리코는 이 좋은 기회를 더욱 활용한다. 황제 호노리우스를 원로원 회의에 출석시켜, 원로원 의원들이 가결을 망설이고 있는 법률의 필요성을 설득하게 했다. 젊지만 무기력한 호노리우스는 스틸리코가 써준 연설 원고를 그대로 읽었을 게 분명하다. 황제의 설득이 주효하여 가결된 법률은 '국가의 적'을 선언하는 형태의 비상사태 선언이 발령되지 않은 시기에도 대농장주는 국가에서 요청한 만큼의 농노를 병역에 내보내야 하고, 내보내고 싶지 않으면 농노 1인당 25솔리두스의 금화를 낼 의무가 있다는 것이었다. 이로써 스틸리코는 새 군단을 편성하는 데 필요한 재원을 확보할 수 있게 되었다. 대농장주이기도 한 원로원 의원 대다수는 경비원이나 농노를 공출하기보다는 돈을 내는 쪽을 선택했기 때문이다.

라벤나 천도

이 시기에 스틸리코는 황제의 거처를 밀라노에서 라벤나로 옮겼다. 위험한 밀라노에는 돌아가고 싶지 않다고 고집을 부리는 호노리우스의 뜻을 받아들인 것이지만, 호노리우스는 로마에도 계속 머물러 있을 마음이 나지 않았다.

로마는 너무 넓고, 거기에 사는 사람들은 개방적이어서, 친지나 측근들에게만 둘러싸여 사는 데 익숙해진 호노리우스와는 맞지 않았다. 라벤나는 작고, 게다가 포강 어귀에 자리잡고 있어서, 그물코처럼 펼쳐진 수로가 그 주변을 지켜주고 있었다. 이 라벤나의 남쪽을 흐르는 루비콘강이 본국 이탈리아와 북이탈리아 속주를 가르는 경계선이었던 공화정 시대에는 북이탈리아 속주 총독의 관저가 설치되어 있는 도시이기도 했다. 제정으로 바뀐 뒤에는 도시도 확대되고 두 개의 항구까지 갖추게 되어, 남부 이탈리아의 미세노와 함께 로마 제국의 양대 군항이 된 지 벌써 400년이 지나고 있었다.

이 라벤나에 궁정을 두는 것은 겁쟁이 호노리우스에게 여차하면 해로로 달아날 수도 있다는 안도감을 주었다. 이리하여 라벤나 천도가 실현되었다. 참고로 라벤나는 로마나 베로나와 마찬가지로 고대의 이름이 오늘날에도 그대로 쓰이고 있는 도시다.

그래도 스틸리코의 이탈리아반도 방위체제의 재정비 작업은 아직 끝난 것이 아니었다. 로마인 전체의 협력을 충분히 얻지 못한 탓도 있지만, 로마 제국의 국력 자체가 그만큼 약해져 있었다.

4세기 초에 디오클레티아누스 황제가 강권을 발동하여 로마군 병력을 60만 명으로 늘려놓았지만, 100년 동안 조금씩 줄어들어 5세기 초인 이 무렵에는 3분의 1도 채 안 될 만큼 줄어들어 있었던 게 아닐까 하고 연구자들은 짐작한다. 제국도 말기가 가까워질수록 기록의 양과 질이 떨어지기 때문에 총사령관 스틸리코가 지휘한 병력의 규모조차 알 수 없다. 스틸리코도 10만 명을 지휘한 적은 한 번도 없고, 많아야 1만 내지 2만 정도가 아니었을까. 그런데 쳐들어오는 야만족의 규모는 언제나 10만 명을 넘었다.

이런 서로마 제국의 방위력에 비해 동로마 제국 쪽은, 병력이 줄어드는 경향은 비슷해도 감소하는 정도는 서쪽만큼 심하지 않았던 모양이다.

동로마 제국의 국력이 서쪽에 비해 강했던 것은 아니다. 동로마 제국의 병사가 서로마 제국의 병사보다 용감했던 것도 아니다. 이 시기에 동로마 제국의 적은 대국 페르시아였고, 페르시아 군대가 유프라테스강을 건너 서쪽으로 쳐들어오는 것은 페르시아에서는 먹고살 수가 없어서 약탈하러 오는 것이 아니었기 때문이다. 페르시아 군대가 로마 제국 영토로 쳐들어오는 것은 과거 ─과거라 해도, 알렉산드로스 대왕에게 패하기 전이니까 무려 700년이나 지난 옛날이지만─ 의 대(大) 페르시아 제국의 부흥을 꿈꾼 군사행동이다. 따라서 당시의 페르시아는 풍요로웠고, 페르시아 군대를 무찌르면 동로마 제국 병사들은 풍부한 전리품을 획득할 수도 있었다.

반면에 서로마 제국 병사들이 싸우는 상대는 먹고살 수 없어서, 또는 새로 등장한 야만족에 밀려나서 어쩔 수 없이 침입한 야만족이었다. 그들을 무찔러봤자 손에 넣을 수 있는 전리품은 뻔했다.

이런 차이가 동로마 제국과 서로마 제국의 군대 지원자 규모와 병사 개개인의 전투 의욕의 차이로 나타났다. 이것도 '국가'와 '개인'의 이해관계가 일치하지 않게 된 쇠퇴기의 한 현상일지 모른다. 로마 제국이 전성기를 누리고 있던 원수정 시대에도 로마군이 싸우는 상대는 역시 전리품을 기대할 수 없는 북방 야만족이었고, 그런데도 당시 로마군은 엄격한 기준에 따라 우수한 병사를 선발하는 데 별로 어려움을 겪지 않았다.

다만 전성기의 제국 정부라도 우수한 병사를 모으기 위한 방책은 쓰고 있었다.

첫째, 로마 사회의 중산층과 맞먹는 수입을 보장했다. 정해진 봉급을 받는 것이 일반적인 제도가 아니었던 시대에 이것은 정말 매력적인 이점이었다.

둘째, 만기에 제대할 때 퇴직금을 보장했다. 이것도 같은 시대의 다른 나라에는 존재하지 않았던 것이다. 병사 개개인의 희망에 따라 경작지로 받느냐 현금으로 받느냐의 차이는 있었지만, 퇴역한 뒤 제2의 인생을 시작할 걱정은 할 필요가 없었다. 아우구스투스 황제는 퇴직금을 주기 위한 재원으로 고대에는 들어본 적이 없었던 상속세까지 신설했다. 육친이 아닌 사람이 유산을 상속하면 부과되는 5퍼센트의 이 상속세는, 병역에 종사하지 않는 시민들도 국방에 한몫을 담당하고 있다는 공공심을 키우는 데에도 도움이 되었다.

이것은 로마 시민권자로 편성되어 로마군의 주력을 이룬 군단병에 대한 대우지만, 로마 시민권을 갖지 않은 속주 출신 보조병도 25년의 복무기간을 채우고 만기 제대할 때는 '퇴직금'을 받을 수 있었다. 그들의 퇴직금은 로마 시민권이었다. 속주민이라도 로마 제국 방위에 이바지한 사람은 로마 시민과 동등한 권리를 얻을 자격이 있다는 지극히 로마적인 사고방식에서 나온 정책이었다. 따라서 의사나 교사에게 주어지는 로마 시민권은 세습되지 않고 한 세대에서 끝난 반면, 속주 출신 병사에게 주어진 시민권은 세습되었다. 그의 자식은 속주민이 아니라, 조상 대대로 로마 시민이었던 사람과 모든 면에서 동격이라는 것이었다.

셋째, 율리우스 카이사르가 시작한 제대병의 시민 사회 복귀 정책이다. 로마 제국은 중앙집권과 지방분권이 절묘하게 배합되어 있었기 때문에 충분히 기능을 발휘했다고 나는 생각하지만, 중앙정부는 선거로 뽑히지 않은 황제를 우두머리로 받들어 모시는 반면, '지방자치단체'에서는 선거가 활발하게 이루어졌다. '종신 독재관'에 취임한 카이사르는 강권을 발동하여 수많은 개혁을 단행했는데, 그 가운데 하나가 지방의회 활성화였다. 이를 위해 카이사르는 의원으로 선출되는 자의 자격 연령을 다음과 같이 세 가지로 정해놓았다.

1. 병역 무경험자—30세 이상

2. 군단병으로 병역에 종사한 자—23세 이상

3. 기병 및 백인대장으로 병역을 경험한 자—20세 이상

로마에서는 17세가 되어야 비로소 성인으로 여겨지고, 그보다 나이가 적은 사람은 군대에 지원해도 받아주지 않았다. 또한 아우구스투스 시대에 명확히 제도화된 군단병의 만기 제대는 입대한 지 20년 뒤로 정해졌다. 그렇다면 군단병이 만기 제대하는 것은 37세에서 40세 사이가 될 것이고, 23세나 20세에 제대하는 것은 병역에 종사하는 도중에 다치거나 병이 났기 때문이라는 이유밖에 찾을 수 없다. 율리우스 카이사르는, 전쟁터에서 다치거나 병이 드는 바람에 만기 제대했을 때의 혜택을 누릴 수 없게 된 병사한테까지도 애프터서비스를 잊지 않은 최고사령관이었다.

공공심이나 전투 의욕은 개개인의 차이를 고려할 필요가 있다는 점에서 불확정 요소다. 하지만 이 불확정 요소까지도 충분히 활용하고 싶으면, 봉급이나 퇴직금을 보장하거나 시민 사회에 복귀할 때 혜택을 주는 따위의 확정 요소를 반드시 배려해야 했다. 인간은 대부분 안심할 수 있어야만 의욕이 생기는 법이다. 이렇게 되어야만 비로소 '국가'

와 '개인'의 이해관계가 일치하기를 기대할 수도 있다.

　로마는 서기 212년에 노예를 제외하고 제국에 사는 모든 사람에게 로마 시민권을 주기로 결정했다. 이것이 카라칼라 황제의 유명한 '안토니누스 칙령'이다. 얼핏 보기에는 참으로 인도적인 법률 같지만, 이 때문에 로마 시민권의 매력이 사라졌다. 국가를 위해 힘껏 봉사했기 때문에 얻을 수 있었던 '취득권'이 이제는 로마 제국 안에서 태어나기만 하면 아무 일도 하지 않고 가만히 있어도 얻을 수 있는 '기득권'으로 바뀌었기 때문이다. 게다가 병역 기간도 봉급도 퇴직금도 불명확해졌다. 또한 무관과 문관이 엄격히 구분되면서, 병역 경험자가 지방의회에 들어가는 것도 요원해졌다.

　하지만 설령 그것이 가능했다 해도, 지방자치단체의 요직에 앉으려는 사람이 있었을까. 4세기부터 로마 제국은 이제까지의 원수정과는 다른 전제군주형 제국이 되어 중앙집권 국가로 바뀌었기 때문이다. 지방의회는 중앙정부가 결정한 세금을 징수하는 기관에 불과했고, 거두어들인 세금이 미리 정해진 액수에 미달할 때는 의원들이 자기 돈으로 구멍을 메워야 했다. 그래서 의원이 되고자 하는 사람이 없어졌고, 직업 세습법에 따라 의원 아들로 태어났다는 이유만으로 어쩔 수 없이 의석에 묶여 있는 상태가 되었다. 이래서는 국가와 개인의 이해관계가 일치하지 않는 것이 당연했다.

　율리우스 카이사르와 초대 황제 아우구스투스가 정비한 다양한 병사 우대책을 그 후의 황제들이 그대로 답습하여 로마 제국의 기본 정책으로 정착시킨 것은 로마가 군사 국가였기 때문이라고 반론하는 사람도 있을지 모른다. 그렇다면 그 사람에게 말하고 싶다. 문민 지배를 금과옥조로 삼는 현대의 잣대로 고대를 판가름하는 태도는 고대를 진실로 이해하는 데 방해가 되기 쉽다고.

그리스에서 태어난 도시국가 시민의 의무는 외적의 위협에 맞서서 자기가 속한 국가를 방위하는 것이고, 그것을 이룩하여 얻는 권리는 자기 나라 정치에 참여하는 것이었다. 따라서 고대 그리스의 '도시국가' 시민들은 모두 스스로 칼을 들고 적과 맞선다. 철학자 소크라테스, 정치가 페리클레스, 비극작가 소포클레스, 논픽션 작가였던 크세노폰, 역사가인 투키디데스도 모두 마찬가지였다.

로마도 도시국가로 태어난 국가다. 그리스의 도시국가들과 마찬가지로 '시민'의 의무는 국가 방위였고, 권리는 선거를 통해 국정에 참여하는 것이었다. 역사에서 '그리스-로마 시대'라고 부르는 것은 이 점에서의 유사성을 중시하기 때문이다. 그리스에서도 로마에서도 '시민'의 가장 중요한 의무는 '국가' 방위였다. 로마도 실업자를 구제해야 할 필요 때문에 지원제로 바꾼 기원전 1세기까지는 '국민 개병'을 당연하게 여긴 징병제도를 채택하고 있었다. 또한 병역이 지원제로 바뀐 뒤에도 병역 체험은 국가 요직에 앉는 사람에게는 필수 조건이 되었고, 아무도 거기에 이의를 제기하지 않았다. 공화정 시대 로마의 VIP 가운데 군무에 종사한 경험을 확인할 수 없는 사람은 철학자이자 변호사로서 집정관까지 지낸 키케로뿐이다. 황제들도 대부분 군무 경험자다. 국가 로마의 엘리트 코스가 속주에서의 무관 경험과 본국에서의 문관 경험을 교대로 거치게 되어 있었기 때문이다.

이런 로마에서는 오랫동안 문관과 무관이 분리되지 않았고, 따라서 문관이 무관을 통제한다는 문민 지배의 개념도 생겨날 수 없었다. 문관과 무관이 분리되지 않았기 때문에 두 분야에 걸쳐 인재를 다양하게 활용할 수 있었고, 결과적으로 로마 전체에 이익이 되었다.

그런데 4세기에 국가 정책으로 원로원 의원이 군사에 관여하는 것을 금지한 법률이 시행되면서 상황이 달라졌다. 그 후로는 문관과 무관이 완전히 분리되었지만, 그렇다고 양쪽의 질이 향상된 것은 아니었다. 그 후 양쪽의 실적을 보면, 질이 높아지기는커녕 오히려 떨어졌다고 보는 편이 타당할지도 모른다. 문관과 무관을 명확히 갈라놓는 바람에, 다른 분야를 경험해야만 얻을 수 있는 자극을 받지 못하게 된 것이다. 이래서는 병력을 원수정 시대의 두 배로 늘렸는데도 장기적인 효과가 기대에 어긋나게 끝난 것도 당연하다. 4세기 초의 로마군 병력은 과거의 30만 명에서 60만 명으로 증원되었지만, 국가 재정 형편상 그것도 유지하기가 어려워지면서 차츰 줄어들었고, 그렇게 되자 다시 북방 야만족이 멋대로 침입하게 되었기 때문이다. 나는 3세기 초에 카라칼라 황제가 로마 시민권을 기득권으로 바꾼 것과 4세기 초에 강행한 문관과 무관의 완전 분리가 로마 군사력을 쇠퇴시킨 두 가지 요인이라고 생각한다.

로마는 이런 200년을 거쳐 5세기 초를 맞이했다. 스틸리코가 방위 책임을 혼자 짊어지고 있었던 5세기 초는 200년 동안 조금씩 굳어진 이 경향이 이제 돌이킬 수 없을 만큼 고정되어버린 시대였다. 원수정 시대의 지도자들이 이런 로마 제국을 보았다면, 그것을 혼자 짊어지고 있는 스틸리코를 동정하지 않았을까.

서기 404년 가을에 개선식을 거행한 뒤의 소강상태는 역시 1년밖에 지속되지 않았다. 이듬해인 405년 겨울이 가까워졌을 때, 대규모 야만족이 침입했다는 소식이 이탈리아 전역을 깜짝 놀라게 했다. 스무 살이 되었는데도 라벤나에서 나오려 하지 않는 호노리우스 황제를 대신하여 또다시 스틸리코 혼자 이탈리아 방위의 책임을 어깨에 짊어지게 되었다.

밀려오는 큰 파도

서기 260년에 현직 황제가 페르시아 왕의 포로가 되는 전대미문의 불상사를 계기로 방기된 채 끝내 복구하지 못한 '게르마니아 방벽'은 로마 제국 안보에 중요한 역할을 맡고 있었다. 그 중요성을 일찌감치 깨달은 제2대 황제 티베리우스가 큰 테두리를 만들고, 도미티아누스 황제가 본격적인 방벽을 세우고, 오현제 시대의 트라야누스와 하드리아누스와 마르쿠스 아우렐리우스 황제가 철벽화하려고 애쓴 데에는 역시 이유가 있었다. 북쪽으로 흐르는 라인강과 동쪽으로 흐르는 도나우강은 둘 다 이 지방에서 발원한다. 이 두 하천으로 흘러드는 지류는 네카어강을 비롯하여 수없이 많다. 또한 이 일대의 남서부 지역은 로마인들이 '미개의 숲'(silva)이라고 부른 '검은 숲'(슈바르츠발트)으로 덮여 있었고, 로마인들이 로마식으로 완전 포장된 가도를 뚫어놓기는 했지만 낮에도 어두운 숲인 데에는 변함이 없었다.

라인강 상류와 도나우강 상류 사이에 끼어 있는 이 일대, 로마인들이 '아그리 데쿠마테스'(agri decumates)라고 부른 이 일대는 산악지대이기도 해서 방위하기가 참으로 어려운 곳이었다. '아그리 데쿠마테스'를 직역하면 '10분의 1세 경작지'라는 뜻이다. 이 명칭은 이 일대에 사는 게르만인을 로마 제국의 속주민으로 삼아서 거주를 공인하고,

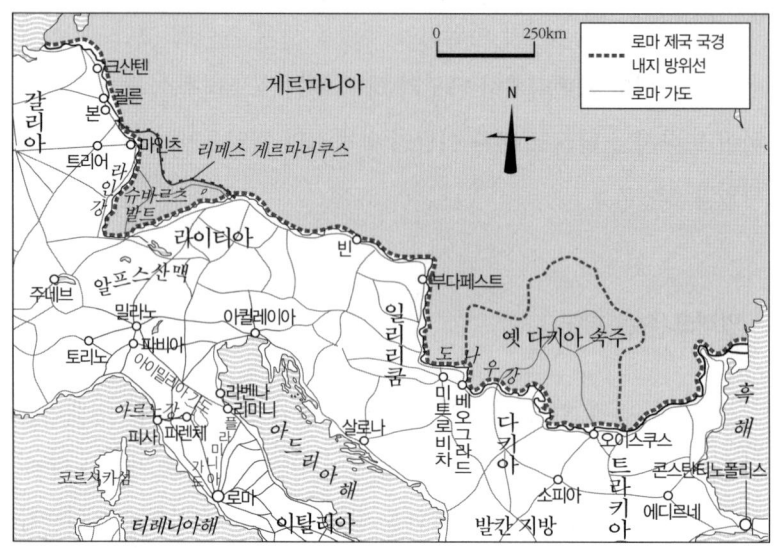

라인강에서 도나우강까지

그들의 안전을 제국이 보장해주는 대신 소득의 10분의 1을 제국에 세금으로 바치게 한 데에서 유래했다. 4세기 이후 로마가 북방 야만족의 거주권을 인정하고 동맹자 계약을 맺고 로마 편에 서서 싸워주는 대가로 용병료를 지불한 역학 관계와, 로마가 융성을 자랑했던 원수정 시대의 역학 관계의 차이는 인상적이기까지 하다. 이것도 적이 강 상류나 산악지대나 낮에도 어두운 숲으로 들어가기 전에 격퇴한 '게르마니아 방벽'이 150년 전에 사라졌기 때문이다.

'게르마니아 방벽'이 얼마나 중요한 역할을 맡고 있었는지는 로마가이 일대를 방기한 뒤 야만족의 침입이 마치 조준 사격이라도 하듯 이일대에 집중된 사실이 증명해준다. 서기 405년 가을의 침입도 그런 예에 불과했지만, 쳐들어온 사람의 수가 압도적으로 많았다.

4세기 후반부터 5세기 전반에 걸친 야만족의 침입은 훈족에게 밀려 났기 때문에 어쩔 수 없이 제국 영토 안으로 들어왔다는 특징을 갖는 다. 야만족의 처지에서 보면 '난민'이다. 그 원인이 된 훈족은 멀리 아 시아에서 서쪽으로 쳐들어와, 우선 도나우강 하류 이북에 사는 야만족 을 밀어내고, 이어서 중류로 옮겨 같은 행동을 되풀이한 뒤, 5세기 초 에는 도나우강 상류까지 진출해 있었다. 아시아계 야만족의 사나움에 는 게르만계 야만족도 당해낼 수 없었는지, 이 신참 야만족과 고참 야 만족이 대결했을 때 밀려나는 것은 언제나 고참 쪽이었다. 이제 훈족 은 사나움만이 아니라 무적과 불패로도 이름을 떨치고 있었다.

'10분의 1세 경작지'라는 명칭이 비웃음으로밖에 들리지 않는 이 일 대, 이제 로마 제국의 위세가 전혀 미치지 않는 이곳에서도 쫓겨나, 그 남쪽에 있는 속주 라이티아로 밀어닥친 야만족은 미리 침공을 계획하 고 부족장의 통솔 아래 쳐들어온 집단은 아니었다. 그래도 일단 지도 자는 있었다. 동고트족 왕인 라다가이소(라틴어로는 라다가이수스)다. 하지만 라다가이소는 이때 쳐들어온 게르만계 부족 연합의 대표 같은 입장일 뿐이었다. 405년 가을에 서로마 제국으로 몰려든 것은 라다가 이소가 이끄는 동고트족과 수에비족·알란족·부르군트족의 혼성 집 단이었기 때문이다. 모두 게르만계인 이들은 훈족의 침입으로 거주지 를 빼앗기고, 훈족에게 죽거나 노예가 되고 싶지 않으면 도망칠 수밖 에 없었다.

같은 게르만계 야만족이라 해도 이들은 알라리크가 이끄는 서고트 족과는 달랐다. 서고트족은 가톨릭이 이단으로 단정하기는 했지만 아 리우스파 기독교도인 반면, 라다가이소가 이끄는 동고트족은 순전한

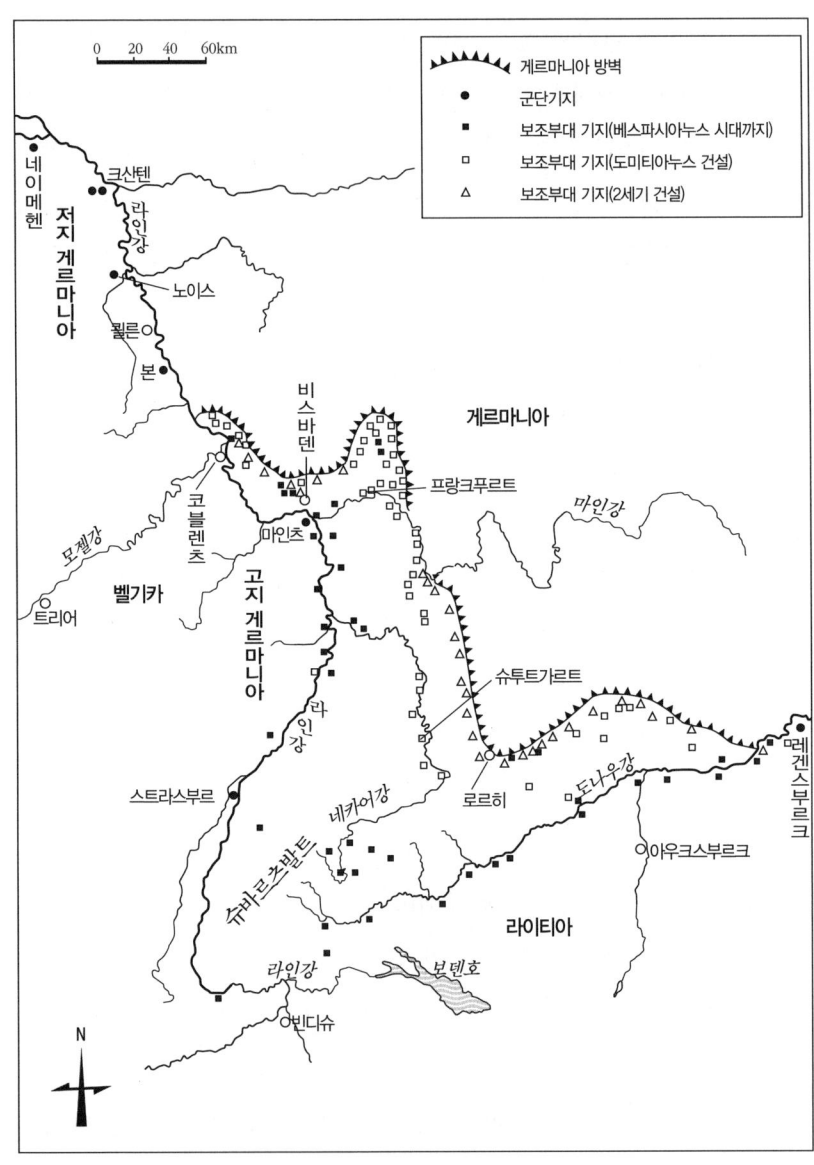

완성되었을 때의 게르마니아 방벽
(E.N. Luttwak, "The Grand Strategy of the Roman Empire"에서)

이교도였기 때문이다. 동고트족과 행동을 같이하는 수에비족과 알란족과 부르군트족도 동고트족과 마찬가지로 게르만족의 전통 신들을 숭배하고, 숲이 게르만의 어머니라고 믿고, 로마 문명권 밖에서 살아온 사람들이다. 로마인은 이들을 거리낌 없이 '야만족'이라고 불렀지만, 그 야만족이 여자와 아이들까지 포함하여 무려 40만 명이나 우르르 몰려온 것이다.

이들을 맞아 싸우는 로마 쪽에서는 웅장하면서도 야만적인 힘이 넘치는 바그너의 음악을 듣는 듯한 기분이었을지도 모른다. 여담이지만, 바그너의 대표작인 「라인의 황금」·「발퀴레」·「지크프리트」·「신들의 황혼」으로 이루어진 4부작 『니벨룽겐의 반지』에 등장하는 인물들은 로마 제국 말기의 야만족으로서 로마 영토에 되풀이 침입한 부르군트족이다. 독일 서부와 남부는 고대에는 로마 제국에 속해 있었지만, 바그너가 태어난 라이프치히는 로마 제국이 정복을 단념한 게르마니아 깊숙한곳에 자리잡고 있어서 중세에 비로소 생겨난 도시다. 덧붙여 말하면, 모차르트가 태어난 잘츠부르크와 베토벤이 태어난 본은, 고대처럼 게르만 지역과 로마 제국으로 분류하면 로마 쪽에 들어간다. 바그너의 음악이 더 게르만적으로 느껴지는 것도 이면에 이런 역사가 있기 때문이 아닐까 하는 생각이 든다.

어쨌든 게르만족이 바그너의 음악에 맞춰 이탈리아로 쳐들어왔다면 분명 웅장하고 질서정연한 행진이 되었겠지만, 그 실태는 처음부터 대열 따위는 존재하지 않는 수많은 인간과 가축이 규율도 없고 목적지도 확실히 모른 채 무작정 남쪽으로 내려왔을 뿐이었다.

그들이 지나가는 길 근처의 주민들이 받은 피해는 이루 헤아릴 수 없었을 게 분명하다. 싸움을 걸어오는 것은 아니다. 그냥 몰려와서 빼앗고, 저항하면 죽이고 지나가기 때문이다. 메뚜기 떼의 습격이라도 받은 기분이었을 것이다.

요격

이들을 맞아 싸우는 스틸리코도 이번에는 모든 면에서 적을 예측할 수 없었다. 로마군 지휘관 중에는 알라리크처럼 로마군에서 군무 경험을 쌓은 야만족 부족장도 드물지 않았지만, 라다가이소는 그렇지 않았다. 지금까지 한 번도 로마군과 싸운 적이 없었다. 그래서 로마 쪽도 전쟁터에서 그가 어떤 식으로 싸울지 예측할 수가 없었던 것이다. 아니, 그 전에 엄청난 규모의 야만족이 어디를 목적지로 삼고 있는지도 몰랐기 때문에 어느 길을 지나갈지도 전혀 짐작이 가지 않았다. 처음 얼마 동안은 갈리아로 가고 있는 듯이 보였지만 이탈리아로 가고 있다는 사실을 알게 된 것도 406년 봄에 라다가이소와 40만 명의 야만족이 알프스를 넘어 북이탈리아에 모습을 나타낸 뒤였다.

로마 쪽이 전혀 모르는 적을 맞아 싸우게 된 스틸리코에게 가장 절실한 과제는 병사를 모으는 일이었다. 라다가이소가 이끄는 게르만 부족이 도나우강 상류로 침입했다는 소식이 전해진 405년 겨울에 이미 스틸리코는 서로마 제국의 모든 속주에 병사를 보내라는 명령을 내렸다. 하지만 여기에 응하여 병력을 보내준 속주는 없었다. 속주가 본국 이탈리아를 포기했기 때문은 아니다. 병력을 보내지 않은 이유는, 첫째, 브리타니아도 갈리아도 히스파니아도 북아프리카도 자신을 지키는 게 고작이어서, 본국에 파견할 수 있는 병력이 없었기 때문이다. 둘째, 병력을 파견한다 해도 그 병사들이 이탈리아에 도착할 때까지의 안전을 보장할 수 없었기 때문이다. 나는 '평화'야말로 궁극적인 인프라스트럭처라고 확신하지만, '팍스 로마나'의 종언은 국외의 적에 대한 방위만이 아니라 국내의 적에 대한 방위, 즉 '치안'에도 기능 장애를 초래하고 있었다. 그래서 스틸리코의 호소에 응하여 이탈리아까지 온 것은 갈리아에 있는 로마의 '동맹자'로 로마 편에서 군무에 종사하고 있던 야만족 병사들뿐이었다. 그중에는 한때 알라리크의 부하였던 사로가 이끄는 서고트족 부대와 우르딘이 지휘하는 훈족 부대도 있었다.

더욱 곤란한 것은 이탈리아반도 안에서 병사를 모집하는 것도 대농장주들의 외면으로 전혀 진척되지 않았다는 것이다. 406년 5월, 마침내 스틸리코는 로마 제국 역사에서는 이례적인 강경 수단을 취했다. 노예도 군대에 소집할 수 있다는 법률을 성립시킨 것이다. 이 법률은 대농장주가 다수를 차지하고 있는 원로원에서 의결하지 않으면 성립되지 않는 국법이 아니라 황제가 발령하면 당장 효력을 갖는 칙령이었던 모양이지만, 그렇다면 잠정조치법이 된다. 하지만 적이 물밀듯 밀려오고 있는 지금, 무엇보다 중요한 것은 신속한 대응이었다.

군대에 지원한 노예에 대해서는 전투가 끝난 뒤 노예 신분에서 해방시켜주고 솔리두스 금화 두 닢을 보수로 주기로 했다. 노예라면 당연히 주인이 있었을 텐데, 그 주인에게는 어떻게 보상해주었는지 그것까지는 알 수 없다. 어쨌든 406년 초여름에 접어들 무렵에야 겨우 스틸리코는 3만 명의 병력을 동원할 수 있게 되었다.

로마 제국의 실제 전력

원수정 시대의 로마 제국을 동서로 양분했다면, 그 시대의 서방에 상주한 전력은 10개 군단 6만 명의 주전력(로마 시민권을 가진 군단병)과 거의 같은 수의 보조전력(속주병)을 합한 12만 명이었다. 그런데 '3세기의 위기'를 거친 뒤 4세기 초에 병력이 두 배가 넘는 25만 명으로 늘어났다. 4세기 전반에 로마 제국이 대규모 야만족의 침입을 피할 수 있었던 것은 병력을 두 배로 늘린 과감한 정책 덕분이다. 하지만 군사적으로는 과감한 이 정책이 국가 재정을 압박했고, 그 폐해가 서서히 나타나기 시작한 것이 4세기 후반이었다. 그동안 로마 제국의 방위력이 멈출 줄 모르고 쇠퇴한 것은 병력의 규모와 비용을 국력으로는 도저히 감당할 수 없게 된 결과였다.

그래도 서로마 제국의 총사령관이 노예한테까지 손을 뻗어서 긁어모은 병력이 겨우 3만 명이라니, 놀라지 않을 수 없다. 3만 명이라면 원수정 시대에 황제 휘하에 있었던 10명의 사령관이나 군단장이 이끄는 전략 단위에 불과하기 때문이다.

우수한 사령관이라면 아군 병사의 희생을 최소한으로 줄이는 전술을 생각하는 법이지만, 희생자를 한 명도 내지 않을 수는 없다는 것도 알고 있다. 알렉산드로스 대왕도 한니발도 율리우스 카이사르도 완승을 거두기는 했지만 전쟁터에서는 아군 병사를 잃었다. 하지만 서기 406년의 스틸리코에게는 그것조차 허용되지 않았다. 병사를 잃으면 보충할 길이 없었다. 게다가 스틸리코에게는 약점이 또 하나 있었다. 노예한테까지 손을 뻗어서 긁어모은 3만 명을 충분한 훈련도 거치지 않은 채 적과 맞서게 할 수밖에 없었다는 점이다.

이런 상태에서 총사령관이 택할 수 있는 전략은 하나밖에 남아 있지 않다. 병력 손실이 허용되지 않는 이상, 전초전을 거듭한 뒤에 결전을 벌일 수는 없다. 그렇다면 적이 한곳에 모이기를 기다려 단번에 승부를 결정하는 전략밖에 없다.

46세가 된 스틸리코는 그 '때'를 기다린다. 그래서 라다가이소와 그 뒤를 따르는 40만 명의 야만족이 북이탈리아를 메뚜기 떼가 지나간 것처럼 참혹한 꼴로 만들고 있다는 것을 알면서도 모른 체 눈을 감고 있었다.

피에솔레 전투

6월, 라다가이소와 40만 명의 야만족은 다 먹어치운 북이탈리아를 버리고 중부 이탈리아로 이동했다. 그들이 로마를 목적지로 삼았다면 아이밀리아 가도를 따라 리미니에 이른 다음 플라미니아 가도를 따라 로마로 가는 것이 가장 빠르고 쉬운 길이지만, 지금까지 로마 제국과 접촉해본 적이 없는 라다가이소는 수도 로마의 풍요로움도, 로마식 가도의 편리함도 잘 몰랐을지 모른다. 그들은 헝겊에 기름얼룩이 번져가듯, 북이탈리아에서 중부 이탈리아로 흘러들어왔다. 그리고 중부 이탈리아에 들어와서 맨 처음 마주친 도시라는 이유만으로 피렌체 공략에 착수했다. 아펜니노산맥을 막 넘은 뒤여서 식량도 바닥나 있었을 것이다.

로마 시대에 '플로렌티아'(Florentia)라고 불린 피렌체는 아펜니노

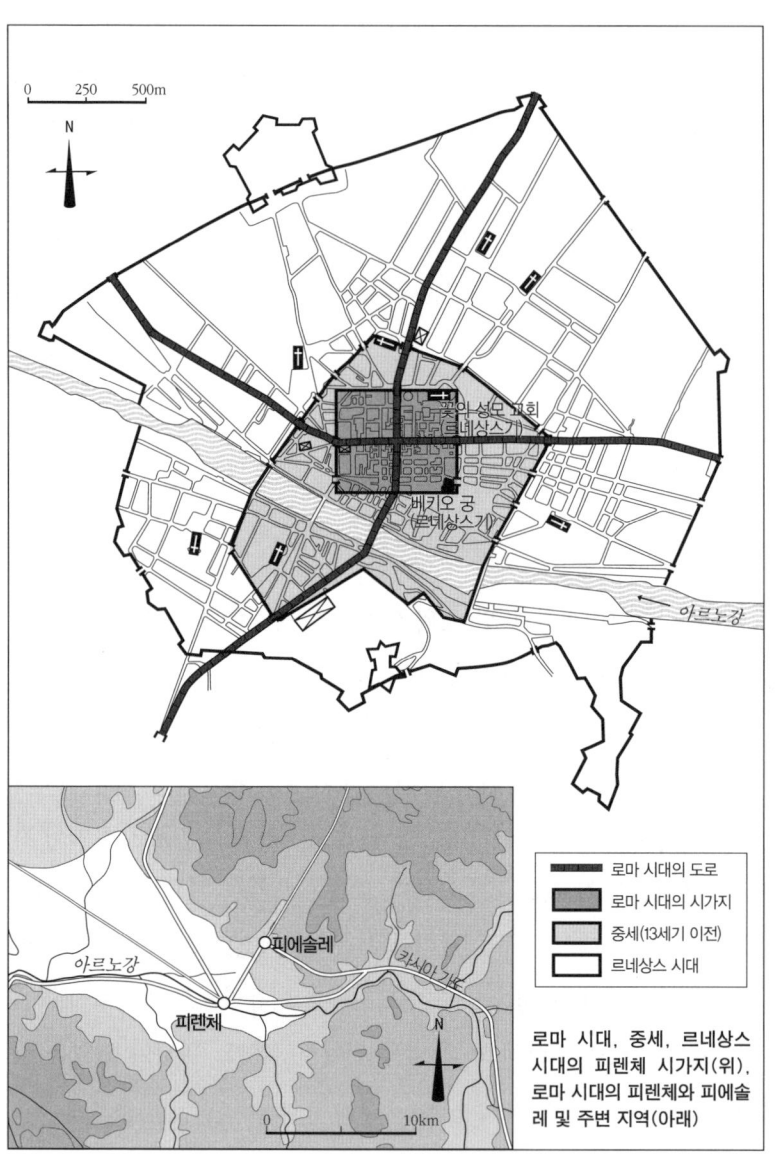

로마 시대, 중세, 르네상스 시대의 피렌체 시가지(위), 로마 시대의 피렌체와 피에솔레 및 주변 지역(아래)

0   250   500m

N

꽃의 성모 교회

(르네상스기)

베키오 궁
(르네상스기)

아르노강

피에솔레

아르노강   카시아 가도

피렌체

N

0   10km

로마 시대의 도로

로마 시대의 시가지

중세(13세기 이전)

르네상스 시대

산맥에서 발원하여 티레니아해로 흘러드는 아르노강 북쪽 연안에 로마인이 건설한 도시다. 그 전에 이곳 주민이었던 에트루리아인은 높직한 언덕에 도시를 세우는 성향이 있어서, 그들이 주거지로 선택한 곳이 지금은 빌라로 메워져 있는 피에솔레 언덕이다. 이 에트루리아인을 정복하고 동화시킨 로마인은 평지에 도시를 세우기를 좋아한 민족이었다. 따라서 아르노강 연안에 있는 피렌체가 처음 건설된 것은 로마 시대다. 우선 기원전 1세기에 술라가 휘하 병사들의 제대 후 정착지로 이곳을 골랐지만, 이 용장의 부하들은 이곳에 정착하기는커녕 카틸리나의 반란에 가담하여 전멸해버린다. 아무도 살지 않는 도시가 될 뻔했던 이곳에 자기 휘하의 퇴역병을 이주시킨 것은 율리우스 카이사르였다. 꽃의 도시를 의미하는 '플로렌티아'가 도시 이름이 된 것도 이때부터라고 한다. 훗날 '르네상스의 도시'로 이름을 떨치게 된 피렌체는 그보다 1,500년 전에 생긴 도시였다. 수도 로마와는 오늘날에도 2번 국도로 기능을 발휘하고 있는 카시아 가도로 연결되어 있었다.

르네상스 시대의 피렌체는 아르노강 남쪽에도 펼쳐져 있지만, 로마 시대의 피렌체는 아르노강 북쪽에만 있었고, 아르노강 연안과 '꽃의 성모 교회'(산타 마리아 델 피오레) 사이에 긴 사각형 지대에 한정되어 있었다. 그래서 지금은 시내를 나가 완만한 오르막길을 오르기만 하면 닿을 수 있는 피에솔레 언덕도 로마 시대에는 시내에서 상당히 떨어져 있었고, 그 사이에 펼쳐진 평야는 경작지로 사용되었다. 고대의 피렌체와 피에솔레 사이는 르네상스 시대보다 훨씬 멀리 떨어져 있었다는 것이다. 이 넓은 경작지가 아펜니노산맥을 넘은 뒤 피렌체를 공격하기 시작한 라다가이소와 40만 야만족의 '숙영지'가 되었다.

정찰병을 풀어놓은 스틸리코는 기다리고 있던 '때'가 찾아온 것을 알았다. 그의 기지는 북이탈리아의 파비아에 있었기 때문에, 스틸리코와 3만 명의 로마군은 라다가이소의 동태를 계속 살피면서도 야만족과 거리를 두고 다른 가도를 택해 북이탈리아에서 중부 이탈리아로 이동하고 있었다. 그리고 마침내 적이 피렌체 공략을 목표로 삼고, 피렌체와 피에솔레 사이의 평야에 집결한 것을 알았다.

피에솔레의 배후에 도착한 스틸리코는 우선 방위에 여념이 없는 피렌체와 연락을 취한다. 원래 야만족은 성벽에 둘러싸인 도시를 공격하는 데 능하지 못하다. 게다가 피렌체는 아르노강에 면해 있다. 포위망은 구멍투성이였고, 외부에서 피렌체 시내와 연락을 취하는 것은 조금도 어려운 일이 아니었다.

스틸리코는 피렌체 주민에게 식량과 사람을 요구했다. '식량'은 거느리고 온 3만 명의 병사를 위해서였고, '사람'은 스틸리코가 생각하고 있는 토목공사를 위해서였다. 야만족의 습격을 받고 절망적인 방어전을 각오하고 있던 피렌체 주민들은 스틸리코의 요청에 기꺼이 응했다. 또한 야만족에게 식량을 빼앗기고 알몸뚱이 하나만 남은 피에솔레 주민들도 사람을 공출해달라는 요청에 기꺼이 응했다. 이리하여 피렌체와 피에솔레 사이에 펼쳐진 넓은 평야 전체를 목책과 해자로 둘러싸고, 그 안으로 야만족을 몰아넣는다는 장대한 전술이 형태를 갖추어갔다.

물론 이 공사를 눈치챈 야만족이 공격해오면 병사를 보내 격퇴할 필요가 있었다. 하지만 그런 전투에서 잃는 아군 병사의 수는 10배나 되는 적과 정면으로 대결할 경우의 손실과는 비교할 수도 없을 만큼 적었다. 공사를 알고 도망치려 하는 야만족은 병사를 보내 저지할 필요도 없었다. 인간은 위험을 알면 자기편이 있는 쪽으로 도망치는 법이다. 이렇게 목책과 해자로 야만족을 포위하는 작전과 물과 식량을 끊는 작전이 한여름 태양 아래에서 병행하여 진행되었다.

언덕으로 둘러싸인 피렌체의 여름은 더울 뿐만 아니라 습도도 높다. 로마보다 북쪽에 있는데도 여름은 로마보다 덥고 겨울은 로마보다 춥다. 특히 피렌체와 피에솔레 사이의 평야는 전형적인 분지여서 특히 무덥고, 8월에는 견디기가 어려울 정도다. 평지에 있는 피렌체 주민들이 주변의 구릉지대에 별장을 갖는 것도 이 지독한 여름 더위를 피하기 위해서였다. 그 한여름 뙤약볕 아래에서 물도 식량도 떨어진 40만 명의 야만족이 울타리 안으로 쫓겨 들어간 양 떼처럼 무리지어 있었다. 쓰러져 죽는 사람이 속출했다. 이 상태로 한 달 가까운 시간이 지났지만 스틸리코는 초조해하지 않았다. 그의 부하들 중에는 갈리아에서 온 지 얼마 되지 않아서 이탈리아를 모르는 야만족 병사도 있고, 노예에서 로마군 병사로 재빨리 변신한 다양한 민족 출신의 남자들도 있었지만, 그동안 용케도 제멋대로 행동하지 않고 그의 명령에 따라주었다. 마치 오래전부터 스틸리코 휘하에서 싸운 심복 부하라도 되는 것처럼 이 반달족 출신 장군의 명령에 복종한 것은 참으로 불가사의한 일이었다.

그렇기는 하지만, 굶주림과 목마름으로 쓰러져 죽어가는 것을 가만히 앉아서 지켜보는 일도 상대가 40만 명이나 되면 언제 끝날지 모른다. 그래서 스틸리코는 8월 중순이 지났을 때 서쪽 포위망의 일부를 일부러 무너뜨린다. 아직 살아서 움직일 수 있는 야만족을 일부러 아르노강이 흐르는 쪽으로 도망치게 해준 것이다. 그리고 물을 찾아 미친 듯이 아르노강으로 다가간 그들의 배후로 병사를 보낸다. 굶주림과 갈증을 견뎌낸 자들을 이번에는 칼로 쓰러뜨리거나 익사로 몰아넣는 작전이었다.

다만 이것은 뙤약볕 아래에서 물과 식량을 끊는 작전을 폈다 해도 두 달도 채 안 되는 사이에 20만 명이나 되는 사람을 죽음으로 몰아넣는 것은 불가능하다는 생각에서 나온 가설일 뿐, 현장에 있던 누군가가 기록으로 남긴 역사적 사실은 아니다. 스틸리코에게 심취하여 이 야만족 출신 장군의 언행을 상당히 충실하게 기록해준 클라우디아누스는 2년 전부터 아무것도 쓰지 않았다. 스틸리코보다 몇 살 위로 여겨지는 이 이집트 출신 시인은 서기 404년을 마지막으로 역사의 무대에서 퇴장한다. 죽었는지, 아니면 병이 들어 고향으로 돌아갔는지는 알 수 없다. '피에솔레 전투'라는 이름으로 알려진 이 전투를 언급한 사람으로는 아우구스티누스가 있다. 나중에 성인이 되는 이 사람은 당시 북아프리카 주교였고, 이탈리아 중부에서 벌어진 이 전투에 대해서는 남에게 전해 듣고 알았을 뿐이다. 그래서 이 '피에솔레' 전투에 대한 사료는 거의 없지만, 역사상의 사실들은 분명하다.

목책과 해자로 포위하는 작전이 시작된 지 두 달도 지나지 않은 8월 23일, 생존자들이 투항해온 것으로 전투는 끝났다. 생존자가 모두 몇 명이었는지는 알려지지 않았다. 하지만 아르노강을 따라 피사로 나와서 남프랑스까지 달아난 사람이 10만 명은 되었다고 한다. 처음에는 40만 명이었던 야만족을 이끌고 이탈리아로 쳐들어온 라다가이소는 도망치다가 붙잡혀서 스틸리코 앞에 끌려나와 당장 목이 잘렸다. 투항한 사람들 중에서도 젊고 건장한 남자 1만 2천 명은 스틸리코 휘하의 로마군에 편입되었다. 나머지는 모두 노예로 팔렸다. 너무 수가 많아서 노예의 가치도 떨어졌고, 석 달 전까지 노예였던 병사도 난생처음 노예를 가질 수 있을 만큼 노예 값이 폭락했다고 한다.

서기 405년부터 406년에 걸쳐 이탈리아반도의 북부를 유린하고 수도 로마까지 두려움에 떨게 한 라다가이소와 40만 명의 야만족은 피에솔레 언덕 기슭까지 왔을 때 한여름 뙤약볕 아래 증발해버린 것 같았다.

스틸리코의 완벽한 승리였다. 좋은 기회를 기다려 단번에 승부를 결정짓는 방식은 450년 전 율리우스 카이사르의 알레시아 전투를 연상시킨다. 알레시아에서 승리한 것을 안 로마 원로원은 카피톨리노 언덕에 올라가 유피테르를 비롯한 신들에게 감사를 드렸지만, 450년 뒤의 로마에서는 오랫동안 로마인을 지켜온 이 신들도 요사스러운 존재가 되어버렸다. 그래도 이렇게 기쁜 일이 생기면 누군가에게 감사하지 않고는 직성이 풀리지 않는 것도 인지상정이어서, 서기 5세기 초의 선남선녀는 모두 성 베드로 성당이나 라테라노 교회에 가서 기독교의 신에게 감사를 드렸다. 북아프리카 주교구에서 승리를 전해들은 아우구스티누스도 신의 은총으로 기적이 일어났다고 말했다.

하지만 이탈리아에 사는 사람들의 마음이 이 일로 스틸리코에게 완전히 쏠린 것은 결코 아니었다. 기독교 이외에는 허용되지 않는 시대이기 때문에 겉으로는 기독교도를 가장하고 있지만 속으로는 아직도 로마의 전통적인 신들에게 친근감을 품고 있는 원로원 의원이 적지 않왔다. 그 '숨은 이교도'들이라면 자기 집에서 남몰래 신들에게 감사를 드렸을 법도 한데, 그렇지도 않았다. 목구멍만 넘어가면 뜨거움을 잊는다는 속담도 있지만, 그들도 반년 동안 계속된 공포를 벌써 잊어버렸다. 잊은 것은 호노리우스 황제도 마찬가지였다. 집정관까지 겸임하고 있는 호노리우스는 앞장서서 적과 맞서는 것이 집정관의 책무라는 것도 이해하지 못했다. 이들은 얼마 전까지의 공포를 잊었을 뿐만 아니라 스틸리코를 비난하기까지 했다. 10만 명이 갈리아로 도망친 것을 트집 잡아, 이탈리아를 구하기 위해 갈리아를 희생했다고 비난한 것이다.

46세가 된 스틸리코는 승리에 도취하지도 않았고 이런 비난에 동요하지도 않았다. 좋은 기회를 기다려 단번에 승부를 결정짓는 데에는 성공했지만, 카이사르 때처럼 이탈리아에서 멀리 떨어진 적지에서 거둔 승리와 적이 이탈리아반도로 깊숙이 쳐들어온 뒤에 거둔 승리의 차이를 알고 있었기 때문이다. 이래서는 황제 호노리우스와 함께 집정관에 거듭 취임한 스틸리코가 자신의 책무를 다하고 있다고는 말할 수 없었다. 이제 야만족이 로마 제국 서방으로 침입하는 것을 완전히 막기는 불가능해졌지만, 적어도 본국인 이탈리아반도에 침입하는 것만은 막아야 한다. 그러려면 이탈리아와 접해 있는 갈리아의 방위, 특히 갈리아 남부의 방위를 게을리할 수 없다는 생각이 그의 머리를 차지하고 있었다. 그의 이 걱정은 피에솔레에서 승리한 지 넉 달도 지나기 전에 현실이 되었다.

갈리아의 현실

서기 406년 12월, 게르만계 야만족이 또다시 떼를 지어 라인강을 건너 갈리아로 몰려들었다. 이번에도 반달족과 수에비족·알란족·사르마티아족으로 이루어진 큰 무리였고, 훈족에게 밀려나 로마 제국 영토로 쳐들어온 것도 1년 전의 라다가이소 무리와 비슷했다. 라인강 중류에서 강을 건넌 것은, 같은 게르만계 부족 중에서도 강력한 프랑크족이 라인강 하류를 이미 점거하고 있어서 그들과 충돌하는 것을 피했기 때문이다.

훈족에게 쫓겨나 돌아갈 집도 없는 난민이 15만 명이나 떼를 지어, 저마다 무기를 들고 쳐들어왔다. 이제 방위력이 없는 거나 다름없는 과거의 군단기지들은 저항다운 저항도 해보지 못하고 차례로 함락되었다. 야만족 집단을 이루고 있는 부족은 강력한 부족만 해도 넷이나 된다. 라다가이소처럼 집단 전체를 통솔하는 우두머리도 없었다.

라인강 연안의 마인츠가 함락되고 트리어가 점령되었나 했더니, 적은 벌써 랭스로 몰려들고 있었다. 랭스가 함락된 뒤에 표적이 된 것은 파리였다. 파리 다음에는 오를레앙이 야만족의 먹이가 된다. 다시 투르와 푸아티에를 공략하면서 보르도에 이르렀고, 선발대는 툴루즈까지 발을 뻗쳤다니까, 피레네산맥에 부딪혀 겨우 걸음을 멈추었다고 해도 좋을 정도였다. 마치 거대한 돌풍이 갈리아 전역을 북동쪽에서 남서쪽으로 휩쓸고 지나간 것 같은 피해를 주었지만, 돌풍과 다른 점은 바람처럼 빠져나가지 않고 여기저기에 눌러앉았다는 것이다. 이제 야만족은 쳐들어와서 빼앗을 만큼 빼앗고 라인강 건너편으로 돌아가는

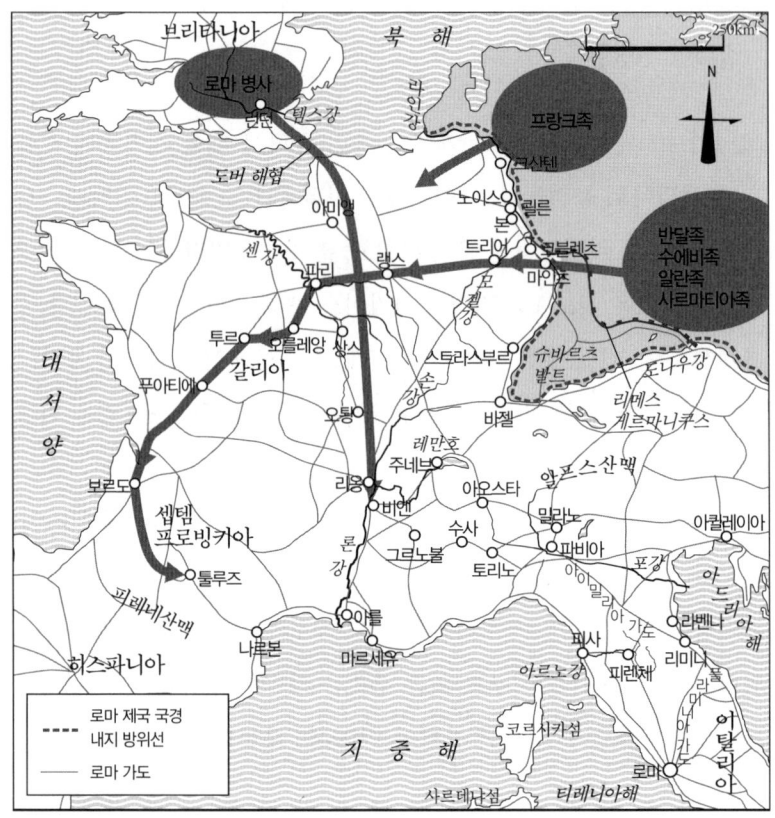

5세기 초의 갈리아

것이 아니라, 빼앗을 만큼 빼앗고 그대로 거기에 눌러앉는 시대가 되었다. 하지만 갈리아 주민들에게 재앙을 가져온 것은 북방 야만족만이 아니었다.

로마는 원수정 시대부터 브리타니아에 3개 군단을 상주시켰지만, 그 병력도 갈수록 줄어들어 5세기에 접어들 무렵에는 그 절반밖에 안 되는 병력조차 유지할 수 있었는지 의심스러운 상태였다. 게다가 반으

140

로 줄어든 병력으로 하드리아누스 방벽을 넘어 북쪽에서 쳐들어오는 스코트족, 북해를 건너 동쪽에서 쳐들어오는 앵글족과 색슨족을 막아내야 했다. 4세기 말에 로마 제국이 동서로 양분된 뒤에도 서로마 제국은 브리타니아를 공식적으로 포기하지는 않았다. 하지만 브리타니아에 주둔해 있는 병사들이 황제한테 잊혔다고 생각하는 것도 무리가 아닐 만큼, 그들을 거의 배려하지 않은 것도 사실이었다. 제국 변경에 있는 브리타니아까지는 중앙정부의 손길이 미치지 않게 되었다.

잊혔다는 느낌에 시달리고 봉급도 걸핏하면 밀리는 상태인데, 적은 쉴새없이 몰려온다. 브리타니아에 주둔해 있는 로마군 병사들은 갈리아로 가자는 한 동료의 호소에 귀를 기울이게 되었다. 일개 병사에 불과한 그 남자는 연설을 잘했는지, 병사들은 자신들을 잊어버린 황제에게 분풀이라도 하듯 그 남자를 황제로 옹립했다. 황제로 옹립된 남자는 제 이름을 콘스탄티누스 대제와 같은 이름으로 바꾸어 콘스탄티누스 3세를 자칭했다. 브리타니아에 주둔해 있는 로마 병사들은 콘스탄티누스 3세에게 이끌려 도버 해협을 건너서 갈리아로 진격했다.

갈리아 주민들은 북동쪽에서 남서쪽으로 갈리아를 휩쓴 야만족에게 유린당하고, 그들을 유린한 야만족이 그대로 눌러앉는 바람에 절망에 빠져 있었다. 그래서 콘스탄티누스 3세와 그 휘하의 브리타니아 병사들을 해방군이라도 되는 것처럼 환영했다. 멋대로 황제를 자칭한 콘스탄티누스는 제위 찬탈자지만, 그런 것을 생각할 여유도 없었을 것이다.

5세기 초의 갈리아가 어떤 상황이었는지를 정확한 그림으로 보여주는 것은 불가능하다. 라인강을 건너온 게르만계 부족들이 눌러앉은 지

콘스탄티누스 3세

대는 북동쪽에서 남서쪽까지 띠 모양으로 뻗어 있고, 도버 해협을 건너온 콘스탄티누스와 브리타니아 병사들은 마주치는 야만족을 쫓아버리면서 남동쪽으로 진격한다. 게다가 갈리아 남부에는 라다가이소의 잔당이 도망쳐 들어와 있었다. 그림으로 그린다 해도 대략적인 그림밖에 그릴 수 없을 만큼 어지러운 혼전 상태다. 갈리아에서 조용한 곳은 북부뿐이지만, 그곳에는 이미 프랑크족이 정착해 있었다. 이탈리아반도를 방위하려면 갈리아 남부의 방위가 필수 조건이라는 스틸리코의 생각은 비현실적이라고 일축되어도 별수 없었다. 407년 당시 갈리아는 그런 실정이었다.

황제 호노리우스를 받들고 있는 스틸리코에게는 갈리아에 눌러앉아 있는 북방 야만족보다 황제를 자칭하는 콘스탄티누스가 더 위험한 존재였다.

첫째, 호노리우스 황제가 있는 이상 또 다른 황제는 제위 찬탈자가 되고, 그런 인물을 내버려두는 것은 용납되지 않았다.

둘째, 이 제위 찬탈자는 갈리아 사람들의 지지를 받고 있기 때문에,

갈리아 전역을 서로마 제국에서 분리할 위험을 내포하고 있었다.

셋째, 갈리아를 북서쪽에서 남동쪽으로 진격해온 콘스탄티누스는 비엔을 본거지로 정했다. 리옹보다 조금 남쪽에 있는 비엔은 론강을 따라 남하하는 가도를 통해 스틸리코가 갈리아에 있는 로마 세력의 본거지로 정한 아를과 이어져 있었다. 또한 동쪽으로 방향을 잡아서 알프스를 넘으면 바로 이탈리아다.

407년 가을, 스틸리코는 로마 원로원에 제위 찬탈자 콘스탄티누스를 '국가의 적'으로 선언해달라고 요청했다. 로마 원로원도 황제 두 명이 병립하는 데에는 반대했기 때문에 그 결의안은 문제없이 채택되었다. 그 직후, 스틸리코 휘하에서 피에솔레 전투에 참가한 고트족 출신 사로가 부대를 이끌고 알프스를 넘어 갈리아로 들어갔다. 사로는 꽤 잘 싸워서, 콘스탄티누스의 두 팔이라고 불린 장군을 둘 다 전사시켰지만, 비엔을 함락하지는 못하고 다시 알프스를 넘어 이탈리아로 돌아왔다. 그래도 콘스탄티누스가 이탈리아로 갈 기미라도 보이면 무사하지 못하리라는 것을 깨닫게 하는 데에는 도움이 되었다.

하지만 갈리아의 상황이 개선된 것은 아니었다. 이 상황을 타개하려 해도 스틸리코 휘하에 있는 병력은 야만족과 노예 출신까지 포함해도 3만 명밖에 안 된다. 3만 명으로는 이탈리아반도를 방위할 수 있을지도 의심스러운데, 갈리아에 파병할 여력이 있을 리가 없었다.

그거야 어쨌든, 피에솔레 전투에서 승리를 거둔 뒤에도 당시 로마 사회에서 따돌림받는 처지였던 야만족과 노예 출신까지 스틸리코 휘하에 머물러 있었던 것은 불가사의한 일이다. 동시대인들은 그 이유를 다음과 같이 생각했다. 그들의 태반은 나중에 스틸리코의 정략에 반대하게 되는 사람들이니까, 반대파의 칭찬이라는 점에서 더욱 신뢰할 수 있다.

그들은 스틸리코가 매사에 공평무사한 지도자였다는 데에서 그 이유를 찾았다. 부하에게는 엄격했지만, 로마 시민과 야만족 출신과 노예 출신을 전혀 차별하지 않았다. 장병에게 내리는 상벌도 공정해서, 당사자만이 아니라 다른 사람들도 납득했다. 또한 서로마 제국의 실질적인 최고 권력자이면서도 사복을 채우는 행위에는 한 번도 손을 대지 않았다.

황제와 그 측근들은 오리엔트 전제군주를 흉내내어 사치스러워지고, 고관들도 직권을 남용하여 축재에 열을 올리고, 기독교 주교조차도 화려한 생활로 양식있는 사람들의 눈총을 받던 시대에, 스틸리코의 청렴결백은 그를 반대하는 사람들까지도 인정하지 않을 수 없는 미덕으로 칭찬받고 있었다. 전리품을 부하들에게 나누어주는 데 너그러웠을 뿐만 아니라, 부하 개개인의 처지를 배려하는 것도 잊지 않았다. 자기보다 병사들의 식사에 더 신경을 썼다. 스틸리코의 이런 일관된 행동이 의지할 친구도 가족도 없는 야만족 출신이나 노예 출신 병사들의 마음을 사로잡았는지도 모른다. 어쨌든 스틸리코는 휘하 장병들에게 전폭적인 신뢰와 충성을 기대할 수 있는 장수였다. 하지만 3만 명이 할 수 있는 일은 한정되어 있었다.

오랑캐로 오랑캐를 무찌른다

서고트족 왕 알라리크와 스틸리코의 비밀 협상은 서기 404년부터 은밀히 시작되었다는 것이 역사가 에드워드 기번의 주장이다. 그렇다면 알라리크를 두 번이나 무찌르고 로마에서 개선식을 거행한 직후부터 비밀 협상을 시작했다는 이야기가 된다.

그해 여름에 북이탈리아를 무대로 벌어진 스틸리코와 알라리크의 전투에서 알라리크의 처자식이 포로가 되었다. 적장의 처자식이라면 개선식에 빼놓을 수 없다. 빼놓으면 군중이 납득하지 않는다. 기대하고 있던 구경거리가 하나 줄어들기 때문이다. 그래도 로마인은 포로를 개선식에서 자랑스럽게 내보일지언정 그 후에 포로를 죽이는 일은 거의 없었다. 죽이는 경우는 상당한 위험인물로 여겨진 포로, 살려두면 로마에 대단히 위험하다고 여겨진 사람뿐이다. 적장이 아니라 적장의 처자식이라면 이런 경우에 해당하지 않았다.

어쩌면 개선식이 끝난 뒤, 스틸리코의 지시로 처자식을 알라리크에게 남몰래 돌려보냈는지도 모른다. 스틸리코에게 패하고 달아난 알라리크는 아드리아해를 사이에 두고 건너편에 있는 달마티아 지방 어딘가에 있었으니까, 이탈리아에서는 바닷길로 하루만 가면 닿을 수 있는 거리다. 사람들이 열광한 개선식 직후라면, 스틸리코는 그런 위험도 무릅쓸 수 있었을 것이다. 또한 포로 신세가 되었다고 체념하고 있던 처자식을 다시 만난 알라리크의 심정에도 변화가 생겼을지 모른다. 아무 조건도 없이 처자식을 돌려보낸 것은 비밀 협상의 실마리가 될 수 있었다.

스틸리코와 알라리크의 접촉이 404년부터 시작되었다면, 그것이 표면화하는 데 4년이 걸렸다는 이야기가 된다. 스틸리코는 서두를 필요가 없었을 것이다. 그동안 스틸리코는 방위체제 강화에 힘쓰고, 라다가이소와 40만 명의 야만족이 쳐들어왔을 때는 좋은 기회를 기다려 단번에 승부를 결정짓는 방식으로 분쇄했다. 그동안 스틸리코의 입지는 계속 강화되고 있었다. 힘이 계속 강해지고 있는 시기에는 타결을 서두르지 않는 것이 철칙이다. 하지만 그것도 한계에 부닥칠 때가 온다. 그 '때'가 바로 서기 407년부터 408년에 걸친 시기가 아니었을까.

한편 알라리크는 스틸리코와 대등한 위치에서 교섭하고 싶으면 4년이 꼭 필요했다. 스틸리코와 두 번 대결해서 참패를 당하고 허둥지둥 일리리쿰까지 도망칠 수밖에 없었던 알라리크가 흩어진 생존자들을 끌어모아 다시 한번 재기하려면 4년으로는 시간이 모자랄 정도였다.

그러면 왜 스틸리코는 다른 북방 야만족의 수령이 아니라 서고트족의 알라리크를 교섭 상대로 선택했을까. 라인강 하류에서 갈리아로 침입을 거듭하다가 이제는 아예 갈리아 북부에 정착한 느낌을 주는 프랑크족 수령과 스틸리코는 동맹 관계는 아니었지만 적대 관계도 아니었다. 그런데 달마티아에서 싸운 것을 포함하면 네 번이나 직접 칼을 맞댄 알라리크를 선택한 것은 무엇 때문일까.

직접 칼을 맞댄 경험이 있고, 그때마다 이긴 상대이기 때문이다. 스틸리코는 자기가 마음만 먹으면 언제든지 쓰러뜨릴 수 있다고 확신했기 때문에 알라리크를 선택했다. 그리고 알라리크는 스틸리코에게는 자주 고배를 마시면서도 휘하 부족민을 통솔하는 지도자로는 꽤 유능했다. 스틸리코는 혼전 상태에 있는 갈리아의 혼란을 수습하기 위해 이 알라리크를 갈리아로 보낼 작정이었다. 갈리아에서 난폭하게 날뛰고 있는 야만족을 무찌르기 위해 같은 게르만계 야만족을 보낸다는 것이다.

'이이제이'(以夷制夷 : 오랑캐로 오랑캐를 무찌른다) 전략을 로마인이 이때 처음 쓴 것은 아니었다. 처음은커녕 로마가 공화정 때부터 제정에 이르기까지 오랫동안 익숙하게 사용한 정략이자 전략이었다. 예를 들자면 한이 없을 정도다.

기원전 3세기도 거의 끝나가던 시기의 로마는 16년 동안이나 이탈리아반도에 눌러앉아 있는 카르타고의 명장 한니발과 싸울 때마다 패배를 맛보고 있었다. 그 상황이 역전된 것은 한니발이 기병 전력을 구사하는 것이 승리의 요인임을 간파한 젊은 스키피오 덕분이었다. 하지만 중무장 보병이 주전력을 이루는 것은 로마군의 전통이다. 따라서 로마 군단에는 강력한 기병의 전통이 없었다. 전통이란 '가능하면 바꾸어서는 안 되는 것'이고, 전통이 아니라는 것은 '설령 바꾼다 해도 대단한 효과는 기대할 수 없다'는 뜻이기도 하다. 스키피오는 휘하 보병에게 말을 타라고 요구하지 않았다. 그 대신 기병의 전통을 가진 누미디아를 아군으로 끌어들였다. 누미디아는 북아프리카에 있는 카르타고의 이웃 나라다. 자마 회전은 누미디아 왕 마시니사와 함께 싸운 스키피오의 완승으로 끝났고, 고대 최고의 명장 한니발은 이 전투에서 유일하게 패배를 맛보았다.

제정의 사실상 창시자인 율리우스 카이사르는 정치든 군사든 사채든 가리지 않고 모든 분야에서 '이이제이' 방식의 달인이었다. 8년에 걸쳐 정복한 갈리아의 전후 처리만 보아도, 그보다 1,800년 뒤에 살았던 역사가 몸젠이 로마 역사상 유일한 독창적 천재라고 찬양한 이유를 잘 알 수 있다.

카이사르는 어제까지만 해도 적이었던 갈리아 부족장들의 지위와 권력을 그대로 인정했을 뿐만 아니라, 그들에게 로마 시민권을 주고 심지어 로마 원로원 의석까지 주었다. 조건은 단 하나. 로마 속주가 되어, 로마군이 갈리아 방위를 맡는 대신 속주세를 내라는 것뿐이었다. 이렇게 전후 처리를 해놓고 그는 갈리아를 떠났지만, 곧이어 카이사르와 원로원의 대립이 불을 뿜었고 로마는 내란에 돌입한다. 내란은 4년이나 계속되었지만, 그동안 갈리아에서는 로마 병사의 모습을 볼 수 없었다. 카이사르와 원로원파의 전투는 갈리아에서 멀리 떨어진 그리스나 북아프리카나 에스파냐에서 벌어졌다.

이것은 당시의 갈리아인에게는 로마에 반기를 들 시간이 충분하고도 남았다는 뜻이다. 그런데 갈리아인이 독립을 되찾을 절호의 기회였을 터인 이 4년 동안, 갈리아에서는 한 번도 반란이 일어나지 않았다. 반란은커녕 에스파냐에서 싸우고 있는 카이사르의 요청에 응하여 군량을 보내기까지 했다. 또한 그리스나 이집트에서 전쟁비용을 조달할 수 있었던 원로원파에 비해 항상 돈이 부족했던 카이사르한테 그가 정한 액수대로 세금까지 거두어 보냈다니까 정말 불가사의하다. 카이사르가 정한 '로마의 느슨한 지배'가 갈리아인에게도 불편하지는 않았기 때문일 것이다. 갈리아가 아무 이유도 없이 로마화의 우등생이라고 불리게 된 것은 아니었다.

카이사르의 뒤를 이은 로마의 역대 황제들도 목적을 달성하기 위해 남의 힘을 활용했다는 점에서는 카이사르의 충실한 후계자였다.

후세 역사가들은 '쿠션'이라고 부르지만, 로마인 자신들은 '친구' (amicus)라고 부른 사이다. 로마인의 '방위선'은 로마 제국의 국경이지만, 그 바깥쪽에 사는 사람들과 우호적인 관계를 쌓는 것을 로마 제국은 시종일관 중요하게 생각했다. 제국의 동방은 그 상대가 대부분 왕국이었고 서방에서는 야만족을 상대하는 경우가 많았지만, 로마인은 그들을 '친구'로 삼았다. '친구'들로 이루어진 '쿠션'이었다.

로마 제국을 빙 둘러싸는 '대전략'을 이루는 이런 종류의 관계를 오랫동안 지속하려면 '기브 앤드 테이크'가 아니면 안 된다. 제국 동방의 '동맹자'에 대한 '기브'는 동맹자가 주변의 강대국에게 공격당했을 때 로마가 방위의 책임을 지는 것이고, 제국 서방의 야만족에 대한 '기브'는 로마 영토 안에서 열리는 시장을 그들에게도 개방하거나 그들의 특산품인 가죽이나 모피를 사주는 것이었다. 로마 쪽이 그들에게서 받는 '테이크'는 말할 것도 없이 종합적인 안전 보장이다. 평소에 로마인과 늘 접촉하는 야만족은 느닷없이 무기를 들고 쳐들어오는 적으로 돌변할 가능성이 낮았기 때문이다.

원수정 시대까지 로마 제국의 국경은 이런 사정 때문에 '열린 국경'이었고, 목책과 해자를 두른 '게르마니아 방벽'에도 수많은 성문이 뚫려 있어서, 순찰하는 로마 병사가 드나들 뿐만 아니라 근교에 사는 야만족도 장을 보러 드나들고 있었다.

하지만 오랑캐로 오랑캐를 무찌르는 전략은 도박이고, 게다가 위험하기 이를 데 없는 도박이었다. 그런데도 지금까지 성공한 것은 로마가 강력했기 때문이다. 그래서 주체가 객체에 휘말려들 위험을 걱정할 필요는 거의 없었다. 그런 위험을 피하기 위해서라도 스틸리코는 알라리크를 선택한 게 아닐까.

마지막 1세기에 접어든 뒤 서로마 제국은 절망적일 만큼 병사를 필요로 하고 있었다. 그리고 이 어려운 과제를 해결하려면 야만족을 동맹자로 삼을 수밖에 없었다. 역설이기는 하지만, 야만족을 이용하여 야만족으로부터 로마를 지킬 수밖에 없었다.

　해가 바뀌어 서기 408년 봄에 접어들 무렵, 스틸리코는 비로소 서고
트족 수령 알라리크와 동맹 교섭을 벌인 것을 공개했다. 원로원을 소
집하고, 그 자리에서 알라리크와 동맹 협정을 맺는 것을 승인해달라고
요구한 것이다.

　알라리크를 서로마 제국의 '군사령관'에 임명하여 알라리크와 그 휘
하의 서고트족에게도 제국 방위의 책임을 맡기고, 그 대가로 알라리크
가 요구한 4천 리브라의 금괴를 지불한다는 내용이었다.

　원로원 의원들은 심하게 동요했다. 예로부터 로마 원로원은 좋게 말
하면 활기차고 나쁘게 말하면 벌집을 쑤셔놓은 듯한 토의로 유명했지
만, 이때도 그와 같은 상태가 되었다. 다만 큰 소리로 발언하는 것은
모두 반대파 의원들이고, 찬성하는 의원들은 하나같이 침통한 표정으
로 침묵만 지킬 뿐이었다.

　그런데 알라리크는 왜 솔리두스 금화가 아니라 황금 자체로 지불해
달라고 요구했을까. 그보다 1세기 전에 콘스탄티누스 대제가 제국의
기축통화를 원수정 시대의 데나리우스 은화에서 솔리두스 금화로 바
꾸었다. 인플레이션으로 화폐 가치가 어이없을 만큼 떨어지는 것을 막
기 위해 은본위제에서 금본위제로 바꾼 것이다. 따라서 솔리두스 금화
의 무게는 원수정 시대의 금화인 아우레우스 금화의 절반이었지만, 금
100퍼센트인 품질은 변함이 없었다. 평소에 사용되는 은화와 동화는
변동제로 방치되어 있어서, 솔리두스 금화에 제국 기축통화의 신용이
달려 있었기 때문이다.

그 후 100년밖에 지나지 않았는데도 야만족은 용병료로 솔리두스 금화 37만 5천 닢을 달라고 말하지 않고 금괴 4천 리브라(1,500킬로그램)를 달라고 요구했다. 순금이어야 할 솔리두스 금화에도 불순물이 들어가게 되었을까.

20년 전에는 테오도시우스 황제 휘하에서 군무에 종사하면서 봉급도 솔리두스 금화로 받았던 알라리크가 왜 굳이 금괴로 달라고 요구했을까. 이것은 21세기에 사는 우리의 지나친 상상인지도 모르지만, 산유국이 석유 대금으로 달러나 유로화가 아니라 금을 요구해왔다면 어떨까 하는 생각이 든다.

단편적으로 남아 있는 사료를 토대로 추측해보아도, 알라리크가 요구한 4천 리브라는 다른 '동맹자'들의 요구에 비해 상당히 비쌌던 게 아닌가 싶다. 하지만 이런 경우에는 돈을 내는 쪽의 지불 능력도 고려해서 요구했을 거라고 상상할 수도 있다.

그런데 서로마 제국의 지불 능력은 어느 정도였을까. 국가는 3만 명의 병사를 모으는 데에도 애를 먹었으니까 지불 능력이 없다고 해도 좋을 것이다. 그렇다면 개인은 어떨까. 서로마 제국 부유층에 대해 연구자들은 다음과 같은 추정치를 내놓고 있다. 그것도 리브라 단위의 금괴로.

대규모 농장을 소유하고 있는 사람은 대부분 원로원 의원이기도 했다. 원로원 의원의 수는 원수정 시대의 정원을 그대로 유지하고 있었다면 300명은 되었을 것이다. 그리고 연구자들이 '큰 부자'로 분류하는 것은 연간 수입이 4,000리브라를 넘는 사람들이고, '중간 부자'로 분류하는 것은 1,000리브라에서 1,500리브라 정도의 수입이 있는 사람들이다.

이들 '큰 부자'와 '중간 부자'는 몇 명이었을까. 오랫동안 로마 원로원 의원들 중에서 부자가 차지한 비율을 고려하면, 300명 가운데 3~5명이 '큰 부자'이고 '중간 부자'는 20명 안팎, 나머지 의원들 가운데 대다수는 일단 '부자'라고 부를 수 있는 사람으로 시작하여 '여유있는 생활을 할 수 있는 사람'으로 끝나지 않았을까. 조상 대대로 원로원 의원을 지낸 사람이 많았기 때문에, 원로원 의원이라고 해서 반드시 부자라고 할 수는 없었다.

하지만 연구자들은 이렇게 말한다. '큰 부자'와 '중간 부자'만 비교해보아도 로마 원로원 의원들의 재력은 콘스탄티노폴리스 원로원 의원들의 두 배였다고. 그 이유는 부의 축적도에 차이가 있었기 때문이 아닐까 싶다. 로마 원로원은 제정으로 이행한 뒤부터 헤아려도 400년 넘게 계속되어온 반면, 콘스탄티노폴리스 원로원의 역사는 겨우 100년밖에 안 된다. 게다가 전제군주 치하의 명예직이니까 '부의 축적'에 차이가 생기는 것도 당연했다.

그래서 로마 원로원 전체의 재력은 제국의 어디보다도 강했지만, '중간 부자'에 속하는 것으로 분류된 한 의원의 생활상을 추적해보자. 그 사람의 이름은 심마쿠스. 『그리스도의 승리』라는 제목을 붙인 제14권 마지막에 등장하여 밀라노 주교 암브로시우스와 논전을 벌인 심마쿠스의 아들이다. '이교 로마의 자랑스러운 마지막 불꽃'이라고 불린 사람을 배출한 명문이다. 부의 축적도는 중간 정도지만, 로마 원로원에서는 존경받는 의원이었다.

이 심마쿠스 집안은 수도 로마 시내에 세 채의 저택을 소유하고, 이탈리아반도 곳곳에 별장을 15채나 갖고 있었다. 이 별장들은 모두 전형적인 로마식 빌라로, 이곳에 딸려 있는 넓은 농장은 농업 생산 기지나 마찬가지였다. 열다섯 채나 되는 이 별장에서 들어오는 수입이 연간 1,500리브라의 황금과 같았다고 한다.

심마쿠스 집안은 이탈리아반도의 발가락 끝에 붙어 있는 시칠리아 섬에도 별장을 갖고 있었다. 시칠리아 한복판의 엔나 근처에 있는 빌라인데, 아직 발굴 조사가 진행되고 있지만 4세기 초에 세워져 6세기 말까지 사용된 것은 알려져 있다.

아무리 땅을 넓게 쓸 수 있었던 전원의 별장이라지만, 방이 무려 30개나 되고 가족의 생활공간인 '안뜰'(페리스틸리움)은 기둥으로 둘러싸인 36×30미터 넓이의 마당이다. 그 동쪽에 뻗어 있는 복도는 너비가 5미터에 길이가 60미터나 되고, 온탕과 열탕과 냉탕을 완비한 넓고 밝은 목욕장은 로마식 생활에 목욕이 필수불가결했다는 것을 보여준다. 손님 접대에 쓰인 것으로 여겨지는 12×24미터의 넓은 객실 외에 넓은 방이 또 하나 있었다. 사방 21미터인 그 살롱은 세 군데에 반원형 '엑세드라'가 있는 것으로 보아, '조각실'이라고 부르고 싶을 만큼 즐비하게 늘어선 조각상이 벽면을 장식하고 있었을 게 분명하다.

각 방의 바닥과 벽면에 남아 있는 모자이크도 주인의 취향을 반영한다. 모자이크의 주제 가운데 기독교적인 것은 보이지 않고, 전원에서 농작물을 수확하는 장면이나 사냥 장면이 묘사되어 있다. 목욕장까지 이어진 회랑은 로마의 '대경기장'에서 가장 인기가 높았던 전차경주를 묘사한 21미터 길이의 모자이크로 장식되어 있다.

로마 전성기의 별장도 능가할 만큼 웅장하고 화려하지만, 이 빌라에 사람들이 살았던 시대는 기독교 시대였다. 그런데 이교적인 색채가 이렇게 짙은 것은 어찌된 일일까. 로마에 예로부터 전해 내려오는 전통 종교는 사교(邪敎)로 단정된 시대, 아직도 그 종교에 남몰래 친근감을 품고 있었다면 '숨은 이교도'가 되지만, 명문 출신의 원로원 의원에다 '중간 부자'라면 숨을 필요도 없었을지 모른다. 게다가 기독교 천하가 된 밀라노나 로마에서 멀리 떨어진 시칠리아섬의 오지라면 더욱 그렇다.

하지만 내가 품은 생각은 또 하나 있었다. 이 빌라를 유지하려면 수십 명의 고용인이 필요했을 것이고, 빌라 주변에 펼쳐져 있었을 게 분명한 넓은 농지를 경작하려면 수백 명의 농노가 필요했을 거라는 생각이었다. 이 정도가 '중간 부자'라면 '큰 부자'는 대체 어떤 생활을 했을까.

물론 심마쿠스 집안의 별장으로 추정되는 이 빌라는 아직 북방 야만족이 쳐들어오지 않은 이탈리아 남부에 있었다. 그것을 고려한다 해도, 서로마 제국에는 제국의 마지막 1세기인 5세기에도 여전히 '부'가 있었다. 제국의 전성기인 원수정 시대와는 반대로 나라는 가난하고 개인은 풍요로웠지만, 알라리크와 그 휘하의 10만 병사를 고용할 재력이 없었던 것은 아니다.

그런데도 스틸리코가 승인을 요구한 알라리크와의 동맹 협약을 앞에 놓고 원로원이 시끄러워졌다. 원로원 의원들도 속으로는 돈을 내놓고 싶지 않았는지 모른다. 전에 스틸리코가 가도 보수 공사를 할 때 가도 주변에 농장을 가진 원로원 의원들에게 수입의 3분의 1을 내놓으라고 요구한 적이 있었기 때문에, 그런 일이 또 되풀이되는 것을 싫어했을지도 모른다.

돈을 이유로 내세우면 제국의 엘리트를 자처하는 그들의 명예가 손상된다. 그래서 로마 제국의 전통을 내세워 반론을 제기했다. 람파디우스라는 이름의 의원은 이렇게 말했다.

"알라리크와의 협정은 평화를 가져오는 협정이 아니라 노예화로 이어지는 협정이다."

이 발언에 찬성하는 의원이 많았지만 스틸리코는 물러서지 않았다. 알라리크와 그 휘하의 서고트족에게 주는 4천 리브라의 황금은 이탈리아를 침략하지 않는 대가로 바치는 공물이 아니라, 어디까지나 그들의 군무에 대한 보수라고 설득했다. 진심이야 어떻든 스틸리코에게 찬성할 수밖에 없다고 생각한 의원도 적지 않았는지, 원로원은 알라리크와의 동맹 협약을 다수의 찬성으로 승인했다.

인간은 보고 싶지 않은 현실을 자꾸만 눈앞에 들이대는 사람을 그 이유만으로 미워하는 경우가 많다. 반대표를 던진 의원은 물론, 어쩔 수 없다고 생각하고 찬성표를 던진 의원들도 지금까지와는 다른 눈으로 스틸리코를 보게 되었다. 스틸리코도 역시 야만족 출신이라는 것을 이제 와서 문득 생각해낸 것처럼, 새삼스러운 눈으로 자기네 총사령관을 보게 된 것이다. 그리고 이탈리아를 침공하려 한 적도 있는 야만족과의 동맹을 또 다른 야만족의 설득으로 승인할 수밖에 없었던 자신들에게 새삼 화가 났다.

테오도시우스 황제도 어제까지 적이었던 야만족에게 정착할 땅을 주었을 뿐만 아니라 용병료까지 지불했다. 하지만 테오도시우스는 황제였고, 무엇보다 양친이 둘 다 로마인이었다. 로마인 황제라면 또 모르지만, 아무리 총사령관이라 해도 야만족 출신이 로마 제국을 구하는 길은 야만족과 손잡고 함께 싸우는 방법밖에 없다고 설득한다 해서 거기에 동의할 수밖에 없었던 씁쓸한 현실이 스틸리코에 대한 증오심을 부추겼다. 야만족인 네가 로마 엘리트의 기분을 알 게 뭐냐 하는 느낌으로.

조금만 생각해보면 이것도 근거가 박약하다는 것을 알 수 있다. 5세기의 로마 원로원 의원 가운데 원수정 시대부터 이어지고 있는 가문은 하나도 없었다. 4세기와 5세기의 명문 귀족인 심마쿠스 집안도 100년 전인 3세기에는 사료에 이름조차 나오지 않는다. 노예화로 이어지는 협약이라고 주장하면서 끝까지 반대한 람파디우스는 이때 처음으로 로마사에 등장했으니까, 최근에 원로원에 들어온 신참 의원인지도 모른다.

로마에서는 공화정과 제정을 불문하고 원로원에서 발언할 때는 '의원 여러분'이라고 시작하지 않고 '파트레스 콘스프리쿠티'(아버지들이여, 신참자들이여)라는 말로 시작하는 것이 관례였다. 오늘날의 국회에 해당하는 원로원을 건국의 아버지로 여겨진 300개 가문이 독점하지 않고, '호모 노부스'(신인)에게도 항상 문을 열어놓고 있었다. 그리하여 경직되기 쉬운 지배계급에 항상 새로운 피를 수혈했고, 그래서 5세기의 원로원 의원들 중에도 신인의 비율이 꽤 높았다.

제국 지배층에 새로 끼어든 신참이라는 점에서 그들 원로원 의원과 스틸리코 사이에는 아무 차이도 없었다. 다만 그들은 당시의 많은 로마인과 마찬가지로 몸속을 흐르는 피의 절반은 야만족이었을지 모르지만 아버지는 로마인이었던 반면, 스틸리코는 반대로 어머니가 로마인이고 아버지는 반달족이었다는 차이가 있을 뿐이다. 궁녀의 몸에서 태어난 자식도 아버지가 왕이면 왕자가 되는 것과 비슷하다. 성서를 라틴어로 번역한 히에로니무스처럼 유식한 사람은 스틸리코를 '반야만족'(semi-barbarus)이라고 말하여 다른 야만족과 구별했지만, 보통 사람이 보기에는 '반쪽' 야만인이라도 '야만인'인 것은 매한가지였다. 자신들이 그 '야만족'에게 무려 13년 동안이나 사실상 지배를 받아왔다는 것을 이제야 비로소 깨달은 원로원 의원들은 씁쓸한 입맛을 다셨다.

고립

스틸리코를 향한 적의는 원로원 회의장 안에만 한정되지 않았다. 당시에는 스틸리코의 아내 세레나도 로마에 머물고 있었는데, 그 세레나도 이때 처음으로 남편에게 등을 돌렸다. 세레나는 선제 테오도시우스의 조카딸이지만, 테오도시우스가 양녀로 삼아 스틸리코에게 시집보낸 여자였다. 두 사람 사이에는 딸 둘과 아들 하나가 태어났다. 동로마제국의 수도 콘스탄티노폴리스의 황궁에서는 일상다반사였던 질투로 말미암은 반(反)스틸리코 음모를 일이 커지기 전에 조용히 수습해온 것도 세레나였다. 이상적인 부부로 여겨졌던 이들 부부도 결혼 25년째에 파경을 맞았다. 황실의 일원인 세레나로서는 야만족을 동지로 끌어들이려는 남편의 정책이 제국을 업신여기는 정책으로 보였을지도 모른다. 게다가 가톨릭교도이면서도 이교나 이단을 한 번도 탄압하지 않

스틸리코(오른쪽)와 그의 처자

은 스틸리코와는 달리 세레나는 열렬한 가톨릭 신자였다. 남편이 동맹을 맺으려는 알라리크와 서고트족은 가톨릭이 이단으로 선언한 아리우스파를 믿고 있었다. 세레나가 갑자기 변심한 진짜 이유는 이것인지도 모른다.

이단과 손을 잡는 것은 말도 안 된다고 스틸리코에게 반대하여 들고일어난 곳이 바로 밀라노였다. 몇 년 전에 죽은 암브로시우스의 지도가 효과가 있었는지, 밀라노는 로마만이 아니라 다른 어느 곳보다도 열광적인 가톨릭 도시가 되어 있었다. 게다가 스틸리코에 대한 밀라노 주민의 반감은 마음속의 감정만으로 끝나지 않았다.

'총사령관'인 스틸리코가 지휘하는 로마군의 이탈리아 기지는 북부의 파비아에 있었다. 파비아에서 그 바로 북쪽에 있는 밀라노까지는 거리가 30킬로미터도 채 안 된다. 파비아 기지에 군량을 공급하는 것도 밀라노 상인이고, 병사들이 휴일을 즐기러 가는 곳도 밀라노였다. 가증스러운 이단과 동맹을 맺는 것은 그리스도의 가르침에 어긋난다는 밀라노의 분위기가 파비아에도 미치는 것은 시간문제일 뿐이었다.

원로원 의원들은 그를 적대시했고, 아내도 그에게 등을 돌렸고, 휘하 병력의 절반이나 되는 로마 병사들은 그를 매국노라고 부르게 되었다. 그런 스틸리코에게 전과 다름없는 충성을 바친 것은 야만족이나 노예 출신 병사들이었다. 그들의 기지는 볼로냐에 있다. 서기 408년 봄에도 아직 스틸리코 쪽에 남아 있는 것은 볼로냐에서 숙영하고 있는 이들 병사와 파비아 기지의 장교들이었다. 군의 고위 장교로서 언제나 최전선에 있는 만큼, 이들은 서로마 제국 방위력의 한계를 알고 있었다.

하지만 황제인 호노리우스가 스틸리코를 어떻게 생각하고 있는지는 408년 봄에는 아직 확실치 않았다. 23세가 되었으면서도 여전히 라벤나에 틀어박혀 있는 호노리우스는 제위에 오른 뒤 13년 동안 스틸리코가 시키는 대로 행동한 사람이다. 당시의 기록을 아무리 찾아보아도 호노리우스의 생각을 아는 데 도움이 되는 구절은 하나도 발견할 수 없다. 원래 생각 자체를 갖고 있지 않았는지도 모른다.

하지만 스틸리코에게 나쁜 징후는 있었다. 호노리우스는 스틸리코의 맏딸 마리아를 아내로 삼았지만, 마리아가 자식도 낳지 않고 죽은 뒤 스틸리코의 둘째 딸과 재혼했다. 마리아가 죽은 것은 408년으로 해가 바뀐 뒤니까, 마리아의 여동생이 죽은 언니 대신 호노리우스의 아내가 된 것은 408년 봄이었을 것이다. 그런데 황제 호노리우스는 새 아내와 잠자리를 같이하려고 하지 않았다. 그렇다고 장인인 스틸리코를 멀리한 것도 아니었다. 하지만 호노리우스도 마침내 태도를 분명히 하는 사태가 일어났다.

동로마 제국 황제인 아르카디우스가 5월 초에 죽었다는 소식이 서로마 제국에 전해진 것이다. 당시의 정보 전달 속도로 보아 그 소식이 콘스탄티노폴리스에서 로마까지 전달되는 데 두 달은 걸렸을 테니까, 그것을 호노리우스나 스틸리코가 안 것은 7월이었을 것이다.

육체적으로나 정신적으로 허약하고, 황제면서도 나라를 다스리기보다 황후나 궁정관료들에게 다스림을 받는다는 말을 들었던 아르카디우스는 동생 호노리우스와 마찬가지로 제위에 앉아 있기만 하는 이름뿐인 황제로 31세에 죽음을 맞았다. 하지만 단순히 황제의 아내가 아니라 공식적으로 '황후'(아우구스타)의 칭호까지 손에 넣은 에우독시아는 견실한 여성이어서, 7세가 된 아들의 제위를 벌써 확실히 다져놓고 있었다. 에우독시아 자신이 어린 테오도시우스 2세의 섭정이 되기로 결정했고, 이렇게 모든 것을 확실히 해놓은 뒤에야 동로마 제국 황제의 죽음을 서로마 제국에 알렸다.

소식을 받은 호노리우스는 웬일로 자신의 생각을 분명히 밝힌다. 콘스탄티노폴리스에 가서 어린 조카의 통치를 돕고 싶다고 주장한 것이다. 하지만 이것은 겉으로 내세운 핑계이고, 본심은 황제가 어린 것을 기회로 동로마 제국의 제위까지 차지하고 싶었던 모양이다.

스틸리코는 여기에 반대했다. 반대한 이유는, 서로마 제국의 상황이

호노리우스

이렇게 어려운데 나라의 중심인 황제가 자리를 비우는 것은 용납되지 않는다는 합리적인 것이었다. 이것도 역시 겉으로 내세운 핑계이고, 본심은 스틸리코에게 반대하는 분위기가 고조되고 있는 지금 그의 지위를 공인할 수 있는 힘을 가진 것은 호노리우스뿐이라는 데 있었다.

황제가 능력과는 무관하게 제위를 유지할 수 있는 것은 콘스탄티누스 대제가 정확히 꿰뚫어보았듯이 '제위신수설' 덕분이었다. 제위에 누구를 앉힐 것인지를 결정하는 것은 인간의 의지가 아니라 신의 뜻이라는 것이 제위신수설이었다. 그래서 콘스탄티누스는 기독교를 공인하고 기독교를 진흥하기 위해 애썼다. 황제가 인간에게 '신성불가침'

의 존재가 되었으니까, 무능한 황제라도 제위를 유지할 수 있는 이유가 확립되었다. 이 덕분에 황제가 계속 바뀌어 정국이 불안해지는 사태를 피할 수 있게 된 것도 사실이고, 이 사실 때문에 황제는 능력과는 관계없이 누구나 반드시 '중심'이 되었다.

하지만 피차 본심을 숨긴 채 겉으로만 상대하는 인간관계는 설령 문제를 수습할 수 있다 해도 반드시 응어리를 남긴다. 스틸리코가 합리적으로 반대하자 호노리우스는 결국 자기주장을 철회할 수밖에 없었지만, 열 살 때부터 자기를 지켜준 스틸리코를 미워하게 되었다. 원래 마음이 약한 남자인 만큼, 난생처음 내세운 주장을 스틸리코가 반대하자 마음이 딱딱하게 굳어버렸다. 13년 동안이나 좋은 상태를 유지한 황제와 총사령관 사이가 갑자기 냉랭해졌다. 그리고 이 변화는 황제 주위에 있는 궁정관료들이 오랫동안 손도 대지 못한 스틸리코에게 반격을 개시할 기회와 힘을 주었다.

모략

올림피우스라는 이름만 보면 그리스 태생이고, 노예 출신 환관이었을 가능성도 전혀 없지는 않다. 과거 경력이 전혀 알려지지 않은 이 사나이가 어느새 호노리우스의 두터운 신뢰를 받는 측근이 되어 있었다. 또한 독실한 기독교도라는 것을 부각시키기 위해 자선사업에 열심이어서, 가톨릭교도들에게 '교부'로 존경을 받고 나중에 성인 반열에 오른 성 아우구스티누스한테 열렬한 칭찬을 받기도 했다. 이 올림피우스가 황제의 귀에 속닥거렸다. 스틸리코가 서로마 제국을 방위하려고 애쓰는 것은 호노리우스를 지키기 위해서가 아니라 자기 아들을 황제 자리에 앉히고 싶기 때문이라고.

23세의 황제는 얼마 전의 일을 생각해냈다. 호노리우스의 이복누이인 갈라 플라키디아를 며느리로 맞아들이고 싶다는 스틸리코의 제의를 생각해낸 것이다. 막연한 의혹은 이제 결정적인 확신으로 변했다. 며칠 뒤에 황제 호노리우스는 로마를 떠나 북쪽으로 갔다. 볼로냐를 거쳐 파비아로 가기 위해서였다. 볼로냐와 파비아 기지에 있는 병사들을 격려하러 간다는 것이 황제가 출발할 때 공표한 이유였다. 총사령관 스틸리코는 볼로냐까지 황제와 동행했다. 거기에서 파비아까지는 황제 혼자 가도 된다는 올림피우스의 주장에 호노리우스도 동의했기 때문에 스틸리코는 볼로냐에 남았다.

황제 호노리우스는 의지가 약하기는 하지만 악인은 아니다. 파비아에서 무엇이 기다리고 있는지 미리 알고 있었던 기미도 없고, 알면서도 파비아에 갔다고는 생각할 수 없다. 모든 것은 올림피우스를 비롯한 궁정관료들이 꾸민 모략이 분명했다.

5세기 초인 이 무렵, 중부 이탈리아의 주요 도시인 볼로냐(로마 시대 이름은 보노니아)가 비정규군의 숙영지라면, 그곳에서 아이밀리아 가도를 따라 북서쪽으로 올라가면 닿을 수 있는 파비아(로마 시대 이름은 티키눔)에는 정규군 숙영지가 설치되어 있었다. 북쪽에서 쳐들어오는 야만족을 우선 북이탈리아에서 맞아 싸우고, 다음에는 중부에서 완파한다는 스틸리코의 전략에서 나온 부대 배치다. 따라서 볼로냐에 있는 군대의 지휘는 스틸리코가 맡고, 파비아에 있는 군대의 지휘는 스틸리코의 신뢰가 두터운 장군들에게 맡겨져 있었다.

호노리우스가 군사기지를 방문하는 것은 제위에 오른 지 13년 만에 처음이었다. 파비아에서는 사령관부터 일개 병졸에 이르기까지 만반의 준비를 갖추고 황제를 기다리고 있었다.

최고사령관이기도 한 로마 제국 황제가 군사기지를 방문하면, 우선 좌우에 고관들을 거느린 황제 앞을 장병들이 부대별로 나뉘어 차례로 행진하고, 행진이 끝난 뒤 정렬한 병사들에게 황제가 훈시와 격려의 말을 하는 것이 관례다. 호노리우스도 왼쪽에 황궁의 고위 관료들, 오른쪽에 군사기지 사령관과 대대장들을 거느리고 한 단 높은 단상에 마련된 옥좌에 앉았다.

당장 병사들의 행진이 시작된다. 그런데 행진이 절반쯤 진행되었을 때, 황제에게 경례를 하며 황제 앞을 지나가고 있던 한 무리의 병사가 갑자기 대열을 흩뜨리더니, 칼을 빼들고 황제 오른쪽에 나란히 앉아 있는 사령관과 대대장들에게 덤벼들었다.

고위 장교들은 방어력이 완벽한 실전용 갑옷이 아니라 방어보다 외적 미관을 중시한 의전용 갑옷을 입고 있었다. 이 예기치 않은 습격을 받고, 병사들의 칼에서 몸을 지킬 수 있었던 사람은 하나도 없었다.

기병 사령관이 쓰러지고, 보병 사령관도 피바다 속에 누워 있었다. 기지의 병참을 맡고 있는 최고 책임자도 피의 제물로 바쳐졌다. 기지의 회계 책임자까지 살해되었다. 파비아 기지의 고관들이 모두 살해된 것이다. 이들은 모두 스틸리코가 어릴 적부터 키운 심복 부하라 해도 좋은 사람들이었다. 다른 병사들이 아연실색하여 손도 쓰지 못하는 사이에, 창백해진 얼굴로 옥좌에 앉아 부들부들 떨고 있는 호노리우스의 눈앞에서 올림피우스는 스틸리코파를 모조리 없애버리는 데 성공했다. 게다가 공포에 질려 목소리도 나오지 않는 황제를 대신하여 올림 피우스가 병사들에게 황제의 뜻을 전했다. 숙청된 고관들은 황제를 죽 이려는 음모를 꾸몄고, 그런 대역죄인들을 죽인 병사들은 칭찬할 만하 다는 것이었다. 얼마 전부터 밀라노의 가톨릭교도들이 스틸리코를 비 난하는 소리를 들은 병사들은 올림피우스의 입을 통해 전해진 황제 호 노리우스의 말을 듣고 비로소 상황을 납득한 것 같았다.

이 변고는 200킬로미터 떨어진 볼로냐에 당장 알려졌다. 스틸리코 파 부대장이 용케 도망쳐서 말을 타고 달려와 스틸리코에게 알려준 게 분명하다. 스틸리코파를 죄다 없애버린 올림피우스 일당은 스틸리코 가 이 변고를 늦게 알면 알수록 유리했기 때문이다.

사실을 안 스틸리코가 어떤 기분을 느꼈는지는 전혀 알려지지 않았 다. 스틸리코의 언행을 기록하는 것이 자신의 임무라고 믿었던 시인 클라우디아누스는 이제 없고, 스틸리코 자신도 글을 남기지 않았다. 하지만 스틸리코 반대파 사람들이 남긴 단편적인 글로 추측해보면, 일 은 다음과 같이 진행된 모양이다.

볼로냐 기지에 있던 비정규군 장병들은 야만족 출신 용병과 노예 출신 병사였다. 그 장병들은 모두 스틸리코 편에 서기로 결정했다. 그 리고 대표를 스틸리코에게 보냈다. 비통한 표정을 숨기지 않는 스틸리 코 앞에 나타난 그들은 파비아 기지의 정규군과 싸우게 될 경우에는 상대가 황제군이라 해도 모두 스틸리코 휘하에서 싸우겠다고 분명히 말했다.

스틸리코는 아무 대답도 하지 않았다. 말없이 듣고 말없이 돌려보냈 을 뿐이었다. 48세가 된 야만족 출신 로마 장군은 난생처음으로 중대한 문제에 직면해 있었다.

파비아에 있는 병력은 스틸리코파 장교들이 모두 죽었기 때문에 장수가 없는 병사들만의 집단이 되어 있었다. 볼로냐에 있는 군대를 스틸리코가 직접 지휘하면 쉽게 승리할 수 있었을 것이다. 하지만 그것을 결행했다면 스틸리코는 로마인이 아니다.

고뇌

죽음이 다가온 것을 깨달은 테오도시우스 황제가 스틸리코를 불러, 뒤에 남겨질 열일곱 살의 아르카디우스와 열 살도 되지 않은 호노리우스를 보호해달라고 부탁한 것은 13년 전의 일이었다. 스틸리코는 임종을 앞둔 황제에게 그것을 맹세했다. 그런데 이제 군대를 이끌고 호노리우스를 공격하면 그때의 서약을 깨게 된다. 지도자층에 속하는 로마 남자에게 서약을 지키는 것은 법률을 넘어서는 도덕(라틴어로는 모레스) 문제다. 지금은 도덕의 중요성도 떨어질 대로 떨어진 느낌이지만, 스틸리코가 이상으로 삼은 것은 동시대의 로마인이 아니라 옛날의 로마인이었을 것이다.

또한 충성을 맹세한 황제에게 신하인 자기가 활시위를 당기면 로마의 군인이 아니다. 로마인은 서약을 지키는 것을 가장 중요시했지만, 지위에 상하가 있더라도 무인들 사이에 맺은 서약은 엄격히 지키는 것이 다른 어떤 민족의 군대와도 다른 로마군의 특징이라고 그는 믿고 있었다. 이것도 역시 옛날 이야기가 되어버렸지만, 스틸리코에게는 전혀 옛날 이야기가 아니었다.

이 두 가지 문제에 이어지는 세 번째 문제는 스틸리코가 북방 야만족인 반달족을 아버지로 두었기 때문에 더욱 강렬하게 느낀 문제였다.

그는 로마인인 어머니 슬하에서 로마식으로 양육되었고, 20대 초반의 젊은 나이에 테오도시우스 황제에게 발탁된 뒤 25년 동안을 일관되게 '로마인'으로 살아왔다. 게다가 테오도시우스가 죽은 뒤 13년 동안은 어린 황제를 지키면서 서로마 제국 방위에 전념해왔다. 자기야말로 어떤 동시대인보다 더 철저한 '로마인'이라고 생각하고, 그 로마 제국을 지켜온 그가 이제 군대를 일으키면 로마 제국을 쓰러뜨리게 된다. 그것은 '로마인'이 아니라 '야만족'으로서 행동하는 것을 의미했다. 스틸리코는 이것을 참을 수가 없었다. 48년 동안 '로마인'으로 산 뒤 '야만족'으로 돌아가는 것을 참을 수 없었던 것이다.

하지만 여기서 일어나지 않으면 그 자신이 파멸한다. 일어나지 않고 파멸하느냐, 아니면 일어나서 야만족으로 살 것이냐.

인간에게는 절대로 양보할 수 없는 선이 있다. 그것은 사람에 따라 다양하기 때문에 객관성이 없다. 따라서 법률로 다룰 수도 없고, 종교로 가르칠 수도 없다. 개개인이 자기한테 좋다고 생각하는 생활방식일 뿐, 만인 공통의 진리를 탐구하는 철학은 아니다. 이것은 라틴어로는 '스틸루스'(stilus), 이탈리아어로는 '스틸레', 영어로는 '스타일'이다. 다른 사람이 보면 중요하지 않아도 자기한테는 그 스타일이 다른 무엇보다도 중요한 이유는 거기에 손을 대면 자기가 아니게 되어버리기 때문이다.

율리우스 카이사르도 운명의 3월 15일이 오기 한 달 전부터 이미 자기를 죽이려는 음모가 꾸며지고 있는 것을 알고 있었다. 하지만 그가 소집하여 3월 15일에 열린 원로원 회의에 출석할 때, 자신을 방어하기 위한 대책은 전혀 취하지 않았다. 원로원 의원들은 단검도 차지 않고 회의에 출석하는 것이 로마의 오랜 전통이었다.

하지만 브루투스 일당인 원로원 의원 14명은 그날 하루만은 원로원 의원임을 나타내는 붉은색 테두리를 두른 하얀 토가 속에 단검을 감추고 있었다. 이 14명의 칼이 로마 원로원의 전통을 지켜 무방비 상태로 등원한 카이사르를 습격했다. 제 칼로 제 손을 베었을 만큼 흥분한 14명이 카이사르에게 준 상처는 모두 23곳으로 되어 있지만, 치명상은 그중 하나뿐이었다고 한다.

하지만 카이사르는 무인인 만큼, 그것이 치명상이라는 것을 당장 깨달았다. 쓰러지기 전에 그가 한 일은 단 하나, 토가 자락을 몸에 휘감는 것이었다. 쓰러졌을 때 몸이 노출되는 것을 꺼렸기 때문이다.

이 카이사르가 후계자로 지명한 사람이 로마 제국 초대 황제가 된 아우구스투스다. 이 사람의 치세는 카이사르의 10배나 되니까, 원로원 회의에 출석한 횟수도 헤아릴 수 없을 만큼 많았을 것이다. 하지만 혼자서는 한 번도 등원하지 않았다. 그렇다고 '비밀경찰'을 데리고 다닌 것도 아니다. 회의장에 들어가는 의원들의 신체검사를 시킨 것도 아니다. 아우구스투스도 로마 원로원의 전통은 존중했다. 다만 그는 자기한테 절대적인 충성을 바치고 몸집도 건장한 몇 명의 원로원 의원들에게 둘러싸이지 않으면 절대로 등원하지 않았다.

카이사르는 수많은 인재들 중에서 아우구스투스를 후계자로 선택했으니까, 아직 젊고 실적도 없는 이 젊은이한테서 남에게는 없는 자질을 발견했을 것이다. 아우구스투스는 카이사르의 후계자로 이보다 나은 사람은 없다는 것을 실증함으로써 이 발탁에 멋지게 보답한다. 로마 제국은 이 두 사람이 창설했다 해도 틀린 말이 아니다.

하지만 자질이 대등한 이 두 사람도 '스타일'에는 차이가 있었다. 어쩌면 인간의 차이는 자질보다 스타일, 즉 '자세'에 있는 게 아닐까 하는 생각마저 든다. 바로 그렇기 때문에 '자세'야말로 그 사람의 매력이 되는 게 아닐까. 알렉산드로스 대왕의 매력이 짧지만 충일했던 그의 생활방식에 있었던 것처럼.

죽음

마지막까지 로마의 사나이로 살 것인가, 아니면 야만족으로 돌아가서라도 천수를 다할 것이냐. 이것을 결정하지 못해 고뇌하던 스틸리코는 도박을 걸어보기로 결정했다. 황제 호노리우스가 파비아를 떠나 라벤나로 돌아간 것을 알았기 때문이다. 황제를 어릴 적부터 잘 알고 있는 스틸리코는 파비아에서 스틸리코파를 없애는 데 호노리우스가 관여했다고는 도저히 생각할 수 없었다. 그래서 라벤나에 가서 호노리우스를 만나기로 결심한 것이다.

볼로냐에서 라벤나로 가려면 아이밀리아 가도를 따라 리미니로 가서 아드리아해를 따라 북상하는 것이 거리로는 멀어지지만 시간상으로는 지름길이다. 스틸리코는 평소와 같은 호위병만 거느리고 떠날 작정이었지만, 장교들이 동행하겠다고 고집을 부리는 바람에 라벤나에 들어간 스틸리코 일행은 사람들의 눈길을 끌 만큼 규모가 커졌다. 그것이 황궁을 자극할 것을 걱정했는지, 스틸리코는 라벤나에 도착한 뒤에도 자기 집에 들어가지 않고 교회에 딸린 주교관에 잠자리를 얻었다. 그곳에서 황궁으로 전령을 보내, 황제에게 알현 허가를 요청했다.

전령이 가져온 회답이 황제와의 회견을 허가한 것인지, 아니면 단순히 황궁에 오는 것을 허가한 것인지는 알 수 없다. 어쨌든 허가는 받은 모양이다. 다만 혼자서 오라는 것이 조건이었다.

황궁에 도착한 스틸리코는 스스로 칼을 풀어 하인에게 건네주었다. 지금까지 13년 동안 헤아릴 수도 없을 만큼 되풀이한 일이었다. 하지만 그날은 그의 앞에 황제의 거실 문이 열리지 않았다.

23세의 황제는 48세가 된 충신을 만나려 하지 않았다. 그 대신 스틸리코 앞에 나타난 것은 올림피우스였다. 이 궁정관료는 황제가 내린 사형 선고를 차갑게 낭독했다. 이유는 야만족과 공모하여 로마 제국을 타도하려 한 죄였다. 원수정 시대에는 국가반역죄를 지은 사람도 변호인이 딸린 재판을 받을 수 있었지만, 후기 제정 시대에는 재판도 인정되지 않고 그날 바로 처형이었다. 서기 408년 8월 23일 당일, 참수형이 집행되었다.

스틸리코의 생애는 이렇게 끝났다. 시신의 행방도 알 수 없다. 그래서 무덤도 없다. 후세의 한 역사가는 이렇게 썼다. 무려 28년에 이른 호노리우스 황제의 긴 치세에서 황제가 스스로 내린 결정은 오직 스틸리코의 처형뿐이었다고.

공백

스틸리코가 죽고 공석이 된 '로마군 총사령관'에는 올림피우스가 임명되었다. 이것을 안 스틸리코파 장병들은 이제 로마군에는 자기가 있을 곳이 없다고 판단하고 집단으로 기지를 떠난다. 스틸리코의 장남이 있었다면 같이 갔겠지만, 호노리우스 황제는 자기와 함께 자랐고 학우이기도 한 이 젊은이를 스틸리코가 처형당한 직후에 죽이게 했다.

스틸리코의 죽음과 함께, 그가 야만족과 노예 출신 병사들로 편성한 비정규군도 사라졌다. 라벤나까지 따라온 사람도, 볼로냐에서 기다리고 있던 병사들도 어느 날 아침 갑자기 철새가 떼를 지어 떠나듯 한 사람도 남김없이 떠나갔다.

어디로? 자기를 반갑게 맞아줄 사람에게로. 그것이 서고트족의 수령인 알라리크였다. 그들이 양보할 수 없는 선은, 그들이 심취해 있던 스틸리코를 죽인 쪽에서는 절대 싸울 수 없다는 것이었는지도 모른다.

스틸리코가 죽은 지 한 달 뒤, 먼저 움직이기 시작한 것은 알라리크였다. 찾아온 스틸리코파 장병을 합해도 3만 명이었다니까, 야만족의 침공으로는 규모가 작다. 하지만 두려워할 필요가 있었던 유일한 상대는 이제 사라졌다.

알라리크가 이끄는 서고트족과 스틸리코파 장병으로 이루어진 혼성군은 이탈리아와 발칸 사이를 갈라놓은 알프스산맥을 넘어 이탈리아반도 북동부로 쳐들어왔다. 스틸리코 휘하에서 많은 전투 경험을 쌓은 베테랑들이 가세한 덕분에, 알라리크 군대가 전투를 진행하는 방식도 더욱 합리적으로 바뀌어 있었다. 우선 이탈리아 북동부의 주요 도

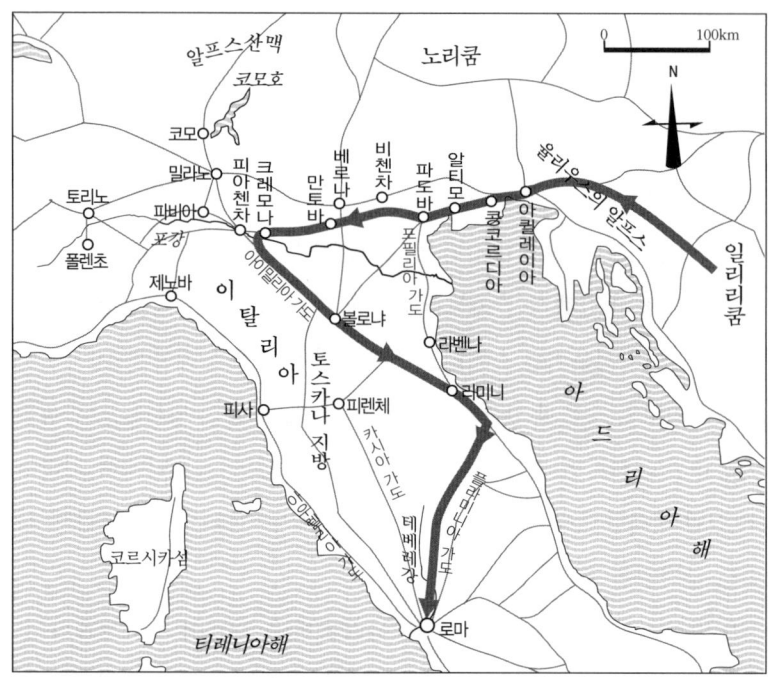

서기 408년의 알라리크의 이탈리아 침공 경로

시인 아퀼레이아를 공격한다. 하지만 장기전을 각오해야 하는 완전 공략은 시도하지도 않고, 필요한 것만 빼앗으면 다음 목표로 이동한다. 알라리크의 목적은 점령이 아니라 위협하는 데 있었기 때문이다.

　실제로 아퀼레이아 다음에는 콩코르디아, 알티모, 다음은 파도바(로마 시대 이름은 파타비움)로 내려오면서도 파도바에서 포필리아 가도를 따라 남하하기만 하면 닿을 수 있는 라벤나에는 선발대조차 보내지 않았다. 황제한테는 볼일이 없었기 때문이다. 그래서 그대로 남하하지 않고 서쪽으로 방향을 잡아, 크레모나(로마 시대에도 같은 이름)에서 포강을 건넜다.

　그곳에서 로마 원로원에 사람을 보내어 편지를 전달했다. 편지 내용은 반년 전에 원로원에서 가결한 알라리크와의 동맹 협약을 이행하라는 요구였다. 요컨대 그 협약에 정해진 대로 4천 리브라의 금을 내놓으라는 것이다. 원로원에서 가결해놓고 반년 동안이나 이행을 미룬 것은 알라리크와 동맹을 맺자고 제안한 스틸리코의 처지가 그 반년 사이에 완전히 달라졌기 때문이다. 원로원은 스틸리코의 처형으로 이 동맹 협약도 백지로 돌아갔다고 믿고 있었다. 하지만 원로원에서 가결한 것은 국가 정책을 결정한 행위이고, 정책을 결정한 이상 제안자의 죽음에 좌우되면 안 될 것이다. 결정을 뒤집고 싶으면 원로원에서 다시 표결 처리를 해야 한다. 따라서 이 경우에는 야만족인 알라리크의 주장에 일리가 있었다.

알라리크는 포강을 건넌 뒤에도 그 부근에서 원로원의 회신을 기다리고 있었던 모양이다. 그렇다면 파비아의 로마군 기지와는 70킬로미터도 떨어지지 않은 곳에서 야영하고 있었다는 이야기가 된다. 하지만 파비아에 있는 로마군은 그것을 알면서도 움직이지 않았다. 또한 스틸리코의 뒤를 이어 총사령관에 임명된 올림피우스도, 라벤나에 있는 황제 호노리우스도 똑같이 숨을 죽이고 있었다. 한편 알라리크는 아무리 기다려도 회답이 오지 않으니까 싫증이 났는지 다시 행동을 시작했다. 파비아의 로마군 따위는 문제 삼을 필요도 없다는 듯이 그들에게 등을 보이고 리미니로 향했다. 리미니에서는 플라미니아 가도를 따라 로마로 간다. 그들 앞을 막아서는 로마인은 이제 한 사람도 없었다.

공갈—첫 번째

적이 로마 성벽 바로 옆까지 다가온 적은 있다. 하지만 그것은 무려 620년 전의 일이다. 제2차 포에니 전쟁 때 카르타고의 명장 한니발이 로마 성벽에서 4~5킬로미터밖에 떨어지지 않은 곳에 숙영한 일이 있을 뿐이다. 그 한니발도 로마 공략은 체념할 수밖에 없었다. 도시 공략에 성공하려면 장기간에 걸쳐 포위전을 벌여야 하는데, 그러기에는 병력이 부족했기 때문이다.

로마는 알라리크와 3만 병력이 바싹 다가왔다는 이유만으로 동요할 필요는 전혀 없었다. 그런데 놀라서 어쩔 줄 모르고 당황했다. 20킬로미터에 가까운 성벽을 3만 명의 병력으로 완전히 포위하는 것은 불가능한 일이다. 그래서 알라리크가 선택한 것은 포위 공격이 아니라 봉쇄였다. 12군데의 주요 성문에 중점적으로 병력을 배치하여, 시내에서 성 밖으로 나오지 못하게 했다. 동시에 주변 지역으로 병력을 보내, 수도 로마로 가는 물자를 도중에 약탈하게 했다. 또한 로마 시내를 흐르는 테베레강도 북쪽과 남쪽에서 봉쇄했다. 하지만 로마 시내를 둘러싸고 있는 성벽에 뚫린 성문은 모두 18개이고, 그밖에도 안과 밖의 지형에 따라 밖으로 어렵지 않게 빠져나갈 수 있는 곳도 적지 않았다.

로마시의 인구는 제국 전성기인 2세기에 비하면 격감했다지만 5세기에 접어든 뒤에도 30만 명을 밑돌지는 않았다고 한다. 그리고 원수정 시대에 완비된 창고들은 아직도 기능을 발휘하고 있어서, 도시 로마의 식량 저장 능력은 상당히 높았다. 최악의 사태를 예상하여 조직을 만들고 만반의 준비를 끝냈다면, 장기간에 걸친 농성전도 견뎌낼 수 있었다. 따라서 항전 능력의 유무는 물질적인 문제가 아니라 주민들의 정신력에 달려 있었다.

성벽 아래를 메우기 시작한 야만족을 성벽 위에 주렁주렁 매달려 구경하고 있는 로마인의 감정은 '공포'이기보다 예상치 못한 사태 앞에서 사람들이 품는 '놀라움'이었다. 하지만 그 놀라움이 사라진 뒤에 그들을 덮친 감정은 '각오'가 아니라 '분개'였다. 야만족 주제에 영원한 도시 로마를 봉쇄하다니, 얼마나 무모한 짓인가.

하지만 놀라고 있는 동안에도 식량 부족 현상이 나타나고 있었다. 시장에 나오는 식량이 줄어들고, 그나마 나온 식량은 값이 폭등했다. 다른 누구보다도 가난한 사람들이 맨 먼저 직격탄을 맞았다.

로마 봉쇄가 언제 시작되었는지를 보여주는 사료는 남아 있지 않다. 그래도 전후의 추이로 상상해보면 알라리크의 봉쇄 작전은 짧아도 한 달 남짓이고 길어도 두 달이 채 안 되었을 것이다. 그렇다면 일찍이 '세계의 수도'였던 로마는 두 달도 견디지 못하고 비명을 지른 셈이 된다.

원로원은 마침내 의원 두 명을 알라리크에게 파견하기로 결정했다. 스틸리코가 제안한 동맹 협약을 원로원에서 가결한 대로 4천 리브라의 금을 지불하는 대신 봉쇄를 풀어달라고 요청한 것이다. 하지만 알라리크는 승낙하지 않았다. '영원한 도시 로마'의 몸값치고는 너무 싸다고 생각했는지도 모른다. 실제로 야만족 수령 알라리크와 로마 원로원 의원 두 명 사이에 오간 것은 동맹자에게 주는 용병료가 아니라 공갈범에게 주는 몸값이었기 때문이다.

알라리크가 말했다.

"로마 시내에 있는 금과 은을 모두 내놓아라. 국고에 있는 것이든 개인 집에 있는 것이든 관계없이 모두 내놓아라. 금은 이외의 귀중품도 마찬가지다. 그리고 시내의 공공기관이나 개인 집에서 일하는 게르만계 노예를 모두 해방하라."

두 명의 원로원 의원은 깜짝 놀라서 말했다.

"그것이 당신의 요구라면 당신은 우리한테 무엇을 남겨줄 것인가."

서고트족 수령은 태연히 대답했다.

"목숨은 남겨주마."

그래도 두 명의 원로원 의원은 원로원에서 토의하고 결의할 때까지의 휴전은 얻어냈다. 테베레강물도 12군데의 성문도 봉쇄가 풀렸다. 로마 주민들은 안도의 한숨을 내쉴 수 있었다. 그동안 우울한 얼굴을 감추지 못하는 원로원 의원들 사이에 토의가 벌어졌고, 그 결과를 가지고 협상단이 알라리크 진영으로 갔다. 협상단의 왕래가 거듭되었지만, 협상은 몸값을 깎는 교섭에 불과했다.

그해도 거의 저물어갈 무렵에야 교섭이 타결되었다. 알라리크가 드디어 원로원의 제의를 수락해준 것이다. 그 내용은 다음과 같았다. 애초에 알라리크가 스틸리코에게 요구한 것은 4천 리브라의 금뿐이었다는 것이 다시 생각난다.

5천 리브라(1,875킬로그램)의 금.

3만 리브라(11,250킬로그램)의 은.

동양에서 수입한 비단으로 지은 가운 4천 벌.

손으로 짠 붉은색의 얇은 고급 천 3천 필.

인도에서 수입한 향신료 3천 리브라(1,125킬로그램).

물론 게르만의 피를 이어받은 노예들은 자유의 몸이 되었다. 하지만 그들이 모두 로마를 버리고 알라리크에게 달려간 것은 아닌 모양이다.

이렇게 비싼 대가를 치르고도 로마인이 손에 넣은 것은 봉쇄 해제뿐이었다. 알라리크는 로마인의 '동맹자'가 되어 로마 방위에 한몫하겠다는 약속까지는 하지 않았기 때문이다.

알라리크는, 전투에서는 도저히 스틸리코를 이길 수 없었지만, 휘하 병사들에 대한 통솔력은 상당히 뛰어났다. 스틸리코가 알라리크를 활용하려고 생각한 것도 무리가 아닐 정도다. 서고트족은 '몸값'이 모두 들어오기를 기다려 숙영지를 걷어치우고 북쪽으로 떠났는데, 그것이 문자 그대로 일사불란했다. 로마 주민들은 이런 경우에 일어나기 쉬운 폭력행위의 피해를 조금도 입지 않은 데 놀랐을 정도였다. 하지만 알라리크와 그 휘하의 3만 병력은 알프스 너머로 물러가지 않고, 로마와 카시아 가도로 연결되어 있는 토스카나 지방에 가서 겨울을 났다.

알라리크가 떠난 뒤, 로마에서는 원로원 의원도 일반 시민들도 이루 말할 수 없는 굴욕감에 사로잡혀 있었다. 그 굴욕감은 '스틸리코가 살아 있었다면' 하는 생각을 그들의 마음에 불러일으키는 동시에, 로마가 봉쇄되어 있는데도 라벤나에 틀어박힌 채 아무 조치도 취하려 하지 않은 황제 호노리우스에 대한 불만으로 이어진 게 아닌가 싶다. 라벤나의 황궁은 이때 처음으로 스틸리코를 처형한 공식 이유를 발표했기 때문이다. 처형을 정당화하고 싶으면, 사형이 집행된 직후인 8월 말에 그 이유를 발표하는 것이 당연하다. 넉 달이 넘게 지난 뒤에야 공표하면, 그 진의를 의심받아도 별수 없었다.

총사령관 스틸리코를 '국가의 적'으로 사형에 처한 것은 다음과 같은 이유 때문이라는 것이 황제 쪽의 주장이다.

1. 콘스탄티노폴리스에 있는 황제의 뜻에 어긋나는 행동을 거듭하여, 동로마 제국과 서로마 제국의 관계를 악화시킨 죄.

2. 서로마 제국의 공직에 있으면서 적인 야만족과 은밀히 결탁하여 나라를 팔아넘긴 죄. 생전의 스틸리코가 누린 권력과 부도 야만족과의 공모로 얻은 것이었다.

3. 아들을 제위에 앉히려고 획책한 죄.

신의 뜻을 나타내는 황제의 말이라면 기독교회도 지지를 아끼지 않는다. 황제의 포고가 발표되자마자 가톨릭교회에서도 스틸리코를 탄핵하는 포고가 나왔다. 그것은 스틸리코를 신앙이 없는 자로 단정하고, 가톨릭교도이면서도 스틸리코는 이단인 아리우스파를 믿는 알라리크와 손잡고 가톨릭 국가인 로마 제국을 멸망시키려 했다고 비난했다.

이리하여 스틸리코는 세속 권력인 황제한테는 매국노로 탄핵당하고, 종교적 권위인 교회한테는 신앙이 없는 자로 탄핵당하게 되었다. 이런 종류의 탄핵은 공표되면 그것으로 끝나는 것이 아니다. 로마에서는 그 사람에 관한 모든 기록을 없애는 '기록말살형'이라는 형벌이 기다리고 있었다. 공문서는 물론 초상도 파괴된다. 요컨대 그 사람에 관한 모든 것을 지워 없애는 것이 '기록말살형'인데, 이 형벌은 명예를 중시하는 로마 남자에게는 목을 베는 것보다 더 불명예스러운 벌로 여겨졌다. 원수정 시대에 이 형벌에 처해진 사람은 칼리굴라 황제와 네로 황제, 도미티아누스 황제다. 스틸리코도 폭군으로 단죄된 그들과 같은 벌을 받은 것이다.

그렇기는 하지만, 동시대인이나 후세 사람들 중에서 그들이 왜 그렇게까지 악평을 받았는지에 대해 의문을 품는 사람이 나오면 그들도 역사에서 구원받을 수 있다. 그래서 그들도 역사에 남게 되지만, 파괴된 초상까지 복원할 수는 없다. 스틸리코의 얼굴을 묘사한 초상은 밀라노에서 북쪽으로 10킬로미터 떨어진 곳에 있는 모디키아(오늘날의 몬차)의 교회에 소장되어 있는 작은 상아판에 새겨진 초상뿐인 것도 이런 이유 때문이다. 요즘 같으면 펼쳐서 책상 위에 세워두는 사진 액자 같은 느낌의 이 상아판은 5세기에 제작되었다니까, 동시대인인 누군가가 소유하고 있었을 것이다. 어쩌면 아내 세레나의 소장품인지도 모른다.

세레나가 미망인으로 지낸 기간은 짧았다. 남편 스틸리코가 '국가의 적'으로 처형되었다고 공표된 직후, 스틸리코를 버리고 로마로 거처를 옮겼던 세레나도 '공공의 적'으로 단죄되어 처형당했다. 황제의 누나이기도 한 세레나는 남편이 처형된 직후에는 아무 벌도 받지 않았지만, 결국 사형집행인 앞에 목을 내밀 수밖에 없었다.

스틸리코의 둘째 딸은 황제 호노리우스의 아내가 되어 있었지만, 그 결혼은 없었던 것으로 하고 수녀원에 보내졌다. 기독교는 이혼을 인정하지 않기 때문에, 결혼은 없었던 것으로 할 수밖에 없었다.

공갈—두 번째

공갈은 한 번 굴복하면 그 후에도 되풀이된다고 생각해야 한다. 로마 원로원을 협박하여 풍부한 자금을 뜯어냈다는 명성을 듣고 여기저기에서 야만족이 모여들었기 때문에, 408년에서 409년에 걸친 짧은 기간에 알라리크의 병력은 3만에서 10만 명으로 급증했다. 그 병력을 활용하지 못할 알라리크가 아니었다.

해가 바뀌어 서기 409년 봄이 오자, 알라리크의 전령이 로마 원로원을 방문하여, 작년에 동의한 것은 봉쇄 해제에 대한 대가일 뿐 평화의 대가는 아니라는 알라리크의 말을 전했다. 덧붙여 어떻게 하면 그것이 평화의 대가도 될 수 있는지에 대한 알라리크의 충고도 전했다. 자기는 로마의 친구이자 평화의 친구로 여겨지고 싶기 때문이라고 알라리크는 말했다. 서고트족 수령의 충고는 참으로 구체적이었고, 그것을 라벤나에 가져가서 황제 호노리우스의 승인을 얻으라고 원로원에 권고하기까지 했다.

1. 서로마 제국의 군사령관에 알라리크를 공식 임명할 것.

2. 알라리크와 휘하 병사들이 로마 쪽에서 군무에 종사하는 대가로 해마다 정해진 양의 금괴와 밀을 제공하겠다고 약속할 것.

3. 알라리크 휘하 병사와 가족을 위한 정착지로 달마티아 속주와 노리쿰 속주를 알라리크에게 할양하고, 알라리크의 본거지로는 이탈리아반도 북동부의 베네토 지방을 나누어줄 것.

4. 이탈리아 북부에서 도나우강에 이르는 지방의 전략적 요충에 세워져 있는 성채와 요새는 모두 군사령관 알라리크의 관할 아래 둘 것.

이상이다. 이것은 이탈리아 북부에서 도나우강에 이르는 지역에 알라리크와 서고트족의 독립 왕국이 세워진다는 뜻이었다.

라벤나에 있는 황제에게 가서 야만족 수령과 동맹을 맺자고 설득하기 위해, 이번에는 원로원 의원만이 아니라 주교도 한 명 동행하기로 했다. 호노리우스가 원로원과의 관계는 희박했지만, 신앙심이 깊은 가톨릭교도였기 때문이다.

그런데 이 주교는 라벤나까지 가는 길의 안전이 걱정된다면서 동행을 거절했다. 그래서 원로원은 주교가 안심하고 떠날 수 있도록 알라리크에게 라벤나까지 경호를 부탁했다. 로마인이 고트족 병사들의 보호를 받으며 자기네 집이나 마찬가지인 이탈리아를 여행하는 것이다.

원로원 의원과 주교를 맞이한 라벤나의 황궁은 옆에서 보기에도 딱할 만큼 혼란에 빠져 있었다. 재상이자 총사령관이기도 한 올림피우스는, 알라리크의 요구는 논할 거리도 못 된다면서 단호히 거부하자고 주장한다. 하지만 알라리크와 10만 병력은 토스카나 지방에 있었다. 황제 호노리우스는 24세가 되었는데도 여전히 자기 생각이라는 게 없다. 생각이 있다면, 라벤나에서 배를 타고 콘스탄티노폴리스로 도망칠 생각뿐이었다. 신하들이 거기에 반대하자, 그러면 훈족 1만 명을 용병으로 고용하자고 말하여 사람들을 아연실색하게 했다.

알라리크의 요구에 어떻게 대처해야 좋을지 몰랐던 것도 당연하다. 스틸리코의 죄는 알라리크와 공모한 데 있다고 공표해놓고, 석 달도 지나기 전에 그 알라리크를 맞아들이는 것은 아무리 낯가죽이 두껍고 뻔뻔해도 간단히 할 수 있는 일은 아니다. 이런 상황에서 광란상태에 빠진 황제 호노리우스는 올림피우스를 사형에 처하여 겨우 마음을 가라앉혔을 정도였다. 처형 이유는 공표되지도 않았다. 하지만 라벤나에서 혼란이 계속되고 있는 동안, 알라리크가 행동을 개시했다.

서기 409년 여름에 이루어진 알라리크의 두 번째 로마 포위 공격은 첫 번째 때와는 봉쇄 방법이 달랐다. 지난해처럼 성문 12곳을 봉쇄하는 것이 아니라 로마의 외항 오스티아를 점거하기로 방침을 바꾼 것이다. 그래서 카시아 가도를 따라 남쪽으로 내려온 알라리크와 서고트족은 로마에는 손도 대지 않고 성벽을 빙 돌아서 오스티아로 직행했다.

이래서는 봉쇄가 아니니까 로마 주민은 북쪽이나 동쪽에서 식량을 보급할 수 있었을 거라고 생각할지 모르지만, 그쪽에서 보급할 수 있는 식량은 신선식품뿐이고, 주식인 밀을 수입에 의존하고 있는 로마에는 들어맞지 않는다. 원수정 시대의 황제들이 오랫동안 오스티아 항구 시설을 완비하려고 애쓴 것은, 로마 세계의 양대 곡창인 이집트와 북아프리카에서 생산된 밀을 실은 배들이 안전하게 입항할 수 있고 하역 작업도 효율적으로 이루어지는 것을 중요하게 여겼기 때문이다. 콘스탄티누스 대제가 콘스탄티노폴리스를 새 수도로 건설한 100년 전부터 이집트산 밀은 콘스탄티노폴리스로 가게 되었지만, 북아프리카산 밀은 아직도 로마에 주로 수출되고 있었다. 북아프리카에서 오는 밀은 오스티아에 부려진다. 그 오스티아를 알라리크가 수중에 넣은 것이다. 성문마다 병력을 배치하지 않아도 수도 로마의 목을 조르는 것은 마찬가지였다.

식량을 가득 실은 배가 차례로 들어오는 항구 자체를 손에 넣었으니까, 부하가 10만 명으로 늘었어도 군량 걱정이 없었다. 오스티아에 눌러앉은 알라리크는 오스티아와 로마를 잇는 두 개의 가도로 병력을 보내 수도 주민을 위협하지도 않았다. 그가 한 일은 그보다 더 로마를 조롱하는 행위였다.

오스티아 항을 관리하는 관청 장관은 아탈루스라는 이름의 남자였다. 알라리크는 이 사람을 서로마 제국 황제에 임명한 것이다. 아탈루스가 병사들 앞에 끌려나오자, 야만족 병사들은 칼로 방패를 두드리는 로마식으로 그가 제위에 오르는 데 동의한다는 뜻을 표했다. 그리고 알라리크는 아탈루스에게 고트족 호위대를 붙여서 로마로 보냈다. 이 황제와 협력하여 수도 로마를 통치하라고 원로원에 권고하는 추천장까지 들려서.

고트족 병사들의 호위를 받으며 포로 로마노를 빠져나가 그 한 모퉁이에 서 있는 원로원 회의장으로 들어가는 아탈루스와 일어나서 그를 맞이하는 의원들은 서투른 희극 배우, 바로 그것이었다. 민중도 욕을 퍼붓지는 않았지만, 무어라 말할 수 없는 착잡한 표정으로 지켜볼 뿐이었다.

서투른 코미디로는 성과를 얻을 수 없다. 아탈루스를 통해 간접적으로 로마를 지배하겠다는 알라리크의 계획은 보기 좋게 빗나갔고, 거기에 화가 난 서고트족 수령은 아탈루스를 체포했다. 그리고 제위를 찬탈한 자니까 마음대로 처분하라는 편지와 함께 라벤나의 호노리우스에게 보냈다. 그 불쌍한 사내가 그 후 어떻게 되었는지는 전혀 알려지지 않았다. 하지만 그러는 동안 409년도 끝난다. 알라리크와 10만 명의 부하들은 로마에서 20킬로미터밖에 떨어지지 않은 오스티아에 눌러앉은 채 꼼짝하지 않았다.

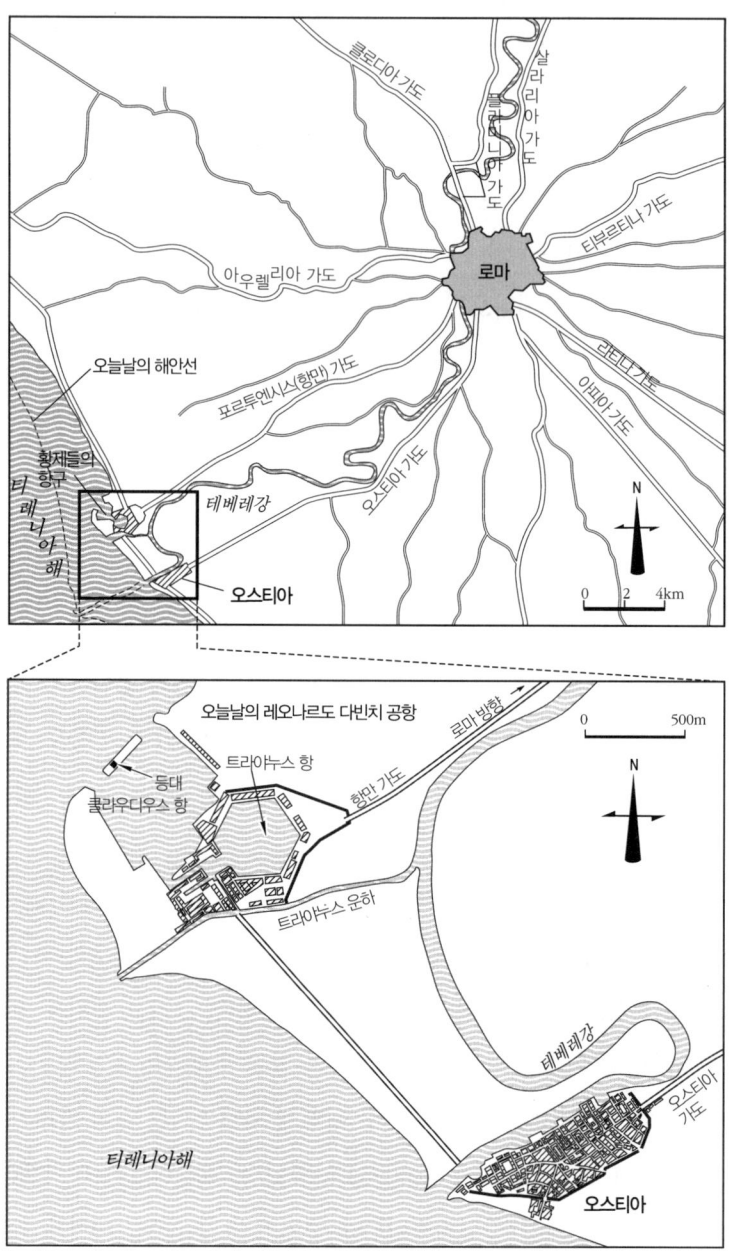

로마와 주변의 가도망(위), 트라야누스 황제가 개조한 뒤의 오스티아 항만(아래)

해가 바뀌어 410년 전반기에는 꽤 많은 사람이 로마에서 빠져나간 게 아닌가 여겨진다. 북쪽으로 통하는 가도는 물론 남쪽으로 가는 아피아 가도나 라티나 가도도 적을 만나지 않고 지나갈 수 있었기 때문이다. 그리고 넓은 농장에 둘러싸인 별장을 소유한 부유층이 아니더라도, 어느 정도 자급자족할 수 있는 별장을 갖는 것이 예로부터 로마인의 관습이었다. 한 달에 두 번은 도시를 떠나 전원생활을 즐기고 있었으니까, 로마를 떠나는 데 대한 저항감도 별로 강하지 않았을 것으로 짐작된다.

하지만 별장이 없는 사람도 많았다. 갈 곳이 있어도, 로마가 점령된다고는 생각조차 할 수 없는 사람이 많았다. 아우렐리아누스 성벽이 건설된 것이 서기 275년. 그때부터 헤아려도 무려 135년 동안 로마는 적의 발길에 짓밟힌 적이 없었다. 지금까지 없었으니까 앞으로도 없겠지. 많은 사람들이 그렇게 생각하고 싶어한다. 그리고 오스티아를 경유하는 식량은 로마 시내에 들어오지 않게 되었지만, 식량 보급이 완전히 끊긴 것도 아니었다. 적이 코앞에 바싹 다가와 있는데도 수도 로마에는 아직 많은 사람이 남아 있었다. 하지만 이 사람들은 갈 곳이 없어서 어쩔 수 없이 남았거나 아니면 꿈을 꾸고 있었거나 둘 중 하나였다.

'로마 겁탈'

수도 로마가 적의 손에 떨어진 것은 무려 800년 만이니까, 적은 성벽을 둘러싸고 격투를 벌인 끝에 겨우 시내에 침입했고 처절한 시가전을 벌인 끝에 도시 전체를 점령했을 거라고 생각하고 싶다. 하지만 실제로는 전혀 달랐다.

서기 410년 8월 24일 새벽, 알라리크가 이끄는 서고트족 선발대는, 시내에 내통자가 있었는지, 로마에서 북쪽으로 뻗어 있는 살라리아 가도에 뚫린 성문을 통해 로마 시내로 잠입했다. 그들은 당장 살라리아 성문 좌우에 있는 6개 성문도 열었다. 도심에 사는 사람들이 눈치채지 못하는 사이에 영원한 도시 로마의 북쪽과 동쪽에는 야만족이 잠입해 있었다.

로마의 건국은 기원전 753년, 그때부터 헤아리면 무려 1,163년이 지났다. 그 오랜 세월 동안 로마인이 잊어서는 안 될 불상사로 꼽은 것은 기원전 390년에 일어난 켈트족의 로마 점령이었다.

켈트는 그리스인이 붙인 이름이고 로마인은 '갈리아인'이라고 불렀지만, 아직 공화정도 확립되지 않았던 기원전 390년에 당시 북이탈리아에 살고 있던 갈리아인의 한 부족이 로마로 쳐들어왔다.

로마는 그들을 맞아 싸웠지만 패배했고, 일곱 언덕으로 이루어진 로마는 카피톨리노 언덕 하나만 남기고 모두 갈리아인에게 점령되어버렸다. 다행히 이때의 적은 빼앗을 만큼 빼앗고 떠나주었기 때문에, 로마가 갈리아의 수도가 되는 일은 일어나지 않았다. 하지만 이 '켈트족의 습격'은 로마인이라면 절대 잊어서는 안 될 불상사로 로마 역사에 기록되었다. 왕정 시대에 세워진 '세르비우스 성벽'이 그것을 계기로 더욱 견고해진 것은 물론이다.

하지만 기원전 390년 이후 로마를 지켜온 이 '세르비우스 성벽'도 기원전 45년에 파괴된다. 적이 쳐들어와서 파괴한 것이 아니라, 로마인 스스로 파괴했다. 이 시기의 최고 권력자인 율리우스 카이사르는 로마의 두뇌이자 심장이기도 한 포로 로마노의 확장을 계획하고 실행에 옮겼지만, 성벽 일부가 확장 공사에 방해가 되었다. 계획을 변경할 것이냐, 성벽을 헐어버릴 것이냐. 결단을 내려야 했던 카이사르는 후자를 선택한다. 게다가 그 바깥쪽에 성벽을 새로 쌓지도 않았다.

그리고 왕정 시대에 세르비우스 왕이 건설한 뒤 700년 동안이나 로마를 지켜온 성벽을 파괴한 채 방치하는 이유에 대해, 수도 로마의 안전은 '방위선'(국경)에서 지켜져야지 수도를 둘러싼 성벽으로 지켜져서는 안 된다고 말했다. 이것이 로마 제국 방위 전략의 기본이 되었다.

이리하여 로마는 서기 275년에 아우렐리아누스 황제가 지금도 남아 있는 '아우렐리아누스 성벽'을 세울 때까지 무려 310년 동안이나 성벽 없는 도시로 살아왔다. '팍스 로마나'가 언제부터 언제까지냐고 묻는다면, 나는 대답할 것이다. 수도 로마가 성벽으로 지켜지지 않았던 기간이라고.

서기 275년에 '아우렐리아누스 성벽'이 세워진 뒤에도 오랫동안 적이 로마에 바싹 다가온 적은 없었다. 제국은 이제 도나우강 북쪽에까지 방위력을 할애할 여유가 없다고 다키아(오늘날의 루마니아)에서 군대를 철수했을 만큼 아우렐리아누스 황제는 제국 방위력의 현실을 잘 알고 있었다. 수도를 지킬 성벽을 쌓게 한 것도 앞을 내다보고 세운 신중한 대책이었던 게 분명하다. 실제로 그 후 135년 동안이나 로마 성벽 아래에 적이 바싹 다가온 적은 없었다.

그런데 성벽 가까이까지 적이 다가오자마자 순식간에 함락되었다. 적은 성벽으로 지키는 게 아니라는 카이사르의 생각을 떠올릴 수밖에 없지만, 제국의 수도 로마도 성벽으로 지키자마자 적의 손에 떨어지고 말았다.

그렇기는 하지만, 서기 410년의 '로마 겁탈'이 역사상 유명한 '대사건'임에는 변함이 없다. 하지만 알라리크는 휘하 병사들에게 미리 다음과 같은 명령을 내려놓았다.

1. 저항하지 않는 자는 죽이면 안 된다.

2. 기독교 교회에는 손을 대면 안 된다.

덕분에 10만 병력이 점령한 것치고는 잔학한 정도가 비교적 낮았다. 로마를 지키기 위해 일어날 병력은 처음부터 존재하지 않았고, 도망치려고 우왕좌왕하던 사람들도 교회가 안전하다는 것을 알자마자 교회 안으로 도망쳤기 때문이다. 알라리크와 서고트족은 가톨릭에게 이단으로 배척당하고 있는 아리우스파지만, 그래도 기독교도다. 반면에 로마에 수없이 많은 교회와 수많은 신자는 니케아 공의회에서 정통 기독교로 결정한 삼위일체파인 가톨릭파였다. 가톨릭보다는 아리우스파가 '이단'에 대해 너그러웠던 것 같다. 알라리크와 서고트족은 로마에 있는 가톨릭교회에도 손을 대지 않았고, 거기에 다니는 가톨릭교도도 같은 기독교도로 생각하여 손을 대지 않았다.

하지만 알라리크가 거느리고 있었던 부하는 서고트족만이 아니었다. 단기간에 3만에서 10만 명으로 급증한 병사들 중에는 게르만족의 전통 종교를 믿는 사람도 많았고, 아시아계 훈족 남자들까지 섞여 있었다. 이들에게는 기독교와 관련된 건물이나 사람도 다른 건물이나 사람과 똑같이 약탈 대상일 뿐이었다.

그리고 단지 공갈만 했을 뿐인데 로마가 황금을 5천 리브라나 내놓았다는 사실은 야만족 사이에 널리 알려져 있었다. 그들은 로마인이면 누구나 집에 금괴를 숨겨두었다고 믿고 있었다. 저택이 아니라 일반 시민이 사는 공동주택에도 멋대로 침입한 야만족은 그 집에 있는 사람을 모조리 붙잡고 보물을 숨긴 곳을 대라고 강요했다. 아무리 협박하고 고문해도, 대다수 사람은 보물을 갖고 있지 않으니까 자백할 수도 없었다. 그 결과, 성난 야만족에게 목숨을 잃었다. 따라서 이 410년의 사건을 '로마 겁탈'이라고 부르는 것도 잘못은 아니다. 야만족의 폭행과 약탈과 살육은 실제로 일어났기 때문이다. 또한 수녀를 포함한 여자들이 능욕당하는 일도 빈발했다. 당시 북아프리카 주교였던 아우구스티누스는 그의 저서 『신의 나라』(De civitate Dei)에서 강제로 동의 없이 맺은 성관계는 죄가 되지 않는다고 말했다.

그렇기는 하지만 410년의 겁탈은 닷새 만에 끝났다. 10만 명이나 되는 병력으로 철저히 했기 때문에 빨리 끝낼 수 있었는지도 모른다. 또한 저항하는 세력이 전혀 없었던 것도 약탈이 효율적으로 진행된 요인일지 모른다. 침입한 지 엿새째 되는 날 아침, 알라리크와 10만 병사는 약탈품을 가질 수 있을 만큼 가지고 남쪽으로 떠났다. 짐수레와 사람의 긴 행렬이 아피아 가도를 가득 메웠다.

물론 로마를 떠난 것은 그들만이 아니었다. 비싼 몸값을 받아낼 수 있다고 여겨진 지체 높은 사람이나 부자로 보인 사람들도 강제로 야만족과 동행해야 했다. 그들 중에는 원로원 의원도 적잖게 섞여 있었고,

히에로니무스
(레오나르도 다빈치 그림)

포로들 가운데 특히 눈에 띄는 것은 황제 호노리우스의 누이동생인 갈라 플라키디아의 모습이었다.

800년 동안이나 적에게 함락되지 않고 오랫동안 '세계의 수도'로 찬양받은 로마가 '겁탈'당한 것은 당시에도 세계적인 뉴스였다. 멀리 떨어진 팔레스타인에서 성서를 라틴어로 번역하는 일에 몰두해 있던 성히에로니무스도 이탈리아 태생의 기독교도였던 만큼 심각한 타격을 받았다. 수도원에서 경건한 일상을 보내고 성서를 번역한 공로로 성인 반열에 오르게 된 히에로니무스지만, 이때는 친구에게 다음과 같은 편지를 써서 보냈다.

〈서방에서 더없이 끔찍한 소식이 전해졌네. 로마가 포위되고, 주민들의 목숨을 살려주는 대가로 황금을 지불했다는 걸세. 그런데 알몸뚱이만 남기고 몸에 걸친 것을 몽땅 빼앗긴 뒤에도 다시 쳐들어온 적에게 이번에는 가진 것을 죄다 잃었을 뿐만 아니라 목숨까지 잃게 되었네. 지금 이 편지를 구술하면서도 내 목소리는 슬픔에 떨고, 솟구치는 눈물로 목소리도 계속 끊긴다네.

전 세계를 제패하고 지배한 도시가 이제는 야만족 앞에 무릎을 꿇고 있네. 오오, 하느님, 믿음이 없는 자들이 당신의 유산에 손을 대고, 당신이 세운 신전을 모독했습니다.〉

로마를 떠난 알라리크가 어디로 가고 있었는지는 알 수 없다. 가는 길에도 약탈을 거듭하면서 아피아 가도를 남하하는 야만족 일행은 카푸아에서 아피아 가도를 벗어나 노라로 간다. 티레니아해를 따라 남부 이탈리아로 가서, 농산물이 풍부하기로 유명한 북아프리카로 건너갈 생각이었는지도 모른다.

하지만 그것은 알라리크에게 허용되지 않았다. 스틸리코와 동년배로 여겨지는 알라리크는 410년 당시 50세 안팎이었을 것이다. 그런데 티레니아해를 오른쪽으로 바라보면서 남쪽으로 내려가는 길에 갑자기 병으로 쓰러져 죽음을 맞았다. 장례는 게르만족의 수령을 매장하는 방식으로 이루어졌다고 한다. 흐르는 강물을 막고 강바닥을 파서 거기에 관을 안치하고 파낸 구덩이를 메운 다음 막아두었던 강물을 터서 물줄기를 원래대로 돌려놓는 방식이다. 물론 강물을 막거나 강바닥을 파내는 작업에 동원된 포로들은 매장이 끝나자마자 살해되었다. 이것도 북방 야만족의 풍습이었다.

알라리크의 뒤를 이은 것은 그의 친족인 아타울프였다. 이 아타울프 와 로마 원로원은 은밀한 교섭을 통해 '타개책'을 마련한 모양이다. 로 마가 또다시 돈을 치렀는지도 모른다. 서고트족의 새 우두머리가 된 아타울프는 남부 이탈리아로 가는 것을 그만두고 되돌아와 휘하 병사 들을 남프랑스로 데려갔기 때문이다. 돌아오는 도중에 포로들 대다수 는 몸값을 치르고 자유를 되찾았지만, 아타울프는 황제의 누이동생인 갈라 플라키디아만은 놓아주지 않았다. 그리고 갈리아 남부에 들어간 뒤 이 젊은 황녀와 결혼한다. 고트족 신랑은 무엇 때문인지 로마식 토 가를 입고 결혼식을 올렸다.

로마를 떠나는 사람들

서기 410년의 '로마 겁탈'로 말미암아 살아남은 사람도 로마를 버리 기로 결심한 모양이다. 고향 갈리아로 돌아가기로 결정한 나마티아누 스도 그중 한 사람이었다.

루틸리우스 나마티아누스는 후세에 시인으로밖에 알려지지 않았다. 『귀향』(De Reditu Suo)이라는 제목의 장시를 남겼기 때문이다. 하지만 이 사람은 속주 태생의 갈리아인으로서 로마에 나와 중요한 공직을 역 임한 '공인'이기도 했다. 수도 로마 행정의 최고 책임자인 '수도장관'까 지 지냈다. 그가 예외적인 경우였던 것은 결코 아니다. 속주 출신이 수 도에 나와서 공직을 역임하고 국가의 새로운 지도층을 형성해가는 것 은 로마 제국에서는 원수정 시대부터의 전통이었기 때문이다.

실제로 5세기 전반에 서로마 제국의 유력자였던 아니키우스 집안이나 심마쿠스 집안도 그보다 100년 전의 로마사에는 등장하지 않는 '신참자'(homo novus)다. 아니키우스 집안은 5세기에 로마에서 으뜸가는 부호로 알려져 있고, 밀과 포도주를 팔면 연간 수입이 금괴로 6천 리브라나 되었다고 한다. 마음만 먹었다면, 스틸리코가 제안한 시점에서 알라리크와 서고트족을 모두 고용할 수 있는 수입이었다. 이 아니키우스 집안에 비하면, 연간 수입이 1,500리브라 안팎이었다는 심마쿠스 집안이 중간 정도의 부자로 여겨진 것도 수긍이 간다. 다만 심마쿠스 집안은 교양 면에서 로마를 대표했다. 물론 둘 다 로마 원로원 의원이었다. '수도장관'을 지낸 나마티아누스도 당연히 원로원 의원이었을 것이다. 그의 재력에 대해서는 갈리아에 큰 농장을 갖고 있었다는 것밖에 알려지지 않았고, 당시 나이도 40세 안팎이었다는 것밖에 모른다.

장시 『귀향』은 이제 짧은 단편밖에 남아 있지 않지만, 그것만 읽어보아도 그가 틀림없는 '숨은 이교도'였다는 것을 알 수 있다. 이 시가 쓰인 서기 416년은 기독교만 종교이고 나머지는 모두 사교로 결정된 지 20년이 지났을 때였다. 그런데도 로마 제국에 대한 애정을 아낌없이 노래한 『귀향』에는 기독교가 그림자도 비치지 않는다. 이 갈리아 태생의 엘리트는 자기가 진정한 로마인이라고 믿어 의심치 않았고, 그것을 자랑으로 삼고 있었다.

루틸리우스 나마티아누스가 남긴 장시 『귀향』은 '이교 라틴 문학 최후의 노래'라고 불릴 만한 가치가 있었다. 『귀향』이라는 제목을 붙인 것도 고향으로 돌아가는 배 위에서 멀어져가는 로마와 이탈리아를 생각하며 쓴 작품이기 때문이다. 아직 은퇴할 나이도 되지 않은 나마티아누스가 고향으로 돌아가게 된 것은 서고트족의 침략으로 큰 피해를 입은 농장을 본래 상태로 되돌리기 위해서였다. 이런 상황에서는 두 번 다시 로마를 보지 못할 거라고 체념할 수밖에 없었다. 이리하여 장시 『귀향』은 로마 제국에 대한 로마인의 마지막 작별 노래가 되었다. 남아 있는 단편의 일부를 소개하고 싶다.

〈오오, 로마여, 그대는 오랫동안 세계의 여왕이었다. 신들의 어머니이고, 수많은 우수한 남자들의 어머니이기도 했다.

그대가 보여준 숭고함은 태양이 완전히 사라지지 않는 것과 마찬가지로 인간의 마음에서 사라지지 않을 것이다. 그대가 사람들에게 준 선물은 햇빛이 널리 골고루 비치는 것과 마찬가지로 로마 세계의 구석구석까지 미쳤다. 뜨겁게 타오르는 사막도 꽁꽁 얼어붙은 북쪽 바다도 그대가 비추는 빛을 가리지는 못했다. 인간이 사는 곳이면 어디든 로마는 침투해갔다.

로마여. 그대는 지금까지 수많은 민족과 부족으로 갈라져 있던 인간들을 하나의 나라로 통합하고, 그들에게 법률 아래에서 평화를 누리는 법을 가르쳤다. 물론 우리는 처음에는 로마에 정복당했다. 하지만 그런 우리도 곧 로마 밑에서 사는 장점을 실감하게 된다. 로마는 강대한 군사력을 갖고 있으면서도 군사력 행사는 자제하여, 군사력까지도 좀 더 효율적으로 활용하는 법을 알고 있었기 때문이다. 그 결과 로마 제국 안에 사는 사람들은 로마법 아래에서 자기네 고유의 풍습을 계속 유지하면서도, 그것을 공유하지 않는 다른 민족과 공생하는 법을 배웠다. 로마 제국 자체가 많은 민족이 모인 연합국이라도 되는 것처럼.

지금까지 몇몇 제국이 태어나고 죽었다. 하지만 그중에서도 로마 제국은 뒤에 남긴 것의 위대함에서 다른 제국들을 훨씬 능가한다. 로마에 의한 평화는 무모한 자신감 덕분이 아니고, 로마의 영광은 자신들만이 아니라 제국 전체의 재능을 결집한 데에서 태어났다. 로마가 지배자였던 것은 이처럼 로마인에게는 남을 지배할 자격이 있었기 때문이다.

　그렇기는 하지만, 얼마 전부터 로마는 고뇌에서 일어서지 못하고 있다. 하지만 언젠가는 로마도 상처가 낫고 팔다리에 다시 힘이 돌아오는 날이 올 것이다. 역경은 융성으로, 폐허는 부흥으로 가는 전 단계이기 때문이다.

　로마의 적은 지금 개가를 올리고 있지만, 언젠가는 그들도 몰락하여 초라해질 때가 온다. 저 한니발조차도 결국에는 자신의 성공을 한탄할 수밖에 없었다.

　적은 로마를 폐허로 만들었다고 생각하겠지만, 언젠가는 이 폐허에서 새로운 로마가 태어날 것이다. 과거에는 풍요로웠지만 지금은 황폐하여 버려진 라인강 지방에도 언젠가는 다시 사람들이 돌아올 것이고, 나일강 연안도 다시 서방에 많은 밀을 가져오게 될 것이다. 그때는 이탈리아만이 아니라 유럽 전역이 질도 좋고 양도 많은 포도주 산지가 되어 있을 것이다.〉

　이것이 서기 416년 가을에 오스티아에서 배를 타고 피사와 제노바에 기항하면서 남부 갈리아로 가는 동안 40대 남자의 가슴에 떠오른 생각이었다. 갈리아에 상륙한 이후의 그의 소식은 전혀 알 수 없다.

제2부

로마 제국의 멸망

(서기 410~476년)

로마로 들어가고 있었던 11개의 수도 가운데 하나인 '클라우디아 수도교'

서기 410년 여름에 일어난 '로마 겁탈'은, 서쪽으로는 브리타니아에서 동쪽으로는 팔레스타인에 이르는 로마 세계를 깜짝 놀라게 했다. 그것은 당시 사람들이 이 일을 로마 제국의 실질적인 붕괴로 느꼈기 때문이다. '겁탈' 직후에 호노리우스 황제는 서로마 제국 전역에 주재해 있는 총독과 사령관과 법무관들에게 다음과 같은 편지를 보냈다.

〈알라리크와 그 휘하의 야만족은 수도 로마의 빛나는 기념비를 불태웠을 뿐만 아니라 로마에 사는 사람들에게서 모든 것을 빼앗는 만행까지 저질렀다.

따라서 이제 제국에는 경제적으로도 군사적으로도 속주의 요청에 응할 힘이 없다. 앞으로 속주가 의지할 수 있는 것은 자신들뿐이고, 그대들에게는 충분히 그럴 만한 힘이 있다고 믿는다.〉

'로마 겁탈' 직후에 황제가 이런 친서를 보냈다는 것은 한 가지 설일 뿐, 그것을 입증하는 사료는 아직 발견되지 않았다. 따라서 당시에 퍼진 풍설 가운데 하나일지도 모른다. 하지만 만약 풍설이 아니라 사실이라면 문제는 심각했다. 서기 410년에 이미 서로마 제국은 제국이 아니게 되었다는 뜻이기 때문이다.

패권국의 책무

단순히 자기 산하에 둔 민족들을 지배할 만한 군사력을 갖고 있다고 해서 제국이 되는 것은 아니다. 산하에 있는 사람들을 보호할 책무를 다하기 때문에 사람들은 제국의 지배를 받아들인다. 병사도 없고 돈도 없어서 이제 너희를 지켜주는 역할을 맡을 수 없게 됐으니까 앞으로는 너희 스스로 너희를 지키라고 내쳐버리면, 이제 더는 제국이 아니다. 서로마 제국이 붕괴한 것은 서기 476년이지만, 사실상은 410년에 이미 붕괴해 있었다. 410년 당시에 살았던 사람들은 그것을 감으로나마 알아차렸을 것이다. 그래서 로마와 멀리 떨어진 속주에 사는 사람들도 '영원한 도시'를 덮친 이 불행을 자기 일처럼 슬퍼했다.

800년 동안이나 한 번도 적의 발에 짓밟힌 적이 없는 로마는 바로 그 사실 때문에 로마 제국의 건재함을 상징하고 있었기 때문이다.

'팍스 로마나'가 기능을 발휘하지 못하게 된 3세기 이후, 제국의 주요 도시들—시리아의 안티오키아, 이집트의 알렉산드리아, 브리타니아의 런던, 갈리아의 파리와 리옹, 게르마니아 서부의 본과 쾰른 등—은 적이 시내로 쳐들어와 민간인들까지 살해당하는 불상사를 겪었다. 동방에서는 페르시아와 사막 유목민에게, 서방에서는 북방 야만족에게 짓밟히고 온갖 만행을 당한 적이 한두 번이 아니었다. 본국인 이탈리아조차도 무사하지 못해서, 아퀼레이아와 밀라노와 베로나도 적의 침입을 받았다. 수도로 건설된 지 백 년이 채 안 된 콘스탄티노폴리스도 용병계약 파기에 분노한 야만족에게 일시적이나마 침략을 당했다. 그런 가운데 유독 로마 시만이 서기 410년까지 800년 동안 문자 그대로 아무 상처도 입지 않고 무사히 지내온 것이다.

제국의 마지막 세기가 된 5세기에는 수도 로마의 인구가 전성기였던 2세기의 5분의 1로 줄어들었다. 하지만 제국의 국경이기도 한 '방위선'이 도처에서 뚫리는 정도가 아니라 거의 사라져가고 있었는데도 '세계의 수도' 로마의 안전 신화만은 계속 살아 있었다.

410년에 겁탈당한 직후에도 피난했던 사람들 가운데 적잖은 수가 로마로 돌아왔다. 세계를 놀라게 한 '로마 겁탈'은 한 번으로 끝날 거라고 믿었을 것이다. 로마시의 인구가 급속히 줄어들기 시작하여 마침내 전성기의 10분의 1까지 줄어든 것은, 북방 야만족만이 아니라 같은 동포인 동로마 제국 사람들까지 로마에 쳐들어와서 약탈을 되풀이하는 시대에 접어든 뒤였다. 그 무렵에는 이미 '로마 겁탈'도 세계적인 뉴스가 아니라 지방 뉴스가 되어버렸다.

하지만 그 지경에 이르기까지는 아직 시간이 있었다. 서기 410년 직후의 로마인은 알라리크와 서고트족이 로마시에 저지른 폭력행위를 우발적인 불운한 사건으로 믿었던 모양이다. 죽은 알라리크의 뒤를 이은 아타울프와 서고트족은 이탈리아를 떠나 남프랑스로 가버렸고, 그들을 대신하여 이탈리아로 남하해오는 야만족은 아직 모습을 보이지 않았다.

스틸리코가 처형된 뒤 '로마 겁탈'까지 2년 동안, 야만족이 거센 물결처럼 로마를 향해 남하하는 것을 뻔히 알면서 아무 행동도 취하지 않고 라벤나에 틀어박혀 있었던 황제 호노리우스도 겁탈당한 수도를 재건하는 데에는 적극적으로 움직였다.

우선 자신들이 살고 있던 도시에서 난민이 되어버린 사람들을 위해 북아프리카에서 밀을 긴급 수입하기로 결정하고, 당장 실행에 옮겼다.

시내 도처에서 파괴된 공공 건조물을 재건하는 작업도 시작되었다. 다만 로마 시민은 이제 모두 기독교도다. 공공 건조물 재건 공사라 해도, 시민의 안전에 영향을 미치는 성벽이나 성문을 보강하는 공사 외에는 교회나 교회에 딸린 종교 시설이 우선되었다.

서기 410년의 피해에서 다시 일어서기 위한 대책은 수도 로마만이 아니라 알라리크와 서고트족이 통과한 중부와 남부 이탈리아까지 확대되었다.

이 지방에 사는 사람들에게는 5년 동안 특별세를 면제해주기로 결정했다. 제국 말기에는 세제가 혼란스러워서 그것이 무슨 세금인지는 확실치 않지만, 면제된 것은 특별세였고, 토지세나 인두세 같은 통상적인 세금은 역시 5년 동안 20퍼센트가 감면되었을 뿐이다.

또한 주인이 돌아오지 않아서 방치되어 있는 경작지는 근처에 사는 농민이 경작하는 것이 인정되었다. 야만족이 통과한 지방에서는 행방불명된 사람이 적지 않았다는 것을 보여준다.

알라리크 군대에 협력했다고 비난받은 사람들의 죄는 묻지 않기로 했다. 무력으로 강요당하여 어쩔 수 없이 협력한 사람이 많았기 때문일 것이다.

호노리우스 황제는 로마가 '겁탈'당한 지 2년 뒤인 412년에 로마를 방문했다. 하지만 그것은 재건 작업을 진두지휘하기 위해서가 아니라, 원로원 의원과 시민들에게 로마 재건을 위해 배려해주어서 고맙다는 인사를 받기 위해서였다.

알라리크와 그의 군대가 남긴 참혹한 상처에서 회복하는 데에는 적어도 7년이 걸렸다고 한다. 411년부터 417년까지 7년인데, 그동안 호노리우스의 제위가 안정되었던 이유는 26세에서 32세에 이르는 이 기간에 호노리우스가 마음을 고쳐먹고 황제의 책무를 성실하게 수행했기 때문이 아니었다. 이탈리아반도의 안전에 다른 어디보다도 큰 영향을 미치는 갈리아에서 야만족들이 저희들끼리 서로 먹고 먹히는 싸움을 벌이고 있었기 때문이다.

진행되는 야만족화

460년 전인 기원전 1세기에 율리우스 카이사르가 정복한 뒤 오랫동안 로마화의 우등생이라고 불릴 만큼 문명화가 진행된 갈리아도 서기 5세기에 접어든 뒤에는 거듭되는 야만족 침입에 시달린 끝에, 사실상 제국의 통치가 미치지 않는 지방이 되어가고 있었다. 오랫동안 제국의 '방위선' 역할을 맡아온 라인강에는 이제 쳐들어오는 야만족을 맞아 싸울 힘을 가진 군단기지는 하나도 없고, 본과 쾰른, 마인츠와 스트라스부르에 있는 로마군 막사도 이제는 무성하게 자란 잡초에 덮여 있었다. 쳐들어온 야만족은 제국의 변경 지대에는 눈길도 주지 않았다. '눈길도 주지 않았다'기보다 '눈길을 줄 수도 없었다'고 말해야 할지 모른다. 그들도 훈족이라는 신참 야만족에게 쫓겨 서쪽으로 떠밀려 들어온 형편이라서, 라인강을 건너자마자 바로 그곳에 정착하면 또다시 훈족에게 쫓겨날 위험이 있었기 때문이다. 그래서 게르만계 부족들은 갈리아로 쳐들어와 앞을 가로막는 것을 모조리 파괴하고 빼앗을 수 있는 것은 모조리 빼앗은 뒤에도 갈리아 안으로 더욱 깊숙이 들어갔다. 그들은 서로 다른 지점에서 라인강을 건넜지만, 이런 사정 때문에 갈리아 안으로 깊숙이 들어간 곳에서 서로 충돌해버렸다.

라인강 하류에서 갈리아로 쳐들어온 프랑크족은 갈리아 북부 전역으로 세력을 확대한다.

라인강 중류에서 갈리아로 쳐들어온 반달족은 약탈을 계속하면서 드넓은 갈리아를 북동쪽에서 남서쪽으로 가로지른 끝에, 갈리아와 히스파니아(오늘날의 에스파냐)를 가르는 피레네산맥까지 넘게 된다.

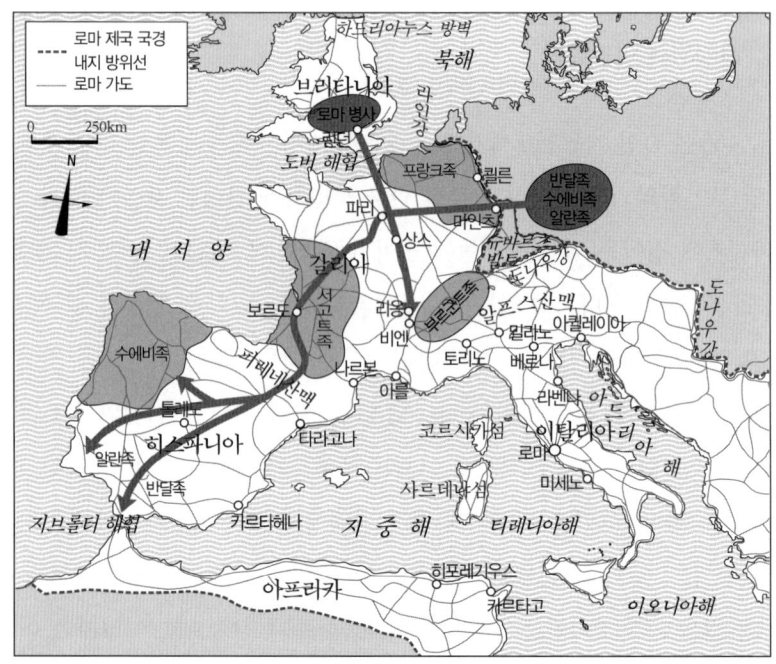

서기 410년경의 서로마 제국 및 야만족의 분포

　역시 라인강 중류에서 갈리아로 쳐들어온 부르군트족만은 자기네 부족 규모의 한계를 알고 있었는지, 갈리아 동부에 자리를 잡고 눌러 앉았다. 부르고뉴라는 현재의 지명은 여기에서 유래한다.

　게르마니아에 사는 야만족으로는 원수정 시대부터 알려져 있던 수에비족도 5세기의 야만족 대침공에서 다른 부족들에게 뒤지지 않았다. 라인강 상류에서 로마 제국 영토로 쳐들어온 이 부족은 방화와 약탈을 계속하면서 갈리아를 비스듬히 횡단하다가 먼저 온 다른 야만족과 무력 충돌을 일으켰다. 그리고 그 싸움에 져서 달아난 곳이 피레네 산맥 너머에 있는 히스파니아 북서부였다.

　이렇게 간단히 살펴보아도 5세기 초의 갈리아는 야만족으로 넘쳐났을 게 분명하지만, 남부에는 '로마 겁탈'로 이름을 날린 서고트족이 들어와 있었다. 알라리크가 죽은 뒤 족장이 된 아타울프와 로마 황제의 누이동생 갈라 플라키디아의 결혼식은 로마 시대에 나르보라고 불린 나르본에서 거행되었으니까, 후세에 '프로방스'라고 불린 갈리아 남부의 지배자는 이제 서고트족이었다. 하지만 그들도 프로방스에 편안히 자리잡고 살았던 것은 아니다. 풍요로운 남프랑스는 기후가 혹독한 독일에서 쳐들어온 북방 야만족에게는 이탈리아와 마찬가지로 매력적인 곳이었다.

다른 야만족보다 우위에 서려고 생각한 아타울프는 황녀인 갈라 플라키디아와의 결혼을 인정해달라고 호노리우스 황제에게 요청한다. 하지만 라벤나에 있는 호노리우스는 단호히 거절했다. 서로마 제국 황제의 누이동생을 통해 야만족에게 황통이 넘어가는 것을 우려했기 때문이다. 게다가 야만족과 결혼한 황녀는 아들까지 낳았다. 하지만 황통을 이을 그 아들이 어려서 죽었기 때문에 호노리우스는 안심할 수 있었다. 서로마 제국 황제인 호노리우스는 30세가 된 지금도 자식을 얻지 못했다. 스틸리코의 두 딸을 차례로 맞아들여 아내로 삼았지만 자식을 낳지 못했고, 스틸리코가 죽은 뒤에는 계속 독신으로 지냈기 때문이다.

이처럼 제국 말기의 갈리아에는 로마 황제의 힘이 미치지 않았고, 독자적인 군사행동을 할 수 있는 힘을 가진 부족만 해도 다섯 —프랑크족, 반달족, 부르군트족, 수에비족, 서고트족— 이나 되었다. 그것도 한곳에 자리를 잡고 정착한 상태에서 뒤섞여 있는 것이 아니라, 서로 움직이고 패권을 다투면서 있었다.

여기에다 브리타니아에 주둔해 있던 로마군까지 가세해서 상황이 더욱 복잡해진다. 북해를 건너 브리타니아로 쳐들어오는 게르만계 앵글족과 색슨족에게 혼자 힘으로 맞서는 데 염증이 난 브리타니아의 로마군이 야만족의 침략에서 갈리아를 구한다는 구실을 내세워, 라벤나에 있는 호노리우스 황제가 아무 훈령도 내리지 않았는데 멋대로 도버 해협을 건너 갈리아로 진격해온 것이다. 일개 병졸의 신분으로 황제를 자칭한 콘스탄티누스가 이 로마군 병사들을 이끌고 있었다. 라벤나의 호노리우스가 보기에는 제위 찬탈자다. 브리타니아에서 건너온 로마 병사들은 야만족이 어지럽게 뒤섞여 있는 갈리아에서 꽤 잘 싸우고 있었지만, 이 병사들은 역시 반란군이었다.

하지만 반란군으로 놓아두지 않는 방법도 있었다. 콘스탄티누스 대제와 같은 이름을 가진 이 찬탈자에게 갈리아 방면 로마군 사령관의 지위를 공식적으로 인정하는 조건으로 제위를 반납하게 하는 방법이다. 그를 따라 브리타니아를 떠난 병사들 중에도 찬탈자의 지휘를 받는 데 불만을 가진 병사가 적지 않았기 때문에, 호노리우스만 그럴 마음이 있으면 실현될 가능성이 전혀 없지는 않았다.

하지만 호노리우스의 머리를 차지하고 있는 것은 정통 황제인 자기가 무시당했다는 굴욕감뿐이었고, 그래서 로마군으로서는 유일하게 갈리아에서 야만족과 싸운 브리타니아 병사들은 여전히 반란군으로 남아 있었다. 제국은 이 병사들을 활용하지 못했다. 그러는 동안 불만을 폭발시킨 부하들에게 콘스탄티누스가 살해되었다. 411년 겨울, '로마 겁탈'이 일어난 지 1년 뒤의 일이었다.

이 시기의 갈리아는 야만족의 여러 부족이 어지럽게 뒤섞여 있고,

거기에다 브리타니아에서 건너온 로마군까지 가세하여 전쟁터가 되어 있었다. 갈리아의 이런 상태를 생각하면, '로마 겁탈' 직후의 이탈리아가 짧은 기간이나마 평화를 누릴 수 있었던 것도 당연하다. 저희끼리 싸우는 데 여념이 없어서, 이탈리아에 쳐들어갈 생각은 야만족의 머리에 떠오르지 않았을 테니까. 이 시기에 이탈리아를 침공했다면 쉽게 제패할 수 있었을 것이다. 호노리우스는 군대를 재편성하는 데에도 관심을 갖지 않았기 때문에 이탈리아반도는 무방비 상태나 마찬가지였다.

이 참상도 한 장수의 등장으로 구원받을 수 있을 것처럼 여겨지게 된다. 그 장수도 브리타니아의 제위 찬탈자와 마찬가지로 일개 병졸에서 잔다리를 밟아 출세한 인물이었다.

그의 이름은 콘스탄티우스였다. 기독교를 공인하여 역사에 이름을 남긴 콘스탄티누스 대제와 마찬가지로, 불가리아의 수도 소피아에서 북서쪽에 있는 세르비아의 니시에서 태어났다. 로마 시대에 나이수스라는 이름으로 불린 니시는 도나우강에서 콘스탄티노폴리스까지 발칸 지방의 심장부를 비스듬히 지나는 간선도로 연변에 자리잡고 있다. 출생 신분은 낮다. 따라서 그 지방에는 드물지 않은 야만족의 피를 받았을 가능성도 있다. 하지만 어머니는 몰라도 아버지는 분명 로마인이다. 스틸리코를 처형한 뒤, 야만족의 피를 받은 남자를 로마군 사령관에 임명하는 데 극도로 신경질적이 되어 있었던 황제 호노리우스도 이남자에게 군대를 맡겨 갈리아로 보내는 것을 망설이지 않았다. 제위 찬탈자가 살해된 뒤의 공백을 정통 황제가 이탈리아에서 파견한 로마군으로 메우려 한 것이다. 살해된 콘스탄티누스가 브리타니아에서 데려온 병사들을 정규 로마군에 편입하려는 목적도 있었다.

갈리아로 파견된 콘스탄티우스에게 서로마 제국이 어느 정도의 병력을 맡겼는지는 알 수 없다. 이탈리아는 여전히 무방비 상태나 마찬가지니까, 맡기려 해도 맡길 수 있는 병력이 거의 없었던 게 아닐까. 밑바닥부터 잔다리를 밟아 출세한 이 발칸 태생의 사령관은 갈리아에서 적극적으로 움직였으니까, 브리타니아에서 건너온 로마 병사들은 대부분 이 장군 휘하에 흡수된 것으로 여겨진다. 어쨌든 콘스탄티우스가 부릴 수 있었던 병력은 그리 많지 않았던 모양이고, 그래서 처음 2~3년 동안은 효과가 나지 않았다.

하지만 로마에 다행이었던 것은, 앞에서도 말했듯이 갈리아에서 야만족끼리 서로 먹고 먹히는 싸움을 벌였다는 점이다. 이로 말미암아 다른 어느 부족보다도 큰 타격을 받은 것은 '로마 겁탈' 이후 유턴하여 침공 방향을 남프랑스로 바꾼 서고트족이었다. 콘스탄티우스 장군은 여기에 주목한다. 서고트족이 본거지로 삼고 있던 나르본과 그 주변을 해상 봉쇄하여 식량 보급을 차단하는 작전으로 나왔다.

북쪽에서는 다른 야만족들이 쳐들어오고 남쪽 해상이 봉쇄되자, 서고트족도 불안에 사로잡혀 침착성을 잃어버렸다. 그들도 수만 명의 식량을 걱정해야 했다. 서로마 제국 황제의 누이동생을 아내로 삼고 의기양양했던 아타울프도 휘하 병사들의 불만을 피할 길이 없었다. 라벤나에 있는 호노리우스는 누이동생과의 결혼을 인정하지 않았을 뿐만 아니라, 서고트족을 서로마 제국의 '동맹자'로 삼아달라는 아타울프의 요청을 받고도 답장조차 보내지 않았다. 진퇴양난에 빠진 아타울프는 마침내 피레네산맥을 넘어 히스파니아로 이동하려고 했지만, 이베리아반도에는 이미 반달족과 수에비족과 알란족이 침투하는 중이었다.

결국 서고트족은 족장 아타울프를 죽여서 로마와의 관계를 개선하려고 했다.

로마 쪽이 관여했는지 어떤지는 알 수 없지만, 서고트족 족장 교체극은 성공하여 아타울프는 살해되고 대신 왈리아가 서고트족을 이끌게 되었다. 이 왈리아가 내놓은 조건은 미망인이 된 갈라 플라키디아를 이탈리아로 돌려보내는 대신 로마 제국은 서고트족에게 식량을 원조하라는 것이었다. 서로마 제국 황제의 누이동생은 북아프리카에서 밀 4천만 톤이 도착하는 것과 동시에 이탈리아로 떠났다. '로마 겁탈' 이후 야만족들 틈에서 살아온 황녀가 이탈리아 땅을 밟는 것은 5년 만이었다.

서고트족은 이 기회에 갈리아에서 서로마 제국의 '동맹자'가 되는 데에도 성공했다. 제국 영토 안에 땅을 받아서 거기에 정착하는 대가로 로마 편에서 야만족과 싸운다는 협정이다. 이 협정안 자체는 남아 있지 않다. 우리가 알고 있는 것은 갈리아 서부에서 대서양에 면한 '아퀴타니아 세쿤다'(제2의 아퀴타니아)가 서고트족의 정착지로 주어졌다는 것뿐이다. '동맹자' 협정은 바꿔 말하면 용병계약이니까 용병료에 대해서도 협정이 이루어졌겠지만, 기록이 남아 있지 않아서 그 내용은 알 수 없다.

서로마 제국이 붕괴한 뒤 야만족과의 공생 체제로 등장하는 '3분의 1 시스템'이 갈리아에서는 그 전에 실시되고 있었다는 기록이 남아 있으니까, 서로마 제국과 서고트족이 맺은 협정도 그 체제의 한 예가 아니었을까 하고 상상할 수 있다.

'3분의 1 시스템'

'3분의 1 시스템'은 내가 편의상 붙인 이름이지만, 원래 이것은 스틸리코가 북부와 중부 갈리아에서 로마군이 철수할 때 연막으로 사용하려 한 정책이었다. 야만족에게 정착지를 제공한다 해도, 그 땅이 로마 제국 영토 안에 있는 이상 거기에는 이미 로마인이 살고 있다. 로마인을 쫓아내고 야만족을 들일 수는 없고, 강행하면 제국 전역에서 반발이 일어날 게 뻔했다.

서기 212년에 통칭 '카라칼라 칙령'―공식 명칭은 '안토니누스 칙령'―이 공포되었을 때부터 속주에 사는 사람도 노예가 아니면 모두 로마 시민권을 갖게 되었다는 것을 잊어서는 안 된다. 따라서 갈리아나 북아프리카에 살고 있는 사람은 '로마 시민'이었다.

그래서 스틸리코는 로마의 '동맹자'가 된 야만족의 정착지로 결정된 지방에 사는 로마인이 소유하고 있는 농지의 3분의 1을 새로 주민이 될 야만족에게 나누어주는 시스템을 생각해냈다. 이 시스템이 보급되면, 피지배자가 지배자에게 바치는 공물이라고 로마인이 반발하는 '용병료'를 낼 필요도 없어지기 때문이다. 소유 재산의 3분의 1을 제공하는 대신 로마인이 얻는 것은 침략을 되풀이하는 야만족에 대항할 방위 병력이다. 물론 방위 병력도 야만족이다. 이것도 역시 '오랑캐로 오랑캐를 무찌르는', 다른 말로 하면 '독으로 독을 제어하는'(以毒制毒) 방식이지만, 정착하여 생활 기반을 확립하게 하는 방법으로 그 '독'을 줄이는 효과도 노리고 있었다.

스틸리코가 처형되었을 뿐만 아니라 '기록말살형'까지 당해서 그에 관한 기록이 대부분 사라져버렸기 때문에, 이것을 실제로 증명할 수단 은 남아 있지 않다. 하지만 서고트족과의 '동맹자' 협정이 '3분의 1 시 스템'에 바탕을 두고 있었다면, 용병료에 관한 규정이 없었던 것도 납 득할 수 있다. 그런데 새로 이웃이 된 야만족을 '손님'이라고 부르는 관습은 이때부터 시작된 모양이다. 분명 위선이지만, 인간에게는 경우 에 따라서 위선도 필요하다.

서기 415년에 맺어진 이 협정은 또 한 가지 문제를 포함하고 있었 다. 그것은 로마 쪽이 갈리아 남부(오늘날의 남프랑스)를 서고트족의 정착지로 인정하지 않고, 갈리아 서부를 정착지로 지정했다는 점이다. 포르투스 남네투스(오늘날의 낭트)와 부르디갈라(오늘날의 보르도) 사 이에 펼쳐진 일대가 서고트족의 정착지로 결정되었다.

로마인이라면 갈리아에서도 남부만은 내놓고 싶지 않았을 것이다. 히스파니아도 갈리아와 마찬가지로 야만족이 계속 침투하고 있었지 만, 히스파니아 동부만은 아직 로마 세력이 버티고 있었다. 북아프리 카도 아직은 로마 제국 영토다. 로마 세력 아래 남아 있는 이탈리아반 도와 남프랑스, 그리고 에스파냐 동부와 북아프리카가 지중해의 서쪽 절반을 에워싸게 된다. 브리타니아, 갈리아의 대부분, 히스파니아의 서 부까지 게르만계 야만족에게 침략당했지만, 그 지방들은 대서양 쪽에 있었다. 로마인은 역시 지중해 민족이었다.

황제의 누이동생 갈라 플라키디아는 로마인 곁으로 돌아오자마자

콘스탄티우스

콘스탄티우스 장군과 결혼식을 올렸다. 호노리우스는 이 결혼을 인정
했을 뿐만 아니라, 이를 계기로 출생 신분이 낮은 장군을 귀족의 신분
으로 끌어올렸다. 419년에는 아들도 태어났다. 이 아들에게는 갈라 플
라키디아의 외조부인 발렌티니아누스 1세의 이름을 따서 '발렌티니아
누스'라는 이름이 주어졌다. 호노리우스에게 자식이 없는 이상, 언젠
가는 이 아이가 서로마 제국 황제가 될 터였다.

　빈농의 아들로 태어나 황제의 누이동생을 아내로 맞이하고, 게다가
황제의 후계자가 될 아들까지 얻은 콘스탄티우스가 사회적으로 성공
한 사람인 것은 확실하지만, 군사적 재능이 어느 정도였는지는 헤아릴
수 없다. 야만족들은 갈리아와 히스파니아에서 기반을 쌓는 데 여념이
없어서 이탈리아에는 촉수를 뻗치지 않았고, 그래서 콘스탄티우스는
군사적 재능을 발휘할 기회가 없었기 때문이다. 그래도 이 시기에 이
탈리아가 평화를 누리고 있었던 것은 사실이고, 갈리아나 히스파니아
에 자주 원정하여 야만족 세력을 견제한 콘스탄티우스에게 그 공을 돌
려도 좋을 것이다. 라벤나에 틀어박혀 있는 호노리우스도 그것은 알고
있었는지, 발칸에서 태어난 이 빈농의 아들은 421년에 호노리우스와

동격인 공동 황제로 출세했다. '아우구스투스'라고 불리는 신분이 된 것이다. 하지만 공동 황제였던 기간은 8개월밖에 안 된다. 그해 가을에 갑자기 죽음을 맞았기 때문이다. 암살이나 모살이 아니라 자연사였다.

뛰어난 재능의 소유자는 아니어도 고분고분하고 야심도 크지 않고 원래는 황제가 해야 할 군사행동도 대신 떠맡아준 콘스탄티우스가 죽자, 호노리우스 황제는 서른여섯 살이나 먹었는데도 어쩔 줄 모르고 동요한 모양이다. 이런 경우, 심약한 사람은 손을 댈 수 없을 만큼 흥분하게 마련이다. 아무래도 호노리우스는 죽은 장군의 아들인 두 살배기 발렌티니아누스에게 감정을 폭발시킨 것 같다. 야만족의 아내가 되기도 하면서 인생 경험을 많이 쌓은 갈라 플라키디아는 원래부터 이 이복오빠를 믿지 않았다. 자기가 야만족의 포로나 다름없는 신세였을 때, 반환을 요구하는 것 말고는 아무 조치도 취하지 않은 오빠에게 좋은 감정을 품고 있지도 않았다. 두 살배기 아들이 걱정이 된 갈라 플라키디아는 아들을 안고 콘스탄티노폴리스로 도망쳤다. 동로마 제국 황제에게 도움을 청한 것이다.

하지만 황제의 누이동생과 그의 아들은 콘스탄티노폴리스 황궁에서 오래 살 필요도 없었다. 2년도 지나지 않은 서기 423년 초가을에 서로마 제국 황제 호노리우스가 죽었다는 소식이 동로마 제국의 수도 콘스탄티노폴리스에 전해졌기 때문이다. 당시 호노리우스는 38세였지만, 사인은 자연사로 되어 있었다. 열 살 나이에 서로마 제국 황제가 되어, 남에게 도움이 되는 일은 거의 아무것도 하지 않고 28년 동안이나 제위에 앉아 있다가 맞이한 죽음이었다.

새 황제가 제위를 물려받는 데에는 아무 문제도 없었을 것이다. 발렌티니아누스는 죽은 호노리우스와 가장 가까운 혈육인 조카였고, 그의 아버지 콘스탄티우스는 8개월이나마 '공동 황제'였기 때문이다.

하지만 문제는 새 황제가 네 살밖에 안 된 어린애라는 것이었다. 호노리우스의 아버지인 테오도시우스는 어린 호노리우스를 스틸리코에게 맡겼지만, 호노리우스는 어린 나이에 제위에 오를 새 황제를 맡길 만한 사람도 없었고 맡길 생각조차 하지 않았다.

후견인이 없으면 새 황제의 섭정은 어머니인 갈라 플라키디아가 맡게 된다. 호노리우스 주위에 있던 궁정관료들 중에는 거기에 저항감을 품는 사람이 적지 않았던 모양이다. 동로마 제국은 새 황제와 그의 어머니를 서로마 제국으로 돌려보낼 때 병력을 딸려 보내야 했을 정도였다. 그것도 2년이 지나서야 겨우 실현되었다.

따라서 서로마 제국의 새 황제 발렌티니아누스(Valentinianus) 3세의 치세는 호노리우스가 죽은 423년이 아니라 2년 뒤인 425년부터 시작된다. 그래도 아직 여섯 살밖에 안 되니까 어머니의 후견이 반드시 필요했다. 갈라 플라키디아는 390년 무렵에 태어났다니까, 아들이 황제가 된 해에는 30대 중반이었을 것으로 여겨진다. 이제 서로마 제국은 서지중해를 띠 모양으로 둘러싼 지역만 지배하게 되었고, 여자가 통치할 수 있는 나라가 되어 있었다. 여자의 지배를 받은 것은 동로마 제국이 먼저였지만.

동로마 제국

로마 제국은 테오도시우스 황제가 죽은 395년부터 사실상 동서로 분리되었고, 동로마 제국은 가톨릭 국가인데도 동쪽 국경을 접하고 있는 오리엔트의 전제군주국과 점점 비슷해져가고 있었다. 콘스탄티노폴리스 황궁의 호화로움은 페르시아 왕궁보다 더하면 더했지 결코 못하지 않다는 것은 두 나라를 모두 알고 있는 교역상인들의 공통된 견해였다. 콘스탄티노폴리스의 총주교였던 요한네스 크리소스토모스는 다음과 같은 글을 썼다. 원수정 시대의 황제들과 비교하여, 이러고도 같은 로마 제국 황제인가 하고 생각지 않을 사람이 없을 것이다.

〈황제는 항상 값비싼 진주나 보석을 가득 박은 왕관을 머리에 쓴 모습으로 나타난다. 이 왕관과 몸에 걸치는 보라색 옷은 신의 뜻에 따라 신성한 자리에 앉아 있는 황제만 착용할 권리가 있고, 다른 사람은 아무리 유복해도 착용할 수 없다. 옷 위에 걸치는 망토는 보라색 비단에 금실로 용을 수놓은 것이고, 황제가 앉는 옥좌는 속까지 황금을 가득 채워 넣어 혼자서는 도저히 움직일 수 없는 무게다.

황제가 민중 앞에 모습을 나타내는 일은 극히 드물지만, 그럴 때는 항상 수많은 대신과 궁정관리와 호위병을 거느린다. 대신과 관리들의 복장도 화려함을 다투는 듯했지만, 그들의 바깥쪽을 빙 둘러싸고 있는 호위병들도 호화로움에서는 그들에게 뒤지지 않는다. 병사들이 가진 창과 방패도, 그들이 머리에 쓴 투구와 가슴에 댄 갑옷까지도 황금색으로 반짝이고, 방패 하나만 보아도 한복판에는 부조가 새겨져 있고 그 주위에는 인간의 눈 모양을 나타낸 장식못이 박혀 있다.

황제가 타는 마차는 얼룩 하나 없는 새하얀 노새가 끌고, 두 마리가 모두 황금색 말옷으로 덮여 있다. 마부의 옷도 황금색이고, 마차 좌우에 늘어져 바람에 흔들리는 장막도 황금색 천이다. 민중은 경탄하고,

얇은 장막 안에 있는 보라색 옷의 황제를 보려고 발돋움을 한다. 황금
도, 각양각색의 보석도, 산뜻한 색깔의 비단옷도 마차가 흔들릴 때마
다 햇빛을 받아 더욱 눈부시게 빛난다.

　이것은 살아 있는 황제의 모습이지만, 초상화에 묘사된 모습도 본질
적으로는 차이가 없다. 푸른색 배경을 등지고 황금색 옥좌에 앉아 있
는 황제의 얼굴은 민중 앞에 나타날 때와 마찬가지로 하얗고 무표정하
다. 말을 탄 호위대에 둘러싸여 있고, 전투에 져서 쇠사슬에 묶인 페르
시아 병사들이 발치에 무릎을 꿇고 있는 것만 다를 뿐이다.〉

　이렇게 빈정거리는 투로 황제를 묘사한 크리소스토모스 주교는 안
티오키아의 상류층 출신으로, 젊었을 때는 그리스 철학을 공부했지만,
'이교도'에서 '기독교도'로 변신한 당시의 지식인 가운데 한 사람이다.
학식이 깊을 뿐만 아니라 신자들에게 인망도 높은 성직자였지만, 위
의 글을 쓴 지 몇 년 뒤에 콘스탄티노폴리스 총주교 자리에서 쫓겨났
다. 동지중해 세계는 서민도 기독교 교리 논쟁에 열중할 만큼 '종교적'
이었지만, 이 지식인 주교가 실각한 원인은 교리 논쟁만이 아니라 황
궁 내부의 음모에 걸려든 탓도 있었다. 동로마 제국의 황궁은 겉보기
만 오리엔트 전제군주국과 비슷한 것이 아니라, 그 알맹이도 비슷해져
있었다. 하렘이 없다는 것이 유일한 차이였을 것이다. 특권을 가진 사
람들이 폐쇄적이 되는 것은 인간성의 숙명이기도 하다. 그리고 폐쇄된
공간에서는 공적인 자격을 갖지 않은 사람도 공적인 자격을 가진 사람
바로 옆에 있다는 이유만으로 권력을 갖게 된다. 황제의 근친자, 특히
가까운 여자에게는 이상적인 상황이었다.

여자와 권력

서로마 제국 황제 호노리우스의 친형인 아르카디우스는 동로마 제국의 제위에 13년 동안 앉아 있다가 408년에 죽었지만, 사실상 실권을 쥐고 나라를 다스린 사람은 프랑크족 출신 장군의 딸로 태어나 황후의 자리에 오른 에우독시아였다. 그리고 아르카디우스의 뒤를 이어 제위에 오른 황제는 두 사람 사이에 태어난 테오도시우스 2세다. 이 황제의 치세는 450년까지 42년이나 되지만, 그동안 동로마 제국을 통치한 사람은 황제의 누나 풀케리아였고, 치세 후반에는 테오도시우스 2세의 아내가 여기에 가세한다.

줄곧 독신으로 지냈던 풀케리아는 상당히 지혜로운 여자였는지, 새로 등장한 황후라는 라이벌을 배척하지 않고 오히려 자기편으로 끌어들인 모양이다. 광신적일 만큼 열성적인 가톨릭 신자였던 풀케리아의 영향으로 콘스탄티노폴리스 황궁의 일상은 기도로 시작하여 기도로 끝난다고 할 정도였다. 황제를 호화롭게 치장하는 것과 겸허한 수도원적 일상은 정반대되는 것이지만, 두 가지의 공존은 이들에게 전혀 모순되는 일이 아니었던 모양이다.

제국이 동서로 분리된 서기 395년 이후, 동로마 제국을 지배한 것은 여인들과 그들을 돕는 궁정관료들이라고 해도 좋을 정도였다. 서기 425년에는 서로마 제국도 같은 형편이 된다. 이쪽은 아들 발렌티니아누스 3세가 아직 어리기 때문에 보좌역이 필요하다는 이유로 갈라 플라키디아가 정치 세계에 등장했다.

이리하여 로마 제국은 동쪽도 서쪽도 모두 여자가 지배하는 국가가 되었지만, 무엇 때문인지 여자가 실권을 쥔 나라에서는 남자가 무기력해진다. 테오도시우스 2세의 치세는 408년부터 450년까지 42년이고, 발렌티니아누스 3세의 치세는 425년부터 455년까지 30년이니까 예닐곱 살에 제위에 올랐다고는 해도 둘 다 장기간의 치세를 누리지만, 그동안 한 일이라고는 아무것도 없다. 일은 누나나 아내나 어머니가 다 했다. 28년 동안이나 제위에 있었던 호노리우스도 자식이 없었지만, 테오도시우스 2세도 아들을 얻지 못하고 죽는다. 여자가 의욕이 왕성하니까 남자가 무기력해지는지, 아니면 남자가 무능하니까 여자가 활약하게 되는지는 알 수 없다. 확실한 것은, 로마사에서 융성기에 해당하는 공화정 시대에도, 안정성장기라 해도 좋은 원수정 시대에도 이런 현상은 찾아볼 수 없다는 점이다.

여자가 권력을 쥐어서 나쁠 것은 전혀 없다. 하지만 그것은 권력을 행사할 정당한 자격을 가진 경우에 한정된다. 황제의 어머니나 후견인에게는 그런 자격이 없었다. 그런 자격을 갖지 않으면 제국을 통치할 때 무시할 수 없는 불편을 수반하게 된다.

로마 황제의 호칭인 '임페라토르'는 군대를 이끌고 '국가'를 방위하는 책무를 맡은 사람이라는 뜻이다. 그 말 자체의 의미가 보여주듯, 로마 황제의 책무는 무엇보다도 먼저 국가 방위다. 철인 황제라고 불릴 만큼 지식인이었던 마르쿠스 아우렐리우스 황제도 10년 동안이나 도나우강 연안의 최전선에 머물다가 결국 그곳에서 죽었다. 로마 황제의 존재이유를 이 황제도 정확하게 이해하고 있었기 때문이다.

로마 황제가 정말로 로마 황제였던 시대는 테오도시우스 1세를 마

테오도시우스 2세   풀케리아

지막으로 끝난다. 그의 아들인 아르카디우스와 호노리우스는 군대를 지휘할 수 있는 나이가 된 뒤에도 전쟁터에 나가지 않았다. 황제는 신의 뜻에 따라 선택받은 사람이기 때문에, 그런 신성한 존재는 안전한 궁궐 깊은 곳에 앉아 있고, 위험한 전쟁터에서 군대를 지휘하는 일은 장군들에게 맡기는 시대가 되었다. 로마 제국 최후의 1세기를 역사가들이 '군사령관들의 세기'라고 부르는 것도 황제를 대신하여 전쟁터에 나가는 역할을 맡은 것이 스틸리코를 필두로 한 '군사령관'이었기 때문이다.

이렇게 되면 황제는 전쟁터에 나갈 의무가 없어지니까 황제 이름으로 권력을 행사하는 사람이 여자라 해도 문제는 없을 것 같지만, 전쟁터에 나가든 나가지 않든 로마 황제가 로마군 최고사령관인 것은 변함이 없다. 그것은 최고사령관 밑에 여러 명 있는 군사령관을 통솔하는 것도 황제의 직무라는 뜻이다.

여자가 권력을 행사할 경우, 문제는 이 점에 있었다. 사령관들을 통솔하고 제국 방위라는 큰 목적을 위해 그들을 활용하는 재능이 문제이지, 여자라는 것 자체가 문제는 아니었다. 다만 여자는 황제가 아니고 따라서 최고사령관이 아니기 때문에, 사령관들을 통솔할 때 공적인 자격은 갖지 않는다. 하지만 바로 그렇기 때문에 오히려 재능이 문제가 되었다.

아르카디우스 황제의 딸이자, 그 후 황제가 된 테오도시우스 2세의 누나인 동로마 제국의 풀케리아, 테오도시우스 2세가 아들을 남기지 않고 죽자 마르키아누스를 자신의 이름뿐인 남편으로 삼아서 제위에 앉힌 그 여자에게는 그 방면의 재능이 있었던 것으로 여겨진다. 동로마 제국을 40년 넘게 실질적으로 통치했다는 이유만이 아니라, 그동안 줄곧 동쪽 국경을 접하고 있는 대국 페르시아의 침공을 막는 데에도 성공했기 때문이다. 이런 어려운 일은 여러 명의 사령관을 능란하게 부리지 못하면 해낼 수 없다.

서기 425년부터 450년에 죽을 때까지 서로마 제국을 지배하게 된 갈라 플라키디아에게는 과연 그런 재능이 있었을까.

'군사령관'들

이 시기에 그녀가 부릴 수 있는 장군은 두 명 있었다. 보니파키우스와 아이티우스다. 둘 다 황궁 내부의 음모를 용케 빠져나가면서 출세한 것이 아니라, 전쟁터에서 두각을 나타낸 남자들이다. 갈라 플라키디아가 실권을 쥔 서기 425년에 두 장군의 나이는 35세였다. 30대 중반의 여자가 같은 또래의 두 남자를 능란하게 부릴 수 있을지 어떨지 그것 자체만으로도 흥미롭지만, 여기에는 성난 파도처럼 쳐들어오는 야만족에 맞서서 서로마 제국을 지킬 수 있느냐 없느냐가 달려 있었다.

보니파키우스에 대해서는 어디에서 태어났는지, 부모가 누구인지도 알려져 있지 않다. 태어난 해도 390년 안팎으로 알려져 있을 뿐이다. 그는 414년에 마르세유를 공격한 서고트족과 싸워서, 아타울프가 이끄는 서고트족이 마르세유 공략을 포기하고 대신 나르본으로 목표를 바꾸게 한 공로자였다. 24세에 벌써 두각을 나타낸 것이다. 그 후 한동안 남프랑스를 지키는 로마군에 남아 있었던 모양이지만, 32세 되던 해에는 에스파냐에서 반달족과 싸웠다. 그 직후, 고대에는 '헤라클레스의 두 기둥'이라고 불린 지브롤터 해협을 건너 북아프리카로 건너갔다. 그곳에서 걸핏하면 로마에 반기를 드는 마우리타니아인과 싸웠다. 이 시기에 훗날 성인 반열에 오르게 된 가톨릭교회 제일의 이론가 아우구스티누스와 알게 된다. 이 만남은 지금까지의 생애를 전쟁터에서 보낸 보니파키우스에게 강한 인상을 남긴 모양이다. 원래 가톨릭 신자였던 그는 무기를 버리고 수도원에 들어갈 생각까지 했다.

그런데 또 다른 사람을 만나게 된다. 그 여자도 역시 기독교도였지만, 가톨릭이 이단으로 배척하는 아리우스파였다. 그녀와 결혼한 보니파키우스는 태어난 딸의 세례를 아리우스파 사제에게 부탁했다. 종교상의 정통과 이단에 신경질적인 남자는 아니었던 모양이다. 가톨릭 교리의 기수 같은 느낌을 주는 성 아우구스티누스는 여기에 자못 실망했을 것이다.

갈라 플라키디아와는 이 무렵부터 이미 아는 사이였다. 그녀가 이복오빠 호노리우스와 사이가 나빠져서 아들을 데리고 콘스탄티노폴리스로 달아날 때 자금을 원조한 사람이 보니파키우스였기 때문이다. 로마 군에서 복무하고 있는 그에게 호노리우스는 황제일 뿐만 아니라 최고 상관이기도 하다. 그런데 숨기지도 않고 당당히 도움의 손길을 뻗쳤다 니까, 모든 면에서 유쾌한 남자이기는 하다.

호노리우스가 죽은 뒤, 당연히 보니파키우스는 갈라 플라키디아가 라벤나로 돌아오는 것을 적극적으로 도왔다. 어린 새 황제를 보좌하는 사람, 즉 실권을 쥐는 사람이 여자라는 데 반발하는 궁정관료와 고위 장교가 적지 않아서 그 반발을 억누르고 라벤나로 돌아오는 데 2년이 걸렸지만, 그렇기 때문에 갈라 플라키디아에게 보니파키우스는 더욱 중요한 존재였다.

황궁의 주인이 된 그녀는 당장 보니파키우스를 '황제 경호대장'이라 해도 좋은 'Comes Domesticorum'에 임명했다. 그런데 이 중책과 더 불어 '아프리카 방면 군사령관'(magister militum per Africae)에도 임 명했다. 즉 보니파키우스의 활동 무대는 호노리우스 시대와 마찬가지 로 여전히 북아프리카였다.

보니파키우스의 경우와는 반대로, 서로마 제국의 실권을 손에 넣은 황제의 어머니 갈라 플라키디아와 군사령관 아이티우스의 관계는 처 음에는 적으로 시작되었다.

아이티우스는 나중에 불가리아가 된 도나우강 하류에서 태어났다. 아버지는 로마군에서 기병대를 지휘한 장수였다. 이름이 가우텐티우 스인 이 사람도 로마인이 '로마화한 야만족'이라고 부른 사람 가운데 하나였다. 어머니는 이탈리아 태생의 로마인이었다. 이런 점에서는 반 달족 출신 남자와 로마인 여자 사이에서 태어난 스틸리코와 비슷하지만, 듣기만 해도 야만족임을 알 수 있는 성을 가진 스틸리코와는 달리 아이티우스는 로마적인 성을 갖고 있었다. 스틸리코는 아버지 대에 '로마화'한 반면, 아이티우스는 할아버지나 증조부 대에 '로마화'했는 지도 모른다. 하지만 젊은 나이에 황제에게 발탁되어 평생을 제국 상 층부에서 보낸 스틸리코와는 달리, 아이티우스의 인생은 성년에 이르 기 전부터 파란만장했다.

제국 변경을 방위하는 로마군의 고위 장교는 전시든 평시든 야만족 과 접촉할 기회가 많다. 게다가 강화를 맺거나 휴전할 때는 양쪽이 '볼 모'를 교환하는 것도 야만족과의 역학 관계가 역전된 5세기에는 통상 적인 일이 되어 있었다. 기병대장의 아들인 아이티우스는 가장 적당한 '볼모'였다. 처음에는 서고트족 족장인 알라리크에게 볼모로 보내졌고, 다음에는 게르만계 야만족까지도 '야만족'이라고 부르며 두려워한 훈 족 틈에서 10년 동안이나 '볼모'로 자랐다.

그런데 '볼모'라고 하면 가혹한 환경에서 비참한 생활을 강요당하는 포로를 생각하기 쉽지만, 실상은 전혀 그렇지 않다.

'볼모'는 그 사람을 볼모로 삼은 쪽에도 여러 가지 의미에서 소중한 존재다. 상대가 협약을 지키게 하는 담보 역할만이 아니라, 자신들의 동조자를 늘리는 데에도 '볼모'는 중요한 존재였다. 따라서 지도자 예 비군이라 해도 좋은 상류층 출신 청소년이 '볼모'로 환영받았다. 그들 이 '볼모' 신세에서 해방되어 조국으로 돌아간 뒤에도 그들을 통해 상 대편과 좋은 관계를 맺을 수 있다. 로마 제국은 이런 면에서 '볼모'를 활용하는 데 명수였지만, 야만족도 그것을 흉내낸 게 아닐까 하는 생각이 든다.

어쨌든 아이티우스는 성년이 되었을 때 이미 로마의 적인 야만족의
실태를 훤히 알고 있었다. 그중에서도 특히 '볼모'로 잡혀 있는 기간이
길었던 훈족과 친해져서 그들의 언어를 배운 것은 물론, '울던 아이도
울음을 그친다'고 할 만큼 두려움의 대상이 된 아틸라와도 아는 사이
였다고 한다.

아이티우스는 '볼모'에서 해방된 뒤에도 오랫동안 '볼모'로 가 있던
곳의 사람들과 연락을 끊지 않았다. 성년이 된 뒤 로마군에서 복무하
기 시작한 뒤에도 야만족 중의 야만족이라고 다들 두려워한 훈족과 관
계를 유지한 것이다. 그러면서도 성년이 된 뒤 그는 훈족에게 쫓겨났
기 때문에 어쩔 수 없이 갈리아로 쳐들어온 게르만계 야만족과 싸웠
고, 30대에 접어들 무렵에는 한 부대의 지휘까지 맡게 되었다.

서기 423년에 황제 호노리우스가 죽은 것은 32세가 된 아이티우스
만이 아니라 로마군의 모든 지휘관에게 뜻밖의 일이었다. 라벤나에만
틀어박혀 있는 황제의 얼굴조차 본 적이 없는 부대장도 많았지만, 호
노리우스는 이제 겨우 38세였다. 그렇게 젊은 호노리우스가 죽고 그
뒤를 이은 새 황제가 네 살밖에 안 됐다면, 자신들이 누구의 지배를 받
게 될지는 누가 말해주지 않아도 뻔했다. 여자한테 지배당하기를 싫어
한 남자들은 동료를 황제로 추대하여 어린애가 제위에 오르는 것을 막
으려 했고, 아이티우스도 거기에 가담했다. 동료가 제위에 오르는 것
을 돕기 위해 아이티우스는 훈족에게 가서 병사를 빌리는 데 성공했
다. 그런데 훈족 병사들을 이끌고 돌아왔을 때, 그가 황제로 추대한 남
자는 이미 죽은 뒤였다. 새 황제에게 반대했던 고관들도 이를 계기로

갈라 플라키디아(오른쪽)와 자녀들

모두 어린 황제와 모후 쪽으로 돌아섰다. 아이티우스도 그들과 마찬가지로 과거의 잘못을 뉘우치고 갈라 플라키디아 앞에 고개를 숙여야 하는 상황이 되었지만, 아이티우스는 그런 짓을 할 사람이 아니었다.

그는 자기가 거느리고 있던 훈족 병사들을 방패삼아 '사령관'(comes)의 지위를 요구했다. 바꿔 말하면 무력을 과시하여 협박한 것이다. 갈라 플라키디아도 갈리아를 공백 상태로 놓아두면 안 된다는 것을 알고 있었다. 갈리아 방위를 맡기기에 적당한 다른 장수도 없었다. 35세의 아이티우스는 고개를 숙이기는커녕, 로마군 사령관의 지위를 공식적으로 획득했다. 아이티우스의 요구를 받아들일 때의 조건은 훈족 병사들로 이루어진 부대를 해산하라는 것이었지만, 아이티우스는 그 조건을 수락했다. 공식 사령관이 되면 훈족 병사는 필요없기 때문이다. 도나우강 북쪽으로 돌아가는 훈족 병사들에게는 충분한 보수를 주었다. 앞으로도 그들과 좋은 관계를 유지하기 위해서였다.

2년 동안 불안정한 시기를 겪은 뒤이기는 했지만, 6세가 된 아들 발렌티니아누스 3세를 황제로 내세운 갈라 플라키디아의 통치는 어쨌든 양호한 상태로 출발했다. 이탈리아반도의 방위에 영향을 미치는 갈리아에는 아이티우스가 있고, 이탈리아반도의 식량을 보장하는 북아프리카에는 보니파키우스가 있었다. 모두 30대 후반, 나이로 보나 경험으로 보나 한창 활기차게 일할 나이다. 게다가 둘 다 전투에 능했다. 여기까지는 갈라 플라키디아도 칭찬받을 만한 섭정이었다.

용장은 양립할 수 없다는 말이 있다. 하지만 양립할 수 없는 것이 당연한 두 용장을 양립시킬 수 있다면, 그들 위에 설 만한 재능을 가지고 있다는 것을 보여줄 수 있다. 그런데 2년 뒤에 벌써 갈라 플라키디아는 여자가 갖기 쉬운 결함을 드러내기 시작했다.

'군사령관' 보니파키우스

오늘날의 모로코와 알제리는 로마 시대에 '마우리타니아'(또는 마우레타니아), 오늘날의 튀니지와 리비아 서부는 '아프리카'라고 불렸다. 로마 제국이 동서로 분리된 뒤에는 북아프리카 전체의 서쪽 절반에 해당하는 지방을 모두 서로마 제국이 관할하게 되었다. 기본적으로는 포에니 전쟁 이전의 카르타고 영토와 겹친다.

한편 북아프리카에서 동로마 제국이 관할하게 된 지방은 오늘날의 리비아 동부와 이집트, 로마 시대에 '리비아'(Libya)와 '아이깁투스'(Aegyptus)라고 불린 곳이었다. 찬란한 과거를 가진 이집트는 당연하지만, 리비아도 행정상 구분으로는 키프로스섬까지 포함하고 있었기 때문에 둘 다 동로마 제국에 속하는 것이 당연하게 여겨졌다.

서로마 제국 관할이 된 '마우리타니아'와 '아프리카' 일대에서는 옛 카르타고인의 로마화가 완전히 성공하여, 옛 카르타고인을 패권자 로마에 대한 적대세력으로 걱정할 필요는 전혀 없었다. 어쨌든 포에니 전쟁으로 사투를 벌인 지 350년 뒤에는 옛 카르타고인 중에서 로마 황제가 나왔다. 그밖에도 옛 카르타고인 가운데 제국의 요인이 된 사람은 아주 많았고, 로마 제국 시대의 카르타고인은 현대의 이탈리아인에게 밀라노인이 갖는 의미밖에 없었다. 그 카르타고인의 한 사람으로서 오현제 시대에 로마에서 손꼽히는 지식인이자 원로원 의원이고, 소년 시절의 마르쿠스 아우렐리우스 황제를 가르친 독선생이기도 했던 프론토가 원로원에서 한 연설의 제목은 '카르타고인에 대한 원로원 시책에 바치는 감사의 말씀'으로 되어 있다.

이런 사정이라면, 이집트를 제외한 북아프리카 전역을 방위하는 데 로마 병사로 이루어진 1개 군단(6천 명)과, 거의 같은 수의 보조병력만으로 충분했던 이유도 납득이 간다. 창설자인 초대 황제 아우구스투스의 이름을 따서 '제3 아우구스타 군단'이라고 불린 이 1개 군단만으로 무려 200년 동안이나 북아프리카의 안전을 보장해왔다. 이 군단의 기지는 오늘날의 알제리 랑베즈에 있었지만, 기지는 남쪽을 향해 건설되어 있다. 국내의 적이 아니라 국외의 적 ― 북아프리카에서는 사막 민족 ― 의 내습에 대비하기 위해서였다.

3세기와 4세기에 제국의 힘이 쇠퇴하면서 북아프리카의 안전 보장에도 빨간불이 켜지게 되었지만, 기독교가 보급되면서 그것이 결정적이 되었다. 도시형 종교인 기독교는 북아프리카 전역의 행정과 경제 중심지였던 카르타고시에서 지방으로 퍼져 나갔다. 당시 아프리카의 기독교 교회에는 박식하고 신앙심도 강한 주교가 많아서, 콘스탄티누스 대제가 기독교 진흥에 특별히 힘을 쏟은 로마보다도 강하면 강했지 결코 못하지 않은 세력을 자랑하고 있었다. 이것이 오히려 국내 분쟁에 불을 붙이는 원인이 된다.

서기 325년에 콘스탄티누스 대제가 소집한 니케아 공의회에서 삼위일체설을 채택한 가톨릭파가 기독교회의 정통으로 결정되었다. 다른 교파들은 모두 이단으로 몰려, 선량한 기독교도라면 마땅히 배척해야 할 대상이 되었다. 아리우스파도 이단이 되었고, 제창자인 도나투스의 이름을 따서 '도나투스파'라고 불린 사람들도 이단이 된 것은 마찬가지였다. 그런데 북아프리카에서는 이 '도나투스파'의 세력이 강했다.

기독교가 보급되기 전에는 북아프리카의 로마 사회도 다른 속주들과 마찬가지로 상·중·하의 세 계층으로 나뉘어 있었다. 하지만 제국의 다른 지방들과 마찬가지로 계층 간 유동성이 높아서, 사회 격차는 고착되어 있지 않았다. 그런데 기독교가 보급된 뒤에는 정통인 가톨릭파와 이단으로 몰린 도나투스파로 나뉘었고, 게다가 계층이 고착되어 버렸다. 그렇게 되면 사회 계층 간 유동성의 원동력이었던 자유 경쟁의 활기도 사라진다. 능력이나 운이 아니라 신앙의 차이가 사회 격차의 원인이 되었기 때문이다.

신앙과 기존 계층의 관계를 보면, 상층과 중층은 가톨릭파이고 하층은 도나투스파라는 느낌을 주었다. 이렇게 계층이 고착되어버리면 반체제 운동이 고개를 드는 것도 당연하다. 아프리카의 도나투스파는 기독교 내부의 기폭제일 뿐만 아니라 북아프리카 사회의 기폭제가 되었다. 성 아우구스티누스는 도나투스파에 대한 반대 운동에 대부분의 에너지를 쏟아부었지만, 아무리 '교부'로 칭송받는 사람이 학식과 정열을 기울여도, 종교적 불만에다 생활에서의 불만까지 겹친 북아프리카의 도나투스파 사람들을 쉽게 설득할 수는 없었다.

1개 군단만 상주해도 안전이 보장되었던 시대는 이제 까마득한 옛날이 되어버렸다. 이런 사정으로 5세기의 북아프리카 통치는 무척 어려워져 있었지만, 보니파키우스는 그런 북아프리카를 아주 잘 다스렸다. 종교에 대한 그의 유연한 태도는 정직하게 말하면 '신경쓰지 않는 것'에 불과하지만, 그래도 그런 태도가 서로 흥분해 있는 가톨릭파와 도나투스파 사이에서 윤활유 역할을 맡고 있었는지도 모른다. 또한 그는 병사들을 잘 부렸기 때문에, 그의 휘하 병력을 배경으로 한 위협도 효과가 있었을 것이다. 당시 보니파키우스의 나이는 30대 후반. 어떤 일에 대처할 때도 시간을 낭비하지 않고 정력적으로 몰두할 수 있는 나이였다.

요컨대 그가 다스리는 북아프리카는 라벤나에 있는 여덟 살의 황제와 그의 어머니 갈라 플라키디아가 무엇 하나 걱정할 필요가 없는 상태였다. 하지만 잘 통치되고 있다는 것 자체가 전제군주 치하에서는 질투와 의심을 불러일으키게 되었다.

보니파키우스가 아프리카의 분리 독립을 꾀하고 있다는 소문이 어린 황제 발렌티니아누스 3세와 모후인 갈라 플라키디아가 사는 라벤나 황궁에 퍼지기 시작했다. 포강 어귀에 있는 라벤나는 가로세로로 파인 수로망에 둘러싸여, 육지 쪽에서의 공격에는 철벽 같은 방어를 자랑하고 있다. 아드리아해 쪽에는 군항도 정비되어 있어서, 육지 쪽 수로망을 돌파하고 바다 쪽도 봉쇄하지 않으면 라벤나를 공략하기가 불가능했다. 수로망을 돌파하는 것은 그렇다 쳐도, 바다 쪽 항구를 봉쇄하려면 해상 전력이 반드시 필요한데, 북방 야만족에게는 아직도 해상 전력이 부족했다. 따라서 해상 전력이 부족한 북방 야만족의 공격을 막는 데에는 밀라노나 로마보다 이 라벤나가 더욱 안성맞춤이었다.

하지만 방어가 완벽하면 폐쇄된 사회로 이어지기 쉽다. 원수정 시대에 생긴 군항이 있으니까 외부와 라벤나를 잇는 '출입구'도 기능을 발휘하고 있었을 텐데, 동로마 제국과의 사이는 계속 소원해졌다. 또한 항구는 항구지만 상업항이었던 역사나 전통이 없기 때문에 상인이라는 정보 전달자가 많이 드나들지도 않았다. 라벤나는 황제가 사는 황궁과 황제를 가까이 모시는 궁정관료들의 집, 그들의 일상생활을 떠받치는 하인들이 사는 공동주택으로 이루어진 도시로서, 로마 시대 도시로는 중간 정도의 규모를 유지하고 있었다. 황궁은 원래 폐쇄적이 되기 쉽지만, 이래서는 도시 자체가 폐쇄 사회가 될 수밖에 없었다.

게다가 사실상 서로마 제국을 통치하고 있는 갈라 플라키디아는 5년이나 함께 살았던 서고트족에 대해서는 잘 알고 있지만 북아프리카에 사는 로마인은 알지 못했고, 로마나 콘스탄티노폴리스나 남프랑스는 알고 있지만 북아프리카는 알지 못했다.

스스로 경험하지 않은 것에는 생각이 미치지 않는다면, 관료가 될 수는 있어도 정치가가 될 수는 없다. 스스로 경험하지 않은 것이라 해도 지식과 상상력을 동원하여, 로마인이 즐겨 사용한 말을 빌리면 'comprehendere'(파악하고 이해할) 필요가 있다. 그러려면 정보가 반드시 필요하다. 이런 경우에 정보는 하나가 아니라 복수여야 한다는 것이 절대적인 조건이 된다. 그런데 라벤나는 이탈리아반도의 어느 곳보다도 이 조건을 충족시키기에 부적당한 곳이었다.

인간은 우대해준 상대에게 무시당했다는 실망과 분노가 강해지면, 다른 생각은 모두 머리에서 사라져버린다. 이 경우에는, 특별히 우대하여 아프리카 방면 사령관에 임명해주었는데 하는 분함이 갈라 플라키디아를 장님으로 만들었다.

모후는 8세인 아들 발렌티니아누스 3세의 이름으로 보니파키우스에게 소환장을 보냈다. 소환은 출두명령일 수도 있지만, 파견한 자를 도로 불러들이는 귀환명령에 불과할 수도 있다. 아프리카 방면 사령관을 해임했다는 기록은 없으니까, 본국 귀환을 명령했을 뿐인지도 모른다. 하지만 이번에는 보니파키우스가 거기에 의심을 품었다.

자진해서 가든 소환명령에 응해서 가든, 병력도 거느리지 않고 라벤나 황궁에 갔다가 어떤 위험에 맞닥뜨릴지는 뻔했다. 굳이 스틸리코의 예를 생각해낼 필요도 없었다. 보니파키우스는 무언가 구실을 붙여서 황제의 이름으로 내려진 소환명령을 거부했다.

이것이 갈라 플라키디아의 분노를 더욱 부추겼다. 냉각기간도 두지 않고, 다른 방면에서 상황을 타개하려고 시도해보지도 않고, 다짜고짜 토벌군을 아프리카로 보냈다.

북아프리카 전역에 쳐진 보니파키우스의 방위망은 2개 부대의 병력에 공격받은 정도로는 꿈쩍도 하지 않았다. 토벌군은 여지없이 패하고 이탈리아로 도망쳐 돌아갔다. 그래도 갈라 플라키디아는 방침을 바꾸지 않고 다시 토벌군을 보냈다. 이번에는 고트족 출신 장수가 이끄는 야만족 병사를 주축으로 하는 로마군이었다.

큰일을 이루려면 정열적이고 정력적인 것만으로는 부족하고, 거기에다 냉철함까지 갖출 필요가 있다. 대부분의 경우, 정열적이고 정력적인 것과 냉철함은 양립하지 않는다. 보니파키우스도 정열적이고 정력적이기는 했지만 냉철함은 부족했던 모양이다. 냉철함을 잃는 성향은 종종 불안정한 행동으로 이어졌다.

고트족 출신 장수가 이끄는 두 번째 토벌군에 대해 보니파키우스는 쫓아버리기보다 회유하는 전략을 택했고, 그것은 멋지게 성공했다. 하지만 갈라 플라키디아가 이대로 물러나리라고는 생각할 수 없었다. 보니파키우스는 북아프리카에서 자기 세력을 강화하기 위해, 에스파냐 땅에서 싸운 상대이기도 했던 반달족에게 병사를 보내달라고 부탁했다. 보니파키우스의 의도는 분명하다. 아이티우스가 훈족에게 병사를 빌려달라고 부탁한 것과 마찬가지로, 단순히 병력을 빌릴 작정이었을 것이다.

그런데 요청을 받은 반달족이 다른 야만족들과의 세력 다툼에서 밀리는 형세가 되었기 때문에 그의 예상이 틀어지고 말았다. 반달족 족장 겐세리크(또는 게이세리크)는 서로마 제국 아프리카 방면 사령관인 보니파키우스가 병력을 빌려달라고 요청하자, 1개 부대가 아니라 거족적으로 요청에 응했다. 형세가 불리해진 이베리아반도를 버리고 북아프리카에서 정착지를 찾을 절호의 기회라고 판단한 것이다.

반달족

거리는 짧아도 지브롤터 해협을 건너려면, 게다가 부족 전원을 데리고 건너려면 꽤 많은 선박이 필요하다. 북방 야만족인 반달족에게는 해운력이 없어서, 로마가 배를 제공하지 않으면 해협을 건널 수 없었다. 보니파키우스는 배까지 제공하지는 않은 모양이지만, 에스파냐에 사는 로마인이 제공했다. 그들로서는 자신들이 오랫동안 살고 있던 히스파니아에 쳐들어온 야만족이 한 부족이라도 다른 곳으로 가준다면 그보다 좋은 일이 없기 때문이다. 제국이 안전을 보장해주지 못하게 된 이상, 안전은 스스로 보장할 수밖에 없었다.

5세기의 로마 제국에서는 대형 선박이 항구에 정박해 있는 모습조차 보기 드물어졌다. 하지만 바다에 면해 있는 지방이라면 소형 선박은 얼마든지 있었다. 10만 명 가까이 되었다는 반달족이 지브롤터 해협을 건너는 것도 시일은 다소 걸리겠지만 불가능한 일은 아니었다.

이리하여 북유럽 외진 곳에 살고 있던 게르만 민족의 일파인 반달족은 라인강을 건너고 갈리아를 종단하고 피레네산맥을 넘어 히스파니아에 들어간 뒤에도 그곳에 머무르지 않고, 서기 429년 봄에 지브롤터 해협을 건너 북아프리카에 상륙했다. 서로마 제국은, 이탈리아와 밀접한 관계에 있기 때문에 더없이 중요한 아프리카에까지 북방 야만족의 침입을 허락해버린 꼴이 되었다.

보니파키우스도 사태의 중대성을 깨닫는다. 휘하 병력을 이끌고, 그를 토벌하러 왔다가 회유당하여 그에게 붙게 된 고트족 출신 장수와

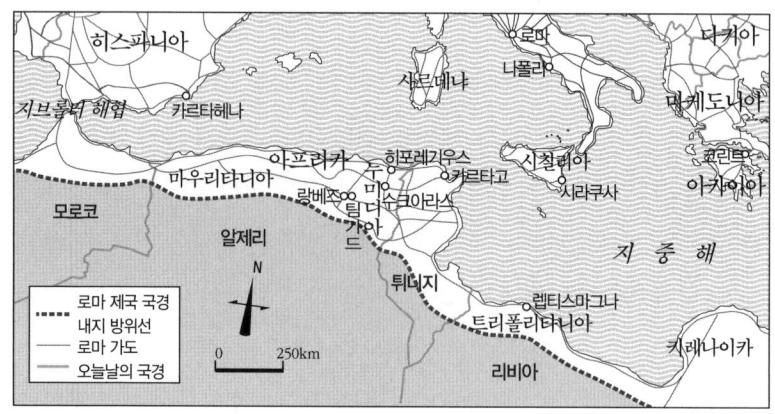

북아프리카와 그 주변

그 휘하의 야만족 병사까지 동원하여, 막 북아프리카에 상륙한 반달족을 요격하러 갔다. 여기서 보니파키우스가 예상치 못한 사태가 일어났다.

가톨릭교도한테 이단으로 차별받고 배척당해온 도나투스파 기독교도들이 겐세리크가 이끄는 반달족에 가세하기로 결정한 것이다. 반달족도 기독교도지만, 가톨릭이 이단으로 단정한 아리우스파였다. 따라서 도나투스파가 보기에 반달족의 침입은 같은 이단끼리 힘을 합쳐서 가톨릭파와 맞설 좋은 기회였다.

이렇게 되면 반체제파가 체제에 저항하여 일어선 꼴이 된다. 그런 분위기가 퍼지자, 기독교도가 아니기 때문에 이등 시민 취급을 받을 때가 많았던 마우리타니아인(무어인)과, 그 무렵에는 바다에 면한 도시에서도 눈에 많이 띄게 된 사막 민족인 베르베르인까지 반달족 편에 가세했다.

보니파키우스가 동원할 수 있는 병력은 당시 서로마 제국 군대의 규모로 미루어보아 기껏해야 1만 명 정도였을 것이다. 이래서는 보니파키우스가 아무리 전투를 잘한다 해도 이단과 이교의 연합군을 이길 수 없었다. 북아프리카에 사는 로마인들은 앞장서서 지원하여 조국 방위에 한몫 이바지할 힘도 의지도 없었다. 북방 야만족의 침입에 노출되어 있는 유럽과 달리 북아프리카는 지금까지 야만족의 침입을 받지 않았기 때문에 야만족에 익숙하지 않았고, 한시라도 빨리 반격하는 것의 중요성도 깨닫지 못하고 있었다.

한편, 지브롤터 해협을 건너자마자 마우리타니아 지방을 제압한 겐세리크의 반달족은 동쪽으로 진격하여 순식간에 히포레기우스에 이르렀다. 지중해 연안의 이 항구도시를 공략하는 데 성공하면, 북아프리카 최대의 도시 카르타고와 반달족 사이에는 150킬로미터의 로마식 가도가 가로놓여 있을 뿐이다. 보니파키우스는 이 히포레기우스를 방패로 반달족 군대의 진격을 저지할 생각이었다. 무려 14개월에 걸친 공방전이 시작되었다.

고대 도시 히포레기우스의 유적은 오늘날 알제리의 도시 안나바에서 남서쪽으로 2킬로미터쯤 내려간 곳에 남아 있다. 그곳이 많은 사람이 사는 도시였던 서기 430년, 14개월이나 계속된 공방전 내내 그곳에 틀어박혀 있었던 사람들 중에는 나중에 성인 반열에 오르는 아우구스티누스도 끼어 있었다. 그는 이 도시의 주교였기 때문이다. 40세의 보니파키우스가 병력을 이끌고 방어전을 지휘하고 있을 때, 몇 년 전까지만 해도 그에게 북아프리카 방위의 희망을 걸었던 76세의 주교는 두려움에 떨며 절망에 빠져 있는 신도들을 위로하고 격려했다. 쳐들어온 북방 야만족에게 파괴되고 살해당하는 것은 '지상의 나라'이고, 우리 기독교도가 안주할 땅은 죽은 뒤에 갈 '신의 나라'밖에 없다고 그는 설교했다.

성 아우구스티누스

아우구스티누스는 가톨릭에서 매우 중요한 존재로 여겨지고 있다. '교회의 아버지'라고 불리고 '교부'(敎父)로 칭송받는 인물이다. 이 사람도 북아프리카 태생의 로마인이었다. 많은 저작을 남겼지만, 그중에서도 특히 유명한 작품은 『고백록』과 『신의 나라』다.

『고백록』을 한마디로 말하면, 참된 신앙에 눈뜰 때까지 얼마나 방탕한 생활을 했는가를 솔직하게 고백하고, 언제 누구를 통해 눈을 떴으며 그 후 생활이 어떻게 달라졌는지를 진술하게 털어놓은 작품이다.

『신의 나라』는 410년의 '로마 겁탈'에 충격을 받고 펜을 들었다는 작품인데, 사람들이 현재 직면해 있는 지상의 참상도 결국에는 신의 나라에 이르는 과정일 뿐이라고 말한다. 로마 제국이 이 지경에 이른 것은 로마인이 전통 종교를 버리고 기독교를 믿게 되었기 때문이라는 이교도의 비난에 대해 반론을 제기한 것으로 되어 있지만, 내가 읽어본 감상으로는 '지상의 나라'의 참상에 절망하여 기독교에 대한 신앙이 흔들리고 있는 신도들의 눈을 '신의 나라'로 돌려 그 선남선녀들의 동요를 가라앉히기 위해 쓴 것처럼 여겨진다. 신앙서는 그 신앙을 공유하지 않는 사람에게는 따분한 경우가 많다. 그런데 1,600년 뒤인 오늘날에도 이 책이 계속 간행되고 있는 것은 가톨릭교회에서 으뜸가는 이론가가 썼다는 이유만이 아니라 아우구스티누스의 문장력이 뛰어나기 때문이기도 할 것이다. 그것은 아우구스티누스가 소년 시절부터 로마 엘리트의 필수 조건인 '아르테스 리베랄레스'(교양 과목) 교육을 받았기 때문이다.

아우구스티누스는 서기 354년에 중앙정부가 파견한 속주 총독이 다스리는 북아프리카의 지방자치단체 타가스테에서 태어났다. 지금은 알제리의 수크아라스라고 불리는 도시다. 로마 시대의 '지방자치단체' (municipia)란 로마에 정복되어 속주가 된 지방의 도시를 말하니까, 아우구스티누스의 몸에는 카르타고인의 피가 흐르고 있었을 가능성이 높다. 아버지는 이 도시의 지방의회 의원이었고, 죽기 몇 해 전까지는 로마의 전통 신들을 숭배하는 이교도였다고 한다. 콘스탄티누스 대제가 기독교를 공인하기는 했지만, 테오도시우스 황제가 기독교만 유일 종교로 인정하고 나머지는 모두 사교로 결정한 4세기 말까지는 아직 시일이 남아 있었다. 따라서 아우구스티누스는, 기독교가 공인되기는 했지만 다른 종교들도 모두 신앙의 자유를 인정받은 시대에 소년기와 청년기를 보낸 셈이다.

양갓집 관례대로 부모 슬하에서 초등교육을 받은 뒤, 중등교육부터는 집을 떠나 20킬로미터 떨어진 다른 도시에서 받았다. 소년 시절에 아우구스티누스는 라틴 문학에 관심이 많았고, 그중에서도 특히 초대 황제 아우구스투스 시대의 서사시인인 베르길리우스를 좋아했다고 한다. 그는 자신과 생각이 다른 사람을 설득하는 기술인 수사법을 배우기 위해 카르타고로 유학을 갔다. 그런데 이 대도시에서는 학문에 몰두하기보다 인생을 즐기는 데 열중한 듯, 열여덟 살에 '미혼부'가 되어버린다. 경건한 기독교도였던 어머니 모니카가 개탄해 마지않은 불상사였다.

그래도 공부는 계속했는지, 3년에 걸친 카르타고 유학을 마치고 20세에 고향 타가스테로 돌아와서 사설학원을 차렸다. 이 학원에서는 문법을 가르쳤기 때문에 중등교육기관으로 여겨졌다. 하지만 20대에 갓 접어든 다감한 젊은이, 게다가 대도시 카르타고의 생활을 경험한 젊은이에게 내륙에 있는 소도시의 생활은 너무 따분했다. 자기 아이를 낳은 여자와의 관계도 끊어지지 않았는지, 겨우 2년 뒤에 카르타고로 돌아갔다. 이때부터 7년 동안 카르타고에서 수사법을 가르치며 지냈다.

이 카르타고 생활을 버리고 로마에 가기로 결심한 이유가 또 재미있다. 학문을 더 깊이 파고들기 위해서가 아니라 제자들에게 염증이 났기 때문이다. 카르타고 학생들은 시끄럽고, 젊은 교사의 말 따위에는 귀도 기울이지 않았기 때문이다. 교양 과목에서는 오랜 전통을 자랑하는 로마의 학생이라면 성실하겠지 하는 생각에서 로마에 가기로 결심한 것이다.

그런데 로마의 학생들은 한 술 더 떴다. 수업에 집중하지 않을뿐더러, 다달이 수업료를 내야 할 때가 다가오면 다른 '학원'으로 옮겨가 버리는 학생이 많아서, 수업료로 생계를 꾸리는 교사의 처지에서는 절망적인 상황이었기 때문이다. 그래서 '세계의 수도'에 오긴 했지만 어찌 해야 좋을지 모르게 된 이 젊은이에게 도움의 손길을 뻗친 사람이 당시 수도장관인 심마쿠스였다.

원로원의 유력한 의원이자 수도장관이기도 한 심마쿠스는 자기가 추천인이 되어줄 테니 '카테드라' 시험을 보라고 아우구스티누스에게 권했다.

원래는 '의자'라는 뜻이었던 그리스어의 'kathédra'에서 유래한 라틴어 낱말 '카테드라'(cathedra)는 학생을 가르치는 강좌를 가질 자격을 의미하게 되었고, 오늘날에도 그대로 쓰이고 있다. 아우구스티누스가 이 '카테드라' 시험에 무난히 합격하자, 수도장관은 밀라노에 일자리를 찾아주기까지 했다.

서기 384년 당시 44세였던 심마쿠스는 바로 그해에 밀라노 주교 암브로시우스와 역사에 남을 유명한 논쟁을 벌였다. 계속 공세를 취하는 기독교 세력에 맞서서 로마 전통 종교의 존재이유를 주장하여 '이교 로마의 자랑스러운 마지막 불꽃'이라고 불린 심마쿠스는 30세의 아우구스티누스한테서 이 '불꽃'의 계승자를 발견했는지도 모른다. 나중에 가톨릭교회의 으뜸가는 이론가가 되는 아우구스티누스도 이 시기에는 일자리를 잃은 젊은 고전학자에 불과했기 때문이다.

그런데 밀라노에 간 것이 그의 인생에 일대 전환을 가져오게 된다. 이 시기의 밀라노는 내가 가톨릭교회에서 으뜸가는 실무가라고 생각하는 암브로시우스 주교의 절대적인 영향을 받고 있었다. 그리스·로마의 고전을 교재로 수사학을 가르치고 있었을 아우구스티누스가 그리스·로마 문명을 이교의 문명으로 단죄하는 기독교에 매료되어버렸다. 암브로시우스 주교의 설교는 32세의 아우구스티누스에게 벼락과도 같은 충격을 주었다.

교사를 그만두고, 아들까지 낳은 애인과의 오랜 관계도 끊고, 어머니가 권하는 결혼도 마다하고, 앞으로의 인생을 신에 대한 봉사에 바치기로 결심했다. 세례는 이듬해인 387년 4월에 받았다. 33세 되던 해 봄이었다. 암브로시우스 주교도 세례식에 입회한 모양이다.

고향 타가스테에 돌아간 아우구스티누스는 일개 수도승으로 출발

성 아우구스티누스
(보티첼리 그림)

한다. 학식이 풍부한 젊은 수도승은 주위에 영향을 주지 않을 수 없었는지, 그의 주위에는 제자들이 모이기 시작하여 지극히 자연스럽게 수도원이 되었다. 이 무렵 사생아 아들이 죽었다.

9년 동안 수도원 생활을 한 397년, 43세가 된 아우구스티누스는 히포레기우스 주교로 선출된다. 일개 수도승으로 삶을 끝내고 싶었지만, 이것도 신의 뜻이라고 생각하여 수도원에서 주교관으로 거처를 옮겼다.

주교가 된 뒤 아우구스티누스는 가톨릭 교리를 앞장서서 옹호하는 기수의 길로 돌진하게 된다. 히포레기우스에서는 교리에 대한 해석 차이를 조정하기 위한 공의회가 수없이 열렸다. 주교가 된 뒤 아우구스티누스는 교리 논쟁에서 점점 전투적이 되고, 그의 공격은 이단으로 몰린 도나투스파에 집중된다. 전에는 북아프리카의 기독교도 중에서 다수를 차지하고 있던 도나투스파가 가톨릭의 공세 앞에서 소수파로 전락한 것도 아우구스티누스 주교의 공으로 돌려진다. 그럴수록 도나투스파는 아우구스티누스에게 더욱 격렬한 증오심을 불태웠다. 서기 430년에 히포레기우스에 바싹 다가온 것은 북방 야만족인 반달족과 행동을 같이하고 있었던 도나투스파 기독교도였다. 진정으로 안주할 수 있는 곳은 이 지상에 없고 '신의 나라'에만 있다고 믿을 필요가 있는 사람은 다른 누구보다도 아우구스티누스 자신이었을지 모른다.

히포레기우스 방어를 단념한 보니파키우스와 휘하 병사들을 태운 선단이 이탈리아를 향해 항구를 떠나자 이 도시의 운명은 결정되었다. 도시를 에워싼 성벽이 파괴되는 굉음이 울려 퍼지는 가운데, 아우구스티누스는 76년 생애의 막을 내렸다. 서기 430년 8월 28일의 일이었다.

그렇다 해도, 가톨릭이 이단시한 아리우스파와 도나투스파 사람들의 손에 떨어지기 전에 죽은 것이 그나마 다행이었다. 아우구스티누스의 가르침에 동조하여 과격한 행동으로 치달은 가톨릭교도들은 지금까지 도나투스파 주교를 몇 명이나 죽이고 교회를 불태웠다. 아우구스티누스도 산 채로 그들의 손에 떨어졌다면 갈가리 찢겨 죽었을지 모른다.

이것을 두려워했는지, 신도들은 아우구스티누스의 시신을 배에 실어 몰래 사르데냐섬으로 피난시켰다. 하지만 중세에 사르데냐섬을 습격한 사라센 해적들이 아우구스티누스의 유골을 탈취했고, 그것을 되찾으려면 '몸값'을 치러야 했다. 몸값을 치르고 신자들의 손에 돌아온 유골은 그 후 북이탈리아의 파비아 교회에 성유물로 보존되어 오늘에 이르고 있다.

보니파키우스는 북아프리카도 버리고, 전에는 심취해 있던 아우구스티누스도 버리고 이탈리아로 돌아왔다. 하지만 라벤나 황궁에 있는 갈라 플라키디아는 아프리카 방면 사령관이었던 그를 비난하지도 않았고 책망하지도 않았다. 40세가 된 이 무장을 이용하여, 갈리아에서 활약하고 있지만 라벤나 황궁과 거리를 두고 있는 아이티우스를 타도할 생각이었기 때문이다. 북아프리카를 잃어가고 있는 상황에서 어떻게 갈리아의 로마 세력을 꺾을 생각을 할 수 있는지 이해할 수가 없지만, 40세의 모후는 아이티우스가 명령에 따르지 않을 때가 많다는 이유만으로, 그가 서로마 제국에서 갈리아를 분리 독립시킬 계획을 세우고 있다고 믿어버렸다. 보니파키우스가 북아프리카의 분리 독립을 꾀한다고 의심하여 토벌군을 보냈을 때와 마찬가지다. 다른 점은 상대가 보니파키우스에서 아이티우스로 바뀌었다는 것뿐이다.

실제로 분리 독립을 꾀했는지는 별문제로 하고, 로마 제국의 마지막 세기의 북아프리카와 갈리아는 분리 독립을 꾀할 만한 힘을 가진 사람이 아니면 방위할 수도 없었다. 그만한 힘을 가진 사람을 자유자재로 다룰 수 있어야만 최고사령관 자격이 있다. 하지만 11세의 황제를 대신하여 서로마 제국을 도맡아 다스린 갈라 플라키디아에게는 그럴 능력이 없었다.

보니파키우스 개인에게 동년배인 아이티우스에 대한 경쟁의식이 있었는지 어떤지는 알 수 없다. 어쨌든 본국으로 돌아간 보니파키우스는 북아프리카를 내팽개친 죄를 용서받았을 뿐만 아니라, 다시 '군사령관'에 임명되고 '귀족'(patricius)의 지위까지 받았다. 다만 어디를 담당하는 군사령관인지는 명기되어 있지 않다. 아이티우스를 이기면 갈리아 방면 군사령관에 임명한다는 것이 두 사람 사이의 은밀한 합의였는지도 모른다.

이리하여, 로마군이 이미 철수한 브리타니아는 물론, 갈리아 북부와 중부, 동쪽의 해안지대를 제외한 히스파니아의 대부분, 그리고 도시 카르타고와 그 주변을 제외한 북아프리카 전부를 잃어버린 상황에서 서로마 제국은 그나마 조금 남아 있는 힘마저 낭비하게 된다. 사람과 돈만이 아니라 시간도 낭비했다. 아이티우스와 보니파키우스라는 로마의 두 '사령관' 사이에 벌어진 이 내란은 2년 뒤에야 결말이 났기 때문이다.

서기 432년, 알프스를 넘어 이탈리아로 들어온 아이티우스 군대와 그것을 기다리는 보니파키우스 군대는 리미니 근처의 평원에서 격돌했다. 소년 황제 발렌티니아누스와 그의 모후 갈라 플라키디아가 있는 라벤나에서는 50킬로미터도 채 떨어지지 않은 곳이다. 그 리미니 근교가 로마군끼리 싸운 내란의 전쟁터가 되었다.

로마군이라 해도 실상은 야만족 병사가 많았지만, 그들을 지휘하는 사령관은 둘 다 남자에게 가장 좋은 시기인 42세였을 뿐만 아니라 군사적 재능도 대등했다. 따라서 격투가 연속되었지만, 전황은 언제나 보니파키우스 쪽에 우세하게 진행되고 있었다. 보니파키우스는 전략가로서는 어떨지 몰라도 전술가로서는 우수했다.

한편 전술가라기보다 전략가였던 아이티우스는 전황이 상대편에 우세하게 전개되는 것을 보고 방식을 바꾼다. 그것은 보니파키우스의 기질을 계산한 방침 전환이었다.

그는 대장끼리 결투를 하자고 제안했다. 그것으로 전투의 승패를 결정하자는 것이다.

보니파키우스는 전령이 가져온 제안을 훑어보자마자 결단을 내렸다. '승낙'이었다. 그날 밤 각자의 막사에서는 내일의 결투에 대비하여 하인들이 주인의 무기를 손질하느라 바빴고, 아이티우스의 하인은 주인의 은밀한 지시에 따라 결투에 쓸 창을 더 길게 개량했다.

양군 병사들이 숨죽이고 지켜보는 앞에서 벌어진 결투는 말을 달려 돌진해온 두 사람이 격돌한 순간 결판이 났다. 왼쪽 배를 창에 찔린 보니파키우스는 공중제비를 돌며 말에서 떨어진 뒤 움직이지 않았다. 그리고 닷새 뒤에 숨을 거두었다. 승리한 아이티우스가 맨 먼저 한 일은 보니파키우스 휘하에 있던 장병들을 자기 부대에 편입시킨 것이다. 보니파키우스를 토벌하러 북아프리카에 파견되었다가 그에게 회유당한 뒤 줄곧 보니파키우스와 행동을 같이해온 고트족 출신 장수인 상기바누스도 이 기회에 아이티우스 진영으로 말을 갈아탔다. 리미니 전투에서는 보니파키우스의 부장(副將)이었으니까, 그가 아이티우스 밑으로 들어갔다면 죽은 보니파키우스를 제외한 모든 장병이 아이티우스 진영에 편입되었다는 이야기가 된다. 이 작업을 모두 마친 뒤에야 비로소 아이티우스는 갈라 플라키디아와 대결했다.

대결이라 해도 참으로 교묘한 '대결'이었다. 아이티우스는 군대를 이끌고 라벤나로 갔지만, 병사들은 라벤나 교외에서 기다리게 해놓고 소수의 장교만 데리고 황궁에 들어갔다. 그리고 어머니와 함께 그를 접견한 소년 황제에게 용서를 빌었다.

로마인이면서 로마군과 싸워 이긴 것을 용서해달라고 청했으니 웃을 수밖에 없지만, 갈라 플라키디아는 웃을 계제가 아니었다. 황제는 무릎을 꿇고 있는 아이티우스의 손을 잡고 일으켜 세우는 것으로 그를 용서하고, 다시 아이티우스를 '총사령관'에 임명했다.

이 시기의 아이티우스라면 소년 황제를 몰아내고 대신 제위에 오르는 것쯤 간단히 할 수 있었을 것이다. 그러면 라벤나를 육지와 바다 양쪽에서 공격할 수 있었을 것이기 때문이다. 소년 황제를 폐하고 자기가 대신 제위에 오를 시도조차 하지 않은 것은 그에게 야심이 없었기 때문은 아니다. 그리고 아이티우스는 가톨릭파 기독교도였지만, 같은 기독교도라도 아리우스파인 고트족 여자를 아내로 삼아 자식까지 낳고도 태연한 사람이었다. 기독교 신의 뜻을 받아 황제의 옥좌에 앉아 있는 것으로 여겨지는 사람을 폐하고 자기가 그 자리에 앉는다고 해서 종교심에 상처를 입을 사람이 아니었다. 아이티우스가 야망을 실현할 생각을 버린 이유는 동로마 제국이 어떻게 나올지를 걱정했기 때문이다.

이 시기의 동로마 제국 황제인 테오도시우스 2세는 30대에 접어들었는데도 여전히 황제의 임무를 열심히 수행하지 않았다. 그런 황제를 대신하여 동로마 제국을 도맡아 다스린 사람이 누나인 풀케리아다. 동로마 제국도 여인의 통치를 받았다는 점에서는 서로마 제국과 다를 게 없었지만, 같은 여자라도 통치의 재능에서는 차이가 뚜렷했다. 동로마 제국은 풀케리아의 지도 아래 대국 페르시아와 그런대로 좋은 관계를 유지했고, 북방 야만족을 서로마 제국 쪽으로 가게 해서 야만족 침입의 피해를 정면으로 받는 것을 피했다. 외적의 침입을 막고 그리하여 국내의 평화도 보장되면 자연히 국력도 증강된다. 아이티우스는 이런 동로마 제국이 본격적인 규모의 병력을 서쪽으로 보내오는 것을 우려했다. 그렇게 되면 그는 야만족과 동로마군 사이에서 협공을 당하게 된다.

그런 사태에 빠지지 않으려고, 승리한 그는 패배한 쪽에 용서를 청했고, 그 대신 서로마 군대 전체를 지휘하는 사실상의 최고사령관 지위를 공식적으로 인정받았다.

'총사령관' 아이티우스

서기 432년부터 22년 동안 계속되는 아이티우스 시대가 열린다. 그것은 동시에 갈라 플라키디아가 정치의 주역 자리에서 내려온 것을 의미했다.

로마 제국의 동방과 서방을 양쪽 다 통치한 마지막 황제 테오도시우스의 딸로 태어나, 제국이 동서로 분리된 뒤에는 서로마 제국 황제 호노리우스의 누이동생으로 야만족 족장의 아내가 되었다가, 다시 일개 병졸에서 공동 황제에까지 출세한 콘스탄티우스의 아내가 되었고, 그 사이에서 태어난 황제 발렌티니아누스 3세의 어머니로서 7년 동안 서로마 제국을 지배한 갈라 플라키디아도 42세에 사실상 은퇴를 강요당했다. 전과 마찬가지로 라벤나 황궁에서 계속 살았고, 아직 13세밖에 안 된 황제의 섭정이라는 지위도 변함이 없었지만, 아이티우스의 힘은 그녀가 조종할 수 있는 수준을 넘어버렸다.

갈라 플라키디아는 그 후에도 18년을 더 살았다. 그동안 그녀가 한 일은 아들인 서로마 제국 황제와 동로마 제국 황제 테오도시우스 2세의 딸을 결혼시킨 것, 그리고 아이티우스에 대한 증오심을 아들에게 불어넣어 복수심을 북돋운 것이었다. 전자는 발렌티니아누스 3세가 성년이 된 437년에 실현되었다. 후자도 그녀가 죽은 지 4년 뒤에 실현된다. 하지만 모후에 불과한 처지로 내몰린 갈라 플라키디아를 걱정시킨 것은 아들인 황제가 아니라 딸 호노리아였다. 황제의 누나인 호노리아는 대담한 행동으로 서로마 제국에 적잖은 소동을 일으키게 된다. 서로마 제국 황궁에서는 남자보다 여자가 더 다혈질이었는지도 모른다. 하지만 그것이 좋은 결과로 이어진 적은 한 번도 없었다.

서로마 제국의 최고 실력자가 된 아이티우스와 30년 전의 최고 실력자 스틸리코를 비교하는 사람이 적지 않다. 둘 다 야만족을 구슬리지 않고는 서로마 제국을 방위할 수 없다고 생각했다는 공통점을 갖고 있기 때문이다. 하지만 나는 두 사람이 본질적으로는 달랐다고 생각한다. 둘 다 얼핏 보기에는 '독으로 독을 제어하는' 방식을 채택한 것처럼 보이지만, 그 속사정은 정반대라고 해도 좋을 만큼 달랐던 것 같다.

야만족 출신이면서도 몸속에 흐르는 로마인 어머니의 피를 강하게 의식한 스틸리코에게 방위해야 할 대상은 어디까지나 서로마 제국이었고, 야만족이라는 '독'은 아무리 유용해도 결국 '독'이다. 즉 서로마 제국 방위라는 목적을 달성하기 위한 수단일 뿐이다. 따라서 쓰기 쉬워야 한다는 것이 무엇보다 중요한 조건이 되었다. 쓰기 쉬우니까 내버릴 때도 마음대로 내버릴 수 있기 때문이다.

서고트족 수령 알라리크에게 주목한 이유도, 알라리크라면 네 번에 걸쳐 무찌르는 것도 마음대로 할 수 있고, 놓아주자고 마음먹으면 마음대로 놓아줄 수도 있었기 때문이다.

이런 심리적 관계는 알라리크 개인에 대해서만 압력으로 작용하는 것은 아니다. 알라리크 휘하의 서고트족에 대해서도 계속 압력으로 작용한다. 또한 서고트족과 함께 싸우는 로마군 병사들에게도 좋은 영향을 줄 터였다. 함께 손잡고 싸우는 관계가 되었어도 로마와 서고트족의 관계는 대등한 것이 아니라, 로마 쪽이 강자이고 서고트족이 약자인 관계가 되기 때문이다. 이렇게 되면 '독'은 다른 '독'을 제어하는 역할에 머무르고, 모체에까지 해를 입힐 우려는 없어진다.

한편, 아이티우스에게 '독'은 훈족이었지만, 그가 훈족을 선택한 것은 청소년 시절을 훈족 틈에서 성장한 그 개인의 친근감을 바탕으로 삼고 있다. 필요할 때 도움을 청하면 병력을 빌려주는 의존 관계가 아이티우스와 훈족의 관계였다. 아이티우스 자신도 훈족을 '독'으로 여기지는 않았던 게 아닐까.

아이티우스가 전권을 장악한 서기 432년부터 헤아려도 20년 동안 결과적으로 서로마 제국을 지킨 것은 사실이다. 하지만 그 방식에는 일관된 정책이 보이지 않고, 그때그때의 형편에 따른 임기응변이라고 말할 수밖에 없다. 어떤 야만족과 손잡고 다른 야만족을 공격한 뒤에는, 공격한 야만족과 손잡고 전에는 자기편이었던 야만족을 공격하는 식이다. 쳐들어오기는 했지만 갈리아와 히스파니아에서 서로 먹고 먹히는 싸움을 벌이고 있는 북방 야만족의 현재 상황을 그대로 좀더 오래 유지시키자는 것이 아이티우스의 속마음이 아니었을까.

이런 아이티우스의 정략은 커다란 위험을 내포할 수밖에 없었다. 아이티우스 대장의 적확한 상황 판단에 따라 우군과 적군을 차례로 바꾸면서 줄타기와도 비슷한 곡예에 집중해 있는 동안, 로마군 자체의 힘은 결정적으로 약해져버렸기 때문이다. 인간은 남에게 의지하는 데 익숙해지면 자력으로는 일어설 수 없게 된다. 요컨대 '독으로 독을 제어'하기는커녕, 그 독에 모체가 침범당하게 되었다. 주도권을 쥐고 있었다고 생각했는데, 그 주도권이 어느새 야만족에게 넘어가 있었다.

그래도 아이티우스는 한동안이나마 서로마 제국의 수명을 연장하는 데 성공했다. 서로마 제국에서 아이티우스 시대가 20년이나 계속된 내적 요인은 세 가지였다.

첫째, 막판에는 적이 되지만 그때까지 아이티우스가 계속 우군으로 삼은 부족이 북방 야만족도 모두 두려워하는 야만족 중의 야만인 훈족이었다는 것.

둘째, 북방 야만족의 각 부족들이 갈리아와 히스파니아와 북아프리카에서 자기네 영토를 확보하는 데 여념이 없는 상태여서 이탈리아까지 쳐들어올 여력이 없었다는 것.

셋째, 라벤나 황궁도 로마 원로원도 아이티우스의 지위와 권력을 위협하기에는 무력했다는 것. 이 사람들이 자신의 무능을 생각지 않고 아이티우스에게 천하를 허락한 이유는 단 하나, 야만족 출신 아버지와 로마인 어머니 사이에서 태어난 스틸리코와는 달리 아이티우스는 부모가 둘 다 로마인이라는 것뿐이었다.

하지만 후세 역사가들은 야만족 출신인 스틸리코는 '최후의 로마인'이라고 평가하면서도, 로마인인 아이티우스에 대해서는 '최후의 로마인'이라고 평가하지 않는다. 그 이유는, 진정한 로마인이라면 결과만

이 아니라 그 결과에 이르기까지 중간 과정을 떠받치는 자세까지도 로마인다워야 한다고 생각하기 때문일 것이다. '독으로 독을 제어하는' 방식은 본질적으로는 참으로 로마적인 정략이었다. 주도권을 계속 쥐고만 있다면 말이다.

제국의 마지막 세기가 되는 서기 5세기도 절반 가까이 지나갈 무렵이 되면, 동로마 제국과 서로마 제국은 반세기 전만 해도 하나의 제국이었다는 게 거짓말로 여겨질 만큼 사이가 멀어져가고 있었다.

동로마 제국에서는 42년 동안이나 계속된 테오도시우스 2세의 치세가 끝나려 하고 있었다. 수도 콘스탄티노폴리스의 황궁을 수도원으로 바꾸었다는 말을 들을 만큼 열성적인 가톨릭 신자였지만, 그것 말고는 이 황제에 대해 이야기할 재료가 전혀 없다. 황제 대신에 조타수가 되어 제국을 관리한 누나 풀케리아의 조종 솜씨가 꽤 만족스러운 수준이었기 때문에 동로마 제국의 평안은 안팎 모두 보장되었다.

하지만 이 동로마 제국도 야만족의 위협과 무관할 수는 없었다. 5세기도 절반 가까이 지나간 이 시기에 가장 절박한 문제는 훈족이었다. 얼마 전에 비교적 온건했던 훈족 족장이 죽자, 형과는 정반대로 과격한 동생 아틸라가 훈족의 수령이 되었기 때문이다.

한편, 서로마 제국도 발렌티니아누스 3세의 30년에 걸친 치세로 황제의 자리는 안정되어 있었지만, 그 속사정은 동로마 제국과 상당히 달랐다. 황제가 이름뿐인 것은 동·서 모두 마찬가지였지만, 서로마 제국에서는 황제를 보좌하는 모후 갈라 플라키디아가 일찌감치 무대에서 사라지고 실권은 아이티우스에게 넘어간 지 사반세기가 지나고 있었다. 이 아이티우스의 줄타기와도 비슷한 활약으로 북쪽에서 이탈리아로 쳐들어오는 야만족의 위협은 약해져 있었다. 하지만 그만큼 아이티우스의 관심은 유럽 쪽에 집중되어 있었다. 로마 시대의 이탈리아반도는 갈리아나 히스파니아로 대표되는 유럽보다 오히려 북아프리카와 훨씬 깊은 관계에 있었는데, 이제 북아프리카는 계속 아이티우스의 관심 밖에 놓여 있었다. 아마 진상은 '관심이 없었다'와 '관심을 가질 여력이 없었다'가 반반이었을 것이다. 살아 있었다면 뭔가 할 수 있었을지도 모르는 보니파키우스는 서로마 제국이 스스로 매장해버렸다.

와해

아무리 10만 명에 이르는 부족을 총동원하여 쳐들어가도, 침공당한 쪽의 주민 수를 웃돌 수는 없다. 로마 시대의 북아프리카는 오늘날에는 상상할 수도 없을 만큼 초목이 무성하고, '로마의 곡창'이라고 불린 데서도 알 수 있듯이 충분히 경작된 토지에 많은 사람이 사는 지방이었다. 이 북아프리카의 최대 항구는 카르타고였고, 카르타고 항과 로마의 외항 오스티아 사이의 바다는 지중해에서 가장 교통량이 많은 간선 항로였을 것이다. 오늘날에도 이 해역의 바다 밑에는 마치 가도라도 뚫려 있는 것처럼 조난한 배들의 유해가 이어져 있다. 다만 이 해역은 수심이 너무 깊어서, 최근에 많은 진보를 이룩한 해양고고학도 목적을 달성하려면 아직 멀었다. 하지만 2천 년이 지난 뒤에도 해저 모래밭에서 얼굴을 내밀고 있는 난파선 유해를 보면 로마 시대의 북아프리카와 이탈리아의 밀접한 관계를 짐작할 수 있다.

서지중해 세계에서 첫 번째와 두 번째 대도시인 로마와 카르타고 사이에 물산의 왕래가 왕성했다는 것은 사람의 왕래도 왕성했다는 뜻이다. 특히 로마 제국이 기독교 국가가 된 뒤에는, 가톨릭파인 서방의 중심지는 로마와 카르타고였다. 교회 자산도 풍부하고, 그 자산을 이용한 종교 활동도 활발하고, 우수한 주교를 배출하고, 그 주교를 흠모하여 모여드는 신자의 수도 많았다.

중심이 번영하는 것은 중심을 떠받치는 강력한 '위성도시'가 가까이 있기 때문이다. 로마의 위성도시는 성 암브로시우스가 23년 동안 주교로 군림한 밀라노였고, 카르타고의 위성도시는 성 아우구스티누스가 33년 동안이나 주교 자리에 앉아 있었던 히포레기우스다.

로마인은 북아프리카에서 지중해와 가까운 지방만 제패하고, 사하라 사막 이남에는 발길을 돌리지 않았던 것이 사실이다. 후세의 제국주의 국가와 달리 로마의 기원은 도시국가였고, 영토형 제국으로 변모한 뒤에도 로마인은 그들이 '내해'라고 부른 지중해와 가까운 지방에서 살기를 좋아했다. 로마 가도가 북아프리카의 어디까지 뚫려 있었는지가 그것을 보여준다. 로마인에게는 로마 가도가 뚫린 곳까지가 로마세계였다.

모든 일을 자기들이 다 하려고 하지 않았던 것도 로마인의 전통적인 방식이었다. 사막 건너편에서 나는 물산이 필요하면 그 지방을 정복하여 속주로 삼기보다는 그 땅에 사는 사람들이 생산하여 가져오기를 기다리는 편이 더 효율적이라고 생각했던 것이다. 정복하는 데에도 사람과 돈이 필요하지만, 정복한 뒤 속주화를 이루려면 더 많은 사람과 돈이 필요하기 때문이다. 따라서 최강의 민족이었던 시대에도 로마인의 정복욕을 자극한 것은 방위상 꼭 필요하다고 생각한 지방뿐이었다.

반달족의 북아프리카 침공

　이런 역사가 있어서, 로마 시대의 북아프리카는 주민도 부도 지중해와 가까운 띠 모양의 지역에 집중되어 있었다. 그중에서도 항상 '요충' 역할을 맡아온 것이 속주 총독의 관저가 있는 카르타고였다. 서기 429년에 지브롤터 해협을 건너 북아프리카에 상륙한 반달족은 마우리타니아와 누미디아를 거쳐 계속 동쪽으로 나아가, 1년 뒤에는 벌써 카르타고에 바싹 다가가 있었다. 보니파키우스가 히포레기우스를 떠난 뒤 북아프리카는 무방비 상태라고 해도 좋을 정도였다. 반달족 병력은 무어인과 도나투스파 기독교도를 포함해도 5만 명에 불과했지만, 북아프리카의 자랑이었던 풍부한 부와 유능한 인재만으로는 방위력이 되지 않았다. 빵을 칼로 자르듯 한다는 말이 있지만, 꼭 그런 느낌으로 북아프리카는 야만족에게 정복당했다.

　반달족이 지브롤터 해협을 건너 아프리카에 상륙한 지 10년째 되는 서기 439년, 마침내 북아프리카의 요충인 카르타고까지 함락되었다.

　갈리아와 히스파니아에서는 — 그리고 서로마 제국이 멸망한 뒤에는 이탈리아에서도——소수의 정복자가 다수의 피정복자를 지배할 경우, 양쪽이 공생하기 위한 타협점을 어딘가에서 찾아내야 한다. 승자는 줄잡아 10배가 넘는 패배자를 지배해야 한다. 게다가 이제는 야만족이 쳐들어와서 재물을 빼앗고 떠나는 시대가 아니었다. 쳐들어와서 빼앗는 것까지는 전과 같지만, 떠나지 않고 그대로 눌러앉는 시대가 되었다. 그런데 반달족이 쳐들어간 북아프리카는 양상이 달랐다. 그 요인은 도나투스파 기독교도들도 정복군에 가담했다는 데 있었을 것이다.

같은 기독교도인데도 이단으로 몰려 탄압을 받아온 도나투스파에게 가톨릭교도는 증오하고도 남는 적이었다. 게다가 가톨릭은 사회적으로나 경제적으로 유복해서, 종교 문제만이 아니라 그런 면에서도 도나투스파를 깔보았다. 그런데 이제 가톨릭이 패배자가 된 것이다. 북아프리카에서 반달족의 침입과 정복이 다른 어느 지방보다도 가혹했던 이유는 기독교화한 이후 북아프리카의 이런 특유한 사정 때문이었다.

어쨌든 도나투스파는 북아프리카에서 특히 널리 보급된 교파였고, 북아프리카의 가톨릭교도들은 그들을 계속 적대시하고 탄압했다. 반달족도 아리우스파 기독교도였으니까, 가톨릭교도가 보기에는 '이단'이다. 하지만 수많은 사료에서 받은 느낌으로는, '이단'을 엄격하게 다룬 것은 가톨릭이고, 반대로 아리우스파는 다른 종파에 상당히 너그러웠던 것 같다. 따라서 북아프리카를 점령한 것이 반달족뿐이었다면, 성 아우구스티누스의 시신을 사르데냐섬으로 피난시킬 필요도 없지 않았을까. 생전의 아우구스티누스는 도나투스파에 대한 공격의 기수로도 유명했고, 그의 주검을 피난시킨 가톨릭교도들도 그것을 잘 알고 있었다. 자기들이 경애하는 사람의 유해가 도나투스파의 손에 넘어가면 어떤 취급을 받을지, 뻔히 예상할 수 있었을 것이다.

이런 사정이 있어서 반달족의 북아프리카 공략은 다른 어느 속주보다 가혹해졌고, 그것은 구체적으로는 대량 난민으로 나타났다.

카르타고 항과 로마의 외항 오스티아 사이는 바다의 간선 항로라 해도 좋을 정도여서, 그 사이를 오가는 선박도 많고 해로를 잘 알고 있는 선원도 많다. 카르타고에서 나폴리 근교에 있는 상업항 포추올리까지는 순풍을 받으면 이틀, 지중해의 풍향이 계속 바뀌면 닷새, 순풍을 전혀 만나지 못해서 당시 모터 역할을 했던 노에 계속 의존했다 해도 열흘 걸리는 거리였다. 게다가 이탈리아반도까지 가지 않아도 꼬박 하루면 갈 수 있는 거리에 시칠리아섬이 있었다. 이 시기의 반달족은 아직 해상 전력을 갖지 못했고, 그래서 제해권도 쥐고 있지 않았기 때문에, 이탈리아 남부에도 시칠리아에도 사르데냐에도 그들의 위협은 미치지 않았다.

북아프리카에서 발생한 대량 난민은 역시 그곳 로마 사회의 상층부에 속한 사람들이었다. 사회 중층부에 있는 직인(職人)이나 상점주·자작농들은 고국을 버릴 힘이 없고, 하층을 이루고 있는 농노는 이탈리아로 달아난 주인 가족을 대신하여 들어온 새 주인 밑에서 지금까지보다 더 혹사당하는 생활을 계속할 수밖에 없었다. 뒤에 남은 사람들에게는 가톨릭 신앙을 계속 지키는 것조차 사치스러운 일이었다.

가톨릭교회에서도 중급과 하급 성직자들은 잔류했다. 그들은 전과 달리 도나투스파 천하가 된 사회에서 탄압과 굴욕과 심술을 견디며 하루하루를 보낼 수밖에 없었다. 성 아우구스티누스도 유해만 피난한 것은 아니다. 이 고명한 주교의 저작—당시에는 두루마리 모양으로 제본된 필사본—까지도 난민과 동행했다. 북아프리카의 가톨릭교회는 사실상 붕괴해버렸다.

30년 전까지만 해도 반달족은 북유럽 오지에 살았고, 로마 제국과의 접촉은 스틸리코의 아버지처럼 로마군에서 복무하는 소수의 사람들로 한정되어 있었지만, 라인강을 건너 갈리아로 쳐들어온 뒤에는 발걸음이 빨라졌다. 갈리아에서 피레네산맥을 넘어 히스파니아로 들어갔고, 이제 지브롤터 해협을 건너 북아프리카를 영유하게 되었다. 하지만 처음 경험하는 북아프리카인데도 그들의 북아프리카 지배는 아주 체계적으로 이루어졌다. 이것은 도나투스파 사람들의 조언을 받아들인 결과임이 거의 확실하다. 카르타고를 비롯한 도시 주변의 대규모 농장들은 하나도 예외 없이 접수되었기 때문이다. 도시의 건물들도 모조리 접수되었다. 거기에 살던 사람들은 쫓겨났고, 잘못하면 노예가 되었다. 기독교는 신앙을 공유하는 '형제'를 노예로 삼는 것을 반기지 않지만, 신앙을 공유하지 않는 자는 '형제'가 아니기 때문이다. 이런 사고방식에서는 이교만이 아니라 이단도 신앙을 공유하지 않는 자였다.

신앙을 공유하지 않아도 존속을 허락받은 사람으로는 병사들, 그리고 중급·하급의 행정관료가 있었지만, 물론 병사들은 반달족 휘하에 들어가야 했고 행정관료들도 새 주인의 명령에 따라 일해야 했다. 직인과 상점주도 존속을 허락받은 것은 사회가 어떻게 바뀌어도 항상 필요한 직종에 속했기 때문이다.

대규모 농장주인데도 고향을 버리지 않은 사람들이 있다. 이들은 지중해 연안에서 내륙으로 깊이 들어간 곳에 농장을 가진 사람들이었다.

어쨌든 도나투스파를 포함해도 승자는 소수파였기 때문에, 북아프리카 전역에 사는 사람들을 모조리 교체할 수는 없었다.

내륙의 농장에서 나는 농산물은 이제 이탈리아로 수출되지 않았다. 반달족은 농경민족이 아니다. 대도시 주변의 경작지를 자기 것으로 삼았어도 그곳에서 생산되는 농작물의 양은 전보다 줄어들었다. 풍요로운 농경지대였던 로마 시대의 북아프리카는 정복자를 피정복자가 먹여 살리는 곳으로 바뀌었다.

지중해 남쪽 해안에 줄지어 늘어선 항구도시들이 이제 '로마의 곡창'은 아니더라도, 반달족은 그 항구의 대부분을 손에 넣었다. 북방 야만족이었던 반달족이 해운력을 손에 넣는 것도 결국 시간문제였다. 야만족이 해운력을 손에 넣으면, 그것은 100퍼센트 해적질에 활용된다. 해적은 바다에서 만난 배를 습격할 뿐만 아니라, 해안에 닿자마자 하선하여 육지의 도적으로 변신한다. 그대로 배를 타고 강을 거슬러 올라가 강변 도시나 마을을 습격하는 일도 드물지 않았다.

시칠리아나 이탈리아 남부에 사는 사람들이 해적으로 변신한 반달족의 습격에 비명을 지르기 시작했다. 이를 방치할 수 없었던 라벤나는 콘스탄티노폴리스에 도움을 청한다. 동로마 제국도 거기에 응하여 부대를 보내주었지만, 서쪽에 대한 동쪽의 희박한 관심을 반영하여, 이 부대도 군대라고 부를 수 있을 정도의 병력은 아니었다. 반달족과 한 번 마주쳤을 뿐, 죽거나 붙잡히기 전에 재빨리 콘스탄티노폴리스로 철수해버렸다.

서로마 제국 황제는 결국 반달족 족장 겐세리크에게 강화를 청하는 교섭단을 보냈다. 서로마 제국은 자기 육신의 중요한 일부가 잘려나가는 것을 공식적으로 인정한 것이다.

강화는 서기 442년에 체결되었다. 반달족이 지브롤터 해협을 건너 아프리카로 쳐들어온 지 겨우 13년밖에 지나지 않았다.

로마가 대국 카르타고를 포에니 전쟁에서 무찌르고 북아프리카를 영유하게 된 뒤 600년 세월이 지났다. 그 오랜 세월 동안, 옛 카르타고 영토였던 이 지방은 비록 전쟁에는 졌지만 승자인 로마에 동화하여, 카르타고의 지배를 받던 시대보다 더욱 번영을 누려왔다. 그런 시절도 마침내 끝났다. 앞으로 시작되는 것은, 지배자가 어느 인종이나 민족으로 바뀌어도 승자와 패자가 동화하는 일만은 결코 있을 수 없는 세계였다.

훈족

'모든 불행은 훈족이 뿌린 씨에서 생겨났다.'

기독교회가 '배교자'라고 규탄한 율리아누스 황제 치하에서 장교로 전쟁터를 전전하고, 그 황제가 죽은 뒤에는 은퇴하여 문필생활을 시작한 암미아누스 마르켈리누스는 100년 전인 4세기 중엽에 이미 훈족의 위협에 주목했다. 이 사람은 시리아의 대도시 안티오키아의 상류층에서 태어난 그리스계 로마인인데, 같은 계층에 속하는 남자들이 조상대대로 내려오는 상공업에 종사한 반면, 유별나게 로마군 장교의 길을 택한 남자다. 젊어서부터 전쟁터를 전전한 경험을 통해 그는 추상적 사고를 장기로 삼는 그리스인에서 구체적 사고라면 누구에게도 뒤지지 않는 로마인으로 변했는지도 모른다. 구체적 사고를 거듭해가면,

그 앞에 있는 것도 좀더 또렷이 보이게 된다. 4세기 후반에 접어든 그 무렵에는 아직 로마 제국과 훈족 사이에 직접적인 접촉도 없었을 뿐더러 훈족을 실제로 본 사람도 별로 없었다. 아직 훈족은 로마 제국의 국경인 '방위선' 너머에 멀찌감치 떨어져 있었기 때문이다.

훈족을 자기 눈으로 보지 않았다는 점에서는 암미아누스도 다른 로마인과 마찬가지였다. 하지만 암미아누스만은 직접 접촉한 게르만계 야만족이 동요하는 것을 알아차리고, 배후에서 그들을 밀어내고 있는 훈족에 그 원인이 있다고 생각했다. 무언가를 느끼면 그것이 실마리가 되어, 자석에 쇳가루가 달라붙듯 모여드는 것이 정보의 특성이다. 암미아누스는 훈족을 실제로 보지 않았기 때문에, 아는 사이인 북방 야만족을 통해서나마 훈족에 관한 정보를 열심히 수집했을 것이다.

그가 훈족을 묘사한 글을 간추려 번역하면 다음과 같다.

인간이라기보다 두 발로 움직이는 야수. 말을 타면, 말 등과 두 다리 사이에 끼워서 가지고 다니는 날고기를 요리도 하지 않고 먹는다. 납작한 얼굴에 작은 점 같은 까만 눈을 가졌고, 수염은 거의 없고, 키는 작지만 다부진 체격이다. 숲속에 살고, 쥐가죽을 삼실로 얼기설기 이어붙인 옷을 걸치고, 그것을 빨지도 않고 찢어질 때까지 입기 때문에 늘 악취를 풍긴다. 신발도 양가죽을 삼실로 꿰매 붙였을 뿐이어서 걸어다니기가 어렵고, 그래서 장시간 보행에는 적당치 않다. 그런 이유 때문인지, 무엇을 할 때도 어디에 갈 때도 말을 탄다. 전쟁터에서도 말에서 내려 싸우기를 극도로 싫어한다. 다만 말을 탄 훈족은, 인간이 말에 붙어버리기라도 한 것처럼 말과 한몸이 되고, 그래서 대단한 돌파력을 발휘한다.

그들의 집은 이륜 소달구지이고, 그 안에서 먹고 자고 자식을 낳는 등 모든 일을 한다. 가장 본질적인 의미에서 유랑민족이기 때문인지, 아무리 비옥한 땅이라 해도 경작에는 전혀 관심을 보이지 않는다.

다른 야만족들도 이 훈족을 '야만족'이라고 부르며 두려워하는 것은 그들의 뛰어난 기마 능력만이 아니라 말을 달리면서도 화살을 명중시키는 고도의 기술 때문이기도 하다. 하지만 내 생각에는 다음 다섯 가지의 '없음'이 다른 야만족과의 차이점이고, 그래서 훈족이 강한 요인이다.

1. 목적이 없고, 목적지도 없다.

따라서 그들은 임기응변의 전법을 쓸 수 있었다.

2. 집을 갖는 데 관심이 없다.

이것은 그들이 자산이나 축재에 흥미가 없다는 것을 보여준다. 다만 황금이나 금붙이는 좋아한다. 황금만이 아니라 반짝이는 거라면 뭐든지 좋아하는 것 같다.

3. 법률이 없다.

그래서 윗사람의 명령이 절대적이다.

4. 가족의 수호신이 없다.

이것은 그들에게 가족 개념이 없다는 것을 보여주고, 따라서 볼모라는 형태의 담보는 그들에게 통하지 않는다.

5. 내일의 양식을 확보해둔다는 생각이 없다.

그래서 그들은 기회만 있으면 언제라도 무엇이든 빼앗을 생각부터 한다.

암미아누스의 경고가 당시 위정자에게 받아들여지지 않은 채 반세기가 지난 5세기, 로마 제국도 마침내 훈족과 직접 접촉하게 되었다. 훈족에게 밀려난 게르만계 야만족이 로마 제국 영토로 쳐들어와서 눌러앉아버렸기 때문에, 그들을 밀어내고 있었던 훈족이 로마 제국 영토와의 경계선인 도나우강에 모습을 나타낸 것도 당연한 결과이기는 했다. 장소는 오늘날의 헝가리와 거의 겹친다. 이 지방이 훈족의 새 본거지가 되었다.

이 훈족과의 공식 접촉은 동로마 제국이 앞선다. 로마 제국이 동서로 분리된 이후, 도나우강 중류에서 하류까지는 동로마 제국 관할이 되었다는 것을 잊어서는 안 된다. 훈족의 새 본거지는 도나우강 중류에 자리잡고 있었다. 이런 사정도 있어서, 훈족과 그들의 수령 아틸라에 관한 정보도 처음에는 동로마 제국 쪽에 압도적으로 많다. 다만 서로마 제국 쪽에는 청소년 시절을 훈족 틈에서 보낸 아이티우스라는 로마인이 '군사령관' 자리에 앉아 있었다.

동·서를 불문하고 로마 제국에 대한 훈족의 태도는 서기 444년을 경계로 완전히 달라졌다. 444년은, 이제까지 형을 앞에 내세우고 자기는 2인자의 지위에 있었던 아틸라가 벼락에 맞아 죽은 (것으로 되어 있는) 형을 대신하여 훈족을 혼자 이끌게 된 해였다. 444년 이전의 훈족은 그들에게 밀려난 게르만계 야만족에게는 두려운 존재였지만, 로마 제국에는 오히려 다루기 쉬운 상대였다.

동로마 제국은 아틸라의 형 블레다에게 매년 700리브라(260킬로그램)의 금괴를 주기로 하고 '동맹자' 협정을 맺었다. 명목상으로는 용병료지만, 실질적으로는 도나우강을 건너 동로마 제국 영토로 쳐들어오지 않는 '대가'였다.

서로마 제국과 훈족의 관계는 오로지 아이티우스의 개인적인 유대에 바탕을 두고 있었고, 아이티우스의 요청에 따라 훈족이 병력을 빌려주는 형태였다. 공식적인 '동맹자' 협정에 바탕을 두지 않았기 때문에, 아이티우스가 어느 정도의 보수를 지불하고 있었는지는 분명치 않다.

그래도 훈족이 만족할 만큼은 치렀을 것으로 여겨진다. 444년까지 기록에 남은 것만 해도 벌써 네 번이나 훈족이 아이티우스에게 병력을 빌려주었기 때문이다. 429년에는 경쟁자인 펠릭스와 싸우기 위해, 432년에는 보니파키우스와 그 배후에 있는 모후 갈라 플라키디아와 대결하기 위해, 437년에는 부르군트족과 싸우기 위해, 439년에는 서고트족과 싸우기 위해 훈족의 병력을 빌렸다. 서로마 제국 내부에서 아이티우스의 지위와 권력을 결정한 전투에는 대부분 훈족이 관여한 셈이다. 다만 아이티우스가 개인적으로 친했던 것은 훈족의 요인들 가운데 하나인 아스파르라는 사람이었고, 이제 훈족의 절대적 우두머리가 된 아틸라와는 특별히 친한 사이가 아니었던 모양이다.

아틸라

조직도 미숙하고, 대부분의 인간 사회를 다스리는 법률도 갖춰져 있지 않은 훈족 사회에서는 족장의 명령만이 절대적 가치를 지닌다. 아틸라는 이런 조직에 가장 적합한 지도자였다.

훈족은 오늘날의 헝가리에 해당하는 도나우강 중류 지역에 일단 정

아틸라(16세기에 제작된 부조)

착했지만, 아틸라가 전면에 등장하면서 다시 움직이기 시작했다. 그들이 향한 곳은 남쪽에 펼쳐진 동로마 제국 영토였다. 아틸라가 이끄는 훈족은 우선 로마 시대에 비미나키움이라고 불린 코스톨라크를 점거한다. 이 근처에는 트라야누스 황제가 다키아 정복 당시 건설한 1킬로미터가 넘는 돌다리가 도나우강 북쪽과 남쪽을 이어주고 있었다.

돌다리라 해도 강물 속에 늘어서 있는 교각만 돌이고 그 위에 걸쳐진 도리는 목조였기 때문에, 로마 제국이 도나우강 북쪽의 다키아에서 철수한 3세기 후반부터는 도리가 파괴된 상태였다. 하지만 강물 속에 늘어서 있는 20개나 되는 교각은 아직 건재하여 로마인의 높은 기술을 보여주었고, 그 위에 목재를 걸쳐서 다리를 급조하면 사람이나 말 정도는 충분히 지날 수 있었다. 코스톨라크가 아틸라의 첫 표적이 된 것도 이 다리를 복구하여 도나우강을 건너기 위해서였던 게 아닌가 싶다. 뗏목을 아무리 많이 만들어도, 큰 하천인 도나우강을 뗏목으로 건너는 것은 위험하기도 하고 시일도 오래 걸린다.

코스톨라크를 점령한 아틸라의 훈족은 거기에서 서쪽으로 100킬로미터도 떨어지지 않은 싱기두눔(오늘날의 베오그라드)을 점령했다. 그 후 시르미움(오늘날의 미트로비차)을 공략한 것을 보면, 아틸라는 도나우강을 건너자마자 그 일대의 중요 거점을 모두 손에 넣어 배후를 걱정할 필요가 없는 상태로 만들어놓은 다음 비로소 남하를 재개할 작정이었던 게 아닐까.

'로마 제국의 방위력을 측정하는 바로미터'라는 말까지 들었던 시대의 도나우강은 군단기지와 성채, 요새와 감시용 망루가 늘어서 있는 로마 제국의 북쪽 방위선이었다. 그중에서도 중요한 기지로 방비가 강화되어 있었던 곳을 상류부터 차례로 열거하면, 오늘날의 이름으로 레겐스부르크·빈·부다페스트·베오그라드다. 이 네 곳 가운데 세 곳이 나중에 '중유럽' 국가의 수도가 되었다.

고대 로마인이 도시를 건설할 때 발휘한 그 뛰어난 입지 감각에는 경탄할 수밖에 없지만, 이 4대 요충과 제국의 각 지방 사이에는 당연히 가도망이 깔려 있었다. 특히 네 곳 중에서 도나우강이라는 중요 방위선의 가장 하류에 자리잡고 있는 베오그라드에서는 제국 동방을 향해 간선도로가 달리고 있었다. 이 가도는 베오그라드에서 줄곧 남동쪽으로 뻗어나가 콘스탄티누스 대제가 태어난 나이수스(오늘날 세르비아의 니시), 세르디카(오늘날 불가리아의 수도 소피아), 필리포폴리스(오늘날 불가리아의 플로브디브), 하드리아노폴리스(오늘날 터키의 에디르네)를 지나 콘스탄티노폴리스(오늘날 터키의 이스탄불)까지 발칸 지방을 비스듬히 가로지르고 있었다. 아틸라는 이 길을 나아갔다.

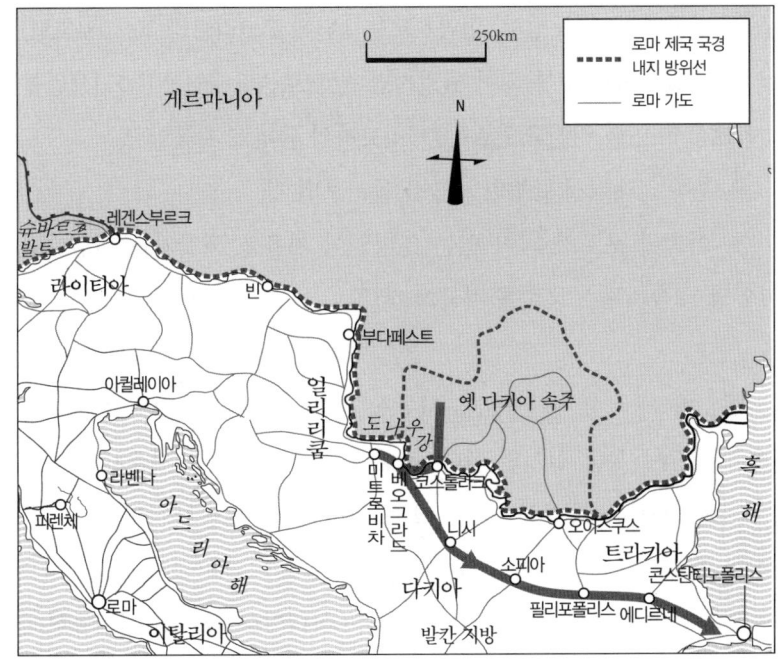

훈족의 발칸 침공

아틸라가 이끄는 훈족의 진격은 단순히 군대의 전진만으로는 끝나지 않는다. 이제 곧 로마 제국의 기독교도 사이에 퍼질 '신의 채찍'이라는 별명 그대로 화가 나서 미친 듯이 날뛰는 신이라도 되는 것처럼 습격하고 약탈하고 파괴하고 불태우고 떠나간다. 훈족이 떠난 뒤에는 개 짖는 소리도 나지 않는다고 하는데, 그것은 끌고 가기 어려운 사람은 모조리 죽여버렸기 때문이다. 떠나가는 훈족 뒤에는 포로 행렬이 길게 이어지는 것도 일상적인 풍경이 되었다.

훈족은 만행을 거듭하면서 콘스탄티노폴리스에서 100킬로미터도 채 떨어지지 않은 지점까지 바싹 다가갔다. 그리고 그곳에서 동로마 제국 황제에게 요구 사항을 보냈다.

1. 지금까지의 '동맹자' 협약으로는 1년에 700리브라(260킬로그램)의 금괴를 지불하도록 되어 있었지만, 앞으로는 3배인 2,100리브라를 지불할 것. 또한 일시금으로 6,000리브라의 금괴도 지불할 것.

2. 훈족 군대에서 탈주한 자들을 돌려보낼 것.

3. 이쪽에 포로가 되어 있는 로마인이 자유를 되찾기를 바란다면 1인당 12솔리두스 금화를 지불할 것.

동로마 제국 황제인 테오도시우스 2세는 46세나 되었으면서도 겁을 먹고 부들부들 떨기만 했다. 동로마 제국의 사실상 지배자인 황제의 누나 풀케리아는, 처음에는 탈주병을 돌려달라는 두 번째 요구 사항만 받아들이고 넘어가려 한 모양이다.

하지만 탈주병이라 해도 훈족 남자는 아니었다. 훈족은 자기들한테 패배한 게르만계 야만족 남자들도 훈족 군대에 편입시켰기 때문이다. 이들은 훈족의 생활에 적응하지 못하고 훈족의 잔학한 행위에도 따라갈 수 없어서 동로마군에 투항했다. 그들을 돌려달라는 아틸라의 요구는 받아들여져서, 그들은 동로마군 장병에게 이끌려 훈족 진영으로 돌아갔다.

그들을 맞이한 아틸라의 행동은 재빨랐다. 그들은 모두 땅바닥에 엎드리라는 명령을 받았고, 그 위에 천막용 천이 덮였다. 그 위를 훈족 기병들이 환성을 지르며 수없이 오가는 방식으로 그들을 몰살했다. 이 대량 학살은 아연실색하여 지켜보는 동로마 장병들의 눈앞에서 벌어졌다.

콘스탄티노폴리스 황궁도 이 만행에는 두려움과 동시에 적개심도 불태운 모양이다. 동로마군에도 서로마군과 마찬가지로 많은 게르만계 야만족이 가담해 있었기 때문이다. 훈족의 말발굽에 짓밟혀 죽은 병사들은 그들의 동포였다. 이런 이유도 있어서 항전파가 대세를 차지했고, 결국 병력을 보내 아틸라와 맞서게 되었다. 하지만 게르만 기병은 훈족 기병의 적수가 되지 못하여 간단히 격파당하고 말았다. 이제 동로마 제국은 아틸라의 요구 조건을 모두 받아들이는 형태로 '동맹자' 협약을 맺을 수밖에 없었다.

동로마 제국이 아시아계 야만족인 훈족에게 무조건 항복했다고 해도 틀린 말은 아니었다. 호화로운 천이라도 선물하면 태도가 부드러워질 거라는 낙관적 견해는 산산이 부서졌다. 콘스탄티노폴리스에서 아틸라에게 파견되는 사절은 이제 교섭단이 아니라 협약을 충실히 이행하기 위한 행정관일 뿐이었다.

그런데 아틸라는 그 사절의 인선까지 간섭했다. 자신은 로마인 이외의 모든 민족과 부족을 통합하여 제국을 창설하려는 의지를 갖고 있기 때문에 로마 제국 황제와 동격이고, 따라서 동로마 제국이 파견하는 사절도 거기에 어울리는 지위에 있어야 한다는 것이다. 콘스탄티노폴리스는 이 요구도 받아들인다. 아틸라에게 파견되는 사절은 원로원 의원이나 기독교 교회 주교처럼 동로마 제국에서 지위가 높은 사람들로 바뀌었다.

이것은 예기치 않은 부산물을 낳게 된다. 지금까지 훈족이나 그 수령인 아틸라에 관한 정보는 제3자를 통해 얻을 수밖에 없었지만, 이를 계기로 '현장 증인'의 증언을 들을 수 있게 되었다. 지위가 높은 사람이 파견되는 이상, 비서관도 동행하기 때문이다.

프리스쿠스라는 이름의 인물이 사절이었는지 사절의 비서관이었는지는 알 수 없다. 수사학을 가르치는 일을 해서 문장력도 있고, 단편밖에 남아 있지 않지만 『비잔티움 역사』라는 제목의 저작을 쓴 사람이다. 이 사람이 아틸라에게 파견된 것은 서기 449년이다. 동로마 제국과 아틸라가 '동맹자' 협약을 맺은 것은 447년이니까, 그 협약이 간단히 이행되지는 않았던 것을 보여준다. 아틸라의 요구는 그칠 줄 몰라서, 급기야는 나이수스에서 북쪽의 도나우강에 이르는 땅을 모두 훈족의 영토로 인정하라는 요구까지 내놓았기 때문이다. 그것은 다키아 속주와 트라키아 속주를 몽땅 달라는 뜻이었다.

아틸라에게 파견된 사절단의 일원이었던 프리스쿠스는 그때의 상황을 다음과 같이 묘사했다.

〈우리 일행은 나이수스 시내로 들어갔다. 콘스탄티누스 대제의 출생지이고 간선도로가 지나는 이 도시는 훈족의 습격으로 철저히 파괴되어, 폐허가 된 교회에서 비와 이슬을 피하고 있는 몇몇 사람 이외에는 아무도 없는 도시로 변해 있었다. 나이수스 근처에는 모라바강이 흐르고 있고, 가도도 이 강을 따라 북서쪽으로 뻗어 있다. 우리 일행도 이 강을 왼쪽으로 바라보면서 가도를 따라 나아갔다.

가도 주변에도 무인지대가 이어졌고, 강변에는 이미 백골이 된 송장들이 널려 있었다. 훈족에게 살해된 수많은 주검이 땅에 묻히지도 못하고, 살해되었을 때 그대로 방치되어 있는 것이다.

도중에 일리리쿰 방면 사령관이 기다리고 있다가 탈주병 다섯 명을 우리한테 맡겼다. 협약에서 황제가 약속한 대로 아틸라에게 넘겨줄 남자들이다. 우리 일행은 이들과 함께 도나우강을 건너 아틸라의 본거지로 들어갔다.

도나우강을 건넌 뒤에는 우리 일행에게 훈족 호위대가 딸렸다. 그들이 앞장서서 70스타디온(13킬로미터)쯤 가자 아틸라의 본진에 도착했다. 탈주병 다섯 명을 넘겨준 뒤, 아틸라를 만나도 좋다는 허가가 떨어졌다.

아틸라의 천막 주위에는 많은 야만족이 모여 있었지만, 천막 안으로 들어간 우리는 나무 의자에 앉아 있는 사람이 아틸라라는 것을 한눈에 알아보았다. 다른 사람들은 모두 서 있는데 혼자만 앉아 있었기 때문이다.

우리는 그 조잡한 옥좌에서 떨어진 곳에 서 있고, 막시미누스만 앞으로 나아가 아틸라에게 인사하고, 아틸라와 훈족이 더욱 번영하기를 빈다는 황제의 말씀을 전한 다음 황제의 친서를 내밀었다. 야만족 수령은 황제와 로마인이 번영하기를 바란다고 대답했다.

천막 안의 아틸라는 여러 명의 고관과 무장들에게 둘러싸여 있었다. 나는 아틸라가 몸에 걸치고 있는 의복의 소박함에 솔직히 놀랐다. 그에 비해 고관이나 무장들은 모두 옷감이나 색채가 다양한 호화로운 옷을 걸치고 있었다. 옷에 온통 꽃이나 새가 수놓아져 있는 것으로 보아 중국인이나 페르시아인에게 빼앗은 것이 분명했다.

라인강에서 도나우강에 이르는 드넓은 땅을 지배하고 있는 부족 수령의 천막인데, 그 안에는 값나가는 가구나 예술적 가치가 높은 장식품은 하나도 놓여 있지 않았다. 침대도 보이지 않고, 천막 안에 있는 거라고는 바닥에 내던져진 모피와 나무로 만든 의자 몇 개뿐이었다. 아틸라는 자기 옆에 활과 도끼를 세워놓고 있었지만, 무기는 그것뿐이었다.

아틸라는 키가 작았지만 다부진 체격이었다. 낯빛은 칙칙한 누런색이고, 수염은 거의 없고, 얼굴 모양은 기묘할 만큼 납작했다. 두 눈이 모두 사시이고, 움푹 들어간 검은 눈은 신기한 물건이라도 바라보듯 줄곧 우리에게 쏠려 있었다.

식사를 하는 것도 잠을 자는 것도 사람을 만나는 것도 모두 이 천막 안에서 끝내버리는 모양이었다. 식탁은 없었지만 식기는 본 적이 있다. 식기는 모두 금이나 은으로 만들어졌고, 그것도 모두 약탈한 물건이 분명했다.

아틸라는 계속 이동하고 있었다. 우리도 그와는 조금 거리를 두고, 그가 가는 곳마다 말을 타고 따라갈 수밖에 없었다. 강을 몇 개나 건넌 뒤, 마침내 그가 수도로 삼고 있다는 도시에 도착했다. 그곳은 도시라기보다 마을에 불과했고, 아틸라의 목조주택은 방위에 전혀 도움이 될 것 같지 않은 목책으로 둘러싸여 있을 뿐이었다. 이 아틸라의 집 근처에는 훈족에서 두 번째로 지위가 높은 오네게시무스의 집이 있었다. 아틸라의 집보다 조금 작은 그 집도 목책으로 둘러싸여 있었다.

아틸라가 이 마을에 들어가자마자 젊은 처자들이 노래를 부르면서 마중을 나왔다. 그들 가운데 몇 명은 하얀 베일을 썼고, 다른 여자들이 그 베일을 받쳐들고 뒤따라왔다. 거기에 오네게시무스의 아내가 많은 여자 노예들을 거느리고 나타나 아틸라에게 술과 음식을 내밀었다. 훈족에게는 이것이 최고의 경의를 표현하는 방식이었다.

아틸라는 신하들이 받쳐들고 있는 은쟁반에서 음식을 집어먹고, 여자들이 바치는 술잔에 든 술을 마셨다. 그동안 내내 그는 말에 올라탄 채였다.〉

이것이 서기 449년 당시 아틸라와 동로마 제국의 역학 관계였다. 아틸라가 형의 죽음으로 훈족의 우두머리가 된 지 5년밖에 지나지 않았다. 이 기세로 계속 나아갔다면, 동로마 제국이 서로마 제국보다 먼저 아틸라가 이끄는 야만족 연합군에 멸망했을지도 모른다. 그런데 이듬해인 450년에 상황이 완전히 달라진다. 요인은 다음 두 가지였다.

서기 450년 7월 28일, 동로마 제국 황제 테오도시우스 2세가 사망했다. 그의 나이 50세였다. 황제다운 일은 하나도 하지 않았지만, 기독교 국가가 된 이후 황제는 신의 뜻에 바탕을 두는 것으로 되어 있다. 통치권 세습에 편리한 이 규정 덕분에, 선황제의 아들이라는 이유만으로 42년 동안이나 치세를 누릴 수 있었다. 이것을 알고 있었는지, 이 황제는 황궁을 수도원으로 바꾸었다는 말을 들을 만큼 열렬한 가톨릭 신자였다. 하지만 그 때문인지, 아내가 아들을 낳지 못하고 죽은 뒤에도 자식을 남기는 데에는 전혀 관심을 쏟지 않았다. 그동안 줄곧 동생 대신 제국을 도맡아 관리한 누나 풀케리아는 다음 황제를 누구로 할지도 결정해야 했다.

풀케리아는 황궁에 사는 수녀라는 소문이 났을 만큼 동생 못지않게 열렬한 가톨릭 신자였지만, 오랫동안 제국을 통치한 경험이 헛되지는 않았던 모양이다. 이런 경우에는 대개 자신의 권력에 장애가 되지 않도록 무난하지만 무능한 인물을 차기 황제로 고르는 법인데, 풀케리아는 그렇게 하지 않았다.

동로마 제국 황제에 즉위한 사람은 콘스탄티노폴리스의 원로원 의원인 마르키아누스(Marcianus)였다. 4세기 이후 무관과 분리되어 있던 로마 원로원 의원과는 달리, 콘스탄티노폴리스의 원로원 의석은 퇴역 장군들에게 주어지는 명예직의 색채가 강했다. 어쨌든 로마 원로원은 로마 건국 당시부터 이 시기까지만 헤아려도 벌써 1,300년의 역사를 갖고 있다. 반면에 콘스탄티노폴리스는 불과 130년 전에 콘스탄티누스 대제가 동방의 수도로 건설한 곳이다. 자기 이름을 딴 이 도시에도 로마와 같은 '원로원'을 두어야 한다는 대제의 뜻에 따라 창설된 것이 콘스탄티노폴리스의 원로원이었다. 역사가 길면 대대로 원로원 의원을 배출한 가문이라는 의미에서 원로원 계급이 생겨나지만, 콘스탄티노폴리스에는 아직 그런 것이 없다. 퇴역 장군이나 고급 관료가 은퇴한 뒤에 취임하는 명예직이 콘스탄티노폴리스의 원로원 의원이었다.

새로 제위에 오른 원로원 의원 마르키아누스도 동로마 군대에서 경력을 쌓은 사람이다. 도나우강 하류의 트라키아 지방(오늘날의 불가리아) 출신인데, 원래 이 일대는 좋은 말과 우수한 병사를 많이 배출하는 곳으로 알려져 있었다. 따라서 오래된 가문 출신도 아니고 고등교육도 받지 못했고, 나이도 벌써 예순이 넘었다. 하지만 전쟁터에는 익숙해져 있었다.

기독교 국가가 되기 전의 로마 제국이라면 이것만으로도 황제에 취임할 수 있었을 것이다. 하지만 기독교 국가가 되어, 황제가 '사람의 뜻'이 아니라 '신의 뜻'에 바탕을 두게 된 이후로는 무엇보다도 먼저 '신의 뜻'이 필요조건이 된다. 그래서 죽은 황제의 누나이자 아르카디우스 황제의 딸로 '신의 뜻'과 무관하지 않은 풀케리아를 아내로 삼음으로써 마르키아누스의 즉위는 실현되었다. 풀케리아가 내놓은 유일

마르키아누스

한 조건은, 자기는 신에게 정결을 서약한 몸이어서 마르키아누스와 잠자리를 같이할 수는 없다는 것이었지만, 쉰 살이 넘은 여자니까 불편하지는 않았을 것이다.

마르키아누스 황제는 군인 출신인 만큼, 매사에 적극적이었다. 제위에 오르자마자 아틸라와 맺은 협약을 전면 파기했다. 이 훈족 수령과 맺은 '동맹자' 협약에는 훈족 영토의 남쪽 끝이 발칸 지방의 요충인 나이수스로 되어 있다. 이래서는 동로마 제국 영토로 되어 있는 다키아만이 아니라 그 동쪽에 펼쳐져 있는 트라키아의 대부분도 훈족 영토가 된다는 뜻이고, 트라키아 출신인 마르키아누스에게는 그것만으로도 굴욕이었을 것이다.

노령인데도 정력적인 새 황제는 아틸라에게 협약 파기를 통보하는 동시에 동로마 군대를 증강하는 작업에 착수했다. 게다가 군대는 자기가 몸소 지휘하겠다고 선언했다. 동로마 제국 황제는 2대에 걸쳐 수도 콘스탄티노폴리스 밖으로 나가는 일조차 드물었지만, 반세기 만에 드디어 전쟁터에 나가는 황제가 등장한 것이다. 수도에서 밖으로 나가지 않아도 로마 황제는 최고사령관이다. 마르키아누스는 '이름'만이 아니라 '알맹이'도 최고사령관이 되겠다고 선언하고 실행했다.

마르키아누스 황제는 증강한 동로마 군대의 대부분을 서쪽의 도나우강에 투입할 수 있었다. 동쪽의 유프라테스강 너머에 있는 페르시아 왕국과는 일단 좋은 관계를 유지하고 있어서, 평시와 같은 방위군으로 충분했기 때문이다.

아틸라가 이 변화를 깨닫지 못했을 리가 없다. 그런데 이 무렵 아틸라에게 마치 하늘에서 떨어진 것 같은 좋은 소식이 들어왔다.

서로마 제국 황제인 발렌티니아누스 3세에게는 호노리아라는 누나가 있었다. 아버지는 공동 황제였던 콘스탄티우스, 어머니는 선황제 테오도시우스 1세의 딸인 갈라 플라키디아니까, 호노리아는 어엿한 황녀다. 하지만 황녀는 기독교 국가가 된 이후의 로마 제국에서는 뜻밖에도 부자유스러운 처지에 놓여 있었다. 선황제의 딸이고 현황제의 누나라면 '신의 뜻'과도 무관하지 않은 존재다. 따라서 아무하고나 결혼하면 안 된다는 것이다. 현대의 '핵 확산'은 아니지만, 무엇이든 '확산'하면 그것이 지닌 위력도 약해지기 때문이다. 그래서 황녀의 결혼은 정략결혼이 될 수밖에 없지만, 제국이 황녀와 결혼시켜도 좋다고 생각할 만한 상대가 항상 있는 것은 아니었다.

'신의 뜻'을 받은 사람의 딸이 결혼하여 아이를 낳으면, 그 아이에게도 '신의 뜻'이 계승된다. 황제의 딸과 황제의 아들이 계승한 '신의 뜻'의 양은 별 차이가 없고, 따라서 황실의 내분이나 집안싸움의 원인이 될 수 있다. 기독교 국가가 되기 전의 로마 제국에서도 황제의 딸은 정략결혼에 활용되었다. 하지만 '신의 뜻'이 개재하지 않았던 만큼,

호노리아

적당한 정략결혼 상대가 없으면 결혼하지 못하는 상태는 아니었다. 실제로 황제인 아버지의 휘하 장수와 산뜻하게 결혼한 황녀도 많다. 그런데 기독교 국가가 되자 상황이 달라졌다. 선황제의 딸이자 현황제의 누이는 적당한 정략결혼 상대가 없으면 미혼인 채 인생을 마치게 되었다. 죽을 때까지 미혼으로 있기에 가장 적당한 경우는 신에게 일생을 바치는 수녀다. 즉 결혼 상대가 없는 황녀가 갈 곳은 수녀원밖에 없었다.

호노리아도 결혼하지 못하고 있는 동안 30세를 맞이했다. 그렇다고 수녀원에 들어갈 마음도 나지 않는다. 마침 그 무렵, 호노리아의 불만을 억누르고 있던 어머니 갈라 플라키디아가 죽었다. 호노리아가 대담하고 무모한 행동을 할 조건이 갖추어진 셈이다.

황녀 호노리아는 자기를 측근에서 모시는 신뢰할 만한 환관을 몰래 아틸라에게 보냈다. 황녀의 것임을 한눈에 알 수 있는 값비싼 반지를 편지와 함께 보냈다. 편지에는 자기와 결혼하면 지참금으로 서로마 제국 영토의 절반을 얻을 수 있을 거라고 씌어 있었다.

아틸라는 이것을 이용할 마음이 내켰다. 동로마 제국은 황제가 마르키아누스로 바뀐 뒤 강경 노선으로 돌아섰고, 그 선발대는 벌써 도나우강에 접근하고 있었다. 마르키아누스가 직접 지휘하는 본대까지 도착하면 결전을 피할 수 없게 된다.

아틸라는 서로마 제국 황제인 발렌티니아누스에게 사절을 보내, 황제의 누나 호노리아와 결혼하겠다고 제의했다. 발렌티니아누스는 깜짝 놀랐다. 누나를 감금했지만, 화살은 이미 활시위를 떠난 상태였다. 갈리아에 있는 총사령관 아이티우스와 의논한 뒤 아틸라의 청혼을 거부하기는 했지만, 이미 아틸라의 눈은 동로마 제국을 떠나 서로마 제국 쪽으로 향해 있었다. 훈족 병사들도 본거지로 삼고 있던 도나우강 중류에서 라인강으로 이동하기 시작했다.

이리하여 서로마 제국은 아틸라의 표적이 되어버렸다. 서로마 제국 군대의 사실상 최고 책임자인 아이티우스는 지금까지 오랫동안 친밀한 관계였던 훈족과 처음으로 대결해야 할 처지가 되었다.

샹파뉴 회전

겨우 10년 동안 날뛰고 다녔을 뿐인데 고대 말기의 서양사에 이름을 남기게 된 아틸라는 대담하고, 무슨 일을 할 때는 주저 없이 결행하고, 부하들에 대한 통솔력도 뛰어나고, 게다가 휘하 장수들이 사치에 빠져도 그 자신은 욕심이 없어서, 야만족 수령으로는 가장 적합한 인물이었다. 하지만 그 자신이 공언했듯이 게르만계 야만족까지 통합하여 북유럽에 대제국을 창설하기에는 냉철하고 합리적인 정략이 부족했다. 바꿔 말하면 그때그때 되어가는 대로 하는 주의였다. 이 정도 남자가 역사상 인기를 얻게 된 것은 기독교도들이 그를 '신의 채찍'이라면서 무서워했기 때문이 아닐까 하는 생각마저 든다.

수도 콘스탄티노폴리스를 공략하겠다고 동로마 제국을 협박하여 발칸 지방의 태반을 빼앗은 것은 3년 뒤에 예기치 않은 강경파 마르키아누스 황제의 등장으로 허사가 되긴 했지만, 군사력을 무기로 협박하여 빼앗는 식의 전략은 옳았다. 따라서 서로마 제국에도 이와 똑같은 방식을 적용하려면, 우선 도나우강 중류에서 상류로 군대를 이동시키고, 그곳에서 도나우강을 건너 로마 영토로 들어간 뒤 계속 남하하여 알프스를 넘은 다음, 이탈리아반도 북부로 쳐들어가 황제가 있는 라벤나를 당장 포위해야 했다.

라벤나는 결코 난공불락이 아니다. 육지와 바다를 모두 봉쇄하고 차분하게 공격하면, 도시 규모도 작으니까 반드시 함락된다. 다만 야만족은 육지와 바다를 계속 봉쇄하고 장기전을 벌이는 데 서툴렀기 때문에, 상대가 야만족인 한 라벤나는 난공불락이었다.

아틸라는 라벤나를 함락시킬 필요까지는 없었다. 황제가 있는 라벤나를 공격하면, 발렌티니아누스 3세는 반드시 갈리아에 있는 아이티우스에게 귀환명령을 내릴 것이다. 서로마 제국의 총사령관인 아이티우스는 이 명령을 거부할 수도 없고, 명령을 못 들은 것으로 할 수도 없다. 어쩔 수 없이 황제를 구원하러 돌아올 터였다.

하지만 아이티우스가 갈리아에서 선전할 수 있었던 것은 강력한 로마군을 이끌고 있었기 때문이 아니다. 소년 시절부터 친한 훈족이 병력을 빌려주었거나, 아니면 갈리아에서 서로 먹고 먹히는 싸움을 벌이고 있는 북방 야만족 가운데 하나를 우군으로 삼는 데 성공했기 때문이다. 이와 같은 상황이 이탈리아에서는 일어날 수 없었다.

　첫째, 이제 적이 된 훈족에게 의지할 수는 없었다. 둘째, 갈리아에 있는 야만족 가운데 한 부족을 데려오는 것도 불가능했다. 갈리아에서 영토를 확보하려고 맹렬히 싸우고 있는 그들은 지금 상태로는 이탈리아에 전혀 관심이 없고, 아이티우스를 따라 이탈리아에 가면 갈리아를 비운 사이에 다른 야만족의 침략을 받게 될 수도 있기 때문이다. 결국 아이티우스는 자기가 직접 지휘하는 병사만 데려갈 수밖에 없었다.

　로마군이라 해도 그것은 이름뿐이고, 실제로는 야만족 출신 용병 집단일 뿐이었다. 따라서 용병 특유의 약점을 지니고 있었다. 용병이 약한 것은 전쟁터에서 금방 죽어버리기 때문이 아니라, 형세가 불리해지면 당장 달아나버리기 때문이다. 이런 병사들을 거느리고 갈 수밖에 없는 아이티우스와 달리, 아틸라가 이끌고 있는 병사들은 값나가는 물건만 손에 넣을 수 있다면 칼을 한 번 맞은 정도로는 쓰러지지 않는 훈족 병사들이었다. 사령관 개인의 전술 능력은 이런 경우 별로 효력을 갖지 못하는 법이다. 따라서 라벤나를 공격하고 있을 때 아이티우스가 돌아와도, 승산은 아틸라한테 있었을 것이다. 또한 라벤나에 있는 황제도 불리한 형세를 끝까지 견뎌낼 수 있을 만큼 강하지 않았기 때문에, 형세가 불리해지면 깜짝 놀란 나머지 도나우강에서 북이탈리아에 이르는 땅을 아틸라에게 주어버릴지도 몰랐다.

　그런데 아틸라는 도나우강을 건너 이탈리아로 가지 않고, 라인강을 건너 갈리아로 들어갔다. 그것이 다음과 같은 이유 때문이었다니, 정말 할 말이 없다. 프랑크족 족장이 죽자 뒤에 남겨진 장남과 차남 사이에 다툼이 일어났는데, 형은 아틸라에게, 동생은 아이티우스에게 도움을 청했기 때문이라는 것이다. 그래서 아틸라는 갈리아로 갔는데, 이것은 라벤나에 있는 황제를 안심시켰을 뿐만 아니라 갈리아에 있는 아이티우스의 입장을 더욱 강화시켜주었다.

갈리아로 쳐들어가서 그곳에 자기 영토를 확보하려 한 게르만계 야만족은 원래 훈족에게 밀려났기 때문에 갈리아로 쳐들어온 것이다. 갈리아에서 정착지를 찾으려 하고 있는 것도 훈족이 지배하는 게르마니아에는 이제 돌아갈 수 없기 때문이다. 그런 게르만계 야만족이 훈족의 갈리아 침공을 존망의 위기로 받아들인 것도 당연하다. 확고한 전망도 없이 갈리아로 쳐들어간 아틸라는 아이티우스의 로마군과 많은 게르만계 부족들 사이에 공동 전선이 성립하는 것까지 허용해버렸다.

서기 451년 4월 초, 아틸라가 이끄는 훈족은 라인강 중류에 있는 마인츠 부근에서 라인강을 건너 갈리아로 쏟아져 들어갔다. 훈족 병력만 헤아리면 3만 명이라고 했지만, 훈족에 패배한 다른 야만족도 끌고 갔기 때문에 총병력은 알 수 없다. 게다가 라인강을 건넜을 때 프랑크족과 합류했으니까, 총병력은 10만 명에 가까웠을지도 모른다.

대군이었을 것으로 여겨지는 것은 갈리아에 들어간 뒤 병력이 셋으로 나뉘었기 때문이다.

아틸라가 이끌고 있었던 것으로 여겨지는 제1군은 마인츠에서 트리어로, 그곳에서 메스를 거쳐 랭스로, 랭스에서는 파리를 거쳐 오를레앙으로 진격했다. 계속 로마 가도를 이용하여, 두 달도 채 지나기 전에 벌써 갈리아 중앙부까지 돌입했다.

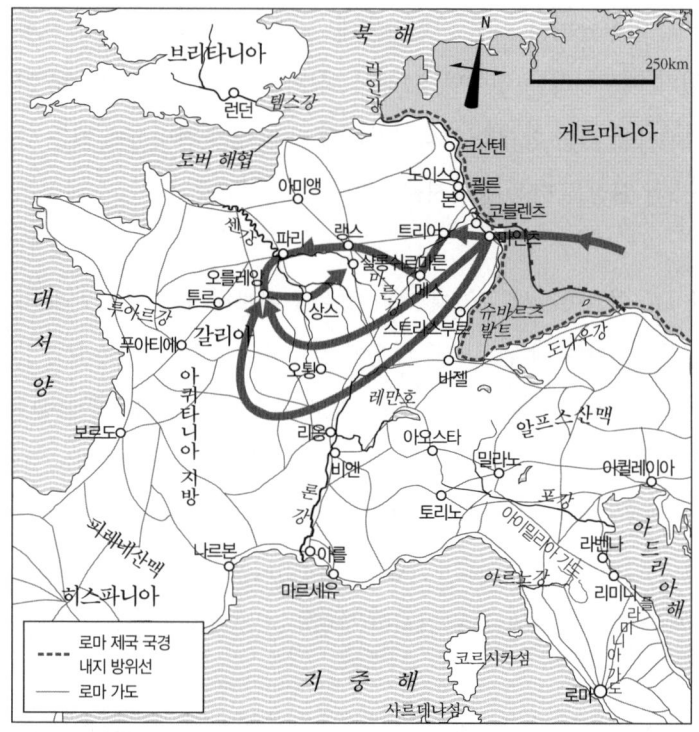

훈족의 갈리아 침공

　제2군은 제1군의 행군로보다 남쪽으로 내려간 가도를 따라 오를레앙으로 간다. 제3군은 더 남쪽으로 내려가 멀리 빙 돌아서 길을 우회하여 갈리아 중앙부로 가는 길을 택했지만, 그들도 오를레앙으로 간 것은 마찬가지였다. 갈리아 북부는 프랑크족의 영역이었기 때문에 무사히 남았다. 그리고 세 부대의 행군은 모두 단순한 행군이 아니다. 도중에 만나는 도시와 마을을 모조리 습격하여 사람을 죽이고 물건을 빼앗으면서 문자 그대로 '침략' 행위를 일삼았다. 영어로 침략을 뜻하는 'invasion'의 어원은 라틴어로 'invasio'인데, 이 라틴어 낱말은 제국 후기에야 생겨났다고 한다. 로마의 고도성장기라 해도 좋은 공화정 시대에도, 안정성장기라 해도 좋은 원수정 시대에도 로마인들은 이 말이 필요없는 세상을 살았기 때문일 것이다.

'인바시오'(침략)가 일상다반사가 되어버린 시대에 사는 로마인이었던 아이티우스는 이 무렵 자신의 본거지로 삼고 있던 갈리아 남부의 아를에 있었다. 그곳에서 아틸라가 갈리아로 쳐들어온 것을 알게 된다. 그는 아직 로마 세력 밑에 있는 남프랑스 서쪽의 아퀴타니아(오늘날의 아키텐) 지방으로 세력을 뻗치고 있던 서고트족 족장에게 당장 공동투쟁을 제의했다. 서고트족 족장 테오도리크(라틴어로는 테오도리쿠스)는 이미 고령이었지만 아이티우스의 제의를 수락했다. 아이티우스는 다른 게르만계 부족들에게도 참전을 요청했다. 이 반(反)아틸라 연합군 구상이 실현된 것은 451년 6월에 접어든 뒤였다.

반아틸라 연합군은 남쪽과 서쪽에서 오를레앙으로 향했다. 아틸라는 오를레앙을 공격하고 있었는데, 몇 번이나 되풀이 말하지만, 야만족은 장기전을 각오해야만 성공할 수 있는 도시 포위전에 서투르다. 로마 시대에 케나붐(275년 이후에는 아우렐리아눔)이라고 불린 오를레앙은 갈리아 중앙부의 요충으로서, 견고한 성벽에 둘러싸여 있을 뿐만 아니라 루아르강에 면해 있다. 공략하려면 애를 먹을 게 분명한 이 도시를 아틸라가 왜 노렸는지는 알 수 없지만, 역시 공략에 애를 먹고 있는 동안 아이티우스에게 시간 여유를 주고 말았다.

아이티우스가 다가오고 있음을 안 아틸라는 오를레앙 포위를 풀고 철수하기로 했다. 왜 철수할 마음이 났는지는 알 수 없다. 아틸라는 다시 라인강을 건너 게르마니아까지 돌아갈 작정이었던 모양이다. 우리

가 아는 것은 그것뿐이다. 하지만 도중에 아이티우스에게 따라잡히고
만다. 오를레앙에서 상스로 간 것까지는 알고 있다. 거기에서 랭스를
거쳐 트리어로, 두 달 전에 왔던 길을 되짚어가서 마인츠에서 라인강
을 건널 작정이었을까. 그런데 랭스에 도착하기도 전에 벌써 따라잡혀
버렸다.

그 일대는 로마 시대에 캄파니아(평원)라고 불렸지만 후세에는 샹
파뉴라고 불리게 된 지방으로, 마른강 좌우에 펼쳐져 있는 평야지대
다. 로마 시대에는 가도가 일곱 개나 모여 있었던 대도시 랭스에서 남
쪽으로 40킬로미터쯤 내려간 곳에 있었다.

따라잡힌 아틸라는 여기서 방향을 바꾸어 회전에 응한다. 훈족 기병
을 무적이라고 믿고 있었던 그는 평야를 전쟁터로 삼으면 기병의 전투
력을 최대한 활용할 수 있을 거라고 생각했다.

서기 451년 6월 24일, 샹파뉴 들판을 무대로, 아틸라와 아이티우스
사이에 '카탈라우눔 평원 전투'라는 이름으로 역사에 남게 될 회전(會
戰)이 벌어졌다. '카탈라우눔'은 갈리아가 로마화하기 전에 이 일대에
살았던 켈트계 부족('카탈라니'족)의 이름에서 유래한 도시로, 이 도시
가 오늘날의 샬롱-쉬르-마른이다. 따라서 이 전투를 '샬롱 전투'라고
도 부른다.

아이티우스는 왼쪽의 언덕과 오른쪽의 마른강 사이에 낀 일대에 진
을 쳤다. 아마 훈족 기병의 빠른 기동력을 줄이기 위해서일 것으로 여
겨진다.

늙은 테오도리크가 이끄는 서고트족 군대는 오른쪽으로 강이 바라
보이는 우익을 맡고, 중앙에는 나머지 야만족 병사들을 모아놓고, 아

이티우스가 직접 이끄는 좌익은 언덕 기슭에 포진한다. 전체 진형은 활 모양으로 되어 있다.

한편 우익과 중앙과 좌익이 일직선으로 늘어선 아틸라의 훈족 군대는 강을 왼쪽으로 바라보는 좌익에는 동고트족, 아이티우스와 맞서는 우익에는 동고트족과 마찬가지로 휘하에 들어온 야만족 병사들을 배치했다. 그리고 중앙은 아틸라가 직접 이끄는 훈족 기병대다.

이 진형을 보면, 중앙이 훈족 기병대에 밀리면서 버티고 있는 동안 좌익과 우익이 적의 우익과 좌익을 격퇴하여 중앙의 기병대를 고립시키는 것이 아이티우스의 전술이었던 것으로 여겨진다. 반면에 아틸라의 전술은 가장 공격력이 강한 기병대로 로마군 중앙을 돌파하여 적을 양분하고, 그것을 아군의 좌익과 우익이 각각 처리하는 방식이 아니었을까.

하지만 이 전술이 성공하려면 아틸라 쪽에서는 우익과 좌익이 용감하게 싸워주어야 하고, 아이티우스 쪽에서는 중앙이 훈족 기병대의 맹공에도 물러서지 않고 버텨주어야 한다.

진형만 보면 공화정 시대의 로마군 전법을 재현해놓은 게 아닌가 싶고, 그림으로 그린 듯한 합리적인 회전이 벌어졌을 것으로 여겨진다. 하지만 양군이 진을 치는 동안 시간이 흘러서, 오후 세 시가 되어서야 겨우 시작된 전투는 전략과 전술을 구사한 회전이 되기는커녕 힘으로만 밀어붙이는 혼전이 되었다. 아이티우스의 전술도 아틸라의 전술도 둘 다 실패한 셈이다.

로마 쪽에서는 우익을 맡고 있던 서고트족이 선전했고, 늙은 족장 테오도리크가 전사했을 만큼 용감하게 싸웠다. 아이티우스가 지휘하

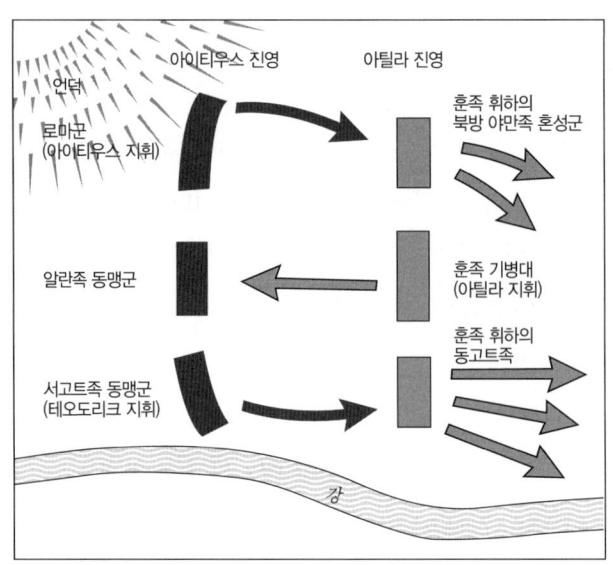

카탈라우눔 평원 전투

는 좌익도 언덕을 빙 돌아서 적을 옆구리에서 공격하여 적의 우익을 붕괴시킨다. 하지만 로마군의 중앙은 훈족 기병대의 공격을 견뎌내지 못했다. 이것은, 아틸라가 기대한 대로 싸워준 것은 중앙에 배치되어 있었던 기병대뿐이고, 우익과 좌익은 완전히 무너졌다는 것을 보여준다.

그리고 양군이 전술대로 싸우지 못했다는 것은 혼전으로 백병전이 벌어졌다는 뜻이다. 요컨대 희생자 수만 엄청나게 많은 회전이었다. 그래도 해가 질 무렵에는, 로마군을 둘로 쪼개는 데 실패한 아틸라 쪽이 계속 밀리게 되었다. 아틸라 자신도 진영으로 돌아왔을 때는 맥빠진 표정으로 진영을 불태우고 자기도 불길 속에서 죽겠다고 뇌까리기까지 했다고 한다.

생각해보면 모두들 그렇게 두려워했던 훈족인데도 전투다운 전투를 하자마자 패배했다. 야만족은 거의 무방비 상태인 민간인을 습격할 경우에만 강했던 게 아닐까 하는 생각마저 든다.

이 전투에서 아이티우스가 그럴 마음만 먹었다면, '신의 채찍' 아틸라도 샹파뉴 들판의 이슬로 사라졌을 것이다. 족장을 잃은 서고트족은 그 때문에 오히려 더욱 전의를 불태웠고, 전사한 테오도리크의 아들 토리스문드는 내일까지 기다리지 말고 당장 적의 진영으로 쳐들어가자고 주장했기 때문이다.

그것을 말린 사람이 아이티우스였다. 아이티우스는, 영지로 돌아가 족장을 잃은 서고트족을 통합하는 것이 우선이라고 서고트족 젊은이를 설득했다. 전사한 테오도리크에게는 네 아들이 있었고, 토리스문드는 그중 하나였다. 죽은 아버지의 지위를 형제들 가운데 누군가가 독차지해버리는 것이 걱정된 토리스문드는 아이티우스의 충고를 받아들여, 서고트족 병사들을 데리고 아퀴타니아 지방으로 돌아갔다. 그들이 떠나자, 아이티우스는 휘하 병사들만으로 아틸라를 바짝 추격하여 궁지에 몰아넣을 힘이 없었다.

그 덕분에, 한때는 자살까지 생각한 아틸라였지만, 무사히 라인강을 건너 게르마니아로 돌아갈 수 있었다. 아이티우스가 그를 구해준 거나 마찬가지였다.

왜 아틸라를 놓쳤는지에 대해서는 당시에도 많은 사람들이 의문을 품었다. 소년 시절부터 친하게 지내온 훈족을 궤멸시킬 마음이 나지 않았던 것일까.

아니면, 여기서 훈족을 궤멸시켜버리면 갈리아에서 서고트족의 힘이 너무 강해진다고 생각했던 것일까.

　이 시기에 아이티우스의 속마음은 알 수 없다. 하지만 아틸라와 훈족이 꽤 심한 타격을 입었다 해도 잡히지 않고 도망친 것은 사실이다. 그렇다 해도, 그 무서운 아틸라가 전투다운 전투를 하자마자 패배했고, 게다가 갈리아로 쳐들어간 지 석 달도 되기 전에 다시 라인강을 건너 동쪽으로 달아났다는 이야기가 된다. 보통으로 생각하면 그 대단한 아틸라도 한동안은 얌전히 있을 수밖에 없을 거라고 생각하겠지만, 그렇지 않았다. 바로 이듬해에, 이번에는 이탈리아로 쳐들어온 것이다. 갈리아를 침공한 이유는 프랑크족이 개입을 요구했다는 것이었지만, 이탈리아를 침공한 이유는 황녀 호노리아와 결혼을 실현하기 위해서였다. 반지를 보내온 이상 약혼이 성립된 것이고, 그러니까 결혼 약속을 이행하라는 것이 그의 요구였다.

　아틸라가 이끄는 훈족은, 도나우강 중류에서 이탈리아로 가려면 어느 곳보다도 타당한 길을 따라 이탈리아로 들어갔다. 북이탈리아를 서쪽에서 동쪽으로 빙 둘러싸고 있는 알프스산맥을 가장 동쪽에서 넘는 길이다. 알프스를 넘어 이탈리아로 들어가자, 우선 앞길을 가로막고 있는 아퀼레이아를 공격했다. 하지만 훈족도 다른 야만족들과 마찬가지로 도시 공략전에는 서투르다. 또한 샹파뉴 들판의 회전 결과는 이탈리아에도 전해져 있었다. 그리고 로마 시대의 아퀼레이아는, 현재 남아 있는 유적으로는 상상도 할 수 없을 만큼 아드리아해 안쪽에 자리잡은 이탈리아 북동부 제일의 항구도시다. 수비대도 상주해 있었고, 주민들도 도시를 스스로 지키겠다는 기개가 높았다. 여기서도 아틸라는 애를 먹었지만, 아퀼레이아 공략보다도 수만 명에 이르는 휘하 병사들에게 식량을 보장하고 그들의 약탈 욕구를 채워주는 것이 선결문제였다.

아퀼레이아 공방전에는 병력의 일부만 할애하고, 나머지 태반은 북이탈리아 전역을 약탈하도록 풀어놓았다. 훈족은 북이탈리아에서 그저 무턱대고 미쳐 날뛰는 그들의 특질을 충분히 발휘하게 된다. 콩코르디아가 파괴되고, 파도바와 비첸차·베로나·크레모나·피아첸차·파비아·밀라노가 차례로 짓밟혔다. 훈족의 말발굽에 유린당하지 않은 도시는 없다고 해도 좋은 참극이 벌어졌다. 어느 도시도 모두 높은 성벽에 둘러싸여 있었지만, 그럼에도 차례로 함락된 이유는 주민들이 저항하기보다 성문을 여는 쪽을 택했기 때문이다. 제국 말기의 로마인은, 끈질기게 저항하고 있으면 조만간 황제의 군대가 달려와 구원해줄 거라고 기대하지 않았다.

베네치아의 탄생

아틸라는 라벤나에 있는 황녀 호노리아와 결혼시켜달라고 요구해놓고, 정작 라벤나에는 병사를 보내지 않았다. 우선 북이탈리아 전역을 공포로 몰아넣는다는, 자신에게 익숙한 방식을 우선했는지도 모른다. 하지만 이탈리아반도 북부에 사는 사람들은 그야말로 신이 무자비하게 휘둘러대는 채찍에 얻어맞은 기분이었을 것이다. 그리고 이것이 그 후에 찾아올 중세 시대에 해양통상국가로 이름을 떨치게 되는 베네치아 공화국의 탄생으로 이어졌다. 나는 거의 30년 전에 펴낸 『바다의 도시 이야기』를 다음과 같이 시작했다.

〈"아틸라가 쳐들어온다!"

"훈족이 몰려온다!"

"아퀼레이아도 불타버렸어. 아녀자들까지 몰살당했대."

야만족은 무섭다. 저항한 사람이든 저항하지 않은 사람이든 가리지 않고 죽여버린다. 재물을 내놓아도 봐주지 않는다. 훈족이 지나간 뒤에는 풀 한 포기 나지 않을 정도로 참혹한 피해밖에 남지 않는다는 소문이 바람보다 빠른 속도로 퍼지고 있었다.

세상은 로마 제국 말기. 야만족의 거듭된 침입이 사람들을 공포의 구렁텅이로 처넣고 있던 시대다. 그중에서도 아틸라가 이끄는 훈족은 그 광포함 때문에 다른 어떤 야만족보다도 공포의 대상이 되고 있었다. 이탈리아반도의 북동쪽에 위치한 베네토 지방에 사는 사람들은 그들의 주교좌 교회가 있는 아퀼레이아가 이 무서운 훈족에게 습격당했다는 소식을 듣고 공황 상태에 빠져 있었다.

"어디로 달아날까."

산악지대로 달아날 생각은 아무도 하지 않았다. 이 일대는 아드리아해로 흘러드는 여러 개의 하천이 만들어놓은 평야지대였고, 멀리 떨어진 산으로 달아나려고 해도 그곳에 당도하기 전에 훈족에게 붙잡혀 죽임을 당할 게 뻔했기 때문이다. 그렇다면 아드리아해를 따라 남쪽으로 내려가 파도바나 그보다 남쪽에 있는 라벤나로 달아나는 건 어떨까.

하지만 그런 말을 입 밖에 낸 사람은 당장에 그 말을 도로 삼켜야 했다. 야만족은 라벤나나 로마를 목적지로 삼고 있을 게 분명하다. 그들의 진로 앞쪽으로 달아나는 것은 불가능했다. 사람들은 사제에게 지시를 내려달라고 청했지만, 사제도 뭐라고 말할 수가 없었다. 사제는 신에게 기도한다기보다 어찌해볼 도리가 없는 절망을 호소하기라도 하듯 하늘을 향해 두 팔을 벌렸다.

그때 하늘에서 목소리가 들려왔다.

"탑으로 올라가라. 그리고 그곳에서 바다 쪽을 보라. 눈에 들어오는 곳이 앞으로 너희가 살 집이 되리라."

사람들은 교회 종탑으로 올라갔다. 마침 썰물 때라, 종탑 위에서는 군데군데 땅이 얼굴을 내밀고 있는 소택지가 보였다. 갯벌에는 온통 갈대만 무성할 뿐, 나무는 그림자도 보이지 않았다.

하지만 신의 계시가 있었다. 부유한 자도 가난한 자도, 남자도 여자도 아이들도 모두 사제를 선두로 그곳으로 옮겨갔다. 재산이나 가구를 가지고 피난할 수 있었던 다른 지방 사람들과는 달리, 이들은 무엇보다도 먼저 집을 지을 목재를 가져가야 했다. 그들의 신천지에는 물고기말고는 아무것도 없었기 때문이다. 하지만 그들은 적어도 목숨만은 건질 수 있었다.〉

지금까지 말한 것은 베네치아 초기 연대기에 나오는 전설이다. 신은 실제로는 아무 말도 하지 않았을 것이다. 역사를 과학으로 여기는 사람에게 전설은 구태여 다룰 가치도 없는 것으로 생각될지 모르지만, 그 당시 민중의 심정을 상상하고 그것을 되도록 친근하게 느끼고 싶어 하는 사람에게는 간단히 무시할 수 없는 사료다.

현대의 아름다운 도시 베네치아라면, 그곳에서 살아도 좋다고 생각하는 사람이 외국인 중에도 많을 것이다. 하지만 지금으로부터 1,500년도 넘게 거슬러 올라가는 먼 옛날, 갈대만 무성한 늪지대로 이주할 수밖에 없었던 사람들은 대단한 결의를 필요로 했을 것이다. 더

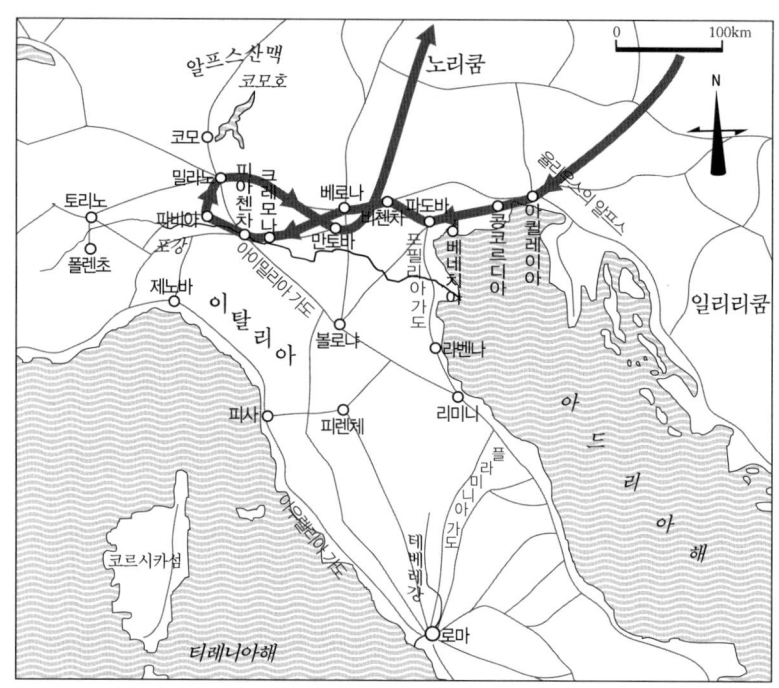

훈족의 이탈리아 침공

구나 그들은 고도의 문명을 가진 로마 제국 시민이었던 만큼, 아무리 훈족의 만행으로부터 달아나기 위해서라 해도 비상한 결심이 필요했을 게 분명하다. 신의 계시가 있었으니까 하고 자신을 납득시키지 않고는 결행할 수 없었을 것이다. 인간이 살기에는 너무나 불리한 조건만 갖추어져 있는 곳에서만 그들은 자기 몸을 지킬 수 있었다.

연대기에 따르면 이 사건은 서기 452년에 일어난 것으로 되어 있다. 그로부터 24년 뒤, 서로마 제국은 멸망했다.

아틸라와 훈족이 북이탈리아 전역에서 온갖 만행을 저지르고 있던 기간은 452년 봄부터 가을까지 반년이나 되었다. 그동안 갈리아 남부에 있는 아이티우스는 전혀 움직이지 않았다. 아니, 움직일 수가 없었다. 갈리아에 있는 야만족들이 이탈리아까지 가는 데 흥미를 보이지 않았기 때문이다. 결국 그는 '독으로 독을 제어'하기는커녕, 야만족이라는 '독'을 오른손에서 왼손으로 옮기거나 왼손에서 오른손으로 옮기는 데에만 능했을 뿐이라는 것을 실증했다.

움직인 것은 로마다. 원로원 의원 두 명과 로마 주교 레오, 이렇게 3인의 교섭단이 만토바에 있는 아틸라를 찾아갔다. 교섭이라 해도 실제로는 돈을 줄 테니까 돌아가달라는 요청이었다. 따라서 교섭은 지불하는 돈의 액수를 둘러싸고 이루어졌을 뿐이다. 너무나 치욕적인 이야기라서 기록에도 남기지 않았는지, 어느 정도의 액수로 타협했는지는 알려져 있지 않다. 어쨌든 아틸라는 로마 측 제의를 수락한 듯, 알프스를 넘어 도나우강 쪽으로 돌아갔다.

내가 상상하건대, 아틸라가 간단히 승낙한 것은 다음 세 가지 이유 때문인 것 같다. 첫째, 부하들을 만족시키려면 목돈이 필요했다. 둘째, 그 자신이 육체적으로 지쳐버렸다. 셋째, 정신적으로도 염증이 났다. 아틸라는 특히 어떤 일을 꾸준히 하는 의지가 전혀 없었다.

하지만 이때도 전설이 생겨났다. 다만 이것은 민간전승이 전설로 정착한 것이 아니라, 처음부터 기독교회가 의도적으로 퍼뜨린 선전이었다. 성 베드로와 성 바울의 도움으로 용기를 낸 주교 레오가 아틸라의 만행을 맞대놓고 비난한 뒤, 거기에서 벗어나는 것과 자비의 중요성을 설교했고, 레오의 열변에 아틸라가 설득당하여 이탈리아를 떠났다는 것이다. 물론 이 전설에는 돈을 지불했다는 말은 한 줄도 나오지 않는

로마에서 철수하라고 아틸라를 설득하는 교황 레오 1세. 왼쪽에 삼중관을 쓰고 백마를 타고 있는 인물이 레오 1세이다(라파엘로 그림).

다. 깊고 강한 신앙이 야만족의 만행으로부터 기독교 사회를 구했다는 것이다. 서방 가톨릭 세력의 양대 수장 가운데 하나인 카르타고 주교가 존재하지 않는 거나 마찬가지가 된 지금, 로마의 기독교회는 유일하게 남은 로마 주교의 존재를 강조할 필요가 있었다. 이때부터 로마 주교는 로마 교황이라고 불리게 되었고, 서방 기독교도 전체가 의지하는 기둥이 되어갔다.

덧붙여 말하면, 교황 레오 1세가 아틸라를 설득했다는 에피소드는 지금도 바티칸에 있는 '라파엘로의 방'에서 벽화로 볼 수 있다.

어쨌든 북이탈리아 전역을 반년 동안이나 공포의 나락으로 떨어뜨린 아틸라와 훈족은 떠나갔다. 서기 452년은 아틸라로 시작하여 아틸라로 끝난 것 같다. 그동안 발렌티니아누스 황제는 33세나 되었는데도 라벤나에 틀어박힌 채 꼼짝하지 않았고, 서로마 제국 군대의 사실상 최고 책임자인 아이티우스도 남프랑스에서 한 발짝도 움직이지 않았다. 이탈리아반도에 사는 사람들이 이들 두 사람을 차가운 눈으로 바라보게 된 것도 당연하다.

이듬해인 서기 453년 봄과 함께 '아틸라가 죽었다'는 소식이 전해졌다. 이제는 아틸라만이 아니라 다른 야만족 족장들도 '왕'(rex)을 자칭하게 되었는데, 훈족의 왕 아틸라가 연회를 벌이다가 갑자기 많은 피를 토하고 그대로 죽었다는 소식이었다.

장례는 훈족만이 아니라 훈족 산하에 들어가 있던 게르만계 야만족 수령들까지 참석하여 웅장하고 성대하게 거행되었다. 매장은 무덤을 판 노예들을 그 직후에 모두 죽여버리는 훈족의 전통적 방식으로 이루어졌다.

그 직후에 시작된 후계자 다툼으로 훈족은 사분오열했다. 이것을 보고, 이제까지는 아틸라의 힘에 저항하지 못해 어쩔 수 없이 훈족의 지배를 받아들였던 다른 야만족들도 좋은 기회라는 듯 떠나갔다. 한때는 라인강에서 도나우강까지 넓은 지역을 지배한 훈족도 아틸라의 죽음과 함께 안개처럼 흩어져서 사라져버렸다. 생각해보면 10년도 채 안 되는 천하였다.

아틸라가 죽었다는 소식에 기뻐한 것은 이탈리아반도에 사는 로마인만이 아니다. 갈리아에서 영토를 확립하려고 애쓰고 있던 게르만계 야만족들에게도 좋은 소식이었다. 아틸라의 죽음을 경계로, 갈리아 전역과 피레네산맥 너머의 히스파니아에서는 북방 야만족이 세력을 확립하게 된다. 훈족이라는 위협이 없어지면, 달리 그들이 두려워할 존재는 없었다. 이제 서로마 제국은 무서운 존재가 아니었다.

스스로 무너지다

그 이듬해인 서기 454년, 아틸라가 죽고 훈족이 안개처럼 사라져버리자, 이제는 안전하다고 생각했는지 발렌티니아누스 황제가 수도 로마를 방문했다. 그리고 갈리아 남부에 있던 아이티우스도 로마에 왔다. 아이티우스는 황제에게 부탁할 일이 있었다.

서로마 제국 황제와 서로마 제국 총사령관은 원수정 시대 황제들의 관저였던 팔라티노 언덕의 황궁에서 만났다. 이날도 황제의 좌우에는 궁정관료들이 늘어서 있었지만, 아이티우스는 하인밖에 데려가지 않았던 모양이다. 사적으로 황제와 접견하는 자리니까 무장도 하지 않고 단검조차 휴대하지 않은 토가 차림이다. 황제는 입장 때문에 칼을 차고 있었지만, 보석으로 장식된 그 칼은 실제로 사용된 적이 한 번도 없는 장식용에 지나지 않았다.

황제는 총사령관이 2년 전 북이탈리아에서 아틸라가 제멋대로 날뛰도록 방치한 과오에 대해 용서를 빌 거라고 생각한 게 분명하다. 황제도 그 반년 동안 라벤나에서 숨을 죽이고 있었던 사람들 가운데 하나다. 직무 태만의 과오를 저지른 것은 황제도 총사령관과 마찬가지였지만, 아틸라가 북이탈리아에서 온갖 만행을 저지른 반년 동안, 그로 말미암은 공포를 더 강하게 느낀 것은 알프스 너머 갈리아에 있었던 아이티우스가 아니라 북이탈리아의 라벤나에 있었던 발렌티니아누스였다. 훗날 역사가 에드워드 기번이 육체는 성숙했지만 두뇌는 성숙하지 않았다고 평한 발렌티니아누스. 그는, 황제의 책무는 전혀 수행하지 않으면서도, 자기는 황제이고 아이티우스는 신하일 뿐이라고 믿어 의

발렌티니아누스 3세

심치 않았다. '신의 뜻'은 이렇게 다른 누구보다도 당사자에게 가장 강력하게 작용한다. '신의 뜻'을 받은 자신과, 자기가 임명했기 때문에 그 지위에 앉아 있는 사람은 절대로 대등하지 않다. 따라서 자기는 신에게만 잘못을 빌 뿐이고, 신하는 마땅히 자기한테 잘못을 빌어야 한다는 것이다.

그런데 예순 살이 된 아이티우스는 잘못을 빌지 않았다. 이탈리아로 보낼 군대를 편성할 전망이 서지 않는다고 그 당시에 이미 해명했으니까, 그것으로 책무는 다했다고 생각했을지 모른다. 그래서 그가 한 일은 사죄가 아니라 요청이었다. 황제의 딸을 며느리로 달라는.

소심한 사람이니까 오히려 무너지기 쉽다. 신경을 항상 팽팽하게 긴장시키고 있으니까, 사소한 일로도 신경이 툭 끊어져버린다. 그리고 4년 전까지 살아 있었던 어머니 갈라 플라키디아는 오랫동안 아이티우스에 대한 원한을 아들 발렌티니아누스에게 불어넣었다. 저도 모르게 허리춤에서 칼을 뽑아든 황제는 이상한 외침소리를 지르면서 아이티우스에게 덤벼들었다.

장식용 칼이라고는 하지만 끝은 날카롭다. 토가만 몸에 걸친 아이티우스의 가슴에 칼날이 꽂히고, 순식간에 하얀 토가에 빨간 피가 번져갔다. 아이티우스는 한마디도 못하고 쓰러졌다.

황제 한 사람의 생각에서 일어난 참극인지, 아니면 환관 누군가를 중심으로 꾸며진 음모인지는 당시에도 설이 분분했다. 어쨌든 22년 동안이나 야만족의 침공을 일단 저지해온 아이티우스는 이렇게 살해되었다.

이튿날 황제는 원로원에 가서, 정의를 관철하기 위해 어쩔 수 없이 아이티우스를 죽였다고 해명했다. 듣고 있던 원로원 의원 하나가 황제에게 말했다.

"폐하, 폐하의 생각이 무엇이었는지 저는 모릅니다. 하지만 폐하께서 자신의 왼팔로 오른팔을 잘라버렸다는 것은 알고 있습니다."

해가 바뀌어 서기 455년 3월 16일, 산 조반니 인 라테라노 교회 앞 광장에서 군대를 사열하던 황제 발렌티니아누스는 갑자기 대열을 떠나 달려온 두 병사에게 살해되었다. 이 두 사람은 야만족 출신으로, 반년 전에 살해된 아이티우스 밑에서 오랫동안 군무에 종사한 자들이었다.

서기 408년에 황제 호노리우스가 스틸리코를 처형한 것은 410년에 서고트족의 '로마 겁탈'을 초래했고, 서기 454년에 황제 발렌티니아누스가 아이티우스를 죽인 것은 455년 6월에 반달족의 '로마 겁탈'을 초

페트로니우스 막시무스

래하게 된다. 서로마 제국이 오른팔을 잃은 것은 로마인보다 야만족이 더 잘 알아차렸던 모양이다.

황제 발렌티니아누스 3세는 아들을 남기지 않고 죽었기 때문에, 차기 황제를 고르는 일은 원로원에 맡겨졌다. 원로원은 페트로니우스 막시무스(Petronius Maximus)를 다수의 찬성으로 선출한다. 귀족 계급으로 태어난 원로원 의원이고, 로마에서는 가장 부유하다는 말을 들은 아니키우스 가문의 일원이었다. 나이는 젊지도 않고 지나치게 늙지도 않았고, 외모는 완벽한 로마 엘리트였다. 공직 경력도 집정관을 두 번 지냈고, 수도장관을 세 번이나 역임했다. 임기는 모두 1년. 무슨 일이든 성실하게 하는 사람이었고, 휴대용 물시계를 휴대하고 다니면서 그것을 기준으로 일을 추진하는 사람이기도 했다. 오현제의 한 사람인 안토니누스 피우스를 연상시키는 남자였기 때문에, 로마 제국이 충분히 기능을 발휘하고 있던 시대에 황제가 되었다면 좋은 황제로 일생을 마칠 수 있었을 것이다. 하지만 5세기 후반은 2세기 후반이 아니었다.

로마 시대의 히스파니아(오늘날의 에스파냐)와 마우리타니아(오늘날의 모로코) 사이에는 고대에 '헤라클레스의 두 기둥'이라고 불린 지브롤터 해협이 가로놓여 있을 뿐이다. 그 거리는 14킬로미터. 배만 있으면 한달음에 건널 수 있는 거리다. 기원전 3세기에 제1차 포에니 전쟁에서 로마에 패배한 카르타고가 그 패배로 로마에 빼앗긴 시칠리아 대신 히스파니아를 영토로 삼았고, 그 중심으로 건설한 도시(오늘날의 카르타헤나)를 '카르타고 노바'(새 카르타고)라고 이름지은 것은 당연했다. 그 후 제2차 포에니 전쟁에서 명장 한니발을 상대로 힘들게 싸워서 결국 승리를 손에 넣은 로마가 히스파니아 전역을 획득한 뒤 북아프리카로 눈길을 돌리게 된 것도 지정학적으로 당연한 귀결이다. 그리고 제3차 포에니 전쟁에서 마침내 카르타고 본국을 궤멸로 몰아넣은 로마가 고대 그리스 전설에 나오는 영웅 헤라클레스의 왼발은 이베리아반도에, 오른발은 북아프리카에 세움으로써, 고대인들의 공상은 현실이 되었다.

고대인의 머릿속에서 유럽 남부와 아프리카 북부는 연결되어 있었다. 후세에 붙여진 '지브롤터 해협'이라는 이름만 들으면 멀리 떨어져 있는 인상이 강하고, 지금은 기독교 국가와 이슬람 국가가 대치해 있다. 하지만 이런 대립 관계가 존재하지 않았던 시대의 사람들은, 왼발은 남유럽에, 오른발은 북아프리카에 딛고 서 있는 헤라클레스가 자기를 지켜준다고 생각하면서 지중해를 항해했다.

고대의 종말을 맞게 된 게르만계 야만족도 고대 지중해인의 이 감각을 이어받았다. 그들이 태어나서 자란 북해 연안의 게르마니아에서 라인강을 건너 갈리아로 들어왔을 당시에는 게르마니아와 갈리아의 차이가 인상적이기까지 했을 것이다. 하지만 갈리아를 남하하고 히스파니아도 남하하고 '헤라클레스의 두 기둥'을 건너 북아프리카에 상륙한 뒤에는 차이를 느끼지 않았을 게 분명하다. '두 개의 기둥'이 둘 다 로마 세계라는 공통된 문명권에 속해 있었기 때문이다.

반달족이 북아프리카로 건너간 것은 서기 429년 봄이었다. 이듬해인 430년 여름에는 벌써 히포레기우스가 함락되고, 반달족은 카르타고에 바싹 다가갔다. 하지만 야만족은 도시를 둘러싸고 벌어지는 공방전에 서투르다. 결국 오늘날의 모로코에서 리비아에 이르는 북아프리카를 제패한 뒤, 이 지방 최대의 도시 카르타고가 반달족의 수중에 떨어지는 것은 10년 뒤인 439년이었다.

하지만 이 10년은 북아프리카에 큰 변화를 가져왔다. 카르타고를 중심으로 하는 북아프리카에서 로마색이 완전히 지워지게 되었기 때문이다.

우선 대규모 농장주를 중심으로 형성된 '로마 시대의 아프리카' 상층부가 시칠리아나 이탈리아로 피난했다. 대규모 농장이 유기적이고 효율적으로 경영되고 있었기 때문에 북아프리카는 로마 제국의 곡창일 수 있었다. 경작지는 그대로 남았고 기후도 전과 같고, 요컨대 자연 환경에는 아무 변화도 없었지만, 북아프리카는 이제 수확물을 수출할 수 있을 정도의 농업지대가 아니었다.

둘째, 가톨릭파 기독교가 쇠퇴했다. 반달족은 아리우스파 기독교도였지만, 북아프리카에서 가톨릭을 배척하는 데 더 열심이었던 것은 아리우스파와 같은 이단인 도나투스파 기독교도였다. 그들에게는 이단으로서 오랫동안 가톨릭의 박해를 받아온 원한이 있었다.

하지만 북아프리카에서 가톨릭교회가 쇠퇴한 것은 종교계의 문제에 그치지 않았다. 이 지방 지식인의 쇠퇴와도 연결되었기 때문이다. 『위기로 치닫는 제국』이라는 제목을 붙인 제12권 마지막에 소개한 카르타고 주교 키프리아누스와 이 제15권에서 소개한 히포레기우스의 주교 아우구스티누스를 머리에 떠올릴 필요도 없이, 후세에까지 영향을 주게 된 가톨릭파 기독교의 논객은 대부분 북아프리카 출신이다. 이들 고위 성직자의 대다수는 반달족에게 붙잡히기 전에 이탈리아로 달아났고, 그것이 북아프리카 지식인층의 쇠퇴로 이어졌다. 이제 두 번 다시 지중해 건너편에서 들려오는 목소리에 유럽의 가톨릭교도가 영향을 받는 일은 없어졌다. 그리고 경제력을 가진 사람과 지력(知力)을 가진 사람을 잃은 것이, 북아프리카의 새로운 지배자가 된 반달족에 대해 현지 로마인의 저항운동이 일어나지 않은 진정한 원인이기도 했다.

사회 상층부에 속하는 사람들은 달아날 수 있지만, 피난할 곳도 없고 의지할 사람도 없는 중간층이나 하류층에 속하는 사람들은 달아날 수도 없다. 이들은 가톨릭 신앙을 버리거나 숨은 가톨릭교도가 되어 살아남았는데, 이들 가운데 무시할 수 없을 만큼 많은 수가 배를 만드는 기술자였다.

어쨌든 온종일 바다를 보고 사는 사람들이다. 북아프리카에 사는 사람들의 조선기술은 일찍이 카르타고를 서지중해 제일의 해운국으로 만들었고, 그 후 로마 시대가 된 뒤에는 로마의 장려에 힘입어 대대로 계승되어왔다. 얼마 전까지만 해도 숲의 민족으로 바다를 활용할 줄 몰랐던 반달족도 바다와 친숙해지게 되었다. 북해를 건너 브리타니아로 쳐들어간 앵글족이나 색슨족과 마찬가지로 반달족도 이제 배를 타고 바다로 나가는 것의 효용성을 알았다. 배를 조종하는 일은 반달족의 지배를 받게 된 카르타고계 로마인 선원들에게 맡겼겠지만.

바다에 나가는 방식은 두 가지로 나뉜다. 어업이나 교역에 종사하느냐, 아니면 해적질을 선택하느냐. 카르타고인과 로마인은 전자였지만, 반달족은 후자였다. 라인강을 건넌 뒤에는 갈리아와 히스파니아를 습격하여 빼앗는 생활을 계속했고, 북아프리카에 상륙한 뒤에도 선주민에게 빼앗은 것으로 생활을 꾸렸다. 바다에 나가도 습격하여 빼앗는 생활 습관은 바꿀 수 없었는지도 모른다.

이리하여 이탈리아반도에 사는 로마인들은 아틸라가 죽어서 북쪽에서 내려오는 훈족의 위협이 사라졌나 했더니, 이번에는 남쪽에서 올라오는 반달족의 위협에 시달리게 되었다. 해적은 해상에서 만난 배를 습격하여 사람과 물건을 빼앗기만 하는 것은 아니다. 아니, 그것은 해적이 하는 일의 일부일 뿐이고, 해적의 주된 일은 해안에 상륙하거나 강을 거슬러 올라가 도시나 마을을 습격하고 사람을 죽이고 물건을 빼앗는 것이었다. 움직이는 표적을 공격하기보다 움직이지 않는 표적을 공격하는 편이 효율적이었기 때문일 것이다. 산적이나 도적과 해적은 육지로 오느냐 바다에서 오느냐의 차이가 있을 뿐, 습격해서 죽이고 파괴하고 빼앗아가는 것은 전혀 차이가 없었다.

제해권을 잃는 것은 이런 것이었다. 바다를 무대로 제멋대로 날뛰는 무법자를 억누를 해군력이 없어서 두 손 놓고 바라볼 수밖에 없는 상태다. 제해권이라고 말하면 군사적 문제에 한정된다고 생각하기 쉽지만, 제해권을 잃으면 누구보다도 먼저, 누구보다도 큰 피해를 입는 것

북아프리카에서 출토된
로마 전성기의 모자이크

뿔피리를 부는 바다의 신
트리톤

사슴을 사냥하는 디아나 여신

시인 베르길리우스와 두 뮤즈

배에서 짐을 내리는 사람들

북아프리카의 유적

극장 : 렙티스마그나(오늘날의 리비아)

유피테르 신전 : 스베이틀라
(오늘날의 튀니지)

원형경기장 : 엘젬
(오늘날의 튀니지)

은 언제나 일반 시민이었다. 지중해에서도 '팍스 로마나'는 완전히 과거지사가 되었음을 보여주고 있었다.

반달족이 유능하고 강력한, 게다가 오랫동안 권력을 행사한 지도자를 갖지 못했다면, 아프리카에 상륙한 뒤부터 헤아리면 25년, 북아프리카 전역을 지배하게 된 뒤부터 헤아리면 15년밖에 안 되는 짧은 기간에 이만큼 큰 세력이 되지는 못했을 것이다. 다른 야만족들과 마찬가지로 내분을 피하지 못해 사분오열되고 차츰 힘을 잃어서 결국에는 북아프리카의 로마 사회에 흡수되었을지도 모른다.

반달족 족장 겐세리크는 유능하고 강력한, 게다가 장수를 누린 지도자였다. 10만 명이나 되는 사람들이 에스파냐를 버리고 그를 따라 북아프리카로 건너간 것만으로도 겐세리크가 평범한 지도자는 아니었다는 것을 알 수 있다. 북아프리카에 상륙한 뒤에는 북아프리카의 로마 세력에 저항하고 있었다는 이유만으로, 도나투스파 기독교도와 기독교도가 아닌 무어인과, 나아가서는 로마에 동화되지 않고 살고 있던 사막 민족 베르베르인까지 산하에 끌어들여 함께 싸우게 하는 데 성공했다. 게다가 도나투스파의 광신도, 무어인의 독립적 경향도, 베르베르인의 광포성도 일단은 억누르는 데 성공했다. '일단은'이라고 말한 이유는 완전히 억누르면 반달족이 지배권을 독점하기가 어려웠기 때문이다.

또한 동로마 제국과 관계를 개선하려고 애쓰기도 했다. 그것은 결코 겐세리크가 평화주의자였기 때문은 아니다. 아리우스파를 이단으로 단정하고 그들을 배척하는 일이라면 수고를 아끼지 않는 동로마 제국이 반달족의 침공 이래 아리우스파 기독교국이 되어가고 있는 북아프리카에 군대를 보내오는 사태를 피하기 위해서였다. 하지만 이 노력은 성공하지 못했다. 겐세리크의 외교 능력이 부족해서가 아니라, 동로마 제국이 북아프리카의 동향에 별로 관심을 갖지 않았기 때문이다.

반달족 왕 겐세리크는 강력하고 잔인무도한 남자이기도 했다. 반달족이 북아프리카로 떠난 뒤 이베리아반도에는 서고트족이 세력을 확립하고 있었지만, 어쨌든 북아프리카와 이베리아반도 사이를 갈라놓고 있는 것은 지브롤터 해협뿐이다. 북아프리카에서 차츰 세력을 확립해가고 있는 겐세리크에게는, 에스파냐에 있는 서고트족이 해협 너머에 있는 북아프리카에 관심을 갖지 않는 것이야말로 더없이 중요한 문제였다.

겐세리크는 서고트족 왕의 딸을 며느리로 달라고 요구했다. 이리하여 반달족과 서고트족은 인척 관계가 되었지만, 서고트족 왕과 사이가 나빴던 사람이 새로 서고트족 왕위에 오른 뒤에는 이 관계가 불편해졌다(서고트족 왕 테오도리크가 451년에 카탈라우눔 전투에서 사망하자 아들 토리스문드가 왕위에 올랐고, 그의 동생 테오도리크 2세가 453년에 형을 암살하고 왕위에 올랐다 - 옮긴이). 그러자 겐세리크는 며느리를 친정으로 돌려보냈다. 그냥 돌려보낸 것이 아니라 코를 베어낸 모습으로 돌려보냈다. 그 결과, 서고트족과 반달족의 관계는 전보다 더욱 좋아졌다. 이 시기의 서고트족은 이베리아반도의 지배권을 둘러싸고 수에비족 및 알란족과 투쟁을 계속하고 있었기 때문에, 지브롤터 해협이 야만족을 실은 수많은 배로 메워지는 일은 일어나지 않았다.

다시 '로마 겁탈'

서기 455년에 느닷없이 겐세리크가 이끄는 반달족이 로마의 성벽 앞에 모습을 나타낸 것은 아니다. 북아프리카의 요충인 카르타고 항을 떠난 배에 가장 가까운 육지는 시칠리아섬과 사르데냐섬이다. 그밖에 도 섬이 있지만, 판텔레리아섬도 몰타섬도 람페두사섬도 하루면 약탈이 끝날 만큼 작은 섬에 불과했다. 여기에 비하면 시칠리아와 사르데냐는 섬이라고 부르기가 망설여질 만큼, 지중해에서 첫 번째와 두 번째로 큰 면적을 자랑한다. 그래서 반달족 해적들도 오로지 이 두 섬에서만 분탕질을 일삼았지만, 그래도 섬의 내륙까지는 쳐들어가지 못했다. 북아프리카를 지배하게 된 반달족에게는 더 이상 영토를 넓히고 싶다는 욕심도 없었고, 내륙까지 쳐들어갈 수 있는 군사력도 없었기 때문이다. 또한 지중해 세계에서는 뭐니뭐니해도 바다에 면한 도시에 부가 모여 있었다. 군사력이 한정되어 있는 해적 집단은 언제나 효율성이 높은 곳만 골라서 습격한다.

그래서 반달족도 시칠리아와 사르데냐의 해안도시와 마을들을 습격하고 있었지만, 그러다 보면 아무리 도적이라 해도 '직무 영역'을 넓히려는 의욕이 높아진다. 로마가 그들의 시야에 들어온 것이다.

시칠리아에 사는 사람들로부터 계속 정보가 들어오고 있었으니까, 반달족의 이런 동향을 로마에 사는 사람들—특히 시칠리아에 농장을 가진 원로원 의원들—이 알아차리지 못했을 리는 없다. 하지만 인간에게는 보고 싶은 것밖에는 보지 않는 성향이 있다. 이 시기의 로마 주민은 아틸라와 훈족밖에 보지 않았다. 북쪽만 바라보는 시기가 오래 계속되었고, 그동안 남쪽에는 눈길을 돌리지 않았다. 겐세리크가 이끄는 반달족의 오스티아 상륙이 로마에 사는 사람들의 허를 찌른 불의의 기습이 된 것은 이런 사정 때문이다. 또한 로마인의 머릿속에 박혀 있는 야만족은, 배를 타고 바다를 건너오는 남자들이 아니라 육지에서 말을 타고 습격해오는 야만적인 남자들이었다.

아틸라는 3년 전에 죽었고, 훈족은 2년 전에 안개처럼 흩어져 사라졌다. 1년 전에는 발렌티니아누스 황제가 '오른팔'인 아이티우스를 제 손으로 죽였다. 그리고 올해 들어 그 황제도 아이티우스의 옛 부하에게 살해되었고, 그 뒤를 이어 막시무스가 황제에 즉위한 지 아직 두 달밖에 지나지 않았다.

겐세리크는 이런 사정도 잘 알고 있었을 것이다. 특히 서로마 제국이 '오른팔'을 잃은 것은 알고 있었을 것이다. 야만족을 마음대로 농락한 아이티우스가 갈리아에서 활동한 기간은 20년이나 되고, 훈족 언어만이 아니라 다른 야만족의 언어도 알고 있었다는 아이티우스는 야만족들 사이에 널리 알려진 존재였기 때문이다. 요컨대 서기 455년에 일어난 반달족의 '로마 겁탈'도 우연이 겹친 끝에 일어난 불행은 아니었다.

서기 455년에 일어난 반달족의 '로마 겁탈'에 '겁탈'이라는 낱말이 적당한지 어떤지를 놓고 고민한 시기가 있다. 사전은 '겁탈'을 '위협하거나 폭력을 써서 남의 것을 강제로 빼앗고 살육도 불사하는 행위'로 풀이하고 있다. 그렇다면 습격당한 쪽에서는 당연히 저항했을 거라고, 누구나 그렇게 생각해버린다.

서기 410년에 알라리크가 이끄는 서고트족이 로마를 '겁탈'했을 때는 세 번에 걸친 포위 공격 끝에 벌어진 일이니까, 로마 쪽도 그만큼 저항했다. 반면에 서기 455년에 겐세리크가 이끄는 반달족이 로마를 '겁탈'했을 때는 로마 쪽이 전혀 저항하지 않았는데도 약탈하고, 지난번만큼은 아니지만 살육도 저질렀다. 로마 시내에서 20킬로미터 떨어진 외항 오스티아에 상륙만 하면, 테베레강을 거슬러 올라가 로마 시내에 들어가는 것도 간단했고, '오스티아 가도'와 '항만 가도'를 통해로마에 접근하기도 쉬웠다. 따라서 적병의 모습은 보이지 않아도, 오스티아에 상륙한 것만으로도 위협이 되었다.

서기 455년 5월, 오스티아에 상륙하자마자 이 항구도시를 점거한겐세리크는 일을 서두르지 않았다. 타고 온 배들은 클라우디우스 황제가 건설하고 트라야누스 황제가 확장 정비하여 '황제들의 항구'라고불리는 항구에 정박시켰기 때문에, 바람이 불어도 태풍이 불어도 안전하다. 겐세리크가 이끌고 온 병력은 반달족을 중심으로 많아야 1만 명정도가 아니었을까. 한편 로마 시내에는 첫 번째 '로마 겁탈' 이후 지방 이주가 가속화하고 있었다고는 하지만, 적어도 20만 명은 살고 있었다. 그런데도 야만족이 오스티아에 상륙했다는 소식에 당황하여 당장이라도 달아나려고 했다.

두 달 전에 황제가 된 막시무스는 그래도 동요하는 사람들을 진정시키려고 애썼다. 하지만 군사력이 없는 황제는 아무 도움도 되지 않는다는 것을 민중도 알고 있다. 막시무스는 효과를 기대할 수 없는 노력에 한 달을 허비한 뒤, 공포에 질려 흥분한 민중에게 살해되어버렸다. 제위에 앉아 있었던 기간은 석 달도 채 안 되었다. 그 후 황제 자리

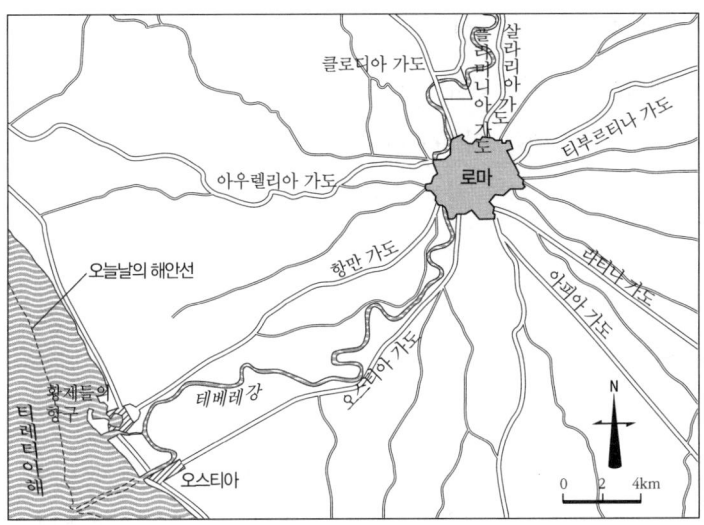

로마에서 오스티아까지

는 두 달 동안이나 비어 있게 된다. 야만족이 외항에 상륙한 것만으로도 로마 시내는 극심하게 동요했고, 다음 황제로 누구를 뽑을 것인지는 생각조차 할 수 없는 상태였다. 위기관리는커녕 지휘계통도 완전히 마비되어 있었다.

이런 상황에서 움직인 것이 이제 로마 교황이라고 불리는 로마 주교 레오였다. 3년 전인 452년에 아틸라의 진영에 가서, 가톨릭 전설에 따르면 신앙이 없는 그 야만족을 설득하여 이탈리아 침공을 단념시켰다는 사람이다. 이 레오 교황이 455년에도 오스티아에 있는 겐세리크를 찾아갔다. 그리고 '로마 겁탈'을 어떻게 진행할 것인가에 대해 로마 교황 레오와 야만족 족장 겐세리크 사이에 합의가 이루어졌다.

1. 기독교 교회와 그 관련 시설은 약탈 대상에서 제외한다.

2. 저항하지 않는 자는 죽이지 않는다.

3. 포로를 고문하지 않는다.

서기 455년 6월 15일부터 29일까지 보름 동안, 과거의 '세계의 수도'는 체계적으로 약탈당했다. 테베레강을 거슬러 올라온 배는 차례로 선착장에 옆구리를 댔다. 미리 모아서 선착장에 운반해놓은 물건을 배에 실은 뒤에는 줄을 지어 '황제들의 항구'로 돌아간다. 거기에서 하천용 배로 실어온 물건을 바다용 배에 옮겨 싣는다. 반달족 병사들은 시민을 감시할 필요도 없었다. '신의 뜻'을 전하는 것이 주교이고, 따라서 이 주교의 명령은 신의 명령이다. 기독교도인 시민들은 교황 레오의 명령에 복종했다.

배에 실린 물건은 금화와 보석 장식품만이 아니었다. 청동상은 물론 구리에 조각을 새긴 다리 난간과 문짝도 떼어서 가져갔다. 카피톨리노 언덕 위에 서 있던 최고신 유피테르 신전의 지붕은 금을 입힌 구리 기와로 덮여 있었는데, 그 기와도 모조리 벗겨서 배에 실었다.

이런 작업은 로마 시민들이 스스로 했다. 떼어내고 벗겨내고 운반해서 배에 싣는 일까지 모두 시민들이 했다. 반달족 병사들이 한 일은 로마 시내를 돌아다니면서, 때로는 남의 집에까지 들어가서 이것저것 실어내라고 지시하는 것뿐이었다.

이리하여 로마는 벌거숭이가 되었지만 살해된 사람은 별로 없었다. 그래도 불쌍하게 살해된 사람들은 아들이나 딸이 잡혀가는 것을 막으려다가 죽임을 당했거나, 저항하지도 않았는데 저항했다고 오해받은 사람들이다. 410년에 알라리크가 이끄는 서고트족의 '로마 겁탈' 당시 닷새 동안 살해된 희생자 수에 비하면, 455년에 겐세리크가 이끄는 반달족이 보름 동안이나 벌인 '로마 겁탈'의 희생자는 놀랄 만큼 적었다.

교황 레오는 기독교와는 관계없는 로마—여기에는 개인저택과 공동주택도 포함되어 있었지만—를 바쳐서 주민의 목숨을 구했다. 하지만 레오도 야만족들이 몸값을 뜯어내려고 지체 높은 사람이나 부유한 사람들을 납치하여 배에 태우는 것까지 막지는 못했다. 성직자나 수녀가 끌려가지 않도록 애쓰는 것이 고작이었다. 반달족은 가톨릭과 숙적 관계에 있는 아리우스파 기독교도였는데도 가톨릭교회에는 손을 대지 않겠다고 교황 레오에게 약속했고, 그 약속을 지켰다.

몸값을 뜯어내려고 데려간 사람들 중에는 선황제 발렌티니아누스의 아내와 두 딸도 포함되어 있었다. 겐세리크는 이 두 황녀 가운데 하나를 아들 후네리크와 결혼시켰다. 로마 제국 황녀와 야만족 족장이나 그 아들이 결혼하는 것도 이제는 드문 일이 아니었다.

410년의 '로마 겁탈'이 지중해 동방까지 놀라게 한 일대 뉴스였던 반면, 455년의 '로마 겁탈'은 뉴스도 되지 않았다. 당시의 지식인들 가운데 이 일에 충격을 받고 영원한 도시 로마의 운명을 슬퍼하는 글을 남긴 사람은 하나도 없다. 벌써 두 번째 겪는 일이고, 게다가 빼앗는 쪽과 빼앗기는 쪽이 서로 협력하여 이루어졌다는 느낌을 주는 '겁탈'이었기 때문일까. 어쨌든 기와가 벗겨진 유피테르 신전은 반세기 전부터 이미 빈집이 되어 있었다.

마지막 20년

한 나라의 최고 권력자가 자주 바뀌는 것은 환자가 아픔을 견디다 못해 침대에서 계속 몸을 뒤척이는 것과 비슷하다. 서로마 제국이 멸망한 뒤에도 동로마 제국은 어떻게 존속할 수 있었을까. 여기에 대한 대답은 다음 도표에 다 나와 있다. 동로마 제국에 문제가 없었던 것은 아니다. 문제는 서방과 마찬가지로 많았지만, 거기에 대처하는 사람들이 차분하게 대처할 수 있었다는 이점이 컸다. 현대식으로 말하면 '정국 안정'이다. 오늘날 선거에서 뽑힌 대통령이나 총리에게 5년 내지 7년 정도의 임기를 보장하는 것도 그 때문일 것이다.

배가 기울 만큼 많은 약탈품을 싣고 반달족이 북아프리카로 돌아간 지 한 달 뒤, 드디어 다음 황제가 결정되었다. 로마 시대에는 '갈리아계 로마인'이라고 불린 사람으로, 갈리아에서 태어나 아이티우스 밑에서 군대 경력을 쌓았다. 하지만 순수한 군인은 아니고, 오베르뉴 지방에 넓은 농장을 갖고 있는 갈리아 속주의 유력자였다.

이제 갈리아도 사실상 야만족의 지배를 받고 있었다. 그 갈리아에서도, 지배하게 된 지방의 유력자, 즉 로마 제국 치하의 기성 계급에 어떻게 대처하느냐에 따라 야만족을 두 부류로 나눌 수 있었다.

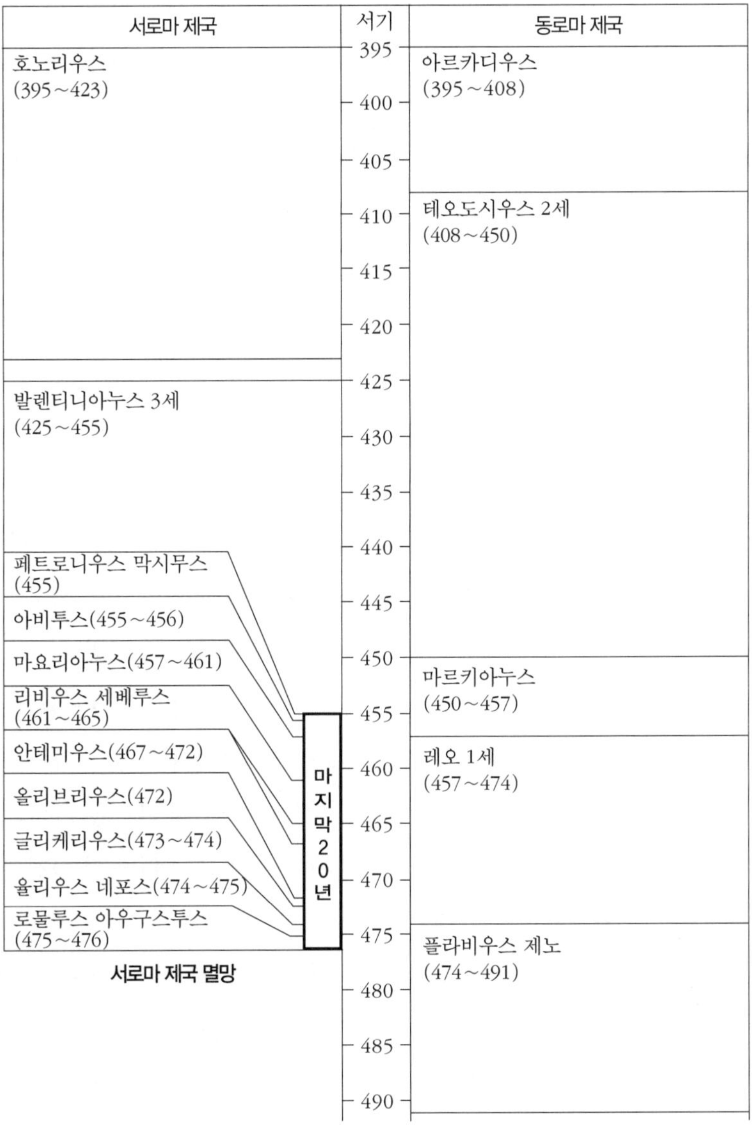

서로마 제국	서기	동로마 제국
호노리우스 (395~423)	395 400 405	아르카디우스 (395~408)
	410	테오도시우스 2세 (408~450)
	415 420	
발렌티니아누스 3세 (425~455)	425 430 435 440	
페트로니우스 막시무스 (455)	445	
아비투스(455~456)		
마요리아누스(457~461)	450	마르키아누스 (450~457)
리비우스 세베루스 (461~465)	455	
안테미우스(467~472)	460	레오 1세 (457~474)
올리브리우스(472)		
글리케리우스(473~474)	465	
율리우스 네포스(474~475)	470	
로물루스 아우구스투스 (475~476)	475	플라비우스 제노 (474~491)
서로마 제국 멸망	480 485 490	

마
지
막
2
0
년

첫째는 북아프리카의 반달족이 보여주었듯이, 사회 상층부에 있는 사람들도 중간층이나 하류층에 있는 사람들과 똑같이 피정복자로 다루는 방식이다. 둘째는 그와 반대로 상층부에 있는 사람들을 자기네 협력자로 삼아, 야만족 치하에서도 기성 계급을 그대로 유지하는 방식이다. 갈리아에서는 당시 북부에 세력을 확립하고 있던 프랑크족과 서부에서 버티고 있는 동시에 에스파냐에도 진출하고 있었던 서고트족이 패권을 다투고 있었는데, 이 서고트족은 두 번째 부류에 속했다. 아비투스는 아틸라가 이끄는 훈족에 맞서서, 서로마 제국 총사령관이자 자기 상관이었던 아이티우스와 서고트족 수령 테오도리크의 공동 전선을 성립시키기 위해 노력한 사람이었다.

첫 번째 방식과 두 번째 방식의 차이는, 야만족이 지배하게 된 지방에서 유력자들이 도망쳐 나왔느냐, 그대로 남았느냐에 나타나 있다. 반달족이 정복한 북아프리카에서는 상류층 난민이 많았지만, 서고트족이 지배하는 갈리아 서부에서는 그런 현상을 찾아볼 수 없었다.

서기 455년의 '로마 겁탈' 이후 서로마 제국 황제가 된 아비투스(Avitus)는 이탈리아가 아니라 갈리아에서 황제로 옹립되었다. 게다가 로마군 병사들이 추대한 것도 아니고, 서고트족 왕이 천거했다. 따라서 아비투스 황제가 이탈리아에 발을 들여놓은 것은 즉위한 지 반년이 넘게 지난 이듬해 456년이었다.

하지만 황제가 절대적 전제군주가 되면, 황제의 관저이자 공관인 황궁에서 일하는 궁정인이라는 이름의 관료계급이 권력을 갖게 된다. 이들이 갈리아에서 야만족의 후원으로 황제가 된 아비투스를 환영할 리가 없었다. 파국은 아비투스가 이탈리아에 왔을 때 찾아왔다. 그때는 강제로 퇴위당했을 뿐이지만 결국에는 살해되어, 야만족이 추천한 로

아비투스

마 황제는 배제되었다.

라벤나의 황궁 관리들이 다음으로 뽑은 황제는 마요리아누스(Majorianus)라는 야만족 출신 군인이었다. 이 사람도 아이티우스 밑에서 경력을 쌓은 것은 아비투스와 마찬가지였지만, 아비투스와는 달리 순수한 군인이고 게다가 야만족 출신이니까, 궁정관료들도 쉽게 조종할 수 있다고 생각했을 것이다. 그런데 이 새 황제는 즉위하자마자 상당히 의욕적인 태도를 보여서, 궁정관료들의 기대를 배신하게 된다. 황궁에서 근무하는 관료들은 기득권 계층을 이루고 있었는데, 새 황제 마요리아누스가 펴기 시작한 시책은 모두 이 기득권을 침해하는 것이었기 때문이다.

첫 번째 시책은 사면이었다. 체납한 세금을 말소해준다는 것이었다. 그리고 앞으로는 세금을 공정하게 징수하겠다고 약속했다. 징세업무만큼 관료들이 단물을 많이 빨아먹어온 것도 없기 때문이다.

둘째, 지방자치단체의 복권이다. 구체적으로 말하면, 지금까지 지방자치단체 의원은 그 지방에서 거두어들일 수 있었던 세금으로 중앙이 결정하는 세액을 충당할 수 없을 경우 개인 재산으로 그 구멍을 메울 의무가 있었지만, 앞으로는 이 의무를 면제했다. 이 의무 때문에 지방자치단체 의원이 되려는 사람이 없어졌기 때문이다. 로마 시대에는 지방의회에 의석을 가진 사람이 그 지방자치단체의 요직을 겸임하도록 정해져 있었다.

게다가 마요리아누스 황제는 '도시의 수호자'라고 직역할 수 있는 기구까지 신설했다.

로마인의 언어인 라틴어로는 도시를 'civitas'라고 부른다. 도시국가에서 출발하여 제국이 된 로마에서 도시는 여전히 중요한 핵이었다. 따라서 제정으로 이행한 뒤에도 주로 로마 시민권을 가진 사람이 사는 '도시'와 로마에 정복당한 사람들이 사는 '지방자치단체'(municipia)에 권리를 나누어주는 것은 역대 황제들의 중요한 정책이었다. 바꿔 말하면 중앙집권과 지방분권의 절묘한 조합이고, 이것이 원수정 시대에 민심이 안정되어 있었던 진짜 이유였다. 따라서 마요리아누스 황제의 지방분권 정책은 디오클레티아누스 황제 이후 중앙집권으로 지나치게 기울었던 제국의 '축'을 도시나 지방자치단체로 되돌려 균형을 회복한다는 점에서 참으로 올바른 정책이었다.

하지만 디오클레티아누스와 콘스탄티누스 대제가 중앙집권 노선으로 방향을 돌린 지 200년이 지났다. 정책으로는 옳아도, 시대가 그것을 받아들이지 않게 되어 있었다. 설사 궁정관료들이 반대하지 않았다 해도 효과는 기대할 수 없었다.

거기에 마음이 초조해졌는지, 황제는 북아프리카 원정 계획을 발

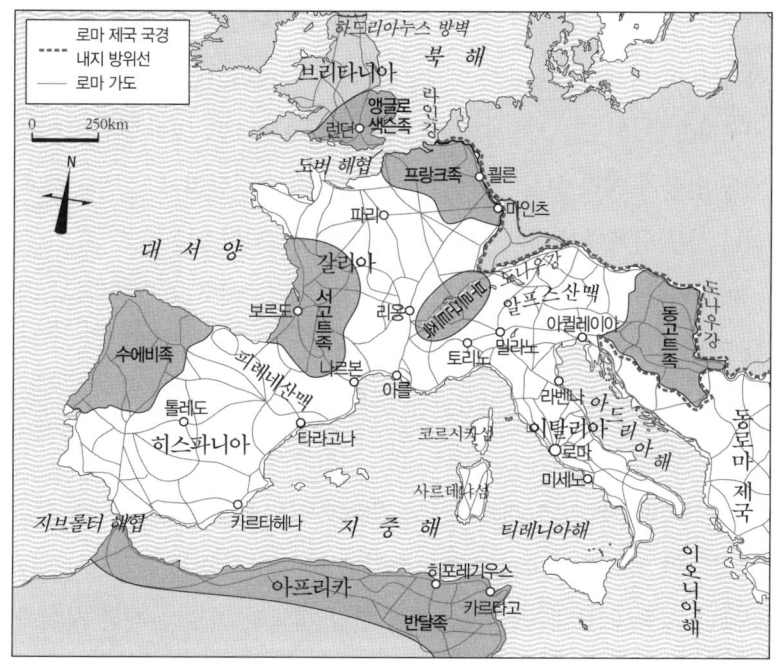

5세기 중엽의 서로마 제국과 그 주변

표한다. 이것도 정책으로는 옳았다. 반달족 해적의 횡행은 계속 심해
져서, 북아프리카와 멀리 떨어진 아드리아해 연안의 이탈리아 남부에
서도 피해를 보는 도시가 늘어나고 있었다. 이들 해적의 본거지인 북
아프리카를 공격하여 주민들을 해적의 공포에서 해방시킨다는 충분
한 대의명분이 있었다. 하지만 이것도 시대가 허락하지 않았다. 원정
에 필요한 비용을 어떻게 마련할 것인가. 이제 서로마 제국에는, 갈리
아에서도 히스파니아에서도 북아프리카에서도 세금이 들어오지 않게
되었다. 이런 상황에서도 원정을 강행한다면 큰 무리를 수반할 수밖에
없었다.

마요리아누스 황제는 '큰 무리'라도 굳이 하기로 결정한다. 이탈리아 남부의 미세눔(오늘날의 미세노) 군항과 이베리아반도 서부의 항구 카르타고 노바(오늘날의 카르타헤나)를 중심으로 모두 300척에 이르는 배를 만들기 시작했다. 그 작업이 끝나는 대로 이탈리아 남부와 에스파냐 서부 양쪽에서 북아프리카로 진격하기로 되어 있었다.

마요리아누스가 제위에 오른 것은 서기 457년이다. 두 항구에서 배를 만들기 시작한 것도 457년이었다. 북아프리카로 진격하는 것이 마요리아누스 황제의 염원이었다는 것을 알 수 있다. 황제는 몸소 카르타헤나에 자주 가서 조선 공사를 진두지휘까지 할 정도였다.

북아프리카에 있는 겐세리크도 지금까지는 계속 뒤쪽으로 돌 줄밖에 몰랐던 서로마 제국의 변모에 놀란 모양이었다. 겐세리크는 사절을 라벤나 황궁에 보내, 북아프리카의 반달 왕국과 서로마 제국 사이에 우호 관계를 수립하는 협약을 맺고 싶다고 제의했다. 반달족의 왕위계승자인 아들 후네리크의 아내는 발렌티니아누스 황제의 딸이니까, 두 나라가 우호 관계를 맺는 편이 자연스럽다는 게 그 이유였다. 라벤나의 궁정관료들은 이 제의를 받아들이자고 권했지만, 마요리아누스 황제는 이를 단호히 거부했다.

퇴짜를 맞은 겐세리크는 작전을 바꾼다. 35년 동안이나 10만 명에 이르는 야만족을 통솔해온 남자다. 게다가 그들을 이끌고 북아프리카로 건너오는 어려운 일을 해낸 남자다. 또한 병력을 잃지 않고 '로마 겁탈'이라는 평화적인 대규모 약탈까지 해낸 남자다. 훗날 르네상스 시대의 정치사상가인 마키아벨리는 지도자에게는 사자의 자질과 여우의 자질이 둘 다 필요하다고 말했는데, 이 반달족 왕은 그 점에서도 합격이었던 게 분명하다. 적이 많은 배를 만들고 있는 것을 알면서도, 그 배들이 쳐들어왔을 때에 대비하여 방비를 강화하는 대신 완전히 다른 대항책을 강구하여 실행에 옮겼기 때문이다. 겐세리크는 미세노보다 카르타헤나에서 더 많은 배가 만들어지고 있는 사실도 파악하고 있었던 게 분명하다.

여름의 지중해는 미풍이 부는 잔잔한 바다다. 서기 461년 7월의 그날 밤에도 바다는 작은 배로도 건널 수 있을 만큼 잔잔했고, 달이 뜨지 않은 밤이라서 그 바다를 작은 점처럼 나아가는 몇 척의 작은 배들을 알아차린 사람은 없었다. 작은 배만으로 이루어진 선단은 카르타헤나 항구로 잠입하자 사방팔방으로 흩어졌다. 그리고 정박해 있는 모든 배에 불붙인 화살을 쏘아넣었다.

파수꾼이 알아차렸을 때는 정박해 있는 모든 배에서 불길이 치솟고 있었다. 그곳에 머물고 있던 마요리아누스 황제도 그 광경을 멍하니 바라볼 수밖에 없었다. 3년 동안의 노력이 물거품으로 돌아갔다. 그리고 이 원정을 위해 무리하여 염출한 비용도 물거품으로 돌아갔다. 서로마 제국의 국고는 이제 절망적일 만큼 바닥나 있었다.

낙담을 감추지 못하고 이탈리아로 돌아간 황제는 라벤나의 황궁에도 돌아갈 수 없었다. 에스파냐에서 남프랑스를 지나 이탈리아로 들어갔을 때, 그의 반대세력이었던 궁정관료들이 보낸 병사들이 기다리고 있다가 그를 붙잡아 그 자리에서 죽여버렸기 때문이다. 461년 8월 초였다.

다음 황제는 곧 정해졌다. 리비우스 세베루스(Libius Severus)라는

마요리아누스

세베루스

남자인데, 궁정관료의 좌장(座長) 격이었던 리키메르의 꼭두각시여서 4년의 치세 동안 무엇을 했는지 전혀 알 수 없다. 아마 아무 일도 하지 않았을 것이다. 죽은 것은 465년, 그것도 리키메르한테 독살당했다고 한다.

이 리키메르라는 남자는 수에비족 출신 아버지와 서고트족 출신 어머니 사이에서 태어났지만, 아이티우스 휘하의 로마군에서 두각을 나타낸 인물이다. 아이티우스가 발렌티니아누스 황제에게 살해된 454년 이후에도 로마군에 남아 있었는데, 어느새 교묘히 라벤나 황궁으로 들어와 궁정관료들의 기득권을 지켜주는 방법으로 권력을 얻었다. 마요리아누스가 황제에 취임한 것도, 야만족 출신인 자기가 제위에 오르는 것은 무리라고 판단한 리키메르가 자신은 황궁을 좌지우지하는 것으로 만족하고 친구를 황제에 추대했기 때문이라고 한다.

그런데 '킹'이 '킹 메이커'의 뜻에 어긋나는 일만 하게 되었다. 이런 경우, 기득권 계층은 공공연히 반격에 나서지 않는다. 황제가 정책을 실시하는 단계에서 눈에 보이지 않는 방해 공작을 계속하면서 상대가

실수하기를 기다린다. 기득권 계층이니까 기다리는 데 필요한 '체력'
은 갖추고 있었다.

카르타헤나에서 선단이 불탄 것은 '킹'을 바꿀 수 있는 좋은 기회를
'킹 메이커'에게 주었다. 마요리아누스는 살해되고 세베루스가 제위에
올랐다. 하지만 이 세베루스도 4년 뒤에는 불편해졌다. 서로마 제국이
동로마 제국에 도움을 청하려면 '동쪽'이 바라는 인물을 '서쪽'의 제위
에 앉혀놓아야 했기 때문이다. 야만족 출신이면서 이제 서로마 제국
의 최고 실력자가 된 리키메르도 서로마 제국은 혼자 힘으로는 아무것
도 할 수 없고 동로마 제국과 힘을 합쳐 싸우는 것만이 살 길임을 깨달
았을 것이다. 북방 야만족 출신으로 사복을 채우는 솜씨는 누구한테도
뒤지지 않는다는 말을 들은 리키메르지만, 시대의 흐름을 보는 눈은
정확했는지도 모른다.

동 · 서의 마지막 공동투쟁

서로마 제국의 방침 전환에 동로마 제국도 화답했다. 하지만 그것은
결코 서로마 제국의 복권을 바랐기 때문은 아니다. '동쪽'이 보기에 '서
쪽'은 어디까지나 자기네보다 힘이 약한 아우뻘이었고, 로마가 콘스탄
티노폴리스를 넘어서면 안 되었다. 다만 '서쪽'이 자기네보다 한 단계
뒤떨어지는 국가로 존속해주는 편이 '동쪽'에는 편리했다.

첫째는 군사적인 이유였다. 서로마는 북방 야만족과 동로마 사이에
끼어 있는 쿠션이나 완충재로서 동로마에 효용성을 갖고 있었다. 둘째
는 종교적인 이유였다. 게르만족의 전통적인 원시종교나 아리우스파
기독교를 믿는 야만족과 직접 맞닿아 있는 나라가 가톨릭 국가인 서로

레오   안테미우스

마라는 것은 같은 가톨릭 국가인 동로마에는 무엇보다 편리했기 때문
이다.

동로마 제국 황제는 마르키아누스 황제가 자연사한 서기 457년부
터 레오(Leo)로 바뀌어 있었다. 트라키아 출신인 이 군인 황제의 즉위
로 '동'과 '서'의 공동투쟁은 순조롭게 시작되었다.

서로마는 동로마가 인정하려 하지 않았던 세베루스 황제를 죽여서
서로마의 제위를 비워놓고, 어서 원하는 인물을 보내달라는 듯 빈자
리를 동로마에 내밀었다. 동로마 황제 레오는 그 자리에 안테미우스
(Anthemius)를 앉힌다. 콘스탄티노폴리스 황궁의 고위 관료의 아들인
안테미우스는 군사 경험이 풍부하고, 선황제인 마르키아누스의 딸을
아내로 삼았으니까 황실의 일원이기도 했다.

동로마 제국 황제 레오는 안테미우스에게 병력을 내준다. 안테미우
스는 그 병력을 이끌고 467년 초여름에는 벌써 로마에 들어가 있었다.
로마 교황이 집전하는 대관식도 치르고, 로마 원로원의 승인도 받고,
가톨릭 국가인 서로마 제국 황제로서 정통적인 경로를 거쳐 제위에 올
랐다.

물론 서로마 제국의 사실상 권력자인 리키메르가 공짜로 밥상을 차려 바친 것은 아니다. 협력한 대가로 '귀족' 칭호를 받았고, 집정관도 되었고, 이미 노령인데도 새 황제 안테미우스의 딸을 아내로 맞았다. 이리하여 이듬해인 서기 468년은 동·서가 힘을 합쳐 서로마 제국 방위에 본격적으로 나서는 첫 해가 될 터였다.

그들이 적으로 간주한 것은 북아프리카를 지배하는 반달족이다. 동·서 로마가 이 야만족을 공동투쟁의 첫 번째 적으로 고른 이유는 두 가지였다. 첫째, 지중해 연안의 도시와 마을을 반달족 해적의 약탈로부터 해방시키기 위해서였다. 반달족의 해적선은 이제 이탈리아반도 서쪽의 티레니아해와 동쪽의 아드리아해만이 아니라 그리스 쪽의 이오니아해에도 출몰하게 되었다.

둘째는 종교적인 이유였다. 니케아 공의회에서 기독교의 정통으로 결정된 가톨릭을 믿는 동·서 로마가 니케아 공의회 이후 이단이 된 아리우스파 기독교를 믿는 반달족을 공격하여, 이단 지배의 굴레에서 정통 가톨릭교도를 해방하는 것을 명분으로 삼았기 때문이다. 반달족은 이교도가 아니었다. 하지만 같은 기독교도라도 이교보다 더 배척할 만한 이단이었다. '십자군'이라는 이름을 내세운 군사행동은 이때부터 600여 년 뒤인 중세에 일어나지만, 그 정신은 5세기 중엽에 벌써 싹트고 있었던 것이다. 자기와 다른 신을 믿거나, 같은 신을 믿더라도 믿는 방식이 다른 사람을 적대시하고 배척하는 십자군의 사고방식은 일신교도한테서만 생겨날 수 있다.

아직 십자군이라는 이름을 내걸지는 않았지만 사실상은 십자군이었기 때문인지, 동과 서 양쪽에서 북아프리카로 쳐들어가게 된 병력은 규모가 대단했다. 그리스인이 남긴 숫자는 언제나 과장되어 있어서 선뜻 믿기 어렵지만, 반증 사료가 없기 때문에 그 숫자를 그대로 인용하면 다음과 같다.

총비용—13만 리브라(48,750킬로그램)의 황금

군함과 수송선—1,113척

종군하는 병사—10만 명

서로마 제국에서는 이것의 5분의 1도 동원할 수 있을지 의심스러웠으니까, 태반은 동로마 제국이 부담했을 게 분명하다. 그리고 작전도 동로마 제국이 결정한다.

우선 동쪽의 이집트에서 헤라클리우스 장군이 이끄는 병력이 서쪽으로 진격하여 키레나이카를 지나 카르타고로 접근한다.

한편 북쪽의 달마티아에서는 마르켈리누스 장군이 이끄는 병력이 배를 타고 아드리아해를 남하하여 카르타고로 접근한다.

이탈리아에서는 안테미우스 황제가 이끄는 병력이 프랑스 남부와 에스파냐 서부로 진격하여, 지중해 서부의 제해권을 반달족한테서 도로 빼앗는 동시에 그들의 도주로를 차단한다.

그리고 원정군 본대인 대함대는 콘스탄티노폴리스를 출항한 뒤에는 꼭 필요한곳에만 기항하면서 반달족이 본거지로 삼고 있는 카르타고로 직행하여 당장 항구를 점령한다.

이래서는 사자의 용기와 여우의 지모를 갖춘 겐세리크도 독 안에 든 쥐 신세를 각오할 수밖에 없었을 것이다.

하지만 이 대규모 원정군의 '아킬레스건'은 바로 총사령관이었다. 레오 황제의 손아래 처남이라는 이유만으로 총사령관에 임명된 바실

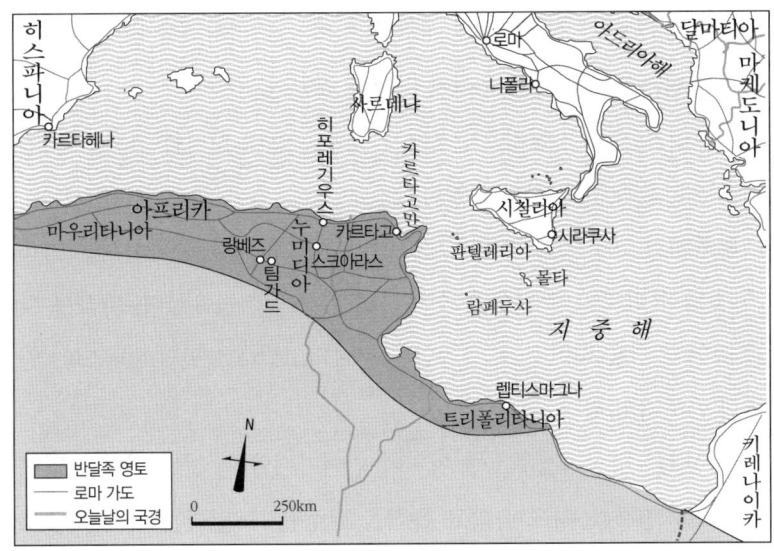

카르타고와 그 주변

리스쿠스라는 자는 나이도 젊고 전쟁 경험도 없었다. 게다가 허영심이 강해서, 남의 호감을 사는 것을 무엇보다 좋아하는 사람이기도 했다.

반면에 반달족 왕 겐세리크는 428년에 형의 죽음으로 족장이 된 이후 40년 동안이나 부족을 통솔해온 노련한 지도자였다. 생년월일이 분명치 않아서 468년 당시의 나이는 알 수 없지만, 일흔 살이 가까웠을 게 분명하다. 하지만 무엇보다도 그는 아수라장을 헤쳐 나가면서 40년을 보낸 사람이다.

카르타고 항을 둘러싸고 펼쳐져 있는 후미 동쪽에는 커다란 반도가 튀어나와 있다. 그 반도 끝에는 로마 시대부터 기항지가 정비되어 있었다. 바실리스쿠스가 이끄는 대함대도 후미로 들어가기 전에 여기에 닻을 내리고, 아드리아해에서 남하해올 마르켈리누스의 부대를 기다리고 있었다. 마르켈리누스의 부대도 이미 아드리아해를 벗어나 시칠리아로 다가가고 있다는 소식이 들어와 있었다.

겐세리크는 그 바실리스쿠스에게 사람을 보내 친서를 전달했다. 친서에는 다음과 같이 적혀 있었다.

평화적인 교섭으로 귀하의 아프리카 원정 목적을 충족시켜줄 마음은 충분히 있지만, 부하들을 설득하려면 시간이 필요하다. 따라서 닷새 동안 휴전을 허락하고, 그동안은 카르타고만(오늘날의 튀니스만) 안에 정박하기 바란다.

총사령관 바실리스쿠스는 여기에 넘어가버렸다. 전쟁 경험이 없는 그에게는 전투를 치르지 않고 목적을 달성할 수 있다는 것이 무엇보다 큰 매력이었고, 또한 동쪽에서 육로로 접근하고 있는 헤라클리우스나 해로로 접근하고 있는 마르켈리누스가 없어도 이길 수 있다는 생각만큼 그의 허영심을 자극하는 것도 없었다. 바실리스쿠스는 아무 조건도 달지 않고 닷새 동안의 휴전을 승낙하고, 함대를 카르타고만 안으로 이동시켰다. 게다가 배를 정박시킨 뒤에도 특별한 경계는 하지 않았다.

이렇게까지 좋은 조건이 갖추어지면, 늙은 여우 겐세리크가 절체절명의 위기를 단번에 역전시키는 것쯤은 식은 죽 먹기였을 것이다. 게다가 이번에는 제 손바닥처럼 잘 알고 있는 자기 집 앞마당이 무대가 되었다. 7년 전에 카르타헤나 항에서 전개했던 화공 작전이 카르타고만에서도 되풀이되었다.

이번에는 선박 수가 훨씬 많았다. 그래도 자기 집 앞마당이다. 좌우의 배들이 불타는 것을 보고 달아나는 로마 선박에는 반달족 병사가 올라타서 로마군 병사를 바다에 집어던져 죽이거나 사로잡았다. 불만 지른 것이 아니라, 익숙한 해적으로도 변신한 것이다.

그래도 대함대의 절반 가까이는 무사히 달아난 모양이다. 하지만 완전히 전의를 상실한 총사령관의 머리를 차지하고 있는 것은 콘스탄티노폴리스로 달아날 생각뿐이었다. 그는 콘스탄티노폴리스로 달아나기는 했지만, 누나인 황후가 레오 황제의 분노를 가라앉혀줄 때까지 교회에 숨어 있었다고 한다.

시칠리아에서 카르타고로 가고 있던 마르켈리누스 장군의 부대도 해적으로 변신한 적의 공격을 받고 시칠리아로 달아날 수밖에 없었다. 하지만 앞에서도 말했듯이 해적은 육지에 상륙하여 싸우기도 한다. 대선단을 불태우고 의기양양해진 반달족은 시칠리아에 상륙하여 육지에서 싸움을 걸어왔다. 격전이 벌어졌고, 마르켈리누스의 부대는 궤멸을 면치 못했다. 전사자들 중에는 마르켈리누스 장군도 섞여 있었다.

서쪽에서 육로를 통해 카르타고로 다가가고 있던 헤라클리우스 장군의 부대도 지체 없이 공세로 나온 반달족에게 진로가 막혔다. 선단이 불타버린 것을 안 헤라클리우스는 전투보다 후퇴를 선택했다.

이리하여 동·서 로마 제국이 힘을 합쳐 실행한 대작전은 기껏해야 북방 야만족에 불과했던 반달족 앞에서 완전히 실패로 끝났다. 서로마 제국 황제인 안테미우스는 무사했지만, 그는 동로마 제국이 보낸 사람이다. 서로마 제국 안에서 그의 처지가 나빠진 것은 당연했다. 서기 468년을 끝으로 동로마는 서로마를 버리고 돌아보지 않았기 때문이다.

동로마 제국 황제 레오와 반달족 왕 겐세리크는 468년 말에 강화를 맺었다. 내용은 알려져 있지 않다. 다만 그리스 바다에서 반달족의 해적 행위가 전혀 개선되지 않은 것만은 분명하다.

한편 서로마 제국은 동로마보다 많은 것을 빼앗겼다. 로마인이 아직 로마식으로 살 수 있었던 내륙지역은 별문제지만, 시칠리아와 사르데냐의 해안지역은 모두 반달족의 지배를 받게 되었다. 그리고 제해권 확보에 더없이 중요한 이 두 섬을 잃었다는 것은 이베리아반도 서부와 갈리아 남부도 이제 로마인의 영토가 아니라는 것을 의미했다.

반달족 왕 겐세리크는 9년 뒤인 서기 477년에 세상을 떠난다. 그 전 해인 476년에 서로마 제국은 멸망했다.

로마 제국의 멸망

동로마 제국에 버림받은 뒤, 서로마 제국에서 맨 먼저 일어난 일은 안테미우스 황제와 야만족 출신 실력자 리키메르의 관계가 나빠진 것이었다. 동·서 로마가 힘을 합친 북아프리카 수복 작전이 실패로 돌아간 지 4년 뒤, 이 두 사람의 대립은 무력 충돌로까지 발전한다. 서기 472년에 일어난 사건을 열거하면 다음과 같다.

472년 3월, 리키메르가 안테미우스에 맞서서 제 부하인 올리브리우스(Olybrius)를 제위에 앉힌다.

같은 해 7월, 올리브리우스와 리키메르의 연합군이 로마 시내에서 테베레강을 사이에 두고 안테미우스 군대와 대결한다. 로마는 40일 넘게 서로마 제국 병사들끼리 피를 흘리는 전쟁터가 되었다. 하지만 무기를 들고 싸우는 병사들은 대부분 야만족 출신이고, 도망쳐 다니는 것은 로마 시민이었다.

7월 11일, 안테미우스가 전사했다.

올리브리우스   글리케리우스   율리우스 네포스

8월 20일, 리키메르가 병사했다.

10월 23일, 올리브리우스가 암살당했다.

그 후 글리케리우스(Glycerius)라는 인물이 황제가 되지만, 서로마
제국의 참상은 그칠 줄을 몰랐다. 동로마 제국도 방치할 수 없어서, 율
리우스 네포스(Julius Nepos)라는 장군을 서로마 제국 황제로 삼겠다
고 서로마에 알려온다. 당시 네포스 장군은 아드리아해를 사이에 두고
이탈리아반도와 마주보고 있는 달마티아 지방의 군사령관이었다. 하
지만 본국 정부가 서로마를 포기한 것을 지방장관이 알아차리지 못할
리가 없다. 네포스는 마음이 내키지 않았는지, 황제가 되었는데도 좀
처럼 이탈리아에 오려고 하지 않았다.

이것이 리키메르가 죽은 뒤에도 이탈리아 안에 남아 있던 동로마
제국 반대파의 기세를 올려주었다. 그중 한 사람이 오레스테스였다.

이름만 들으면 그리스계로 여겨지지만, 오레스테스는 로마 시대의
판노니아(후세의 헝가리와 겹친다)에서 태어난 로마인이다. 오랫동안
로마 제국의 가장 중요한 방위선이었던 판노니아도 5세기에 접어들

무렵에는 야만족인 훈족에게 점령되었고, 아틸라가 등장한 뒤에는 야만족 중의 야만족으로 공포의 대상이 된 훈족의 본거지로 변해 있었다. 오레스테스의 아버지는 난민이 되기보다는 침략자 아틸라를 섬기는 쪽을 택한 로마인 가운데 하나였다. 아버지가 죽자 아들도 아버지와 같은 길을 걷는다. 오레스테스는 로마인이면서도 아틸라를 따라 로마군과 싸웠고, 이탈리아로 쳐들어와서 북이탈리아를 분탕질하고 다닌 자였다.

하지만 아틸라가 죽고 훈족이 뿔뿔이 흩어져 안개처럼 사라져버리자 오레스테스도 실업자가 되어버린다. 실업자가 된 오레스테스는 발칸 지방을 남하하여, 동로마 제국 치하에 있는 달마티아의 로마군에 들어갔다. 얼마 후 라벤나 황궁에 딸려 있는 고급 관료의 딸과 결혼하여 서로마 제국 내부에도 발판을 마련했다니까, 처세에는 상당히 능한 사람이었다. 결혼을 계기로 라벤나로 이주한 그는 얼마 후 '귀족' 칭호까지 손에 넣었다. 사실상의 재상 같은 지위다.

이 오레스테스가 서로마에서 동로마 제국 반대파의 우두머리처럼 된 것은 결코 그에게 서로마 제국을 복권시키겠다는 의욕이 있어서가 아니었다. 달마티아에 있을 때 상관이었던 네포스 장군과 사이가 나빠서, 네포스가 서로마 제국 황제로 있는 한은 찬밥 신세를 면할 수 없다고 생각했기 때문일 뿐이다. 그래서 이탈리아에는 오지도 않는 네포스 황제에게 불만을 품고 있던 서로마 제국 요인들의 리더 역할을 떠맡고 나선 것이다.

하지만 그는 스스로 제위를 노리지는 않았다. 아직 어린 아들 로물루스를 제위에 앉혀 실권을 쥐려고 했다.

로물루스 아우구스투스

서로마 제국의 마지막 황제가 되는 소년의 이름이 로마를 건국한 왕과 같은 것은 우연의 일치일 뿐이다. 오레스테스는 죽은 아버지와 같은 이름을 아들에게 붙여주었을 뿐이기 때문이다. 변경에 사는 로마인일수록 로마 역사에서 유명한 사람과 같은 이름을 갖기를 좋아했다. 하지만 오레스테스는 아들 로물루스를 제위에 앉힐 때 이름을 또 하나 붙여주었다. 덕분에 서로마 제국 최후의 황제는 로마 건국 시조의 이름과 함께 로마 제국 시조의 이름도 갖게 되었다. 그 이름은 로물루스 아우구스투스(Romulus Augustus)였다.

서기 475년 10월 31일, 로물루스 아우구스투스는 황제에 취임했다. 로마 원로원도 열다섯 살의 소년 황제를 승인했다. 아드리아해 건너편의 달마티아에 네포스 황제가 있었는데도……

그런데 여기에 반대하는 목소리는 네포스가 있는 달마티아에서도, 동로마 제국 황제가 있는 콘스탄티노폴리스에서도 터져 나오지 않고, 바로 옆에 있는 북이탈리아에서 터져 나왔다.

이것도 동로마 제국과의 관계 개선이나 서로마 제국의 복권과는 아무 관계도 없었다. 서로마 군대에 복무하는 야만족 출신 장군들이 자기네한테도 자유롭게 살 수 있는 땅을 달라고 요구했는데 오레스테스가 거절했기 때문이다. 말하자면 노동조합이 경영자에게 노동 조건 개선을 요구했다가 거절당한 것과 비슷했다. 거절당한 야만족 출신 장군들은 오도아케르를 두목으로 내세워 무력투쟁을 시작했다.

전투는 두 번 벌어졌고, 두 번 다 오레스테스가 패했다. 476년 여름의 두 번째 전투에서는 패배한 오레스테스가 붙잡혀 그 자리에서 살해되었다. 소년 황제가 있는 라벤나에 오도아케르가 입성한 것은 그해 9월이었다. 황제 로물루스 아우구스투스는 퇴위당했다. 그런데 오레스테스는 태연히 죽인 오도아케르가 그 아들에게는 너그러웠다. 소년 황제는 6천 솔리두스의 연금을 보장받고, 나폴리 근교의 빌라로 은퇴당했을 뿐이다. 그곳에서 무사히 일생을 마친 모양이다.

로마 제국은 이렇게 멸망했다. 야만족이라도 쳐들어와서 치열한 공방전이라도 벌인 끝에 장렬하게 죽은 게 아니다. 활활 타오르는 불길도 없고 처절한 아비규환도 없고, 그래서 아무도 알아차리지 못하는 사이에 사라져버렸다. 소년 황제가 퇴위한 뒤 오도아케르가 대신 제위에 오른 것도 아니고, 오도아케르가 다른 누군가를 제위에 앉힌 것도 아니었다. 아무도 황제가 되지 않았을 뿐이다. 반세기 전인 410년의 '로마 겁탈' 당시에는 제국 전역에서 터져 나왔던 비탄의 목소리도 476년에는 전혀 들려오지 않았다.

오늘날 세계 각국의 교과서는 서기 476년을 서로마 제국이 멸망한 해로 명기하고 있다. 그런데 어느 교과서도, 어느 로마사 권위자도 서로마 제국이 멸망한 '해'는 말하지만, '달'과 '날'은 말하지 않는다. 이유는 간단하다. 모르기 때문이다. 상상력을 발휘해보아도 9월 언제쯤이 아닐까 하고 짐작하는 게 끝이다.

그래도 건국한 해로 되어 있는 기원전 753년부터 헤아리면 1,229년 뒤에 로마는 멸망했다. 그것은 622년 전인 기원전 146년에 일어난 카르타고의 멸망에 비해 얼마나 어이없는 종말인가.

『한니발 전쟁』이라고 제목을 붙인 제2권은 카르타고를 멸망시킨 로마의 총사령관 스키피오 아이밀리아누스를 서술한 역사가 폴리비오스의 글로 끝난다. 그것을 다시 한번 뒤돌아보고 싶다.

〈스키피오 아이밀리아누스는 눈 아래 펼쳐진 카르타고시에서 오랫동안 눈을 떼지 않았다. 건국한 지 700년, 그 오랜 세월 동안 번영을 누린 도시가 잿더미로 변해가는 것을 그는 물끄러미 바라보고 있었다.

700년이나 되는 긴 세월 동안, 카르타고는 넓은 땅과 수많은 섬과 바다를 지배해왔다. 그에 따라 카르타고는 지금까지 인류가 만들어낸 어떤 강대한 제국에 견주어도 손색이 없는 방대한 양의 무기와 군선과 코끼리와 부를 소유할 수 있게 되었다.

카르타고는 과거의 어떤 제국보다도 용기와 기개가 뛰어났다. 로마의 요구에 굴복하여 모든 무기와 모든 군선을 공출했으면서도, 3년 동안이나 로마군의 공격을 견뎌냈기 때문이다. 그런데 지금 그 도시가 함락되고 완전히 파괴되어 지상에서 모습을 감추려 하고 있었다.

스키피오 아이밀리아누스는 적국의 이런 운명을 바라보며 눈물을 흘렀다.

그는 비록 승자였지만, 인간만이 아니라 도시와 국가 그리고 제국도 언젠가는 멸망할 운명을 짊어지고 있다는 사실을 생각지 않을 수 없었으리라. 트로이, 아시리아, 페르시아, 그리고 20년 전의 마케도니아 왕국에서, 번성하는 자는 반드시 쇠퇴한다는 것을 역사는 인간에게 보여주었다.

의식적인지 무의식적인지는 모르나, 승리한 로마 장군은 호메로스의 서사시에 나오는 트로이군 총사령관 헥토르의 말을 입에 올렸다.

"언젠가는 트로이도, 프리아모스왕과 그를 따르는 모든 전사들과 함께 멸망할 것이다."

뒤에 서 있던 폴리비오스가 왜 하필이면 지금 그 말을 하느냐고 물었다. 스키피오 아이밀리아누스는 폴리비오스를 돌아보며, 그리스인이지만 친구이기도 한 그의 손을 잡고 대답했다.

"폴리비오스, 지금 우리는 과거에 영화를 자랑했던 제국의 멸망이라는 위대한 순간을 목격하고 있네. 하지만 지금 이 순간 내 가슴을 차지하고 있는 것은 승리의 기쁨이 아니라, 언젠가는 우리 로마도 이와 똑같은 순간을 맞이할 거라는 비애감이라네."〉

로마는 카르타고보다 두 배나 긴 세월 동안, 카르타고와는 비교도 안 될 만큼 광범위하게, 그리고 거기에 살았던 헤아릴 수 없이 많은 사람들에게 깊고 큰 영향을 주었지만, '위대한 순간'은 갖지 못했다.

불타기는 했다. 하지만 화염으로 불탄 것은 아니었다.

멸망하기는 했다. 하지만 아비규환과 함께 멸망하지는 않았다.

아무도 알아차리지 못하는 사이에 스러져갔다.

타임터널이라도 빠져나가 서기 476년 가을의 로마로 돌아가서, 오가는 사람들에게 마이크를 들이대면 어떨까. 로마 제국이 멸망했는데 소감이 어떠냐고 물으면 어떤 대답이 돌아올까.

어떤 사람은 의아한 얼굴로 이렇게 말할지도 모른다.

"멸망했다고요? 언제요?"

어떤 사람은 빈정거리는 웃음을 띠고 대답할지도 모른다.

"아니, 로마 제국이 아직도 존재하고 있었습니까?"

역사학자라면 로마 제국이 멸망한 것은 476년이 아니라 1453년이라고 말할지도 모른다. 따라서 476년 당시의 로마인이 그것을 알아차리지 못한 것도 당연하다고 말하고 싶을 것이다.

물론 동로마 제국이나 서로마 제국이라는 명칭은 후세 역사가들이 편의상 붙인 이름이긴 하다. 그리고 동로마 제국은 아직 존속해 있었던 것도 사실이다.

하지만 로마라는 도시가 없는 로마 제국은 있을 수 없다. 로마인은 로마가 아무리 철저히 파괴된 뒤에도 로마에서 다른 곳으로 수도를 옮기는 데 완강히 반대한 민족이다. 로마는 도시국가에서 출발한 나라다. 도시국가의 수도와 영토형 국가의 수도는 의미가 다르다. 전자의 경우는 '처음에 도시가 있었던' 반면, 후자의 경우에는 영토가 먼저 존재하고 그 영토를 통치하기에 적당한 장소에 건설한 것이 수도다.

도시 아테네가 없는 도시국가 아테네가 있을 수 없듯이, 로마가 없는 로마 제국도 있을 수 없다. 콘스탄티노폴리스가 수도인 나라는 이미 로마 제국이 아니다. 하물며 언어도 라틴어가 아니라 그리스어를 쓰는 나라임에야…….

그런 의미의 로마 제국은 역시 서기 476년에 멸망했다. 그리고 이 로마 제국의 멸망에는 '위대한 순간'이 없었던 편이 오히려 어울리지 않았을까 하는 생각이 든다. 적어도 다른 모든 '번성한 자'와는 격이 다른 로마가 '쇠퇴하는' 방식으로는 그 편이 더 어울리지 않을까.

로마는 그 후의 역사에 나타나는 다른 제국들과는 또 한 가지 점에서도 완전히 달랐다. 다른 제국들은 지배하던 식민지가 차례로 독립하면서 제국이 해체되었지만, 로마만은 속주가 등을 돌렸기 때문에 제국이 해체된 것이 아니다. 성난 파도처럼 덮쳐온 북방 야만족 앞에서 속주도 본국과 운명을 같이했다. 본국과 식민지가 지배하는 쪽과 지배당하는 쪽으로 엄격하게 나뉘는 후세의 제국들과는 달리, 본국과 속주 사람들이 같은 공동운명체에 속한다고 생각한 로마인의 제국관은 그들이 제국을 'familia'라고 부른 데에 잘 나타나 있다. 로마인은 공동운명체를 하나의 대가족이라고 생각했기 때문이다.

이런 의미의 제국은 역시 멸망했다. 언제인지도 모르게, 그래서 '위대한 순간'도 없이, 그렇게 스러져갔다.

제3부

제국 이후(post imperium)

(서기 476년~)

유스티니아누스와 신하들

야만족 출신 장군 오도아케르는 로마 제국의 역사에 막을 내린 인물로 역사에 이름을 남기게 되지만, 그와 동시에, 로마사는 서기 476년에 끝난 것이 아니라 1453년의 콘스탄티노폴리스 함락으로 끝난다는 설을 낳은 장본인이 되기도 했다. 그가 소년 황제를 퇴위시킨 뒤, 꼭두각시일망정 아무도 제위에 앉히지 않았고, 그렇다고 스스로 제위에 오르지도 않은 채, 동로마 제국 황제인 제노에게 그의 지위를 공식으로 인정해달라고 요구했기 때문이다.

구체적으로 말하면 그는 '파트리키우스'(patricius)라는 칭호를 달라고 제노에게 요구했다. '파트리키우스'를 문자 그대로 번역하면 '귀족'이지만, 로마 제국 말기에는 크게 나누어 두 가지 의미를 갖고 있었다. 첫째는 순수한 명예직이고, 둘째는 재상이나 황제 대리를 뜻한다. 이 두 번째 경우에는 공식적인 지위에 실권이 추가된다. 오도아케르가 원한 것은 두 번째 의미의 '파트리키우스'였고, 따라서 의역하면 '이탈리아 담당 황제 대리'에 공식으로 임명해달라고 요구한 것이다. 이것은 그가 동로마 제국의 권위를 인정했다는 뜻이다.

갈리아를 제패하고 있던 프랑크족 족장도, 히스파니아에서 세력을 구축하고 있던 서고트족 족장도, 그리고 이제 북아프리카를 영유한 지 반세기를 맞은 반달족 족장 겐세리크도, 동로마 제국 황제에게 그런 요청은 하지 않았다. 그들은 멋대로 '왕'(rex)을 자칭했다. 그들이 오도아케르처럼 서로마 제국 황제를 퇴위시키지는 않았기 때문이다. 또한 그들에게는 오도아케르가 가지고 있었던 약점도 없었다.

오도아케르

제정 말기에 활약한 야만족 출신 지도자들은 크게 세 부류로 나뉜다.

첫째, 아버지가 로마군에서 복무했고, 아버지의 뒤를 이어 로마군에서 출세한 자. 그 좋은 예가 스틸리코인데, 이 부류에 속하는 인물들은 아버지가 야만족 출신이라도 어머니는 로마인인 경우가 많아서 출신 부족과의 유대관계는 거의 없었다. 이들을 통틀어 '로마화한 야만족'이라고 부른다. 원수정 시대에도 이렇게 불렸지만, 그 시대에는 차별적인 의미가 없었다. '야만족'(barbarus)이긴 하지만, 로마 시민권을 취득하면 당장 '로마인'(romanus)이 된다고 여겨졌기 때문이다. 하지만 제국 말기가 가까워지면 이것도 차별적인 의미가 강해진다. 자신감을 가질 수 없게 된 사람은, 자신과 남의 차이를 일부러 강조하면 자신감을 되찾은 기분이 들 때가 많기 때문이다.

두 번째 부류는 부족의 우두머리다. 410년에 '로마 겁탈'을 저지른 서고트족 족장 알라리크, 프랑크족 족장 클로도베크(프랑스어로 클로비스), 반달족을 이끌고 북아프리카를 제패한 겐세리크가 이 부류에 속한다. 원래 부족장 집안에서 태어났기 때문에, 부족의 수령이 되는데에도 별다른 문제가 없었던 인물들이다.

이들도 부족을 이끌고 로마 제국 '방위선'을 돌파하여 로마 영토로 쳐들어왔다는 '전과'를 갖고 있지만, 제국은 사후 대책으로 ─ 말하자면 체면만은 유지하기 위한 방책으로 ─ 그들과 '동맹자' 협약을 맺은 경우가 많다. 따라서 침략자가 동맹자로 이름만 바뀌었을 뿐이어서, 부족장은 황제한테 거의 예속되지 않고 독립적이었다. 어쨌든 이들의 강점은 자기 부족을 이끌고 있다는 것이었다.

오도아케르

　야만족 출신 지도자의 세 번째 부류는, 한마디로 말하면 '외로운 늑대', 현대의 외인부대 병사와 비슷하다. 야만족 출신인 것은 마찬가지지만, 두 번째 부류에 속하는 남자들이 큰 부족의 우두머리인 반면에 이쪽은 작은 부족의 우두머리이거나, 어떤 이유로든 부족을 떠나 로마군에 지원하여 출세한 남자들이다. 오도아케르가 이 세 번째 부류의 전형이었다. 서로마 제국을 멸망시킨 서기 476년에 42세였던 그는 그동안 20년이 넘게 서로마 군대에서 경력을 쌓고 있었다. '외로운 늑대'인데도 출세할 수 있었으니까, 실력은 충분했을 것이다. 하지만 마지막까지 따라와주리라고 기대할 수 있는 부하는 없었다. 그런 부하가 있었다 해도, 그것은 집안이나 아버지한테 물려받은 부하가 아니라 그가 재능으로 획득한 부하들이었다.

　오도아케르가 어느 부족 출신인지도 확인할 수 없다. 야만족 출신 '외로운 늑대'들이 모인 집단의 지도자였을 뿐인지도 모른다. 황제에게 공식 지위를 인정받고 싶어한 것도 그의 이런 처지에서는 무리가 아니었다.

제노

오도아케르의 요청에 대해, 동로마 제국 황제 제노는 수락한 것도 아니고 그렇다고 거부한 것도 아닌 애매모호한 태도를 취했다. 구체적으로 말하면, 우리가 서로마 제국 황제로 보낸 네포스가 달마티아에 있으니까 '파트리키우스'라는 칭호는 네포스한테 요청하라는 것이었다. 그렇다고 로물루스 아우구스투스를 퇴위시킨 것을 비난하고, 그 장본인인 오도아케르를 제국의 적으로 단죄하지도 않았다.

제노 황제는 네포스를 서로마 제국에 황제로 보냈지만, 네포스는 이탈리아에 발을 들여놓을 용기가 없어서 서로마의 제위를 확실하게 차지하지 못하고 있었다. 제노가 오도아케르한테 이도저도 아닌 애매한 태도를 취한 것은, 그런 네포스를 동정했기 때문이 아니라, 다만 서기 476년이 제노에게 미묘한 시기였기 때문이다. 476년 당시 제노는 국내 분쟁으로 1년 전에 제위에서 쫓겨났다가 복귀한 직후였다. 요컨대 제 앞가림을 하기에도 벅찬 처지라서 서로마 제국에 신경을 쓸 여유가 없었을 뿐이다. 그래도 이런 태도는 서로마에 대한 동로마의 사고방식을 잘 보여주고 있었다. '동'은 자기한테 해가 미칠 것 같은 경우에만 '서'에 관심을 가졌기 때문이다.

콘스탄티노폴리스의 애매모호한 태도를 보고 오도아케르도 결심을 굳혔다. 네포스를 받들어 모시기보다 내가 직접 하자고. 하지만 네포스를 배제하고 자신이 '서쪽' 황제가 된다는 뜻은 아니다. 그런 일을 강행했을 때 '동쪽'이 어떻게 나올지는 오도아케르도 충분히 예상할 수 있었다. 그렇다고 네포스와 관계가 개선되기를 기대할 수도 없는 이상, 그 네포스의 대리를 의미하는 '파트리키우스'도 포기하는 것이 현실적이다. 오도아케르는 '왕'을 자칭하기로 결정했다. '파트리키우스'라는 라틴어는 로마 제국 황제와 결부된 존칭이지만, '왕'을 의미하는 '렉스'(rex)는 게르만에서 유래한 존칭이다. 그는 '이탈리아 담당 황제 대리'가 아니라 '이탈리아 왕'이 되기로 결정한 것이다.

이리하여 로마 제국 본국이었던 이탈리아반도도 게르만계 '왕'들이 다스리는 갈리아나 히스파니아나 북아프리카와 마찬가지로 게르만 '왕'의 통치를 받게 되었다. 이렇게 되면 통치 대상이 로마 제국 본국인 이탈리아인 만큼, 로마 제국의 정통적 계승자는 이제 자기네뿐이라고 생각하는 동로마 제국 황제한테 인정받기가 어려워진다. 공식 승인을 받지 못한다는 것은 적으로 간주되기도 쉽다는 뜻이다. 이 점도 다른 게르만계 왕들과는 다른 오도아케르의 약점이었다.

공생 노선

소수의 승자가 다수의 패자를 통치해야 할 경우의 철칙은 기존의 통치 계급을 그대로 유지하는 것이다. 기성 계급을 변혁하고 싶어도 뒤로 미루어야 하고, 당장 해야 할 일은 우선 기성 계급을 안심시키는 것이다. 패자인 그들은, 군사력에서는 자신들이 졌다는 것을 알고 있기 때문에 강하고 깊은 두려움을 가슴에 품고 자기네 땅으로 진주해오는 승자를 맞이한다.

이 순간이 중요하다. 소수의 승자가 다수의 패자를 통치하는 일이 잘될 것인지 안 될 것인지가 결정되는 순간이기 때문이다. 승자가 패자의 공포심을 조장하는 정책을 강행하면 절망한 패자는 죽기 살기로 저항한다. 그렇게 되면 다수에 대한 소수의 지배는 꿈으로 끝나고, 남는 것은 승자에 대한 패자의 끈질긴 저항과 그것을 제압하기 위한 군사행동의 끝없는 반복으로 수렁에 빠져드는 것뿐이다. 이런 사태를 피하고 싶으면, 로마사에는 유례없이 좋은 본보기가 있었다.

율리우스 카이사르는 8년에 걸쳐 갈리아 전역을 정복했는데, 정복한 뒤에는 기존의 부족들을 완전히 그대로 유지하는 것을 전후 처리의 기본 방침으로 삼았다. 그들은 8년 동안이나 카이사르가 이끄는 로마군에 저항했고, 일단 패배했더라도 또다시 반기를 든 사람들이었지만, 카이사르는 그것을 모두 용서하고 패배한 부족들을 고스란히 유지했을 뿐만 아니라 그들의 자치를 인정하고 그들이 본거지에 그대로 머물러 사는 것도 인정했다. 본거지 정착을 인정한다는 것은 그 땅에서 오랫동안 굳어진 지배체제도 인정한다는 뜻이다. 뿐만 아니라 ─로물루스 이후의 로마사를 돌이켜보면 전례 없는 일은 아니었지만─ 어제까지만 해도 적장이었던 사람이 로마군에 투항하면 그의 가족에게는 로마 시민권을 주고, 율리우스라는 자기 가문 이름까지 주고, 유력한 부족장에게는 로마 원로원 의석까지 주었다.

갈리아 전쟁이 끝나자마자 폼페이우스를 추대한 원로원파와 카이사르의 대립이 표면화했고, 카이사르가 루비콘강을 건너면서 로마는

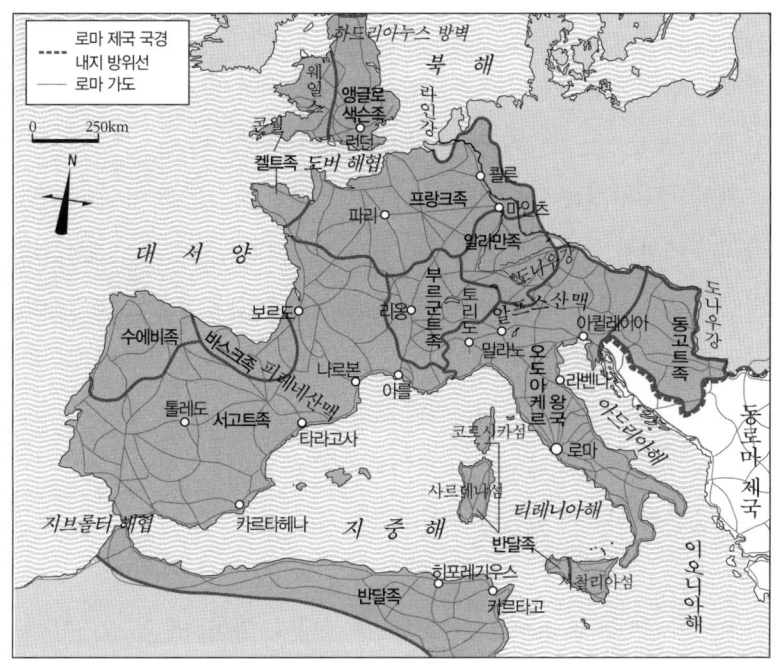

야만족 영토가 된 뒤의 옛 서로마 제국 영토

내란에 돌입하게 된다. 이 내란 상태가 끝나기까지는 4년이 걸리지만, 그동안 갈리아에는 로마 병사가 하나도 없었다. 카이사르 자신도 갈리아에서 멀리 떨어진 그리스나 이집트나 북아프리카를 돌아다니며 싸우고 있었다. 카이사르에게 정복당한 갈리아 부족들이 로마의 지배에서 벗어나기에는 다시없이 좋은 기회였다. 그런데 갈리아 부족들은 봉기하지 않았다. 반란을 일으키기는커녕, 에스파냐에서 폼페이우스파 군대와 싸우고 있는 카이사르의 요청에 따라 군량을 보내기까지 했다. 작은 부족까지 헤아리면 백 개가 넘었다는 갈리아 부족들의 족장들이 카이사르의 지배 철학을 납득하고 있었기 때문으로 여겨진다.

카이사르는 그들에게 말했다. 많은 부족이 서로 대립하고 싸우는 갈리아는 언젠가는 게르만족에게 정복당할 수밖에 없다. 지배자와 피지배자를 엄격하게 구분하는 게르만식 지배를 택하겠느냐, 아니면 승자와 패자의 공생을 약속하는 로마식 지배를 택하겠느냐.

카이사르의 뒤를 이은 아우구스투스는 완전 포장된 로마식 가도망을 속주에까지 확대한 황제이기도 했다. 이 고대의 고속도로망은 갈리아에도 깔려, 각 부족의 본거지를 서로 이어주었다. 오늘날 프랑스의 주요 도시는 거의 다 2천 년이 넘는 옛날 카이사르에게 정복된 부족들의 본거지에서 발전한 도시들이다. 로마인이 새로 건설한 주요 도시는 리옹 정도가 아닐까. 갈리아가 로마화의 우등생이라고 불린 데에는 이처럼 충분한 이유가 있었던 것이다.

오도아케르는 율리우스 카이사르가 아니다. 카이사르의 갈리아 정복은 로마인이 살 땅을 확보하기 위해서가 아니라 로마를 방위하기 위해서였다. 반면에 오도아케르가 이탈리아를 점령한 것은 자기를 따라온 북방 야만족에게 정착해서 살 땅을 주기 위해서였다. 하지만 결과적으로 보면 오도아케르는 역사상 '카이사르의 관용'으로 유명한 로마 제국의 대외정책을 흉내내게 된다. 그것도 게르만족이 로마인을 지배하기 위한 정책으로서.

오도아케르를 지배자로 맞이했을 당시 이탈리아의 로마인들은 브리타니아와 갈리아·히스파니아·북아프리카에서 야만족이 보여준 지배 방식을 들어서 알고 있었기 때문에, 자신들도 그런 운명이 되지 않을까 하고 걱정과 두려움에 사로잡혀 있었다.

브리타니아 — '제국 이후'

브리타니아에서는 로마 제국이 서기 410년에 이미 철수했다. 그해에 서로마 제국 황제 호노리우스는 360년 동안 브리타니아에 상주시켰던 3개 군단에 다음과 같은 서한을 보내 철수를 명령했다.

〈로마 제국 황제가 모든 총독과 모든 사령관과 모든 사법관에게 고한다.

야만족 알라리크의 로마 겁탈은 파괴와 방화와 살육으로 제국의 수도에 막대한 피해를 주었을 뿐만 아니라 제국의 국고까지 텅 비워버렸다. 이제 제국은 속주의 방위와 통치를 맡을 경제력이 없다. 따라서 속주의 방위와 통치는 앞으로 속주 스스로 할 수밖에 없다.〉

패권국은 패권 아래 있는 지방이나 그곳 주민들의 안전을 보장하기 때문에 패권을 유지할 수 있지만, 브리타니아에서는 서로마 제국이 멸망하기 66년 전인 서기 410년에 이미 로마가 패권국의 책무를 포기해버렸다.

3세기가 넘게 로마 제국의 속주였다가 버림받은 브리타니아는 로마 군단이 철수하자마자, 전부터 자주 침입을 시도했던 북부의 스코트족만이 아니라 후세에 독일 북부에서 바다를 건너오는 색슨족과 후세에 덴마크에서 바다를 건너 쳐들어오는 앵글족의 위협까지도 더욱 강하게 받게 되었다. 로마 군단이 철수한 뒤, 로마화한 켈트계 브리타니아인의 힘만으로는 도저히 거기에 저항할 수 없었다. 결국 그들은 산지가 많은 웨일스나 콘월 지방으로 달아날 수밖에 없었다. 로마 제국의 속주였던 하드리아누스 방벽 이남의 브리타니아는 게르만계인 색슨족과 앵글족에게 점령되었다. 얼마 후에는 콘월 지방에도 이 게르만계 야만족의 위협이 미치게 되었고, 살 땅을 잃은 켈트계 브리타니아인은 바다를 건너 갈리아 북서부로 이주한다. 이 지방이 브르타뉴라고 불리게 된 것은 브리타니아인이 정착했기 때문이다.

이제 로마 시대의 이름인 브리타니아라고 부르는 것도 의미가 없어진 이상, 앵글족의 나라라는 뜻인 '잉글랜드'라고 불러야 할 시대가 되었다. 아서왕과 원탁의 기사들도 로마 군단이 철수한 뒤 브리타니아의 혼미 상태에서 태어난 영웅들이라고 한다. 아서왕은 브리타니아에 주둔한 로마군에서 경력을 쌓은 현지인, 즉 로마화한 켈트인이라는 설도 있다. 이 브리타니아에서는 승자인 앵글·색슨족과 패자인 켈트계 로마인 사이의 공생은 아예 시도조차 되지 않았다.

갈리아—'제국 이후'

브리타니아에서 도버 해협만 건너면 바로 갈리아 속주인데, 이 광대한 갈리아도 발렌티니아누스 황제가 아이티우스를 참살한 서기 454년부터는 사실상 로마 제국에서 분리된 상태였다. 마르세유 동쪽의 프로방스 지방은 간신히 로마 쪽에 남아 있었지만, 나머지 갈리아 전역은 게르만계 야만족이 서로 먹고 먹히며 싸우는 상태를 거쳐 그 부족들 가운데 하나인 프랑크족이 갈리아 북부를 기반으로 착실히 세력을 확대하고 있었다. 프랑크족은 갈리아 동부에 끈질기게 머물러 있는 부르군트족과는 협력과 대립을 반복하고 있었지만, 갈리아 서부에 일단 세력을 확립한 듯이 보였던 서고트족을 피레네산맥 남쪽으로 쫓아내는 데 성공했다. 이제 갈리아도 프랑크족의 나라라는 뜻의 '프랑스'라고 불리는 시대에 접어들고 있었다.

라인강 하류 동쪽, 즉 로마 제국 방위선 바깥쪽의 게르마니아에 살고 있던 프랑크족은 라틴족이 아니라 게르만족에 속한다. 그런데 게르만계 북방 야만족 대부분이 조상 대대로 내려오는 전통적인 신들을 버리고 아리우스파 기독교로 개종한 뒤에도 유독 프랑크족만은 예로부터 내려오는 게르만족 신들에 대한 믿음을 계속 지키고 있었다. 가톨릭파 기독교도가 된 지 거의 200년이 된 로마인에게 그들은 '이단'이 아니라 '이교도'였다. 하지만 일신교를 믿는 사람들이 이교도보다 오히려 이단을 더 증오하는 것은 흔히 볼 수 있는 현상이다. 이교도는 아직 그리스도의 가르침에 눈을 뜨지 않은 사람이고, 따라서 눈을 뜨게 할 수 있는 가능성을 가진 사람이지만, 이단은 그리스도의 가르침에 눈을 떴는데도 그것을 오해하고 있는 사람이기 때문이다. 게다가 그것을 오해라고 인정하지 않고 잘못된 교리를 믿어 의심치 않기 때문에, 이단이 그리스도의 참된 가르침에 눈을 뜰 가능성은 거의 없다는 이야기가 된다.

갈리아에서 승자인 프랑크족은 이교도였다. 패자인 갈로-로마인(로마화한 갈리아인)은 가톨릭파 기독교도였다. 물론 이 갈리아에서도 승자는 소수이고 패자는 다수였다. 게다가 지형에 변화가 거의 없고, 동쪽이나 남쪽으로 가지 않으면 산을 볼 수 없는 갈리아에서는 브리타니아와 달리 도망쳐 들어갈 산악지대도 없으니까, 그곳에서 계속 살 수밖에 없다. 이 갈리아인에게 프랑크족은 '승자의 권리'를 상당히 행사했다. 요컨대 패자의 재물을 빼앗는 것은 승자에게 인정된 정당한 권리라는 것이다. 사료가 극히 적은 시대라서 상상의 영역을 벗어나지 못하지만, 갈리아인은 경제적으로 상당한 타격을 받았을 것이다.

갈리아인에게 유리한 점도 없지 않았다. 첫 번째는 승자가 소수이고 패자가 압도적으로 다수였다는 현실이다. 승자가 패자한테서 모든 것을 빼앗고 싶어도, 그것을 유지하기에는 사람이 부족하다. 감시할 사람이 부족하면, 패자를 모두 노예로 삼고 싶어도 단념할 수밖에 없다.

두 번째로 유리한 점은 야만족이 재물을 약탈하여 떠나는 시대가 끝나고 그곳에 정착하는 시대가 된 이상, 패자를 통치할 필요가 생겼다는 것이다. 통치하려면 지배자는 피지배자에게 이것저것 명령을 전달할 필요가 있고, 그러려면 라틴어를 사용할 수밖에 없었고, 라틴어로 문장을 쓸 수 있는 사람도 필요했다. 세금을 거두려고 해도, 세액을 결정하는 사람이 필요하고 또한 징수 시스템도 갖추어야 한다. 이런 행정의 '노하우'를 전혀 갖고 있지 않은 프랑크족은 이런 면에서도 패자에게 의존할 수밖에 없었다. 요컨대 약탈과 통치는 다르다는 것을 깨닫지 않을 수 없었던 프랑크족은 로마 제국 시대의 행정기구를 그대로 유지할 수밖에 없었고, 로마 제국 사람들의 언어인 라틴어를 계승할 수밖에 없었고, 그 방면의 전문가인 패자에게 의존할 수밖에 없었다.

세 번째로 유리한 점은 종교가 아닐까 생각한다. 프랑크족은 게르만의 전통 종교를 믿었고, 갈리아인은 가톨릭파 기독교도였다. 서로 다른 신을 믿고 있다. 같은 신의 가르침에 대한 해석이 달랐던 게 아니다. 프랑크족이 지배하는 갈리아에서는 가톨릭파 기독교도에 대한 박해나 탄압은 기록에 전혀 남아 있지 않다. 이단이 아니라 이교도의 지배를 받게 되었기 때문에, 의도한 결과는 아니라 해도 종교적 공생이 성립된 게 아닐까.

패자가 되었다고는 하지만 그래도 유리했던 점 가운데 마지막은 말할 것도 없이 '안전'이었다. 이제 북방 야만족의 침입을 두려워할 필요도 없어졌다. 당연하다. 침공을 되풀이하던 바로 그 야만족이 이제는 자기들을 지켜주게 되었으니까.

소수가 다수를 지배하는 일이 대체로 순조롭게 진행된 것은, 패자 쪽이 이제 안전해진 것을 무엇보다 기뻐했기 때문이 아닐까 생각한다. 하지만 누가 그것을 비판할 수 있겠는가. '평화'를 보장하는 것보다 더 중요한 통치자의 책무는 없다. 제국이 멸망한 것은 통치자들이 이 책무를 수행할 능력을 잃어버렸다는 증거였다.

20년 뒤에는 갈리아에서 프랑크족의 지배를 받게 된 로마인들의 환경이 더욱 좋아졌다. 프랑크족이 가톨릭으로 개종했기 때문이다. 서기 481년부터 511년까지 프랑크 왕이었던 클로도베크는 493년에 부르군트족 왕의 딸을 아내로 삼았는데, 이 여자가 열렬한 가톨릭 신자여서 클로도베크가 두 아들이 세례를 받는 것을 허락한다. 개종할 환경은 갖추어진 셈인데, 마지막 선을 넘는 데에는 3년이 걸렸다. 투르의 주교가 기록한 바에 따르면, 클로도베크가 알라만족과 싸우고 있을 때 기적이 일어났다고 한다. 그것이 무엇 때문인지 콘스탄티누스 대제에게 일어났다는 기적과 비슷해서 실소가 나지만, 어쨌든 기적이 일어났고, 거기에 감명을 받은 클로도베크가 3천 명의 부하와 함께 세례를 받았다고 한다.

이교도에서 가톨릭파 기독교도로 일변한 셈인데, 이교도 야만족이 처음으로 기독교도가 되었기 때문에 이것은 동로마 제국을 기쁘게 했다. 이리하여 다른 북방 야만족 국가들과는 달리 프랑크 왕국은 동로마 제국과 같은 신앙을 가졌다는 이유로 동로마와 '우애'를 나누는 사이가 되었다.

지배자의 이런 변화를 더욱 기뻐한 것은 피지배자였던 갈리아의 로마인들이었을 것이다. 그 변화는 현세에서 승자와 패자의 공생에도 눈에 보이지 않는 영향을 미쳤을 것이다. 승자는 조금씩 '옛' 승자가 되어가고, 패자도 조금씩 '옛' 패자가 되어간다는 점에서 그렇다. 덧붙여 말하면, 프랑크족 최초이자 북방 야만족에서도 최초의 가톨릭교도 왕이된 클로도베크는 왕국의 수도를 파리로 정한 최초의 사람이기도 하다.

히스파니아—'제국 이후'

수에비족이 정착한 북서부, 바스크족이 틀어박혀 있는 피레네산맥을 제외하면 로마 시대에 히스파니아라고 불린 이베리아반도의 대부분은 서고트족의 지배 아래 들어가 있었다. 히스파니아가 로마 제국의 속주가 된 시기는 갈리아가 속주화한 것보다 200년이나 이르다. 그리고 히스파니아에서는 트라야누스·하드리아누스·마르쿠스 아우렐리우스 등 로마 제국 전성기에 제국을 다스린 오현제 가운데 무려 세 명이 배출되었다. 로마가 카르타고를 이기고 속주로 삼은 이 히스파니아는 브리타니아나 갈리아보다 로마화의 역사가 길다. 그만큼 로마 제국과 공동운명체였던 기간이 길기 때문에, 히스파니아 사람이라기보다 히스파니아 지방 출신 로마인이라고 말하는 편이 적절할 정도였다.

이 이베리아반도에 쳐들어와서 눌러앉은 것이 게르만계인 서고트족이다. 이들은 같은 기독교도이기는 하지만 가톨릭파에게 이단으로 배척받는 아리우스파 기독교도였다.

서기 430년에 이미 시작된 이 지방의 야만족 지배가 어떻게 이루어졌는지를 보여주는 기록은 거의 남아 있지 않다. 그래도 지중해 연안 지역을 중심으로 야만족 지배에 저항하는 로마인의 궐기는 적잖이 일어났다. 하지만 서로마 제국은 힘이 없어서 이 동포를 지원하지 못한 채 멸망해버렸다.

이베리아반도는 프랑스와 달리 지형이 복잡하다. 알프스까지 가지 않으면 스키도 탈 수 없을 만큼 온통 평지인 프랑스에서는 중앙집권이 성립하기 쉬웠다는 것을 몸으로 실감할 수 있지만, 피레네산맥 남쪽에서는 그렇게 되지 않는다. 아마 서고트족의 지배는 순조롭게 이루어지지 않았을 것이고, 지배자와 피지배자 사이에는 신앙의 차이도 있어서 긴장 관계가 지속되지 않았을까 생각한다.

하지만 여기서도 지배자는 소수이고 피지배자는 다수였다. 갈리아에 사는 로마인이 프랑크족 치하에서 얻은 이점을 히스파니아에 사는 로마인도 얻을 수 있었다. 그중에서도 가장 중요한 이점이 '안전'이었던 것은 말할 나위도 없다. 이제 그들은 야만족의 거듭된 침략에 시달리지 않아도 되었다. 특히 지브롤터 해협 건너편에 있는 북아프리카의 반달족은 승자가 패자를 절대적으로 지배하는 강경한 통치방식을 구사한다는 것을 히스파니아의 로마인들도 알고 있었기 때문에, 그 이점이 더욱 기쁘고 고마웠다.

북아프리카—'제국 이후'

앞에서도 말했듯이, 반달족의 북아프리카 지배에서는 승자와 패자의 공생 따위는 눈을 씻고 찾아봐도 없었다. 아리우스파 기독교도인 반달족뿐이라면 서고트족 치하의 이베리아반도와 비슷한 상황에 그쳤을지 모르지만, 북아프리카에서는 100년이 넘도록 가톨릭의 박해와 탄압을 받아온 도나투스파 기독교도가 승자 쪽에 가세해 있었다. 이것이 패자가 된 북아프리카의 로마인을 절망적인 상황으로 몰아넣었다. 이번에는 가톨릭교도인 그들이 박해와 탄압을 받게 되었다.

갈리아나 히스파니아에서는 거의 발생하지 않은 난민이 북아프리카에서는 발생한다. 재산이라면 토지나 주택 같은 부동산이었던 시대, 그런 재산을 버리고 달아난다는 것은 도망쳐 들어간 곳에 땅이나 집이 있다는 뜻이고, 따라서 사회 상층부에 속하는 사람들이다. 땅이나 집은 없더라도 의지할 수 있는 곳이나 사람에게 달아난 경우는, 사회적으로는 '중류층'이라도 능력은 '상급'에 속하는 사람들이다.

이런 사람들이 달아나버리면 사회는 기능을 발휘할 수 없게 되고 생산성이 떨어지는 것을 피할 수 없다고 생각하는 게 상식이지만, 어떤 생각에 사로잡힌 사람들에게는 이 상식이 통하지 않는다. 기능이나 생산성 저하를 막는 것보다 더 우선하는 것이 따로 있기 때문이다. 그것을 현대식으로 말하면 '민족 정화'인데, 반달족 치하의 북아프리카에서는 이와 비슷한 현상이 일어나고 있었다.

이것이 서로마 제국이 멸망하고 야만족 오도아케르를 새 지배자로 맞이했을 당시, 옛 서로마 제국의 지역별 상태다. 기독교도지만 아리우스파인 오도아케르가 어떻게 나올지, 이탈리아반도에 사는 로마인들이 숨을 죽이고 기다린 것도 무리는 아니었다.

'팍스 바르바리카'(야만족에 의한 평화)

부족장 집안에서 태어나지 않았고 따라서 자신의 부하를 갖지 않았는데도 야만족 출신의 '외로운 늑대'들을 모아서 대집단으로 키웠으니까, 오도아케르도 상당한 정치력을 가진 인물이었다.

서로마 제국의 역사에 막을 내린 서기 476년 당시 그의 휘하에는 10만 명의 야만족이 모여 있었다지만, 이것은 아녀자들까지 포함한 수였고, 전투에 동원할 수 있는 수는 줄잡아 2만 명, 많아야 3만 명을 넘지 않았을 것이다. 전투에서 패배한 것도 아닌데, 기껏해야 2~3만 명의 야만족에게 위협당한 정도로 소멸해버렸으니 로마 제국도 정말 한심하기 짝이 없다.

하지만 승자가 된 오도아케르에게 부여된 과제는 10만 명의 세력으로 그 스무 배가 넘는 패자를 지배해야 한다는 것이었다.

여기서 오도아케르는, 갈리아와 히스파니아·브리타니아·북아프리카를 지배하게 된 야만족들이 생각도 하지 않은 패자와의 공생을 정책의 기본으로 삼았다. '패자와의 공생'은 단순한 구호에 그치지 않고 구체적인 정책으로 실현되었다.

먼저, 야만족과 로마인의 관계를 물론 '바르바루스'와 '로마누스'라고는 하지 않았고, 게르만족과 라틴족이라고도 하지 않았고, 승자와 패자라고도 하지 않았고, 지배자와 피지배자라고도 하지 않았다. 그는 양자의 관계를 '손님'과 '주인'으로 규정했다. 찾아온 손님을 주인은 후대하고 환대하며 집에 재워준다는 것이니까, 승자와 패자라는 실상을 생각하면 더없는 위선이다. 이런 관계를 라틴어로는 'hospitalitas'라고 표현한다. 극진한 손님 대접이라는 뜻이다. 하지만 야만족과 로마인을 손님과 주인의 관계로 규정함으로써, 패자 쪽의 굴욕감을 조금은 누그러뜨리는 효과가 있지 않았을까. 비록 지금은 영락하여 초라해졌다 해도 이탈리아반도는 로마 제국의 본국이었기 때문이다.

오도아케르에게도 생계를 보장해주어야 할 부하들이 있었다. 그는 '주인' 재산의 3분의 1을 '손님'에게 증여하기로 결정했다.

'3분의 1 정책'이라고 해도 좋은 이 발상은 오도아케르의 독창적인 생각은 아니었다. 전에 스틸리코가 갈리아 방위에 야만족을 활용하는 수단으로, 갈리아에 사는 로마인 재산의 3분의 1을 야만족에게 주기로 결정한 적이 있었던 모양이다. 스틸리코가 역적의 누명을 쓰고 처형된 뒤 '기록말살형'에 처해졌기 때문에, 생전의 업적에 대한 기록은 대부분 말소되어버렸다. 그래서 확인할 방법은 없지만, 오도아케르가 이 '3분의 1 정책'을 실시한 것은 사실이다.

얼핏 보기에 이 '3분의 1 정책'은 승자가 패자에게 강요한 가혹한 조치로 보인다. 재산의 3분의 1을 강제로 빼앗기게 되기 때문이다. 하지만 정책을 실시하는 단계에서 이 가혹함은 상당히 완화된다. 이탈리아반도와 시칠리아섬에 사는 '주인'이라면 모두 '손님'에게 재산의 3분의 1을 제공해야 하는 것은 아니었기 때문이다.

우선 한 채밖에 없는 집의 3분의 1을 떼어주거나 별로 넓지도 않은 밭의 3분의 1을 떼어주어도, 제공받는 쪽은 실제로 그것을 활용할 수 없다. 수공업 공장이나 동네 상점도 사정은 마찬가지다. 재산이라 해도 소규모 생산수단밖에 갖고 있지 않은 사람은 '3분의 1 정책'의 대상에서 제외되었다.

'상층'이 기관차라면 '중층'과 '하층'은 기관차 뒤에 이어지는 차량의 바퀴 역할을 맡는다 해도 좋다. 사회가 기능을 발휘하는 데 없어서는 안 될 이 요소를 그대로 유지했다는 점에서 이것은 참으로 현명한 점령 정책이었다고 말할 수밖에 없다.

사회의 '상층'을 형성하는 기존 통치 계급은 이탈리아반도에서는 원로원 계급과 가톨릭파 기독교회다. 대규모 농장 소유자라는 것도 이들의 공통점이다. 원로원 계급은 조상에게 물려받았고, 교회는 신자들의 기부와 유증으로 큰 농장을 갖게 되었지만, 어쨌든 '3분의 1 정책'의 나무랄 데 없는 대상이었다. 하지만 여기서도 '승자의 권리'는 대폭으로 완화되었다.

오도아케르는 방어가 완비되어 있다는 이유로 서로마 제국 황제들의 황궁이 있었던 라벤나에 살고 있었다. 그렇다면 부하들도 그 주변에 사는 것이 그에게는 바람직하다. 이탈리아는 게르만족인 그들에게는 이국이지만, 이국에서라도 자기네끼리 모여 살고 싶어하는 것은 인지상정이다. 그래서 '3분의 1 정책'이 문자 그대로의 의미로 실시된 곳은 이탈리아반도 북부에 집중되었다.

중부와 남부 이탈리아는 '3분의 1 정책'에 따른 재산 공출 대상에서 제외되지만, 이래서는 불공평하다. 불공평은 도의상 좋지 않다기보다 지배 방식으로 좋지 않다. 그래서 재산의 3분의 1을 공출하되, 실제로는 땅을 내놓는 것이 아니라 '땅을 빌리는 삯'의 형태로 돈을 내게 했다. 패자가 승자에게 재산의 3분의 1을 공출하는 것은 마찬가지지만,

실제로는 그 재산을 차용하는 형태로 '임차료'를 내고 농장 전체를 계속 경영한다는 것이었다.

이 토지 임차료가 어느 정도의 액수였는지는 기록이 남아 있지 않아서 알 수 없다. 하지만 삯을 받는 사람은 이제 이탈리아 왕이 된 오도아케르였다. 이것은 오도아케르가 부하 병사들에게 정기적으로 지급하는 급료의 재원이 되었다.

그래도 이렇게 말하는 사람이 있을 것이다. 지금까지 지불하지 않았던 '토지 임차료'를 내야 했으니까, 대농장 소유자들에게는 경제적으로 타격이 되었을 거라고.

하지만 생각해보라. 지금까지는 서로마 제국 황제가 주민들을 야만족의 침입에서 지켜줄 힘이 없었기 때문에, 농장주들은 어쩔 수 없이 자경단을 조직하여 스스로 방위책을 마련할 수밖에 없었다.

이제 그들의 안전은 '손님'들이 보장해준다. '토지 임차료'가 어느 정도였는지는 알 수 없지만, 이제 자경단을 유지할 필요가 없어졌다. 자경단을 계속 유지했다 해도 그것은 대거 쳐들어오는 야만족을 막기 위해서가 아니니까, 인간 사회라면 언제 어디에나 있는 도적에 대처할 수 있는 규모로 충분했다. 대농장 소유자라는 공통점을 가진 원로원 의원과 기독교 교회가 이 '3분의 1 정책'에 반대한 사례는 적어도 지금까지 발견된 사료에는 하나도 없다.

오도아케르의 지배를 받게 된 뒤에도 서로마 제국 시대의 세제는 그대로 변함없이 시행되었다. 다만 서로마 제국 시대에는 무거운 세금을 개탄하는 목소리가 많았지만, 오도아케르 시대에는 들리지 않게 된다. 야만족 치하에서는 세금이 무거워도 개탄하는 소리조차 지를 수 없게 되었는지, 아니면 세금을 징수하는 야만족이 아직 문명도가 낮아서 사치와는 인연이 멀었고, 탐욕스러운 태도로 세금을 징수하지 않았기 때문인지는 알 수 없다. 어쨌든 무거운 세금을 개탄하는 목소리는 오도아케르와 그 뒤를 이은 테오도리크 시대에는 들리지 않고, 그 후 이탈리아를 수복한 동로마 제국 황제 치하에서 다시 들리게 되었으니까, 이것도 역사상 흥미로운 현상이었다.

이탈리아 왕이 된 게르만족 오도아케르는 기존 체제를 그대로 유지하는 데 철저했다.

자신과 부하들은 아리우스파 기독교도였지만, 가톨릭파 기독교도인 이탈리아인을 전혀 탄압하거나 박해하지 않았다. 이탈리아반도에 사는 가톨릭교도는 북아프리카의 형제들과는 달리 종교를 지키기 위해 난민이 될 필요가 없었다. 이렇게 되면 당연한 일이지만, 이탈리아 전역의 교회에서는 전과 다름없이 가톨릭 방식의 장례가 거행되었고, 아리우스파 교회를 짓기 위해 가톨릭교 교회를 파괴하는 일도 일어나지 않았다.

오도아케르는 라벤나 황궁─지금은 왕궁─의 조직도 그대로 남겨두었다. 과거의 황궁 관료도 명칭만 왕궁 관료로 바꾸면 충분하다는 느낌이 들 정도로, 수장만 바뀌었을 뿐 알맹이는 그대로 남았다. 관직 이름도 전과 똑같은 라틴어여서, 명칭을 바꿀 필요도 없었다.

수도 로마의 행정을 '수도장관'이 책임지는 것도 여전했고, 그 밑에서 각 행정 분야를 담당하는 공무원들도 말단 관리에 이르기까지 전과 똑같은 일을 그대로 계속했다.

원로원은 그대로 유지된 정도가 아니라, 오랫동안 빼앗겼던 권리까지 인정받았다. 그것은 동화 조폐권이었다. 제정으로 이행한 뒤에 아우구스투스는 황제만이 금화와 은화 조폐권을 갖는다고 규정했지만 동화 조폐권은 원로원에 남겨두었고, 원수정 시대가 끝날 때까지 그런 상태가 계속되었다.

조폐권은 그 자체가 권력이고, 통화를 발행할 수 있는 권리를 갖는다는 것은 독립의 한 증거이기도 하다. 원수정 시대의 로마 제국은 방위선에 접해 있는 나라들을 '아미키스'(amicis)라고 불렀다. 이것은 '친구'나 '동지'라는 뜻이지만, 그 바깥쪽에 있는 적의 세력과 로마 제국 사이에서 쿠션 역할을 맡고 있었던 이 나라들은 로마 제국이 보기에 친구는커녕 속국이었다.

아무리 '아미키스'로 대우해주어도, 그 호칭만으로는 효력이 없다. 그래서 사실상의 속국이 된 뒤에도 조폐권은 인정했다. 또한 과거의 찬란한 역사 덕분에, 로마 제국 치하에 들어간 뒤에도 '자유도시'라고 불리며 특별한 지위를 누리고 있었던 아테네와 스파르타도 독자적인 조폐권을 계속 유지했다. 통화 발행은 자치권의 상징이었다.

따라서 로마 제국의 기축 통화였던 아우레우스 금화와 데나리우스 은화와 세스테르티우스 동화의 소재가치와 액면가치가 완벽하게 일치하는 양화(良貨)였던 원수정 시대에는 로마 제국 전역에 수많은 환전상이 존재했다. 로마 제국이 자기네 패권 아래에 있는 나라나 도시나 사람들에게 자기네 통화를 강요하지 않았다는 증거다. 패권 아래에 있는 나라나 도시나 인간의 자유를 존중했기 때문이라기보다, 그런 자유라면 존중해주는 편이 상대를 지배하기가 더 쉬웠기 때문이다.

이런 로마 제국도 4세기 초를 경계로 완전히 달라진다. 디오클레티아누스와 콘스탄티누스 대제가 중앙집권을 강화하기 시작하면서, 원수정 시대의 중앙집권과 지방분권의 절묘한 조화는 과거의 일이 되어버렸다. 로마 제국도 과거의 원수정 시대와는 선을 긋는다. 절대 전제 국가로 탈바꿈한 것이다. 환전상도 일거리를 잃을 수밖에 없는 세상이 되었다.

이렇게 200년이 지난 5세기 후반에 로마 원로원이 동화 조폐권을 되찾았다. 동전 뒷면에 원로원이 발행한 통화임을 증명하는 S와 C라는 문자가 명기된 것인데, 조폐소에서 갓 운반되어 온 새 동전을 손에 든 원로원 의원이 어떤 감개에 잠겼을지는 쉽게 상상할 수 있다.

오도아케르는 그들의 경제 기반인 농장을 그대로 유지하게 해주고 동화 조폐권을 돌려줌으로써, 패자 쪽의 양대 세력 가운데 하나인 원로원 계급의 마음을 사로잡았다. 교회의 농장이나 수공업을 그대로 놔두고 신앙의 자유를 보장함으로써, 또 하나의 큰 세력인 가톨릭교회를 자기편으로 만든 것과 마찬가지다.

야만족 침공에 대한 두려움을 말끔히 씻어줌으로써, 사회의 상층에서 하층에 이르기까지 모든 패자들의 마음을 사로잡았다. '팍스 로마나'(로마인에 의한 평화)가 사라져서 고통에 시달려온 사람들에게 '팍스 바르바리카'(야만족에 의한 평화)를 준 셈이었다.

그렇다 해도, 오도아케르의 기존 세력 보존은 지나치게 철저했던 모양이다. 로마에 사는 사람들 사이에는 관리한테 뇌물을 바치는 관례까지 그대로 남았다는 우스갯소리가 퍼졌을 정도였다.

역할 분담

오도아케르는 역시 로마인이 아니라 게르만족이었다. 소수의 승자가 다수의 패자를 지배하기 위해 그가 실시한 정책으로서 현명하다고 말할 수밖에 없는 것은 모두 패자와의 '동화'를 염두에 둔 정책이 아니라 패자와의 '공생'을 생각하고 실시한 정책이었다. 그것은 승자인 게르만족과 패자인 로마인의 역할 분담에 잘 나타나 있었다.

간단히 말하면 군사는 야만족이 담당하고 행정은 로마인이 담당한다는 것이다. 게르만계 야만족은 땅을 받아도 농업에만 전념하는 농사꾼이 되지 않고, 정해진 액수의 급료를 받으면서 언제 소집되어도 좋은 상태로 대기한다. 지배자가 된 이상 피지배자의 안전을 보장해야하는 책무를 짊어지기 때문에, 군사력 상비는 반드시 필요했다. 게다가 무력으로 승자가 된 그들은 무력을 내놓을 마음이 없었고, 패자가 된 로마인과 그것을 나누어 가질 생각도 없었다.

이 분리에 대해서는 패자 쪽에도 불만이 없었다. 어쨌든 로마 제국 군대는 이름뿐이고 실제로는 야만족 출신 병사들로 채워져 있던 시대가 오랫동안 계속되었기 때문에, 로마인에게도 병역을 기피하는 마음이 정착해 있었다. 군사는 자기들이 도맡겠다는 승자 쪽의 결정은 로마 쪽으로서는 자신들의 안전을 남에게 맡기는 셈이 되지만, 5세기의 로마인은 그런 상황이 뜻하는 바의 중요성을 잊어버렸다. 그래서 오도아케르의 이 결정은 오히려 로마인에게 환영받았다.

사법에서도 지배자와 피지배자에게는 다른 법률이 시행되었다. 야만족에게는 게르만법, 로마인에게는 로마법이 시행된 것이다. 다만 법률이라면 로마법이 훨씬 많은 분야를 다루고 있었기 때문에, 게르만법으로 재판을 받는 경우는 실제로는 극히 적었다.

행정은 앞에서도 말했듯이 패자 쪽에 일임되었다. 야만족에게는 이런 종류의 조직이 없었기 때문에 맡기지 않을 수 없었지만, 승자가 행정에 참견하지 않는 상황은 로마인이 패자라는 현실을 잊어버리게 하는 효과가 있었을 게 분명하다.

이것이 서로마 제국이 멸망한 뒤 승자와 패자의 '역할 분담'이었다. 이 정도면 '공생'도 가능했다.

이미 공화정 시대부터 로마인이 실행해온 패자와의 '동화' 노선을 떠올리면, 그 차이는 인상적이기까지 하다. 로마인은 정복한 민족이라도 보조병이라는 이름으로 군사에 참여시켜, 정규군인 군단병과 함께 국가에 가장 중요한 안전 보장을 담당하게 했다. 보조병이라도 만기까지 복무하면 퇴역할 때에는 로마 시민권을 받을 수 있었고, 그 시민권은 세습적 권리였기 때문에 그 자식은 시민권 소유자에게만 자격이 있는 군단병에 지원할 수 있었고, 군단에 복무하는 길을 선택하지 않아도 조상 대대로 로마 시민이었던 사람과 동등한 권리를 누릴 수 있었다.

또한 부족장 집안에서 태어났거나 우수한 재능을 발휘한 사람은 만기 제대할 때까지 기다리지 않아도 로마 시민권을 얻을 수 있었다. 보조부대 지휘관이라도 되면 당장 로마 시민권이 주어졌고, 사령관이나 군단장이 의장을 맡는 작전회의에 참석할 수도 있었다. 어제까지의 적도 적대 관계가 끝나자마자 자기편으로 받아들이고, 그 가운데 우수한 인재에게는 제 나라의 우수한 인재와 재능을 겨룰 기회를 주었다. 군사 면에만 조명을 비추어보아도, 패자에 대한 동화는 철저했다. 로마인은 승자와 패자를 차별하지 않고 인재를 활용했기 때문이다. 그렇기 때문에 로마 제국의 피지배자인 그리스인이고 『영웅전』의 저자로 유명한 플루타르코스(영어 이름은 플루타크)는 로마인의 패자 동화 정책이야말로 로마가 크게 성장한 요인들 가운데 하나라고 단언했다.

오도아케르가 패자 쪽 인재를 활용할 줄 몰랐던 것은 아니다. 많은 분야에서 서로마 제국 시대의 조직이나 관직이 그대로 유지되었다는 것은 거기에 종사하고 있는 로마인들도 오도아케르의 지배에 협력했다는 뜻이다. 그것은 제2차 세계대전이 끝난 뒤 승자로서 일본을 통치한 미군정에 패전한 일본 지도자들이 협력한 것과 비슷했다. 되도록 좋은 상태로 '공생'하기 위해 양쪽이 서로 협력했지만, 그것이 양쪽의 '동화'는 아니었다는 점에서 그렇다.

하지만 이 차이를 오도아케르 탓으로만 돌릴 수는 없지 않을까. 이미 율리우스 카이사르가 『갈리아 전쟁기』에서 지적했듯이, 옛날부터 게르만족은 자신들이 정복한 다른 민족의 거주지와 자신들의 거주지 사이에 띠 모양의 황무지를 설치하고, 꼭 필요한 접촉 이외에는 피정복자와 교류하지 않는 지배 방식으로 알려져 있었다. 따라서 그들은 원래부터 로마인이 좋아하는 '동화' 정책에는 익숙지 않은 민족이었다. 그렇기는 하지만, 카이사르 시대인 기원전 1세기의 게르만족과 서기 5세기의 게르만족을 동일시하는 것도 곤란하다. 서기 5세기에는 게르만족이 로마인과 접촉하는 것도 일상적인 일이 되어 있었다.

하지만 민족의 본성은 그렇게 간단히 바뀌지 않는 것도 사실이다. 변하지 않는 부분을 일단 50퍼센트로 보기로 하자. 나머지 50퍼센트는 서기 5세기에 게르만족 대다수가 개종한 기독교 신앙에 원인이 있었던 게 아닐까 생각한다. 승자인 오도아케르와 그의 부하들이 믿은 것은 아리우스파였고 패자인 로마인은 가톨릭파였지만, 둘 다 기독교라는 일신교의 신도인 것은 마찬가지였다.

가톨릭파는 신과 예수 그리스도와 성령이 삼위일체라는 설을 택하는 반면, 아리우스파는 예수는 한없이 신성에 가깝지만 신은 아니라는 설을 택하고 있다. 따라서 이 두 교파가 서로에게 던지는 비난은 '이교'가 아니라 '이단'에 대한 비난이다. 두 교파는 믿는 신이 다른 것이 아니라, 같은 신을 믿되 그 믿는 방식이 다르다. 바꿔 말하면 해석의 차이다. 200여 년 전 니케아 공의회에서 가톨릭이 정통이고 아리우스파가 이단으로 결정되었지만, 그 후에도 오랫동안 두 교파가 계속 적대 관계를 유지한 것은 둘 다 자기가 정통이라고 믿었기 때문이다.

이래서는 '동화'가 가능해질 턱이 없다. 신앙은 각자의 마음에 관한 문제니까 제쳐놓고 다른 분야에서 함께 할 수 있는 일을 찾아보자는 사고방식은 다신교도에게만 가능한지도 모른다. 따라서 일신교도에게도 기대할 수 있는 것은 기껏해야 '공생'이 한계인지도 모른다. 개방 정책을 편 시대의 로마인도 다신교도였고, 그 효용성을 적극적으로 인정한 플루타르코스도 다신교 민족인 그리스인이었다. '팍스 바르바리카'가 '팍스 로마나'보다 훨씬 단명으로 끝나는 것도 이런 차이 때문이 아닐까 생각한다.

그래도 '팍스 바르바리카'의 첫 번째 주자였던 오도아케르의 이탈리아 지배는 17년 동안이나 계속되었다. 자기 병력도 없이 야만족 출신 병사들을 끌어 모아서 지휘했고, 그들도 라벤나가 있는 이탈리아 북동부 지역에 모여 살았기 때문에 이탈리아반도의 다른 지방에서는 야만족 병사의 모습도 볼 수 없는 상태에서 용케도 17년 동안이나 통치할 수 있었다는 생각이 든다. 그동안 제국의 다른 속주에서는 자주 발생한 피지배자의 반란도 여기서는 일어나지 않았고, 이탈리아에서 난민이 발생하여 동로마 제국으로 달아났다는 기록도 없다.

게르만족과 로마인의 '공생'은 성공했다. 역사학자들은 이 시기를 '게르만 로마 왕국 시대'라고 부른다. 따라서 오도아케르의 적은 국내에는 없었다. 그의 적은 이탈리아반도 밖에서 형성되고 있었다.

테오도리크

테오도리크는 서기 454년에 동고트족 족장의 집안에서 태어났다. 오도아케르와의 차이점은 스무 살의 나이 차이만이 아니라, 휘하에 자기 병력을 거느릴 수 있는 지위를 타고났다는 데 있다.

동고트족은 당시 동로마 제국과 '동맹자' 협약을 맺고, 오늘날의 독일 서부에 해당하는 도나우강 상류 지대를 주거지로 삼고 있었다. '동맹자'라는 것은 주거지를 인정받는 대신에 그 일대의 방위를 책임지는 제도였는데, 이런 종류의 협약을 맺을 때는 약속을 지키겠다는 담보로 볼모를 보내는 것이 관례로 되어 있다. 일찍이 훈족에게 볼모로 보내져 청소년기를 보낸 아이티우스의 사례가 유명하지만, 테오도리크도 8세부터 18세까지 10년 동안을 동로마 제국의 수도 콘스탄티노폴리스에서 볼모로 지냈다. 이런 경우의 볼모는 대영제국 시대에 식민지 유력자의 아들이 옥스퍼드 대학에 유학하는 것과 마찬가지다.

테오도리크도 인격 형성에 가장 중요한 시기인 8세부터 18세까지

10년 동안 문무를 익히고 정치 감각을 연마하고 동로마 제국 궁정의 내부 사정을 파악하는 일로 보냈다. 그뿐만 아니라 동로마 제국의 본심—서로마 제국이 동포이기는 하지만, 동로마 제국에 해가 미치지 않는 경우에만 서로마 제국의 운명에 관여하고, 동로마 제국에 해가 미칠 것 같으면 당장 잘라내버린다는 정책—도 알게 되었다.

18세 되던 해에 고향으로 돌아간 것은 동로마 제국과 동고트족의 '동맹자' 협약이 파탄을 맞았기 때문이 아니다. 이 관계는 계속 유지되고 있었지만, 족장인 아버지가 노령을 이유로 아들을 곁에 두고 싶다고 동로마 제국 황제에게 부탁했기 때문이다. 그리고 2년 뒤에 아버지가 죽는다. 게르만계 야만족인 동고트족은 20세의 젊은 지도자를 갖게 되었다.

동고트족의 젊은 족장은 동로마 제국 안에서 전과 다름없이 황제의 '동맹자' 지위를 유지했다. 하지만 테오도리크는 동로마 제국의 충실한 동맹자로 일관한 아버지와 달랐다. 그는 이웃에 사는 야만족들과 맞붙은 전투에서 계속 승리하여 조금씩 영유지를 넓혀갔다. 우선 도나우강 중류로 진출했고, 이어서 하류에까지 손을 뻗게 될 무렵에는 동로마 제국 황제도 무시할 수 없는 '동맹자'가 되어 있었다. 게다가 한번 추방되었다가 불과 1년 만에 복위한 제노 황제의 제위 탈환을 도와준 뒤로는 테오도리크의 입장이 더욱 견고해졌다. 제노 황제는 테오도리크의 이 공적을 인정하여, 23세밖에 안 된 테오도리크에게 '파트리키우스'의 칭호를 주었다. 이리하여 야만족의 젊은 족장은 동로마 제국의 '귀족'이 되었다. 황제는 또한 테오도리크의 기마상을 수도 콘스탄티노폴리스에 세워도 좋다는 허락까지 내렸다고 한다.

이 젊은 족장은 제노 황제에게 우수하고 충실한 동맹자이기는 했지만, 방심할 수 없는 인물이기도 했다. 때로는 병력을 이끌고 거주지인 도나우강 하류에서 발칸 지방을 비스듬히 가로질러 수도 콘스탄티노폴리스에 바싹 다가온 적도 있었다. 제노 황제에게 테오도리크는 조금씩 성가신 존재가 되어가고 있었다. 그리고 테오도리크에게도 현재의 상황은 불만스러웠다.

아무리 지위가 높아도 동로마 제국 황제 밑에 있는 한은 신하의 한 사람일 뿐이다. 그의 가슴속에서 독립에 대한 의욕이 싹트기 시작한 것은 서기 487년 무렵이라고 한다. 테오도리크는 33세의 나이에 벌써 동로마 제국 안에서 자신이 장차 다다를 수 있는 한계를 보았다.

이탈리아 진격

이탈리아반도로 진격하여 오도아케르를 타도하겠다는 테오도리크의 생각에 제노 황제는 얼씨구나 하고 달려들었다. 황제는 오도아케르에게는 아직 공식적인 지위를 주지 않았다. 이탈리아 왕을 자칭하고 있는 오도아케르는, 동로마 제국이 보기에는 제국의 공식적인 승인도 받지 않은 채 제멋대로 그 자리에 버티고 앉아 있는 작자일 뿐이다. 반면에 테오도리크는 동로마 제국의 '귀족'이고, 30세에 '집정관'까지 지냈고, 후세의 발칸 지방에 해당하는 동로마 제국 서방을 담당하는 '군사령관'이기도 했다. 이런 테오도리크의 이탈리아 진격은 서로마 제국을 야만족의 지배에서 해방하기 위해 동로마 제국이 공인한 군사행동이 되었다. 실제로는 테오도리크의 '독립 의욕'과 애물단지를 치워버리려는 제노 황제의 '속셈'이 서로 맞아떨어졌을 뿐이지만, 겉으로는 서로마 제국의 본국인 이탈리아를 야만족의 지배에서 해방하기 위한 정의의 전쟁이 된 것이다.

게르만족의 경우, 최종 결정을 내리려면 부족 집회에서 승인을 받아야 한다. 서기 488년, 34세의 테오도리크는 부족의 승인을 얻었다. 여자와 아이들까지 포함하면 모두 30만 명에 이르는 동고트족이 집도 버리고 당장 필요한 물건만 수레에 싣고 가축과 함께 도나우강을 건너 일제히 서쪽으로 향했다. 전체가 30만 명이라면, 병사가 될 수 있는 성년 남자는 그 5분의 1인 6만 명 정도였을 것이다. 그래도 오도아케르의 병력에 비하면 두 배나 많지만, 실제로는 그렇지 않았다. 야만족은 출생률이 높아서, 이탈리아를 지배한 15년 동안 오도아케르 휘하에 있는 병사의 수도 크게 늘어나 있었다. 병력에서는 호각이라고 생각해도 좋았다.

이탈리아 진격은 이듬해인 489년 봄에 결행하기로 결정했다. 쳐들어가는 테오도리크는 35세, 맞아 싸우는 오도아케르는 55세가 되어 있었다.

테오도리크는, 오도아케르만 쓰러뜨리면 이탈리아반도가 모두 자기 것이 된다는 것을 알고 있었다. 오도아케르의 세력 본거지가 북이탈리아에 있다는 것도 알고 있었다. 따라서 이탈리아반도 북동부를 직격하는 작전을 택했다. 국소마취만 하고 그 부분을 수술하는 것과 비슷한 방식인데, 이것은 분명 승자가 된 뒤를 고려한 전략이었다.

두 사람의 첫 전투는 발칸과 이탈리아 사이에 가로놓인 알프스산맥을 가장 동쪽에서 넘은 곳에 흐르고 있는 이손초(라틴어 이름은 이손티우스)강 연안을 무대로 489년 8월 28일에 벌어졌다. 승리한 것은 테오

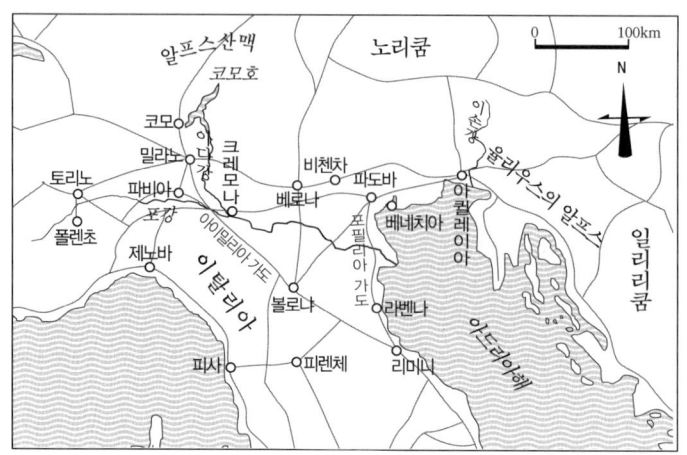

북이탈리아

도리크 쪽이었다. 하지만 적에게 결정적인 타격은 주지 못하고, 오도
아케르와 그 병력의 태반을 놓쳐버렸다.

　패주했다기보다 철수한 오도아케르는 베로나 근교에서 벌어진 두
번째 전투에서 그 패배를 설욕하려고 했다. 하지만 첫 번째 전투와 한
달 간격을 두고 벌어진 두 번째 전투에서도 패배한 것은 오도아케르
쪽이었다. 그렇기는 하지만 궤멸적인 패배를 당한 것은 아니고, 힘은
아직도 충분히 남아 있었다.

　이듬해인 490년 8월 11일에 벌어진 세 번째 전투는 전쟁터가 서쪽
으로 더 이동했다. 알프스에서 발원하여 밀라노를 오른쪽으로 바라보
면서 포(라틴어 이름은 파두스)강으로 흘러드는 아다(라틴어 이름은 아
두아)강 연안이 전쟁터가 되었는데, 이 전투에서도 오도아케르는 패배
하고 말았다. 북이탈리아를 서쪽에서 동쪽으로 가로지르는 포강 이북
은 이제 테오도리크가 제압했다고 생각할 수밖에 없었다. 오도아케르
는 포강이 아드리아해로 흘러드는 어귀에서 남쪽으로 50킬로미터 내

려간 곳에 있는 라벤나로 달아나야 했다. 방어가 완비된 라벤나에 틀어박혀 테오도리크와 계속 싸울 작정이었다.

역설 같지만, 진격해온 테오도리크보다 전력이 조금 열세인 오도아케르가 실제로는 더 많은 이점을 누리고 있었다.

우선 테오도리크는 적지에서 싸우고 있는 반면, 오도아케르는 자기 영토에서 싸우고 있다. 식량을 비롯한 보급품이 풍족한 데다, 15년 동안 지배하면서 북이탈리아의 지형에 정통했다는 이점도 있었다. 또한 테오도리크가 이끄는 동고트족의 침공을 오도아케르의 지배에서 벗어날 수 있는 좋은 기회라고 생각한 로마인들이 각지에서 일제히 들고일어나는 사태를 걱정할 필요도 없었다. '팍스 바르바리카'에 만족한 로마인들은 '야만족'끼리 맞붙은 이 전쟁에서 오도아케르 곁으로 달려가지도 않았지만, 그렇다고 오도아케르에게 반기를 들어 테오도리크를 이롭게 하지도 않았기 때문이다. 이탈리아반도에 사는 로마인들의 이런 태도는 야만족끼리 싸우는 전쟁터가 되어버린 북부 이탈리아만이 아니라 전쟁이 벌어지고 있다는 것을 소문으로만 알고 있었던 중부나 남부 이탈리아에서도 마찬가지였다. 지금은 피지배자지만 이탈리아반도에 사는 사람의 수에서는 절대 다수인 로마인이 취한 태도는 요컨대 '조용히 지켜보는 것'이었다.

늪지대와 운하로 둘러싸인 라벤나는 방비가 굳어서, 쳐들어온 지 1년도 지나기 전에 북이탈리아의 북쪽 절반을 제패한 테오도리크의 기세로도 짧은 기간에 라벤나를 함락할 가망은 거의 없었다. 게다가 포위한 뒤에 시간을 들여 함락시키는 전투는 야만족의 장기가 아니다.

보급로를 확보하는 일부터 시작해야 하는 병참 중시 사상이 아직 발달하지 않은 탓이지만, 이런 경우 포위전이 장기화하면 불리해지는 것은 성안에 틀어박혀 있는 쪽보다 성 밖에서 공격하는 쪽이다. 그래도 동고트족은 20세에 족장의 지위에 오른 뒤 줄곧 뛰어난 리더십을 보여준 테오도리크를 믿고 따랐다.

라벤나 공방전은 무려 2년이 넘게 계속되었다. 하지만 테오도리크는 라벤나 공략만 생각하고 있을 수는 없었다. 30만 명에 이르는 동고트족에게 살 집과 식량을 보장할 의무도 지고 있었기 때문이다. 39세를 앞둔 테오도리크는 전략을 바꾸었다.

서기 493년 3월부터 시작된 강화 교섭의 중개 역할은 라벤나의 주교가 맡았다. 오도아케르와 테오도리크가 합의한 강화조약은 다음과 같은 항목으로 이루어져 있었다. 이탈리아 전역은 오도아케르와 테오도리크가 공동으로 통치한다. 지금까지 4년에 걸친 적대 관계는 없었던 것으로 하고, 테오도리크가 오도아케르와 그 가족 및 부하들의 몸에 손가락 하나 대지 않을 것을 약속하는 대신, 오도아케르는 테오도리크와 그 부하인 고관들을 라벤나에 맞아들인다.

강화는 성립되었다. 두 달 뒤인 5월 5일, 테오도리크는 한 부대만 이끌고 좌우로 활짝 열린 성문을 통해 라벤나 시내로 들어갔다. 이튿날부터 날마다 두 사람의 화합을 축하하는 잔치가 벌어졌다. 하지만 열흘째 되던 날, 60세의 오도아케르가 갑자기 살해되었다. 오도아케르의 아내와 아들도, 그의 부하들 가운데 주요 인사들도 모두 하룻밤 사이에 살해되었다. 테오도리크를 죽이려는 음모가 꾸며지고 있었다는 것이 공식적으로 발표된 이유였지만, 체포하여 감옥에 처넣는 수고조차 생략하고 즉결처분으로 없애버렸다. 이를 안 오도아케르의 부하들 가운데 떠난 사람은 거의 없었고, 대다수가 테오도리크 군대에 편입되었다. 그들은 대부분 야만족 출신의 '외로운 늑대'들이어서, 사실은 돌아갈 곳도 없었을 것이다.

이탈리아반도에 사는 로마인에게는 지배자가 바뀌었을 뿐이다. '국소마취 수술'처럼 전쟁터도 북이탈리아의 동쪽 절반에 한정되어 있었기 때문에, 이탈리아반도의 대부분 지역은 전쟁 피해를 전혀 입지 않았다. 테오도리크도 그대로 라벤나를 본거지로 삼았기 때문에, 왕궁의 주인이 바뀌었을 뿐이다.

동고트 왕국

테오도리크의 지배는 39세 때인 서기 493년에 오도아케르를 제거한 뒤 72세 때인 526년에 죽을 때까지 무려 33년 동안이나 이어졌다. 그만큼 오랫동안 지배할 수 있었던 것은, 테오도리크가 오도아케르는 없앴지만 오도아케르가 10년 넘게 실시해온 정책은 없애지 않고 고스란히 계승했기 때문이다. 이는 이탈리아반도와 시칠리아에 사는 로마인에게는 앞으로도 계속 '팍스 바르바리카' 속에서 살아갈 수 있다는 것을 의미했다.

테오도리크는 오도아케르의 정책을 그대로 계승했지만, 사람이 바뀌면 정치의 색깔도 바뀐다. 그것을 한마디로 평하면 '더 세련된 정치'가 될지도 모른다.

'손님'과 손님을 맞아들인 '주인'의 관계, 'hospitalitas'라는 낱말로

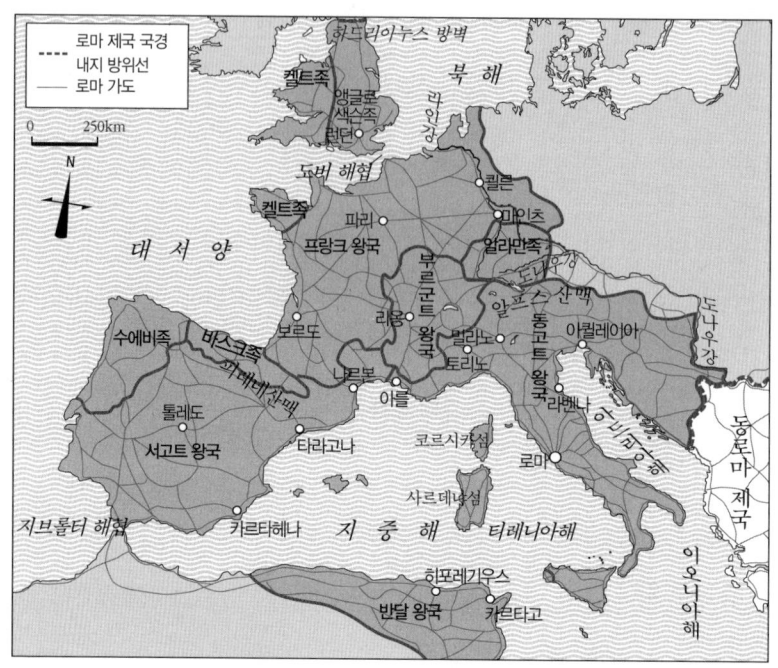

서기 500년경의 옛 서로마 제국 영토

표현되는 지배자와 피지배자의 관계는 변하지 않았다. '손님'들이 자기네 우두머리인 테오도리크가 사는 라벤나 주변에 모여 사는 경향도 변하지 않았다. 덕분에 중부와 남부 이탈리아에 사는 피지배자들에게 지배자는, 소유지의 3분의 1에 해당하는 땅의 임차료만 꼬박꼬박 내면 마주칠 일이 없는 부재지주나 마찬가지였다. 승자와 자주 접촉하지 않아도 되는 것만큼 패자인 로마인의 심리적 부담을 덜어준 것도 없었을 것이다.

테오도리크는 오도아케르보다 더 엄격하게 피지배자들의 무기 소유를 금했다. 호신용 칼조차 지니고 다닐 수 없었다. 피지배자가 가질 수 있는 것은 일상생활에 쓰이는 날붙이뿐이었다. 그 대신, 테오도리크와 그 부하들은 이탈리아반도와 시칠리아섬의 안전을 철저히 보장했다. 테오도리크는 군대를 재편성하여, 동고트족 순혈주의를 버리고 게르만계라면 다른 부족 출신도 적극적으로 받아들였다. 하지만 여러 부족 출신의 잡다한 집단이었던 오도아케르 군대와는 달리 테오도리크 군대의 주체는 어디까지나 동고트족이었고, 그래서 테오도리크는 고트족 출신이 아니더라도 자기 부하인 경우에는 항상 '고트인'이라고 불렀다.

'고트인' 병사들은 평상시에는 주어진 땅에 살면서 목축과 경작에 종사한다. 하지만 테오도리크는 그동안에도 정해진 급료를 계속 지불했기 때문에, 무슨 일이 일어나면 병사들은 만사 제쳐놓고 달려갈 의무가 있었다. 테오도리크가 병사들에게 정착지와 일정한 수입을 보장해주고 동고트족 순혈주의를 택하지 않은 덕분에, 처음에는 6만 명도 되지 않았던 병력이 10년 남짓 지난 뒤에는 20만 명으로 증강된다.

아무 일도 하지 않고 있는 동안 자연히 늘어난 것은 아니다. 이탈리아반도의 방비를 굳히기 위해 서쪽으로 북쪽으로 동쪽으로 군대를 내보낸 끝에, 서쪽은 남프랑스, 북쪽은 스위스, 동쪽은 부다페스트에서 크로아티아에 이르는 선까지 패권을 확대하는 과정에서 잃은 병력을 제외해도, 늘어난 수가 그 정도였다. 군사력과 그것으로 얻은 지방만 보면, 테오도리크의 동고트 왕국은 말기의 서로마 제국보다 넓은 영토를 패권 아래 둘 만큼 큰 세력이 되어 있었다. 문제는 군사력으로 얻은 영토를 무엇으로 유지하느냐인데, 거기에서도 테오도리크는 상당한 재능을 보이게 된다.

테오도리크도 오도아케르와 마찬가지로 이탈리아에서의 지위를 동로마 제국에 공식으로 인정받지는 못했다. 테오도리크는 오도아케르를 제거한 직후, 제노의 뒤를 이어 동로마 제국 제위에 오른 아나스타시우스 황제에게 자신의 지위를 공식으로 인정해달라고 요청했다. 하지만 동로마 제국은 이탈리아가 따로 떨어져 나가 독립 왕국이 되는 것을 바라지 않았다. 그렇다고 테오도리크의 요청을 거부한 것도 아니다. 동로마 제국의 '귀족'인 테오도리크라면 오도아케르보다는 고분고분할 거라고 생각했는지도 모른다. 그래도 공인해주지 않은 것은 마찬가지여서, 테오도리크도 오도아케르처럼 '이탈리아 왕'을 멋대로 자칭할 수밖에 없었다.

오도아케르와 동로마 제국은 서로 무시하는 느낌으로 일관했지만, 테오도리크는 동로마 제국 황제에게 계속 정중한 태도를 취했다. 동로마 제국에 볼모로 잡혀 있는 동안 그 나라를 잘 알게 된 테오도리크는, 현재 시점에서는 역시 동로마의 군사력을 얕잡아보기 어렵고, 군사력을 행사할 빌미를 주어서도 안 된다는 것을 알고 있었기 때문이다. 동로마 제국 사람들의 가톨릭 신앙은 열렬한 만큼 광신적으로 변하기 쉽고, 그것이 폭발하기라도 하면 황제도 거스를 수 없게 된다. 거스르면 자신의 제위가 위태로워지기 때문이다. 테오도리크로서는 자기가 통치하는 이탈리아를 향해 그것이 폭발했을 경우의 위험은 무슨 수를 써서라도 피해야 했다.

테오도리크가 동로마 제국과의 관계에 유난히 신경을 쓴 것도 그 때문이었다. 33년에 이르는 그의 긴 치세 동안 몇 종류의 통화가 발행되었는데, 모두 테오도리크의 왕국이 발행한 것인데도 표면에는 대부분 동로마 제국 황제의 얼굴이 새겨져 있다. 뒷면에 새겨진 문자를 보

테오도리크의 금화

아야 비로소 그것이 테오도리크가 주조한 화폐라는 것을 알 수 있다. 테오도리크 자신의 얼굴을 새긴 화폐는 아직까지는 한 종류밖에 확인되지 않았다.

테오도리크는 가톨릭과의 공존에도 오도아케르보다 훨씬 신경을 썼다. 그 자신은 계속 아리우스파 기독교도였지만, 가톨릭으로 개종한 프랑크족 왕의 누이를 아내로 맞았다. 물론 아내에게 아리우스파로 개종하라고 요구하지도 않았다. 테오도리크의 어머니는 아들을 따라 라벤나에 살게 되었는데, 그곳에서 주교의 영향을 받아 가톨릭으로 개종했다. 아들은 여기에 전혀 간섭하지 않았다. 왕궁이 있던 라벤나의 주교 자리도 계속 가톨릭파가 차지하고 있었다.

표면적으로는 동로마 제국에 속한 왕국처럼 행동하고 가톨릭파 기독교도들에게 이런 식으로 관용을 베푼 것은 동로마 제국을 자극하지 않기 위한 테오도리크의 정략이었다. 공인받지 못한 뒤에는 동로마 제국과 아무 관계도 맺지 않은 오도아케르와는 역시 달랐다.

그러면서도 이 동고트족 왕은 옛 서로마 제국의 각 지방에 계속 독립 왕국을 세워나갔다. 게르만계에 속하는 다른 야만족 왕들과의 관계에도 주의를 기울였다. 자신도 프랑크 왕 클로도베크의 누이를 아내로 맞았지만, 자신의 누이와 두 딸과 조카딸까지도 이런 야만족 왕국의 왕이나 왕자들에게 아내로 보냈다. 이리하여 갈리아의 프랑크와 부르군트, 히스파니아의 서고트, 북아프리카의 반달 왕국과 혼인 관계를 맺었다. 이것을 현대적으로 바꿔 말하면, 각 야만족 왕국들과 '불가침 조약'을 맺은 것과 마찬가지였다. 또한 그는 야만족 왕국들 사이에 문제가 생길 때마다 조정자 역할을 적극적으로 떠맡고 나섰다. 게다가 대부분의 경우 문제 해결에 성공했다.

테오도리크는 동로마 제국과 좋은 관계를 유지하려고 애쓰면서, 그와 동시에 서방에서는 게르만계 부족들을 결집하여 게르만 왕국 연합이라고 부를 수 있는 일대 세력을 확립하려 하고 있었다. 그러기 위해, 서부 지중해의 제해권을 결정하는 시칠리아와 사르데냐와 코르시카섬 가운데 사르데냐와 코르시카의 영유권을 포기하는 대가까지 치르고 반달 왕국과 평화협정을 맺었다. 그동안 반달족 해적에게 시달려온 에스파냐와 남프랑스와 이탈리아의 해안지방에 사는 사람들도 이 '불가침조약'으로 '팍스 바르바리카'의 혜택을 입게 되었다.

패자의 활용

앞에서도 말했듯이 오도아케르의 지배가 성공한 것은 기존 세력을 그대로 보존했기 때문이지만, 테오도리크는 그것을 그대로 계승한 것이 아니라 더한층 철저히 한 것이 그의 치세가 장수를 누린 요인이라고 보는 역사가가 많다.

왕궁은 현대 국가의 대통령 관저 같은 곳이니까, 왕명을 받아 행정을 담당하는 조직의 수장은 현대에 비유하면 총리가 된다. 그 지위도, 그리고 그를 수장으로 하는 조직의 각 부서장들도 테오도리크의 치세동안 줄곧 피정복자인 로마인이 맡았다.

또한 이탈리아 전역의 행정을 책임지는 집정관에도 계속 로마인이 취임했다. 이렇게 되면, 모두 15개인 '주'의 주지사가 로마인이었어도 이상할 게 없다. 지방자치는 인정되고 있었으니까, 그 실무를 담당하는 것은 위에서 아래까지 모두 로마인이었다. 요컨대 군사 이외의 모든 분야는 피정복자인 로마인에게 맡겨져 있었다. 그것은 테오도리크 시대에도 이탈리아에는 군사를 담당하는 게르만족과 행정을 담당하는 로마인이 뒤섞이지 않고 분리된 상태로 병존해 있었다는 뜻이다.

하지만 이것은 혼합도 아니고 동화도 아니었다. 그 증거로, 원수정시대의 로마 제국에서는 로마인 병사와 게르만이나 갈리아나 에스파냐 여자의 결혼이 드물지 않았고, 그 사이에 태어난 혼혈아는 로마인으로 자랐지만, 테오도리크 치하에서는 고트족 남자와 로마 여자가 결혼했다는 이야기를 들을 수 없다. 평화적이기는 했지만 서로 침식하지 않고, 마치 두 강이 나란히 흐르는 것과 비슷한 상태였을 것이다.

이것이 게르만족이 생각하는 '공생'이었을지도 모른다. 테오도리크도 자제 교육에서는 광신적인 가톨릭교도와 다름없는 태도를 취하고 있었으니까.

독해력과 문장력과 논리력을 배우려면 아무래도 그것을 개발하고 완성한 그리스인이나 로마인이 쓴 책을 교재로 삼을 수밖에 없지만, 이교 정신의 산물인 그런 책을 통해 배우는 동안 아이들이 거기에 '오염'되는 것을 위험하게 여기는 기독교도가 많았다.

아리우스파이기는 하지만 기독교 신자인 테오도리크가 이와 같은 위험을 느낀 것은 아니다. 테오도리크가 느낀 위험은 그리스나 로마의 책을 접하는 동안 게르만족의 민족정신이 '오염'되는 것이 아니었을까. 이 오염을 피하려면 '무'(武)에 능할 필요가 있고, 그러기 위해서라면 '문'(文) 쪽은 희생해도 어쩔 수 없다고 생각했을까.

테오도리크 자신이 이렇게 말하고 있다.

"로마인으로 보이고 싶어하는 고트인은 많지만, 고트인으로 보이고 싶어하는 로마인은 없다."

지금은 지배당하는 쪽이 되었지만, 로마인은 마음속으로 지배자인 고트인을 경멸하고 있었다. 고트족 자제가 그런 로마인과 같은 교육을 받으면 로마적이 되고 비게르만적이 되는 것을 테오도리크는 걱정했다.

동고트족의 자제는 학교에 가지 않아도 좋게 되었지만, 그 결과는 쉽게 상상할 수 있다. 제 이름도 못 쓰는 '지배자'가 많아져버렸다. 그래서 테오도리크는 서명하지 않아도 용무를 끝낼 수 있도록 각자 '도장'을 사용하게 했다. 테오도리크 자신이 모범을 보여 공문서에는 서명이 아니라 '도장'을 찍었기 때문에, 테오도리크도 문맹이 아니었을까 하고 오해받게 된다.

이 금지령 때문에 지배자인 동고트족이 피지배자인 로마인을 더욱 필요로 하게 되었으니 얄궂은 일이다. 글을 쓸 수 있는 로마인이 없으면 아무 일도 처리할 수 없었기 때문이다. 역사는 때로는 쓴웃음밖에 나오지 않는 사소한 일로 움직인다는 것을 보여주는 좋은 사례다.

이렇게 '팍스 바르바리카' 아래에서 로마인의 중요성이 높아진 것은 그들이 패배자였기 때문에 더욱 흥미로운 현상인데, 그 전형적인 예가 카시오도루스였다.

충신 카시오도루스

카시오도루스는 이탈리아반도 남쪽 끝에 있는 칼라브리아 지방에서 서기 479년에 태어났다. 서로마 제국이 아무도 알아차리지 못하는 사이에 멸망한 지 3년 뒤였다. 그가 태어난 집안은 원로원 계급에 속했고, 지방에 대농장을 소유한 지주이기도 했다. 서로마 제국을 멸망으로 몰아넣은 오도아케르가 그대로 유지하기로 결정한 기존 세력의 일원인 셈이다. 카시오도루스는 아버지 때부터 이미 오도아케르의 뜻을 받아들여 그의 지배에 협력하게 되었다. 카시오도루스의 아버지는 북이탈리아의 라벤나 왕궁에서 일하느라 남부 이탈리아에 있는 집을 오랫동안 비워둘 정도였다.

서기 493년부터 지배자가 테오도리크로 바뀐 뒤에도 카시오도루스의 아버지는 고트족 왕국에 협력하는 태도를 바꾸지 않았다. 테오도리크가 반달족을 물리치고 시칠리아섬에 대한 영유권을 확립할 때, 시칠리아에 가서 행정조직 전반을 개편한 것도 그 사람이었다. 그 후에도 테오도리크의 지배에 계속 협력했고, 남부 이탈리아의 관선 지사 같은 지위에까지 올랐다.

카시오도루스가 태어났을 때 서로마 제국은 이미 존재하지 않았다.

게다가 그는 그런 아버지의 아들로 자랐다. 교육만은 로마 제국 시대의 엘리트 자제와 마찬가지여서, 그리스·로마의 교재를 사용한 '아르테스 리베랄레스'(교양 과목)를 배웠다. 엘리트가 되는 데 필요한 교양을 배운 곳은 당시의 많은 청소년과 마찬가지로 수도 로마였는지도 모른다. 이런 카시오도루스에게 야만족의 지배는 태어났을 때부터 눈에 익숙해진 현실이었고, 아버지가 거기에 줄곧 협력해왔기 때문에 젊은 시절부터 야만족의 지배에 대한 편견은 전혀 없었다. 카시오도루스만이 아니라 당시 이탈리아반도에 살았던 사람들 대다수가 마찬가지였을 것으로 여겨진다. 진짜 문제는 누구의 지배를 받느냐가 아니라 어떻게 지배를 받느냐였기 때문이다.

카시오도루스가 20대에 접어든 서기 500년, 이탈리아를 지배한 지 7년째를 맞은 테오도리크가 처음으로 수도 로마를 방문했다. 과거에 황제를 맞이했을 때와 마찬가지로 원로원 의원들은 성문까지 마중을 나갔고, 시민들은 길 양쪽을 가득 메우고 고트족 왕을 환영했다.

테오도리크도 마치 황제라도 된 것처럼 행동했다. 포로 로마노 한 모퉁이에 있는 원로원 회의장에 모인 의원들 앞에서 연설한 뒤, 밖으로 나와 연단 위에서 시민들에게도 연설을 했다. 아마 그리스어만큼 잘하지는 못했겠지만, 라틴어로 연설했다. 그리고 반년이나 로마에 머무는 동안, 이 시대에도 아직 충분히 사용할 수 있었던 팔라티노 언덕 위의 황궁에 기거하면서 과거의 '세계의 수도'를 정력적으로 둘러보고 다녔다.

포로 로마노만이 아니라 황제들의 포룸, 트라야누스 원기둥, 폼페이우스 극장, 콜로세움도 보았고, 기독교도이면서도 카피톨리노 언덕 위에 서 있는 유피테르 신전도 참배했다. 물론 참배라기보다는 견학이었고, 교외로 나가 상수도까지 보고 다녔으니까, 그의 호기심과 탐구심은 후세에 독일이나 영국에서 로마를 찾아오는 관광객에 못지않았다.

그것도 단순히 감탄사를 연발하면서 구경만 하고 다닌 것은 아니었다. 수리할 필요가 있다고 여겨지는 곳에서는 당장 거기에 필요한 경비를 지출하기로 결정했다. 그것이 기독교 교회가 아니라, 과거에 로마 황제들이 중요시한 상하수도나 항만이나 다리 같은 인프라에 집중되어 있었던 것이 젊은 카시오도루스를 감탄시켰다. 이 로마 젊은이가 테오도리크에게 품었던 당초의 호기심은 테오도리크의 로마 체류가 길어질수록 찬탄으로 바뀌어갔다.

과거의 황제들은 시민에게 환영을 받은 답례로 검투사 시합이나 전차 경주를 비롯한 오락도 제공했다. 테오도리크도 그것을 답습할 생각은 갖고 있었지만, 대개 콜로세움에서 벌어진 검투사 시합은 기독교가 인간의 생활방식을 결정하게 된 백 년 전부터 지나치게 잔혹하다는 이유로 중단되었다. 그래서 검투사 시합과 함께 서민의 인기를 모았던 전차 경주를 제공하기로 했다.

이것도 옛날처럼 말 네 마리가 끄는 전차로 승부를 겨루는 호쾌한 경기가 아니라, 기껏해야 말 두 마리가 전차를 끌고 달리는 시대가 되었다. 장소는 옛날처럼 대경기장이었을지도 모르고, 검투사 시합이 열리지 않은 지 오래인 콜로세움이었을지도 모른다. 카시오도루스가 장소를 명기하지 않아서 알 수 없지만, 둘 중 한곳에서 열린 것은 분명하다. 이로써 로마의 서민들까지 고트족 왕에게 결정적으로 친근감을 품게 되었다.

서기 500년인가 그 이듬해에, 아직 젊은 학생이었던 카시오도루스는 테오도리크를 찬양한 시를 써서 왕에게 바쳤다. 알기 쉽게 말하면 팬레터를 보낸 셈이다. 그것이 테오도리크의 눈에 띄었는지도 모른다. 또 듣자 하니, 자기한테 협력을 아끼지 않았던 사람의 아들이라고 한다. 그래서인지 어떤지는 모르지만, 카시오도루스가 서른 살이 된 해에 테오도리크는 그에게 '파트리키우스' 칭호를 주었다. 형식상으로는 '귀족' 반열에 오른 셈이지만, 그보다는 국가 요직에 취임할 자격을 주었다는 의미가 더 강했다. 카시오도루스는 이때부터 테오도리크가 죽을 때까지 17년 동안, 카시오도루스의 나이로는 30세부터 47세까지 남자에게 최고의 시기를 25년 연상인 테오도리크의 통치에 협력한다. 그 17년 동안 집정관을 포함하여 모든 요직을 역임했다.

다만 후세의 우리가 카시오도루스의 경력을 추적할 수 있는 것은 그가 테오도리크 측근에 있었던 비서관 시절뿐이다. 이 시기에 카시오도루스가 맡은 일이 고트족 왕의 입에서 나온 모든 명령을 받아 적고, 그것만으로는 게르만 색깔이 너무 강해지기 때문에 로마 색깔이 나도록 고쳐 써서 공포하는 것이었기 때문이다. 그것을 1,500년 뒤인 오늘날에도 추적할 수 있는 것은 은퇴한 뒤에 그 자신이 『바리아이』(Variae : 잡문집)라는 제목의 책으로 정리해주었기 때문이다. 이것을 읽어보면, 엄격하고 딱딱한 명령조가 되기 쉬운 지배자의 포고령이 카시오도루스의 펜을 통해 얼마나 부드럽게 변했는지를 알 수 있다.

아드리아해 안쪽에 있는 이스트리아 반도의 농산물을 테오도리크의 왕궁이 있는 라벤나로 보내라는 단순한 명령이 카시오도루스의 펜을 거치면 다음과 같이 변한다. 덧붙여 말하면, 이때 명령을 받은 쪽은 백 년 전 이탈리아로 쳐들어온 아틸라의 훈족을 피해 갯벌에 도시를 짓고 이주할 수밖에 없었던 사람들이었고, 이 도시가 나중에 강력한 통상 국가인 베네치아 공화국이 되었다.

〈이미 알고 있겠지만, 올해는 풍작이었던 이스트리아산 포도주와 올리브유를 라벤나로 수송하도록 조치해주기 바란다. 너희는 많은 배를 갖고 있으니까, 이스트리아 주민이 인도하는 농산물을 무사히 수송하는 데 필요한 조치를 강구할 수 있을 것이다. 이 일로 생기는 이익은 그들과 너희가 반반씩 나누어 가져도 좋다. 이 일은 양쪽이 협력해야만 잘되기 때문이다.

그럼 당장에라도 이 짧은 항해에 나가주기 바란다. 더 긴 항해에 익숙한 너희에게 이번 항해는 제 나라 안에서 집들 사이의 수로를 항해하는 거나 마찬가지일 것이다. 어느 해로로 가라고는 말하지 않겠다. 바다가 거칠면 강이 있다. 너희 판단에 따라 더 안전하게 여겨지는 쪽을 택하면 된다.

너희가 사는 집이 어떻게 만들어져 있는지를 생각하는 것이 나에게 얼마나 큰 즐거움인지 모른다. 과거(로마 제국 시대)에 이미 유능하고 고귀한 사람을 많이 배출한 것으로 알려져 있는 베네토 지방은 남쪽으로는 라벤나와 포강에 접해 있고, 동쪽은 아드리아해의 아름다운 바닷가에 접해 있다. 그곳에서는 밀물과 썰물로 말미암아, 때로는 바닷물이 땅을 닫고 때로는 땅을 연다. 그곳에 있는 너희 집들은 물새를 닮아서, 때로는 수면에 떠 있는 것 같기도 하고 때로는 바위 위에서 날개를 쉬고 있는 것 같기도 하다. 이런 것들은 자연이 한 일이 아니라 인간이 노력한 결과다.

그곳에 사는 사람들이 풍부하게 갖고 있는 식량이라고는 물고기뿐이다. 가난한 자도 부유한 자도 평등하게 그것을 나누어 갖는다. 그리고 집들은 규모와 구조가 거의 같기 때문에, 너희는 이웃을 부러워하는 이 세상의 악에서 멀리 떨어져 있다.

이 베네티아(오늘날의 베네치아)에 사는 너희의 주된 산업은 염전 개발이다. 다른 지방 사람들이 밭에서 가래를 끌고 낫을 쓰는 대신, 너희는 돌절구를 돌려 소금을 잘게 부순다. 황금 따위는 없어도 살아갈 수 있다. 그러나 음식을 보존할 뿐만 아니라 더욱 맛있게 해주는 소금은 누구에게나 필요하다. 그렇기 때문에 너희는 소금을 팔아서 다른 필요한 물건을 살 수 있는 것이다.

그러면 배를 정비해두도록 하라. 그리고 가축을 집 근처에 묶어두듯, 배를 너희 집 옆에 묶어두기 바란다. 이스트리아에는 이런 일에 익숙한 로렌티우스라는 자를 파견했으니까, 그곳에서 농산물을 수집하는 그의 일이 끝나는 대로 그것을 운반하는 일에 착수해주기 바란다. 어떤 장애나 비용 때문에 수송이 늦어지는 일이 없도록 하라. 농산물이 되도록 빨리 라벤나에 도착하도록 모두 노력해주기 바란다.〉

정치든 군사든 행정이든, 인간 세계의 많은 일은 '고통'을 수반할 수밖에 없다. 따라서 백성에게 그것을 요구해야 하는 위정자가 반드시 갖추어야 할 자질은 '고통'을 '즐거움'이라고 구슬리는 것이 아니라, '고통'은 고통이지만 그 고통을 기꺼이 감내할 마음이 나게 하는 것이다. 카시오도루스는 테오도리크 통치의 최고 '프리젠터'였다고 나는 생각한다. 소수민족인 게르만족의 지배가 계속되는데도 다수인 로마인의 반란은 한 번도 일어나지 않았다. 통치 내용이 좋았기 때문만

이 아니라 통치의 '프리젠테이션'도 좋았기 때문일 것이다. 그리고 인재를 등용할 뿐만 아니라 그 인재를 활용하는 능력이 위정자에게는 없어서는 안 될 자질이고, 그것은 인종이나 민족이나 종교와는 관계없는 개개인의 기량이기도 했다.

'팍스 바르바리카'는 오도아케르 치하의 17년과 테오도리크 치하의 33년을 더하면 서로마 제국이 멸망한 직후부터 반세기나 지속되었다. 50년 동안 야만족의 습격을 걱정하지 않고 만족할 만한 선정을 누릴 수 있었으니까, 이탈리아반도가 모든 면에서 생기를 되찾은 것도 당연했다. 자산의 3분의 1은 잃었지만 토지 임차료만 내면 땅을 계속 이용할 수 있었고, 임차료를 내야 하는 이상 전처럼 땅을 빈터로 놓아둘 여유는 없다. 또한 인구가 줄어들었기 때문에, 남아 있는 사람을 최대한 활용하게 된다. 이리하여 이탈리아 전역에서 사람과 경작지의 활성화가 진행되자 당연히 생산성도 높아졌고, '야만족에 의한 평화' 덕분에 농산물 유통도 회복되어 있었기 때문에 이탈리아 경제는 다시 상승세로 돌아섰다. 계속 감소하던 인구까지 2세기 만에 늘어나는 쪽으로 바뀌었다고 한다. '평화'가 인간 사회의 궁극적인 '인프라스트럭처'라는 증거였다.

나이는 반세기쯤 아래지만 테오도리크와 동시대 사람이었던 프로코피우스는 팔레스타인 지방의 카이사레아에서 태어난 그리스인이었다. 팔레스타인 태생의 그리스인이라면 동로마 제국 사람이고, 동로마 제국과 계속 미묘한 관계에 있었던 테오도리크는 프로코피우스의 입장에서 보면 '적'이었다. 게다가 동로마 제국 관료이고 가톨릭 신자이기도 했던 프로코피우스에게 테오도리크는 이단인 아리우스파 신앙을 버리지 않는다는 의미에서도 '적'이었다. 그런 프로코피우스가 테오도리크를 다음과 같이 평가했다. 프로코피우스는 역사가 투키디데스에게 심취해 있었던 만큼, 역사 서술의 객관성을 가장 중요하게 생각한 역사가이기도 했다. 6세기의 비잔티움 제국에서 으뜸가는 역사가라기보다 고대 최후의 역사가라고 해도 좋은 이 사람은 『전쟁사』를 비롯하여 많은 저작을 남겼다. 이 프로코피우스는 테오도리크가 죽자 다음과 같은 글을 남겼다.

〈동로마 제국이 그에게 준 명칭은 단순한 전제군주였다. 하지만 실상은 진정한 의미에서의 황제였다고 말할 수 있다. 제국 후기에 제위에 오른 누구보다도 황제라고 말할 자격을 갖춘 지도자였다. 인간미가 넘치는 그의 통치는 동포인 고트인의 신뢰를 얻었을 뿐만 아니라, 이탈리아에 사는 로마인들의 신뢰까지 얻고 있었다. 이 테오도리크가 죽었을 때는 지배자와 피지배자의 구별도 없고 고트인과 로마인의 구별도 없이 모두 하나같이 애석한 눈물을 흘렸다.〉

테오도리크는 서기 526년 8월 30일에 라벤나에서 죽었다. 향년 72세였다. 미리 만들어둔 묘에 매장되었고, 그 묘는 지금도 볼 수 있다.

하지만 테오도리크의 치세 33년이 아무 흠결도 없이 끝난 것은 아니다. 만년의 몇 년 동안은 예기치 않은 불상사가 늙은 왕을 괴롭혔다. 불상사가 된 것은 테오도리크 자신도 필요 이상으로 초조하게 굴었기 때문이기도 하지만, 그만한 기량을 가진 사람도 어찌 할 도리가 없는 것이 그 사건의 역사적 배경이었다.

라벤나에 남아 있는 테오도리크의 영묘

동쪽에서 뻗어온 '긴 손'

서로마 제국이 존재했을 무렵에는 동로마 제국과 마찬가지로 가톨릭파 기독교 국가였다. 그런데 서로마 제국이 멸망하고, 지배자인 오도아케르와 테오도리크는 아리우스파이고 피지배자는 가톨릭파인 나라가 된 지 반세기가 지났다. 정통 신앙이 아니라는 의미에서 '이단'으로 단정하고 배척해온 사람들의 지배를 받은 세월이 반세기에 이르렀다는 뜻이다.

자기가 믿는 종교 외에는 모두 '이단'으로 배척하는 경향은 아리우스파 기독교도보다 가톨릭파 기독교도가 더 강하다. 아리우스파인 오도아케르나 테오도리크가 피지배자인 이탈리아 가톨릭교도의 신앙에 전혀 관여하지 않았던 것도 아리우스파는 자신들과 다른 신앙도 인정해주는 여지를 갖고 있었기 때문이다. 예외는 북아프리카인데, 아리우스파인 반달족에게 정복된 북아프리카에는 그곳의 가톨릭교도에게

'이단'으로 박해받은 도나투스파가 이제 지배자 쪽에 가세해 있었다는 특수한 사정이 있었다.

서로마 제국의 본국이었던 이탈리아반도는 밀라노 주교인 성 암브로시우스의 철저한 진흥책에 힘입어 가톨릭 일색이 되어 있었다. 그런데 그 이탈리아반도가 제국이 멸망한 뒤에는 '이단'이 지배하는 나라가 되었다. 이탈리아반도의 로마인들은 가톨릭교도이면서도, 아리우스파인 야만족의 지배에 협력을 아끼지 않았다. 카시오도루스도 가톨릭교도이면서 테오도리크에게 협력한 사람이다. 원로원 의원이나 국가 공무원에서 일반 서민에 이르기까지 모든 사람이 '정통'과 '이단'의 공생에 아무 불편도 느끼지 않고 50년을 지내왔다.

한번은 로마 주교(교황)를 선출할 때, 후보자들 사이에 분규가 일어나 수습할 수 없게 된 적이 있다. 가톨릭파인 로마 교황청은 테오도리크에게 조정을 부탁했고, 그 요청에 따라 수습에 나선 테오도리크 덕분에 가톨릭교회의 주교를 결정하는 선거가 무사히 치러진 일까지 있었다.

이것을 아무도 이상하게 여기지 않은 것이 서로마 제국이 멸망한 뒤 반세기 동안의 이탈리아였다. 가톨릭 일색인 동로마 제국을 자극하지 않기 위한 정략이었다고는 하지만, 가톨릭파와 아리우스파의 공생은 훌륭하게 성립되어 있었던 것이다.

종교나 신앙이 이성(理性)의 분야에 속하지 않는 이상, 불편하지 않다는 이유만으로 정통과 이단이 공생하는 것은 신의 뜻에 어긋나는 배신행위이고 따라서 마땅히 규탄받아야 한다고 생각하는 사람이 반드시 나오게 마련이다. 그렇게 생각하는 사람들에게는 이단인 아리우스파의 지배를 순순히 받아들이고 있는 것부터가 배신행위이고, 그것을 배제하고 진정한 정통 기독교인 가톨릭파로 회귀하는 것이야말로 신의 뜻에 따라 살아가는 것이다.

이런 사람들은 테오도리크의 30년 치세 동안 늘 존재했다. 하지만 한 번도 다수파가 되지는 못하고, 아리우스파의 지배를 받아들인 가톨릭교회 내부에서 고립되어 있었다. 이탈리아의 가톨릭교도들이 그들의 주장에 귀를 기울이지 않았기 때문이라기보다, 동로마 제국 황제들이 자신의 문제를 처리하는 데 여념이 없어서 아리우스파 타도를 기치로 내걸고 이탈리아로 쳐들어가는 문제를 고려할 여유가 없었기 때문이다. 그런데 테오도리크의 치세가 막바지에 이른 서기 525년 무렵, 동로마 제국의 상황이 달라지기 시작했다. 당시 황제인 유스티누스의 조카이고 차기 황제로 인정받은 유스티니아누스의 존재가 동로마 제국 내부에서 커지기 시작했기 때문이다.

카시오도루스와 마찬가지로 테오도리크의 지배에 협력을 아끼지 않은 로마인들 가운데 카시오도루스와 거의 동년배인 보이티우스라는 사람이 있었다. 보이티우스는 가문도 재력도 카시오도루스를 능가한다. 로마 제일의 부자라는 아니키우스 가문에 속했고, 로마 원로원 계급의 '얼굴'이라 해도 좋은 심마쿠스 집안과도 깊은 관계에 있었다. 아버지를 일찍 여읜 뒤 심마쿠스 집안에서 양육되었고, 나중에는 심마쿠스의 딸을 아내로 맞이했다. 요컨대 피지배자가 된 로마인 가운데 '대표 선수'의 한 사람이었다.

또한 거기에 어울리는 학식과 교양도 갖추고 있었다. 가톨릭 신자이기는 했지만, 플라톤과 아리스토텔레스의 철학을 깊이 탐구하겠다는 의욕에 불타 이 분야에서 많은 저작을 남겼다. 그러면서도 카시오도루스와 마찬가지로 테오도리크에게 '파트리키우스' 칭호를 받고 귀족 반열에 오른 뒤에는 국가 요직을 차례로 역임했다. 테오도리크에게 그는 유능하고 신뢰할 만한 신하였다.

'이탈리아 왕'을 자칭한 테오도리크는 프랑크 왕이나 에스파냐 왕을 자칭하는 게르만계 야만족 출신 왕들과 우호 관계를 맺는 것을 중요하게 생각했고, 보이티우스의 진언에 따라 뛰어난 리라 연주자를 프랑크 왕에게 선물로 보내거나, 해시계와 물시계를 부르군트 왕에게 선물하기도 했다. 테오도리크에게 보이티우스는 비서실장이라고 해도 좋은 측근 총신인 동시에 외교 담당 보좌관이기도 했다.

보이티우스는 이 야만족 출신 왕의 통치에 협력하면서, 한편으로는 고전 연구에 정력을 쏟아 붓고 있었다. 보이티우스가 이 분야에서 거둔 연구 성과를 찬양한 카시오도루스의 논문이 남아 있다. 게르만계 왕인 테오도리크에게 로마인인 카시오도루스와 보이티우스는 다시없이 우수하고 신뢰할 만한 협력자였을 것이다.

그런데 20년이나 계속된 이 좋은 관계가 서기 525년에 갑자기 무너진다. 그해에 알비누스라는 원로원 의원이 동로마 제국 황제와 몰래 내통하여 이탈리아의 가톨릭교도를 아리우스파의 지배에서 해방하기 위한 이탈리아 침공을 획책했다는 혐의로 고발되었다. 정탐꾼이 엄연한 증거를 발견했다지만, 그 증거가 무엇인지는 알려지지 않았고 증거의 진위도 확실치 않다. 알비누스가 동로마 제국 군대를 끌어들여 이탈리아의 가톨릭교회를 해방시키는 것을 머릿속으로만 생각했을 뿐인지, 아니면 실제로 동로마 제국과 내통하고 있었는지도 분명히 밝혀지지 않았다.

원로원 의원이 관여한 것으로 되어 있는 만큼, 간단히 처리하고 끝낼 문제는 아니었다. 이탈리아를 지배할 때 기존 세력 보존을 가장 중요한 정책으로 삼았고, 그래서 지금까지 지배하는 데 성공했다고 믿고 있던 테오도리크에게는 더욱 중대한 문제였다. 파비아에 머물고 있던 테오도리크는 모든 중신을 소집했다. 재판이라기보다, 이 중대한 문제에 어떻게 대처할 것인가를 논의하기 위해 국무회의를 연 느낌이었다. 사건은 그 자리에서 일어났다.

당시 보이티우스는 '마기스테르 오피키오룸'(magister officiorum)이라는 지위에 있었다. 말하자면 왕 밑에서 행정과 사법을 담당하는 최고위 공무원인데, 그가 사정을 어느 정도까지 알고 있었는지는 모르겠지만, 어쨌든 테오도리크 왕 앞에서 당당하게 알비누스를 변호했다.

"알비누스가 유죄라면 나도 같은 죄이고, 다른 원로원 의원들도 모두 같은 죄입니다. 따라서 알비누스가 무죄라면, 나도 그렇고 다른 원로원 의원들도 모두 무죄라는 이야기가 됩니다."

하지만 보이티우스는 이렇게 말을 이었다.

"다만 알비누스가 지금 문제되어 있는 음모를 꾸민 사실을 내가 알았다 해도, 그것을 고발하는 짓은 하지 않았을 것입니다."

이 말이 일흔 살 넘은 테오도리크를 격분시켰다. 노령에 따른 초조감인지, 아니면 신뢰하고 있던 사람에게 배신당했다는 기분인지, 아니면 지금까지 30년 동안 자극하지 않으려고 주의를 기울인 동로마 제국에 대한 배려가 한 줌밖에 안 되는 광신자 때문에 물거품이 되려는 것에 대한 분노였는지는 알 수 없다. 어쩌면 이 모든 것이 복합적으로 작용했는지도 모른다. 키프리아누스라는 밀정이 가져온 정보는 상당히 신빙성이 높았다고 되어 있지만.

그런데 결과는 뜻밖의 방향으로 가버렸다. 알비누스만이 아니라 보이티우스도 같은 죄로 파비아의 탑에 유폐된 것이다. 하지만 재판도 열리지 않았고, 당장 처형된 것도 아니다. 유폐는 1년 동안이나 계속되었다. 그동안 보이티우스는 『철학의 위안』(De consolatione philosophiae)이라는 제목의 책을 집필했다. 그의 수많은 저작 중에서도 가장 애독되는 책이다.

이듬해인 서기 526년에 보이티우스는 참수형에 처해졌다. 같은 해 8월 말에는 테오도리크가 죽었다. 보이티우스가 처형된 것이 테오도리크가 죽기 전이었는지 죽은 뒤였는지도 알려져 있지 않다.

철학이 주는 위안을 생각하면서 45세의 나이에 죽은 보이티우스에 비해 테오도리크는 33년 동안이나 나라를 다스리고 72세에 일생을 마쳤다. 하지만 과연 그는 편안한 죽음을 맞이했을까. 늙어서도 그가 걱정한 것은 동로마 제국이 어떻게 나오느냐 하는 것이었지만, 후계자로 적당한 사람이 없는 것도 죽어가는 테오도리크의 마음을 어둡게 하지 않았을까.

테오도리크는 딸은 얻었지만 아들은 얻지 못했다. 딸 가운데 하나인 아말라순타를 같은 동고트족 남자와 결혼시켜 후계자로 삼을 생각이었지만, 에우타리크라는 그 남자는 게르만 순혈주의를 좋아하고 로마인을 싫어하는 데다 그것을 굳이 감추지도 않았다. 게르만족과 로마인의 공생으로 성립되어 있는 동고트 왕국에는 부적당한 후계자라고 말할 수밖에 없다. 이 때문에 테오도리크는 한동안 고민했지만, 이 게르만 순혈주의자가 다행히도 일찍 죽어버렸다. 그렇게 되자 남은 것은 그 남자와 아말라순타 사이에 태어난 손자뿐이다. 이 손자가 테오도리크의 뒤를 잇게 되지만, 아직 어리기 때문에 실제 통치는 어머니인 아말라순타가 할 수밖에 없었다. 그런데 고트족은 여자의 지배를 받는 것을 싫어하는 경향이 강했다.

후계자 선정이 중요한 것은, 이제까지 쌓아올린 실적이 앞으로도 계속 활용되느냐 아니면 완전히 망그러지느냐가 후계자에게 달려 있기 때문이다. 72세에 죽어가는 테오도리크의 마음은 어두웠을 거라고 나는 상상한다. 테오도리크는 젊었을 때 10년 동안이나 콘스탄티노폴리스에 볼모로 머물렀기 때문에, 동로마 제국을 속속들이 알고 있었다. 그래서 아직은 분명치 않지만 동쪽에서 뻗어오고 있는 '긴 손'을 일찌감치 예견하고 있었는지도 모른다. 이 시기에는 아직 황제에게 영향을 주는 한 사람에 불과했던 유스티니아누스가 정식으로 제위에 오르는 것은 테오도리크가 죽은 지 겨우 1년 뒤였다.

'팍스 바르바리카'의 종말

카시오도루스가 20년 동안이나 협력을 아끼지 않은 테오도리크의 정치도 그의 죽음과 함께 끝났지만, 카시오도루스는 고향인 이탈리아 남부로 돌아가지 않고 북부의 라벤나에 계속 머물렀다. 테오도리크의 왕위를 이어받은 열 살배기 손자 아탈라리크와 그의 어머니 아말라순타의 통치를 돕기 위해서였다. 이것은 테오도리크의 죽음에 힘을 얻어 목소리를 키우고 있는 가톨릭교도들 속에서는 상당히 용기가 필요한 결단이기도 했다.

소년 왕과 그의 후견인이자 섭정인 모후 아말라순타는 카시오도루스에게 왕국에서 가장 실권있는 지위를 주어 보답했다. 그것은 앞에 나온 '마기스테르 오피키오룸'이라는 지위로서, 보이티우스가 처형된 뒤에는 공석으로 남아 있었다.

열 살배기 아탈라리크가 왕위에 오를 수 있었던 것은 테오도리크가 죽기 전에 어린 손자를 후계자로 삼겠다고 언명하고 동고트족 중신들에게 충성을 맹세시켰기 때문이다. 따라서 새 왕이 즉위한 날은 테오도리크가 죽은 8월 30일로 되어 있다. 이 사실은 동로마 제국 황제 유스티누스와 서방의 야만족 왕들에게도 통고되었고, 동로마 제국 황제는 동로마의 신하라는 조건을 붙여 승인도 해준 모양이다. 나이는 열 살밖에 안 되지만 아탈라리크의 왕위는 공식적으로는 튼튼했다. 따라서 문제는 사적이라고 해도 좋은 일에서 일어났다. 하지만 고트족 유력자들에게는 그것이 조금도 사적인 일이 아니었다.

테오도리크의 딸이고 새 왕의 모후이기도 한 아말라순타는 아들에게 로마식 교육을 시키고 싶어했다. 로마식 교육이란 그리스·로마의 고전을 교재로 한 '아르테스 리베랄리스', 즉 엘리트에게 필요한 교양을 습득하는 것이다. 그런데 고트족 중신들은 생전의 테오도리크가 고트족 자제한테는 학교에 갈 필요성을 인정하지 않은 것을 내세워 여기에 단호히 반대했다. 고트족 왕은 무술을 배우면 충분하다면서, 어머니 곁에서 아들을 떼어내버렸다. 열 살의 소년 왕은 게르만식으로 거친 생활 속에 던져지게 된다. 이런 생활에 익숙하지 않은 소년은 어머

아탈라리크　　　　　　　　　　테오다투스

니에 대한 그리움이 사무쳐, 곧 마음이 병들게 되었다. 8년 뒤, 아탈라리크는 잊혀진 몸으로 세상을 떠났다.

　이름뿐인 왕이라고는 하지만 왕이 죽자, 섭정 자격으로 나라를 다스리고 있던 아말라순타의 처지가 미묘해졌다. 카시오도루스 같은 정권 내부의 로마인들이 노력한 덕분이 아닐까 생각하지만, 아말라순타가 여왕이 되는 것을 고트족 신하들도 인정했다. 하지만 여자가 제일 높은 자리에 서는 것을 싫어하는 사회에서는 이것만으로는 안심할 수 없다. 그래서 아말라순타는 고트인 중에서도 유력한 집안 출신인 테오다투스와 재혼했다.

　테오다투스는 자기 이름이 로마식으로 발음되는 것을 기뻐한 고트인이고, 고트족 중신들 중에서는 드물게 그리스 철학에 대한 애호를 감추지 않았다. 바로 그것이 38세의 여왕 아말라순타가 그를 남편으로 고른 이유였다고 한다. 당시 38세는 더 이상 자식 낳기를 바랄 수 없는 나이였다. 그 때문이기도 하겠지만, 이 남편을 완전히 믿을 수가 없어서 불안해진 아말라순타는 동로마 제국 황제 유스티니아누스에게 접근했다. 어쩌면 아말라순타도 아리우스파에서 가톨릭으로 개종했는지 모른다. 테오도리크는 어머니가 가톨릭으로 개종하는 것도 문제 삼지 않았으니까, 딸이 개종해도 상관하지 않았을 것이다.

고트족 중신들은 자기네 여왕이 동로마 제국에 접근한 것을 알고 분개했다. 그들의 분노를 무시할 수 없게 된 테오다투스는 공식적으로 동고트 왕국 여왕인 아내를 볼세나 호수 안에 있는 섬에 유폐한 뒤, 그 것으로 그치지 않고 죽여버렸다.

이것이 동로마 제국 황제에 즉위한 유스티니아누스에게 이탈리아를 침공할 좋은 구실을 주게 될 것은 분명했다. 카시오도루스는 미리 통고를 받지는 못한 모양이지만, 급히 사태를 수습하러 나섰다. 동로마 제국 황제에게 사절을 파견하여 절대적인 충성을 맹세하는 편지를 전달하라고 테오다투스를 설득했다. 카시오도루스의 머릿속에는 오로지 전쟁을 피해야 한다는 생각뿐이었다. 이탈리아반도가 전쟁터로 변하는 것을 막기 위해서는, 전에 아말라순타에게 협력했듯이 그녀를 죽인 테오다투스에게도 협력을 아끼지 않았다.

그런데 동고트족 내부에서 테오다투스에 대한 비난이 일어났다. 중신들까지 그를 겁쟁이라고 비난했고, 병사들도 모두 동로마 제국 따위는 무서워할 필요가 없다고 생각하게 되었다. 테오다투스는 강제로 퇴위당했고, 그 대신 아말라순타의 사위인 위티기스가 동고트 왕국의 왕으로 추대되었다. 위티기스는 그때까지 뛰어나게 우수한 존재였다고는 말할 수 없지만, 병사들에게 절대적인 인기를 누리고 있었다. 그가 왕위에 오른 것은 서기 536년 가을, 테오도리크가 죽은 지 10년이 지나고 있었다.

학원

이 시기를 경계로 카시오도루스는 라벤나 왕궁과 직결된 공무에서 은퇴한 듯하다. 이탈리아 남부 태생의 이 로마인 엘리트는 테오도리크 의 통치에 협력하기 시작한 뒤 무려 30년 동안이나 북부에서 살았다. 그런데 이제 자기가 할 수 있는 일은 아무것도 없다고 체념한 것처럼, 햇빛이 아낌없이 쏟아지는 이탈리아 남쪽 끝으로 돌아갔다. 나이도 예 순 살이 다 되어가고 있었다.

그는 원래 넓은 땅을 소유한 집안에서 태어났다. 로마 시대의 별장 은 농축산업의 생산 기지이기도 했기 때문에, 전원에서 여생을 즐길 재력은 충분히 갖고 있었다. 하지만 카시오도루스는 동료가 시칠리아 에 소유하고 있었던 것과 같은 호화로운 별장(빌라) 생활을 선택하지 는 않았다. 은퇴한 뒤에 카시오도루스가 소유지인 스킬라키움(오늘날 의 스퀼라체)의 언덕 위에 세운 것은 자신과 동호인 몇 명이 생활할 수 있을 만한 넓이의 작은 수도원과 '비바리움'(Vivarium)이라고 이름붙 인 배움터였다.

'비바리움'은 원래 못자리나 양어장을 뜻하는 낱말이지만, 그곳에서 키우는 것은 초목이나 물고기가 아니라 인간이다. 함께 먹고 자면서 배우는 것은 그리스·로마의 저작을 교재로 한 '아르테스 리베랄레스' 전반이다. 자유로운 정신을 터득하는 데 필요한 학문이라는 뜻이다. 이런 학원의 필요성에 처음으로 눈을 뜬 것은 도시국가가 전성기를 누리고 있을 당시의 그리스인이었고, 라틴어의 'schola'와 이탈리아어의 'scuola'와 영어의 'school'이 모두 그리스어인 'schole'에서 유래

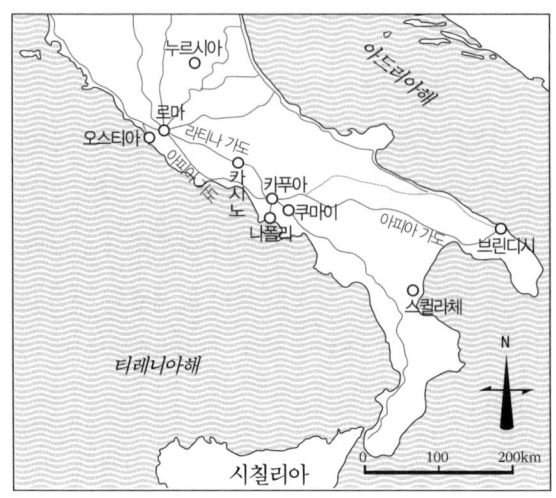

누르시아

아드리아해

로마

오스티아 라티나 가도

아피아 가도 카시노 카푸아

쿠마이

나폴리

브린디시

스퀼라체

N

티레니아해

시칠리아

0 100 200km

남부 이탈리아

한 것도 그 때문이다. 이 그리스어 낱말의 원래 의미는 각자가 가진 정
신적 능력을 활용하는 데 필요한 기능을 높이는 것이었다. 카시오도루
스가 설립한 '양어장'이 목적으로 삼은 것도 이런 의미의 '학원'이었다.
그래서 다른 학교에서 중요시한 수사학보다는 문학과 철학과 음악에
중점을 두었다. 공직사회에서 출세하는 인재를 키우는 것이 목적은 아
니었기 때문이다.

　의학이 중시된 것은 무엇 때문인지 모르지만, 히포크라테스를 비롯
하여 갈레노스와 켈수스의 저서까지 공부했으니까 교양이 풍부한 의
사를 키우는 학교 같다. '우니베르시타스'(대학)가 번성하기 전에 설
립된 이 학원은 유럽 최초의 의학교로 알려진 '살레르노 학교'의 선구
로 여겨질 정도다. 덧붙여 말하면, 이 살레르노 학교에서 사용한 언어
는 그리스어·라틴어·아랍어·히브리어였고, 교사도 학생도 종교나 민
족을 차별하지 않았다. 암흑시대인 중세에도 빛은 군데군데 비치고 있
었다.

카시오도루스가 설립한 '양어장'도 '학원'이기 때문에, 두루마리 서적을 모아놓은 도서관이 정비되어 있었다. 이 시대에는 아직 그리스어와 라틴어만 알면 충분했다. 카시오도루스는 사유재산을 모두 털어서, 이 모든 것이 제대로 기능을 발휘하는 데 없어서는 안 될 재단 조직까지 만들었다. 이것도 실무가로 반평생을 보낸 사람의 발상이었다.

수도원

카시오도루스의 동시대인 가운데 중부 이탈리아의 누르시아에서 시골 귀족의 아들로 태어난 베네딕투스라는 사람이 있다. 역사상 성 베네딕투스라는 이름으로 알려진 인물이다. 젊은 시절부터 수도 생활을 시작했고—이것은 '팍스 바르바리카' 밑에서도 가톨릭 신앙을 철저히 지키는 데에는 아무 지장도 없었다는 뜻이지만—카시오도루스가 '비바리움'을 설립한 것과 같은 시기에 베네딕투스도 나폴리 근처의 카시노 언덕 위에 수도원을 세웠다. 이곳은 카시오도루스의 '양어장'과는 달리 순수한 수도원이었고, 수도사들이 절대 복종이라는 대전제 아래 하루를 기도와 노동으로 양분한 공동생활을 하는 곳이었다.

베네딕투스가 혁명적이었던 것은, 이제까지는 명상에만 몰두하여 세상과 단절된 존재로 여겨졌던 동방의 수도자상을 배제하고 속세와도 적극적으로 접촉하는 새로운 수도자상을 만들어냈기 때문이다. 예수의 열두 제자도 어부를 비롯하여 각자 직업을 갖고 있었다는 것이 노동을 중시한 베네딕투스의 생각이었다. 이 생각은 수도원을 어디에 세웠는지에도 나타나 있다.

로마와 나폴리를 잇는 주요 가도는 아피아 가도와 라티나 가도였는데, 카시노는 라티나 가도 연변에 있다. 지금도 로마와 나폴리 사이를 달리는 보통 열차는 카시노에 정차한다. 베네딕투스는 수도원을 간선 도로 연변의 언덕 위에 세웠다. 나중에는 '몬테 카시노'라고만 말하면 베네딕투스의 수도원을 의미하게 되지만, '몬테'(산)라기보다는 조금 높은 언덕이고, 그곳에는 원래 로마의 신들에게 바쳐진 신전이 서 있었다. 로마인은 인간 세상과 격절된 땅에는 신전을 짓지 않는다. 사람들이 쉽게 참배할 수 있어야만 신전이라고 생각했기 때문이다. 그 신전의 폐허 위에 수도원을 지은 베네딕투스의 의도는 분명하다. 인간 세상과 접촉하는 곳이 신전에서 수도원에 딸린 교회로 바뀌었을 뿐이다. 또한 노동의 성과인 농작물을 팔기 위해서라도 세상과 접촉할 필요가 있었다.

베네딕투스는 수도원의 바람직한 모습을 제시했을 뿐만 아니라 수도원 생활의 일과표까지 결정했다.

해뜰녘부터 오전 10시까지는 노동, 10시부터 정오까지는 소리 내어 기도하고, 그 후 가벼운 식사를 하고, 오후 3시까지 휴식을 취한다. 이 시간에도 기도하는 것은 허용되지만, 소리를 내지 않고 기도한다. 오후 3시부터 해질녘까지는 다시 노동을 하고, 해가 진 뒤에는 저녁을 먹고 잠자리에 든다. 등불을 켜려면 돈이 많이 드는 시대였기 때문에, 어두워지면 잠자리에 드는 것은 성직자도 세속인도 마찬가지였다.

금욕적인 일상은 '비바리움'도 '베네딕투스 수도원'과 다를 바 없었지만, 역시 몇 가지 점에서는 차이가 있었다.

첫째는 노동이다. 카시오도루스 학원의 학생들은 생활비를 벌기 위해 노동할 의무는 부과되지 않았다. 그래서 일부러 재단 조직을 만든 것이다.

둘째는 기도였다. 카시오도루스의 '비바리움'에서는 '독서'라면 문자 그대로 책을 읽는 것이었지만, 베네딕투스가 정한 수도원 일과표에 있는 '독서'는 성서를 비롯한 기독교 관련 서적을 소리 내어 읽는 것이었으니까, '독서'라기보다는 '기도'다. 큰 소리로 코란을 읽는 소년들은 독서를 하는 것이 아니라 기도를 하고 있는 것이니까.

세 번째 차이점은, 공동생활의 대전제가 베네딕투스의 수도원에서는 '절대 복종'이었다는 것이다. 카시오도루스의 '양어장'이 자유로운 정신과 거기에 바탕을 둔 활발한 의견 교환을 대전제로 삼은 것과는 정반대였다.

베네딕투스의 수도원은 이런 특색을 분명히 하고, 나중에는 그리스·로마의 저작을 베껴 쓰는 일도 '노동'에 추가하여 중세 유럽 수도원의 '모델'이 되었다. 이런 수도원은 이탈리아만이 아니라 유럽 각지에 설립되어 중세 시대에 정신의 커다란 보루가 되었다. 오늘날까지 이어지고 있는 수도원도 적지 않다. 반면에 카시오도루스의 '양어장'은 어느새 소멸해버렸다. 베네딕투스의 수도원이 더 시대에 맞았고, 카시오도루스의 학원은 시대에 맞지 않았기 때문일 것이다.

카시오도루스가 '비바리움'을 세우고 베네딕투스가 '수도원'을 설립한 시기인 서기 529년, 동로마 제국의 유스티니아누스 황제는 그리스 아테네에 있는 '아카데메이아'를 폐교한다고 공포했다. 기원전 4세기에 플라톤이 개설했고, 로마 시대가 된 뒤에도 지배자인 로마인의 자제까지 유학할 만큼 지중해 세계에서 으뜸가는 최고학부라는 명성이 흔들리지 않았던 이 철학의 아성도 900년에 이르는 역사를 닫았다. 의

베네딕투스(조반니 벨리니 그림)

문을 품기보다는 복종하는 것을 인간의 '미덕'으로 여기는 시대에 결정적으로 접어든 것이다. 유스티니아누스 대제가 폐교해버린 아카데메이아가 되살아나려면 피렌체의 코시모 데 메디치가 활약한 15세기 르네상스 시대까지 기다려야 한다.

유스티니아누스 대제

유스티니아누스는 발칸 지방의 빈농 집안에서 태어났다. 본명은 페트루스 사바티우스. '유스티니아누스'라는 로마식 이름은 외삼촌(어머니 비길란티아의 오빠)인 유스티누스 황제의 이름에서 딴 것이다. 그는 젊었을 때 외삼촌(군사령관으로서 황실호위대장을 맡고 있었다)의 부름을 받고 콘스탄티노폴리스로 가서, 나이 들고 자식이 없는 삼촌의 아들로 입양되었다. 나중에는 외삼촌의 뒤를 이어 동로마 제국 황제가 되는 행운까지 거머쥐었는데, 만약 외삼촌이 황제가 되지 않았다면 그가 과연 '대제'라고 불릴 만큼 역사상 중요한 인물이 되었을까 하는 질문에 대답하기는 쉽지 않다. 하지만 외삼촌이 황제가 되었다는 행운을 충분히 활용한 인물인가 하고 묻는다면, 대답은 간단하다. 그와 비슷한 환경에서 태어난 다른 수많은 젊은이들처럼, 두각을 나타내기 위해 군인이나 관료가 될 필요는 없었기 때문이다. 단지 황제가 된 외삼촌을 돕기만 하면 되었다.

유스티누스는 군대에서 성실하게 근무하고 있을 때 제위가 난데없이 굴러들어온 셈이지만, 눈부신 무공을 세운 적도 없는 이 사람이 황제가 될 수 있었던 것은 선황제가 죽은 뒤 황제 후보가 난립하는 바람에 고관대작들 사이의 조정이 불가능해졌기 때문이다. 그 틈새를 뚫고 제위를 차지한 유스티누스는 황제가 되자마자 경쟁자들을 모조리 죽여버렸다.

그해에 조카인 유스티니아누스는 이미 35세가 되어 있었다. 35세까지의 경력은 확실치 않다. 아무 일도 하지 않고 무위도식한 게 아닐까 하는 생각이 든다. 하지만 황제의 비서관이라고 생각해도 좋은 '코메스'에 임명되어 외삼촌을 측근에서 모시게 된 뒤, 그는 물을 만난 물고기처럼 변했다. 제위에 오르자마자 모든 경쟁자를 죽였으니 출발은 처참하고 끔찍했지만, 9년에 걸친 유스티누스의 치세가 뜻밖에도 온당했던 것은 조카의 신중하고 적절한 도움 덕분이라는 평가를 받을 정도였다.

유스티니아누스는 불가사의한 인물이었다. 군대 경험은 전혀 없고, 정무 경험도 전혀 없고, 수도 콘스탄티노폴리스에서 한 발짝도 밖에 나가지 않았다 해도 좋을 만큼 엉덩이가 무거운 사람이다. 그런데도 중요한 안건에 결단을 내려야 할 때는 상당히 정확한 판단을 내린다.

유스티니아누스

유스티누스 황제의 치세는 유스티니아누스가 35세 되던 해부터 9년 동안 계속되었지만, 처음 3년을 뺀 나머지 6년 동안 실제로 나라를 통치한 것은 황제의 조카인 유스티니아누스였다고 한다.

게다가 종래의 관례에 얽매이지 않는 면도 있었다. 그는 '테오도라'라는 이름의 무희를 사랑했는데, 동로마 제국에서는 원로원 의원과 하층계급 여자가 결혼하는 것을 금하고 있다. 유스티니아누스도 원로원 의원이 되어 있었지만, 아름답고 도도하고 현명하고 매력적인 여자를 아내로 삼기 위해 제국의 법률까지 바꾸어버렸다. 황제가 된 뒤에도 그의 행동은 변하지 않는다. 테오도라를 황제의 단순한 아내가 아니라 황제(아우구스투스)와 거의 동격인 황후(아우구스타)로 삼는 조치를 강행하여 중신들을 깜짝 놀라게 한다.

그런데도 궁정관료나 원로원 의원들의 평판은 아주 좋았다. 서기 527년 봄, 유스티누스 황제가 병으로 몸져누웠다. 원로원 의원과 궁정 신료들은 모두 병석에 누워 있는 황제에게 조카인 유스티니아누스를 공동 황제로 임명하라고 요구했다. 4월 4일, 유스티니아누스는 공동 황제가 되었다. 8월 1일, 유스티누스 황제가 죽자 유스티니아누스는 단독 황제가 되었다. 그의 나이 44세였다. 그는 당시 지도자로서는 드물게 82세까지 장수를 누리면서 38년 동안이나 제국을 다스리게 된다.

학문과 예술을 좋아하는 것처럼 보이지는 않았지만, 로마 역사에는 강한 관심을 갖고 있었다. 다만 그것도 '유스티니아누스식으로'라는 조건이 붙는다. 위대함에는 흥미를 느끼지만, 그것이 어떤 사회구조를 밑바탕으로 하고 있었는지에는 무관심했다. 이 점에서는 원수정 시대의 로마 황제들과 비슷하지 않다. 유럽과 아시아가 뒤섞이는 발칸 지방에서 태어났고, 그 후에는 콘스탄티노폴리스밖에 모르는 유스티니아누스는 역시 오리엔트식 군주였다. 또한 그의 머릿속에 있었던 로마 제국은 어디까지나 가톨릭파 기독교를 신봉하는 제국이었다.

로마 제국 황제인데도 후세가 '대제'라는 존칭을 붙여 부르게 된 것은 콘스탄티누스와 테오도시우스 그리고 유스티니아누스 세 사람밖에 없다. 후세는 기독교가 세상을 지배한 시대니까 그들에게 '대제'라는 존칭을 바친 것은 기독교회다. 다시 말해서 위의 세 황제는 기독교회가 좋아하고 인정했다는 공통점을 갖는다.

콘스탄티누스 대제는 제13권 『최후의 노력』에서 말했듯이 기독교를 최초로 공인한 로마 황제다. 그가 실시한 갖가지 우대 정책이 없었다면, 그 후 기독교회가 그렇게 급속히 발전하지는 못했을 것이다.

테오도시우스 황제도 제14권 『그리스도의 승리』에서 말했듯이 가톨릭파 기독교만 정통 종교로 하고 다른 종교는 모두 '이교'라는 이름으로 배척하여, 아리우스파와 도나투스파는 같은 기독교인데도 '이단'이 되었을 뿐만 아니라 사교라는 이유로 배척의 대상이 된다고 규정한 황제다. 따라서 유일한 정통 기독교도로 인정받은 가톨릭교도에게 '대제'라는 존칭을 받을 자격은 충분했다.

유스티니아누스 황제는 이 두 사람을 강하게 의식하고 있었던 모양이다. 위의 두 사람은 동방과 서방으로 분리되기 전의 로마 제국 황제였다. 서로마 제국이 멸망하고 서방이 게르만계 야만족의 왕국들로 쪼개져버린 서기 6세기에 황제가 된 유스티니아누스는 제국의 동방만 통치하는 황제일 뿐이었다.

고등학교 역사 교과서에서는 유스티니아누스 황제의 업적으로 다음 세 가지를 들고 있다.

1) 하기아 소피아 성당 건립

2) 『로마법 대전』 편찬

3) 옛 로마 제국 영토 수복

수도인 콘스탄티노폴리스에 건립된 '하기아 소피아'(성스러운 지혜) 성당은 성모 마리아와 아기 예수에게 바쳐졌고, 그때까지 있었던 어느 기독교 교회와도 비교할 수 없을 만큼 웅장하고 화려한 교회였다. 콘스탄티누스 대제가 로마에 세운 성 베드로 성당도 하기아 소피아 성당의 규모와 자태에는 미치지 못했다고 한다. 15세기에 터키에 정복된 뒤에는 이슬람 사원으로 바뀌지만, 지금은 이슬람 사원도 아니고 기독교 교회도 아닌 박물관이 되어, 이스탄불로 이름을 바꾼 이 이슬람 도시를 찾는 사람들이 반드시 보아야 할 명소가 되어 있다. 기독교 교회였던 시대에 하기아 소피아 성당의 벽면은 금색으로 빛나는 모자이크로 메워져 있었는데, 그 가운데 성모 마리아와 아기 예수

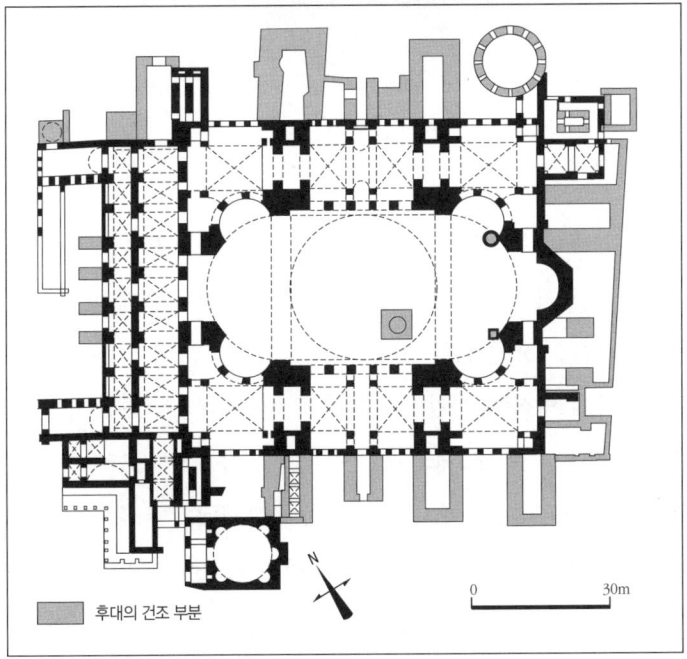

후대의 건조 부분

0   30m

하기아 소피아 성당의 벽면 모자이크(위)와 평면도(아래)

에게 두 황제가 각자 예물을 바치는 모자이크가 있다. 오른쪽에 서 있는 것은 콘스탄티누스 대제이고, 그가 바치는 예물은 콘스탄티노폴리스라는 도시다. 한편 왼쪽에 서 있는 것은 유스티니아누스이고, 그가 바치고 있는 것이 바로 하기아 소피아 성당이다. 두 황제도 성모자(聖母子)와 마찬가지로 머리 위쪽에 금빛 광배(光背)가 그려져 있다. 기독교도에게 세속 군주는 신의 위탁을 받아 인간 세계를 통치하는 사람이다. 즉 기독교화하지 않은 시대의 로마 황제처럼 살과 피를 가진 인간들 가운데 제일인자가 아니라, 살아 있는 몸을 갖지 않은 신과 살아 있는 몸을 가진 인간들 사이에 서는 존재, 그것도 신 쪽에 더 가까운 존재다. 따라서 살과 피를 가진 황제라도 머리 위에 광배를 그려서 표현하게 된다.

『로마법 대전』

유스티니아누스의 두 번째 업적은 『로마법 대전』을 편찬한 것이다. 여기에는 기독교도가 아니더라도 이의가 없을 것이다. 후세에까지 그의 이름이 알려진 가장 중요한 요인인 이 대사업도 그가 로마 황제라는 신분을 강하게 의식하고 있었기 때문에 이룰 수 있었다고 생각한다. 흥미로운 것은, 기독교 제국에도 필요하고 유효하다고 여겨지는 로마 법률을 편찬하고 있던 때와 같은 시기에 아테네의 플라톤 아카데메이아를 폐교시킨 것이다. 기독교를 신봉하는 국가에도 법률은 필요하지만 철학은 필요없다고 생각했는지도 모른다.

정식 명칭은 'Corpus Juris Civilis'니까 '민법'(juris civilis)의 집대

성이라고 생각하기 쉽지만, 형법을 비롯하여 모든 법률이 망라된 법령 집이다. 법률 편찬에 손을 댄 의도를 유스티니아누스 자신이 전문에서 밝혔는데, 그것은 다음과 같다.

〈우리 주 예수 그리스도의 이름으로 임페라토르 카이사르 플라비우스 유스티니아누스 아우구스투스는 법률을 배우고 싶어하는 젊은 세대에게 도움이 되기를 바라고 이 대사업에 착수하기로 결심했다. 황제의 권세를 넓히려 해도 전쟁에 호소하는 것만으로는 불충분하고, 평상시에 베푸는 선정이 없어서는 안 되기 때문이다. 로마 황제는 전쟁의 승자일 뿐만 아니라 평상시의 통치자일 것이 요구된다. 그리고 올바르고 좋은 통치는 법률이 없이는 실현할 수 없다.〉

그래서 로마인이 지금까지 만든 법률을 모으게 했다고 유스티니아누스는 선언했다. 공법과 민법의 의미를 묻는 '법률 요강'부터 시작하여 실제 재판의 판례에 이르기까지 방대한 수량에 이르는 로마법을 수집한 결과, 기독교화하기 전의 로마 법률이 대다수를 차지하고 있었다니까 재미있다. 로마법 전문가들의 말에 따르면 서기 6세기에 편찬된 이 『로마법 대전』도 알맹이는 서기 2세기에 만들어진 법률이 많다고 한다. 그렇다면 4세기나 전인 오현제 시대이고, 로마 제국의 전성기에 만들어진 법률이라는 이야기가 된다.

『유스티니아누스 법전』이라고도 불리는 『로마법 대전』을 실제로 편찬한 것은 당시의 고명한 법률가 네 명이었다. 물론 조수들은 썼겠지만, 겨우 네 사람이 6년이라는 짧은 기간에 완성할 수 있었다. 400년 동안 흩어져 있던 법률을 하나씩 모았다면 이렇게 짧은 기간에 완성할 수는 없었을 것이다. 그 이전에 이미 정리된 법령집이 있었을 게 분명하다. 편찬은 그런 법령집들을 중심으로 이루어진 게 아닐까 여겨진다.

우선 서기 5세기 전반에 동로마 제국 황제인 테오도시우스 2세가 편찬한 『테오도시우스 법전』이 있다. 이것은 콘스탄티누스 대제 이후의 로마 제국, 즉 기독교화한 이후의 로마 제국 법률을 모은 것이다.

기독교화하기 이전의 로마 제국 법률을 모은 것도 있었다. 서기 2세기 중엽에 하드리아누스 황제가 공화정 시대부터 제정까지의 법률을 망라하여 편찬한 법령집이다. 네 명의 법률가가 6년이라는 짧은 기간에 완성할 수 있었던 것은 이미 과거의 법률을 상당한 정도까지 모아서 정리해놓은 이 두 가지 법령집이 있었기 때문이 아닐까 생각한다. 유스티니아누스의 『로마법 대전』은 법률 전문가에게 도움이 되는 것은 당연하지만, 나처럼 법률과 무관한 사람도 어떤 감개를 품지 않을 수 없다.

첫째는 기독교 국가에 필요한 법률을 모으는 것이 목적인데, 수집한 결과는 기독교화하지 않은 시대에 만들어진 로마법이 많았다는 사실이다. 이것은 그 사회 구성원들이 어떤 종교를 믿고 있느냐와는 관계없이, 인간들로 구성된 사회의 기능을 중시한다면 로마인이 만든 법률의 대다수는 언제 어디서나 유효하다는 뜻이 아닐까. 어쩌면 이것이야말로 법의 정신이라고 말할 수 있지 않을까. 그렇다면 역시 법률은 로마인이 창조했다고 말할 수 있다.

둘째, 유스티니아누스의 『로마법 대전』은 그 자신이 썼다는 전문을 읽어보아도 알 수 있듯이 지금까지 존재한 수많은 로마법 가운데 기독교 국가인 동로마 제국을 통치하는 데 필요하다고 여겨진 법률만 골라서 편찬한 것이다. 그렇다면 기독교 국가에 부적당하다고 여겨진 로마법은『대전』에서 제외되었다는 뜻이 아닌가.

그렇다면『로마법 대전』에 끼지 못했기 때문에 지금은 소멸해버린 로마법도 있었을 테고, 어쩌면 그중에는 국가 종교와는 별도로 개인에게 신앙의 자유를 인정한 법률도 있었을지 모른다. 적어도 있었을지 모른다는 가설은 성립한다.

유스티니아누스가 편찬한 로마법의 영향을 받아 만들어진 것이 후세 근대 국가의 법률이지만, 어쩌면 근대 국가가 된 뒤에 만들어진 법률 가운데 일부는 로마인이 이미 만들었는데『유스티니아누스 법전』에 채택되지 않은 법률이었는지도 모른다. 역사상 기록은 그것을 쓰는 사람의 필터를 통과한 결과물인 경우가 많다. 로마인이 만든 법률도 예외는 아니다.

그렇기는 하지만,『로마법 대전』을 편찬한 것만으로도 유스티니아누스는 '대제'라는 존칭을 받을 자격이 충분했다. 학문을 닦은 흔적도 없고 교양이 있었다고는 생각되지 않는 사람이었던 만큼 불가사의하다고 말할 수밖에 없지만, 역사에는 종종 나타나는 기적의 한 예가 아닐 수 없다.

하지만『로마법 대전』자체는 유스티니아누스가 통치한 동방에서는 끝내 활용되지 않았다. 라틴어로 쓰여 있었기 때문이다. 로마인이 만들었으니까 그들의 언어인 라틴어로 쓰인 것은 당연하고, 실제로 법률을 편찬한 네 명의 그리스인 법률가도 법률이 전문인 이상 라틴어에 능통했을 것이다. 그런데 이제 비잔티움 제국이라고 부르는 것이 적절한 동로마 제국에 보급된 언어는 그리스어였다. 즉『로마법 대전』은 언어 장벽 때문에 유스티니아누스가 호소하고 싶었던 상대에게는 통하지 않았다는 이야기가 된다.

이 불행에 다시 시대의 격변이라는 불행이 겹친다. 『로마법 대전』이 완성된 지 100년밖에 지나지 않은 7세기, 페르시아인을 쓰러뜨린 아랍인이 비잔티움 제국의 대부분을 이슬람화했다. 기독교 국가에도 유효했던 로마법이 이슬람교를 신봉하는 나라에는 유효하지 않았는지 의문이지만, 이 문제는 이슬람 전문가한테 맡길 수밖에 없다.

하지만 『로마법 대전』은 라틴어로 되어 있었기 때문에, 긴 중세를 거친 뒤 서방에서 그 위력을 재인식하게 된다. 중세 유럽의 공통어가 라틴어였기 때문이다. 게다가 유럽 국가들은 모두 기독교 국가였다. 따라서 기독교 국가에도 적용할 수 있다는 '필터'가 그대로 통용되었다. 고대 로마의 법률을 되살린 유스티니아누스를 유럽인들이 지금까지도 칭송하는 것은 이 때문이다. 2천 년 뒤인 오늘날에도 각국 대학에는 로마법을 공부하는 학생이 있다는 사실이 보여주듯, 『로마법 대전』은 이제 유적에 불과한 하기아 소피아 성당보다 인류에게 훨씬 도움이 되기 때문이었다.

성전(聖戰) 사상

『로마법 대전』이 편찬되고 있던 시기에 한 주교가 유스티니아누스에게 열정적으로 접근하는 일이 거듭되고 있었다. 유스티니아누스는 열성적인 가톨릭 신자였기 때문에, 가톨릭 성직자들은 콘스탄티노폴리스 황궁에 자유롭게 드나들 수 있었다. 이 주교는 황제 곁에 가까이 갈 수 있는 기회가 있을 때마다 다음과 같은 말을 되풀이했다.

"가톨릭교도를 이단의 지배로부터 해방시키는 것은 폐하에게 부여된 사명입니다. 신께서 몸소 폐하의 군대 앞에서 전진할 것입니다. 그리고 신의 선도를 받은 병사들은 적을 타도하고, 이단의 지배 아래에 있던 땅에는 다시금 황제의 깃발이 나부낄 것입니다. 폐하의 적은 신의 적이기도 합니다."

유스티니아누스는 마음이 동했지만, 한동안은 결단을 내리지 못했다. 이제 특별히 기록할 필요도 없을 만큼 일상적인 상황이 되어 있었지만, 이 시기에도 사산조 페르시아와 동로마 제국은 전쟁 상태에 있었다. 늘 그렇듯이 페르시아가 공세를 취하고 비잔티움 제국은 맞아 싸우는 전투였지만, 유스티니아누스는 거기에 가장 우수한 장군과 2만 5천 명의 병력을 투입하고 있었다.

비잔티움 쪽이 잘 싸워서 전황은 이쪽에 유리하게 전개되고 있기는 했지만, 결정타는 주지 못하는 상태가 계속되고 있었다.

그렇다 해도, 동로마 제국 쪽에 더 가까운 곳에서 적군을 맞아 싸우는데 2만 5천 명밖에 투입할 수 없었다는 것은 놀라운 일이다. 서로마 제국은 방위를 위한 군사력도 없는 상태로 멸망했지만, 동로마 제국의 군사력도 약해져 있었다는 것을 알 수 있다. 원수정 시대까지는 동방의 이곳 방위선에 8개 군단 4만 8천 명의 군단병과, 거의 같은 수의 보조병을 합해서 10만 가까운 군사력을 투입하고 있었다. 거기에 비하면 4분의 1의 군사력밖에 사용할 수 없었던 6세기의 비잔티움 제국은 동방과 서방 양쪽에서 동시에 전쟁을 치를 힘이 없었다. 하지만 유스티니아누스는 콘스탄티누스나 테오도시우스처럼 동서를 통합한 로마 제국의 주인이 된다는 매력적인 생각도 버리기 어려웠다. 서방으로 쳐들어가려면 페르시아와의 전투 상황을 끝낼 수밖에 없었다.

유스티니아누스는 페르시아 왕 호스로 1세에게 강화를 제의했다. 비잔티움 군대에 밀리는 상태로 계속되는 전투에 염증이 나 있던 호스로는 5,250킬로그램의 금을 준다면 강화 제의를 받아들이겠다는 회답을 보내왔다. 유스티니아누스는 그 조건을 받아들이기로 하고 동방 전선을 동결시켰다. 페르시아 전쟁의 공로자였던 벨리사리우스 장군도 콘스탄티노폴리스로 불러들였다. 동로마 제국의 수도 콘스탄티노폴리스에서는 북아프리카의 반달 왕국으로 쳐들어갈 준비가 시작되었다.

벨리사리우스 장군

벨리사리우스는 유스티니아누스와 마찬가지로 발칸 지방에서 태어났다. 다만 나이는 열여덟 살쯤 아래다. 젊어서 군대에 들어가, 아르메니아와 메소포타미아의 전쟁에서 두각을 나타낸다. 유스티니아누스는 황제에 즉위하자마자 그를 동방 담당 사령관에 임명했다.

27세에 벌써 장군이 된 것이다. 수적으로 열세인 병력을 주어도 참신하고 대담한 전략과 전술을 구사하여 승리를 이끌어낸다는 점에서는 벨리사리우스를 능가할 무장이 없었다. 유스티니아누스도 전선을 서쪽으로 바꾸려면 벨리사리우스를 동방에서 불러들여 서방으로 보낼 수밖에 없었다. 옛 서로마 제국 영토를 되찾으려는 유스티니아누스의 수복 작전은 서기 533년에 시작된다. 그 작전을 지휘하는 총사령관은 갓 33세의 젊은이였다.

유스티니아누스 황제는 신분이 낮지만 미인에다 당차고 현명한 테오도라를 깊이 사랑했다. 그런데 그의 장군인 벨리사리우스도 테오도라와 성격이 비슷한 안토니아를 사랑했고, 아이 딸린 과부가 된 안토니아와 결혼하여 평생을 해로했다. 테오도라는 원래 무희였고, 안토니아는 전차 경주할 때 말을 다루는 마부의 딸로, 하층계급 출신이라는 공통점을 갖고 있었다. 게다가 둘 다 미인이고 오기가 많아서 남에게 지기 싫어하고 행동이 대담하다면, 두 사람 사이가 좋은 것이 자연스럽다. 하지만 실제로 두 여자는 서로 적대한 것은 아니지만 긴장 관계에 있었다. 얼굴을 맞댈 때마다 거울에 비친 자기 자신을 보는 것처럼 느껴졌기 때문일까.

북아프리카로 쳐들어가기 1년 전, '니카(Nika)의 난'이라는 이름으로 유명한 폭동이 수도 콘스탄티노폴리스에서 일어났을 때의 일이다. 전차 경주에서 청색 팀과 녹색 팀 팬들 사이에 싸움이 벌어졌는데, 여기에 시민들까지 말려들어 폭동으로 발전했다. 3만 명이나 되는 폭도가 황궁으로 몰려오자, 쉰 살이나 먹은 유스티니아누스는 공포에 질려 제정신을 잃었다. 궁정관료들의 진언에 따라 황궁에서 대피하기로 결정했지만, 그 앞을 막아선 것이 황후 테오도라였다. 황후는 달아나는 것은 황제답지 않은 행동이라고 유스티니아누스를 호되게 꾸짖고, 벨리사리우스에게 진압을 명령하라면서 한 발짝도 물러서지 않았다. 결국 벨리사리우스의 과단성 있는 대처로 폭동은 심각해지기 전에 진압되었다.

안토니아가 남편을 호되게 꾸짖었다는 일화는 기록에 남아 있지 않다. 하지만 안토니아도 대단한 여자여서, 벨리사리우스가 가는 곳이면

테오도라 황후와 궁녀들

어디서든 그의 아내를 볼 수 있었다. 전쟁터에 따라갈 뿐만 아니라 부대를 이끌고 남편의 작전을 지원 사격하는 전투 행위까지도 마다하지 않았다. 그러면서도 남편 부하에 대한 인사에는 일절 참견하지 않는 여자였다. 테오도라는 남편의 인사에 조금은 참견한 것 같지만.

비잔티움 제국 역사상 가장 유명한 황제는 유스티니아누스이고, 가장 유명한 장군은 벨리사리우스다. 이 두 사람이 계속 오리엔트 색채가 짙어지고 있는 동로마 제국에서, 혈통은 좋지만 성격이 흐리터분하고 여자답고 온화하고 아이를 쑥쑥 잘 낳는 여자가 넘쳐나는 사회에서, 테오도라와 안토니아 같은 여자에게 홀딱 반했으니 유쾌한 일이다.

아프리카 진격

서기 533년 6월, 북아프리카의 반달 왕국을 타도하기 위한 군대가 콘스탄티노폴리스를 출항했다. 1만 5천 명의 병력을 태운 500척이 넘는 대규모 선단이 출정한 것이다. 황제와 황후가 출정을 축하하고, 대주교는 신의 축복을 약속한다. 후세의 십자군처럼 십자를 그린 깃발도 없고, 병사들의 갑옷에도 십자 표시는 없었고, 공격하는 상대도 이교도가 아니라 이단이었지만, 이것도 역시 십자군이었다.

모국에서 멀리 떨어진 적지로 쳐들어갈 경우에는 대군보다 소수 정예병력을 데려가는 편이 유리한 경우가 많다. 보급 문제가 있기 때문인데, 알렉산드로스 대왕과 한니발, 스키피오 아프리카누스, 술라와 루쿨루스, 카이사르 같은 고대의 명장들이 모두 그것을 실증하고 있다. 하지만 20만 대군이 기다리고 있다는 북아프리카에 상륙하는데 1만 5천 명은 너무 적었다. 동로마 제국의 군사력으로는 그 정도밖에 투입할 수 없었는지도 모르지만, 페르시아에 돈을 주고 강화를 사면서까지 서쪽으로 보낸 병력이 겨우 1만 5천 명이다. 그 정도밖에 데려갈 수 없는 벨리사리우스는 지금까지보다 더욱 참신하고 대담한 전략을 구사하지 않으면 안 되었다.

벨리사리우스가 옛 서로마 제국의 영토를 되찾겠다는 유스티니아누스 황제의 계획을 실제로 어떻게 추진했는지를 후세의 우리가 알 수 있는 것은, 프로코피우스가 『전쟁사』라는 제목의 책에서 그 전쟁 상황을 상세히 서술해주었기 때문이다. 팔레스타인의 카이사레아에서 태어난 이 그리스인은 벨리사리우스와 동년배였고, 벨리사리우스가 메소포타미아에서 싸우고 있을 때부터 그의 비서관을 지냈다고 한다. 서기 533년부터 시작된 서방 원정에도 물론 동행했다. 벨리사리우스로

서는 뛰어난 종군기자를 데려간 셈이었다. 게다가 프로코피우스는 평범한 기록자가 아니었다. 그는 관찰력이 뛰어날 뿐만 아니라 문장력도 뛰어나고 역사가의 자질도 갖추고 있었기 때문이다. 벨리사리우스도 그의 펜을 통해 자신의 업적이 기록되기를 바랐을 것이다.

유스티니아누스 황제는 정치가이기는 했지만 군사 경험은 없고, 콘스탄티노폴리스 밖으로 나간 적도 거의 없기 때문에, 제국 각지의 지형이나 주민들의 실정에 밝다고는 말할 수 없었다. 그래서 벨리사리우스도 황제의 무리한 명령 때문에 종종 어려운 상황에서 싸워야 했고, 때로는 경질될 위험까지 무릅쓰고 황제에게 항의할 수밖에 없었다. 이런 처지의 벨리사리우스에게 부하들이 절대적인 지지를 보낸 것은, 불리하고 어려운 상황에서도 전과를 거두어야 할 의무를 짊어지고 있는 젊은 장군에 대한 경의와 동정 때문이었는지도 모른다. 종군기자이기도 한 비서관 프로코피우스도 이런 심정을 공유하고 있었다.

비잔티움 제국 장병들을 가득 싣고 콘스탄티노폴리스를 출항한 500여 척의 대선단은 마르마라해를 건너고 헬레스폰토스(오늘날의 다르다넬스) 해협을 지나 에게해로 들어간다. 에게해를 남하하여 그리스의 펠로폰네소스반도 남쪽 끝을 돌아서 시칠리아섬으로, 그리고 거기에서 반달 왕국이 있는 북아프리카에 상륙하는 것이 전체 여정인데, 자주 기항하기는 했지만 지중해의 절반 정도에 이르는 긴 항해다. 초여름에 출항한 것은, 변덕스럽기로 유명한 지중해의 바람도 여름철에는 잔잔해지기 때문이다. 하지만 펠로폰네소스반도 남쪽 끝까지 왔을 때, 벌써 불상사가 일어났다.

배에 실은 빵이 부패하여, 그것을 먹은 병사와 선원이 500명 이상이나 쓰러져버린 것이다. 장기 항해용 빵은 빵이라기보다 비스킷이고, 이른바 건빵이어야 한다. 두 번 구워서 물기를 빼낸 빵이어서, 먹을 때는 물이나 포도주에 적시지 않으면 먹을 수 없다. 이 건빵은 콘스탄티노폴리스에서 구웠는데, 두 번 구워야 하는 것을 생략하고 한 번밖에 굽지 않은 데다 공동목욕장의 물을 데우는 정도의 온도에서 구웠기 때문에 항해하는 동안 금세 상해버린 것이다.

벨리사리우스는 기항 일정을 예정보다 연장하고, 근처 빵집들을 총동원하여 장기 항해에 견딜 수 있는 빵을 다시 구울 수밖에 없었다. 수도에 있는 유스티니아누스 황제에게는 자세한 내용을 보고하고, 원정군 식량 조달 책임자인 장관을 처벌해달라고 요청했다. 조사해보니 빵을 한 번만 굽고 게다가 낮은 온도에서 구워서 절약한 비용을 그 장관이 착복한 것으로 드러났기 때문이다.

유스티니아누스는 그 장관을 경질했지만, 그 이상의 벌은 내리지 않았다. '음식'은 전선의 병사를 부리는 기본이라고 해도 좋다. 군대를 지휘해본 경험이 없는 유스티니아누스는 머리로는 이해해도 몸으로는 깨닫지 못했을 것이다.

500척이나 되는 대선단이 항해하려면 신선식품이나 음료수를 보급하는 목적 외에도 자주 기항할 필요가 있다. 선단마다 뒤처지는 배가 있으면 항구에서 기다렸다가, 그 배가 도착한 뒤에 다시 선단을 이루어 출항하기를 되풀이하기 때문이다. 그렇지 않으면 길을 잃는 배가 많이 나오게 된다. 그 때문에 연안 항해가 가능한곳에서는 연안을 따라 항해할 수밖에 없다. 하지만 연안 항해를 하고 싶어도 할 수 없는 해역이 있다. 벨리사리우스가 이끄는 원정군에게 그것은 그리스 남쪽 끝에서 이오니아해를 가로질러 시칠리아로 가는 항로였다. 순풍이 불면 넉넉잡고 닷새면 충분히 갈 수 있는 거리였지만.

그런데 그 해역으로 나간 지 며칠 뒤, 바람이 완전히 멎어버려서 노를 저을 수밖에 없었다. 이오니아해를 횡단하는 데 무려 16일이 걸렸다. 빵은 있었지만 마실 물이 바닥났다. 여기서 총사령관 부인의 심모원려가 효력을 발휘했다. 안토니아는 남편에게도 알리지 않고 배 밑바닥에 물동이를 잔뜩 숨겨두었다. 병사들도 선원들도 그 물 덕택에 숨을 돌릴 수 있었다. 이런 일이 있었기 때문인지, 벨리사리우스 혼자만 아내를 동반했는데도 불만을 품은 병사는 하나도 없었다.

당시 시칠리아는 이탈리아반도와 마찬가지로 동고트 왕국 치하에 있었고, 고트족 병사들이 지키고 있었다. 벨리사리우스는 그 섬의 남쪽 끝에 도착하자마자 식량과 말을 조달하는 것을 허가해달라고 고트인 장관에게 요구했다. 이탈리아와 시칠리아를 다스리고 있는 동고트 왕국의 왕은 동로마 제국과 좋은 관계를 유지하는 데 신경을 쓰고 있었기 때문에, 시칠리아 주재 장관도 협력적인 태도를 보였다. 그래서 식량과 말을 조달하는 일도 순조롭게 끝낼 수 있었지만, 벨리사리우스는 정보가 하나뿐이면 정세를 정확히 파악하기 어렵다고 생각했다. 그래서 식량과 말을 조달하는 한편, 비서관 프로코피우스를 시칠리아 제일의 도시인 시라쿠사로 보내 동고트 왕국의 실정을 살피게 했다. 그렇게 해서 알아낸 것은, 테오도리크 이후의 왕을 나약하다고 비난하는 위티기스의 세력이 콘스탄티노폴리스에서 듣던 것보다 훨씬 강해지고 있다는 것이었다.

벨리사리우스는 전략을 변경할 수밖에 없었다. 시칠리아를 북아프리카 공격의 후방기지로 이용하지 못하게 될 경우를 고려할 필요가 생긴 것이다. 이런 경우에는, 이용할 수 없다고 가정하고 전략을 다시 세우는 편이 안전하다. 하루라도 빨리 시칠리아를 떠나 북아프리카로 가서, 군량을 보급할 수 있는 곳에 상륙을 감행할 필요가 있었다.

율리우스 카이사르의 『내란기』를 읽었는지 아니면 우연의 일치인지는 모르지만, 벨리사리우스가 상륙 지점으로 택한 곳은 적의 세력이 집중되어 있는 카르타고가 아니라, 그곳에서 동남쪽으로 멀리 떨어진 지점이었다. 지배자인 반달족은 카르타고를 중심으로 하는 북부에 모여 살면서, 예로부터 농업지대인 이 일대에 로마인 농장 경영자가 계속 사는 것을 허락해주었다. 요컨대 벨리사리우스는 적의 방비가 허술한 지역을 상륙 지점으로 선택한 것이다.

이 부근에는 반달족 수비대가 없는 거나 마찬가지였기 때문에, 9월 초에 결행한 상륙은 순조롭게 끝날 수 있었다. 게다가 계절은 수확기다. 상륙한 병사들은 부근 농장을 약탈하기 시작했다. 오리엔트에서 페르시아를 상대로 싸울 때의 방식을 답습했을 뿐이지만, 이것은 벨리사리우스의 전략에 어긋나는 행동이었다. 총사령관은 병사들을 모두 모아놓고 설득하기 시작했다.

"아프리카에 원정하여, 오랫동안 야만족의 지배를 받아온 이 땅을 되찾는 중요한 임무를 맡기로 결정했을 때, 내가 병력의 규모나 병사들의 숙련도보다 더 중요하게 생각한 것은, 예로부터 이 땅에서 살아온 로마인과 우호 관계를 맺고 그들이 오랫동안 가슴속에 감추어둔 반달족에 대한 적개심을 활용하는 것이었다. 그런데 너희는 나의 이런 계획을 망치려 하고 있다. 부드럽게 교섭하면 싼값으로 팔아줄 텐데, 강제로 빼앗을 필요가 어디 있는가. 너희가 폭행을 계속하면 절망한 그들은 반달족에게 의지할 수밖에 없고, 그 결과 단순한 침략자가 된 우리는 진짜 적은 물론이고 그 적으로부터 우리가 해방시켜야 할 사람들까지 적으로 만들어버리게 된다."

33세의 총사령관이 이렇게 설득하자 병사들은 몹시 부끄러워했고, 그 후 약탈행위는 자취를 감추었다. 그동안 벨리사리우스가 각지에 파견한 부하들과 농장주들 사이에 식량 매매 교섭도 마무리되어, 벨리사리우스는 군량 조달 걱정을 덜게 되었다. 또한 벨리사리우스는 각 도시의 행정관에게도 사절을 보내, 지위와 신변 안전을 보장해줄 테니까 그대로 행정을 계속하라고 전하기도 했다. 다만 조건이 있었다.

그것은 지금까지 반달족 왕의 이름으로 해온 일을 앞으로는 유스티니아누스 황제의 이름으로 하라는 것이었다. 벨리사리우스의 이 방식은 눈 깜짝할 사이에 주변 일대에 퍼져, 도시와 마을들은 북상하는 벨리사리우스 군대에 성문을 열어주었다. 벨리사리우스는 피 한 방울 흘리지 않고 적의 본거지를 향해 진격했다. 아군 선단도 육지를 북상하는 병사들의 오른쪽에서 해안을 따라 적의 본거지인 카르타고만으로 항해하고 있었다.

반달 왕국 궤멸

북아프리카의 반달 왕국은 노련한 겐세리크 왕이 죽은 뒤에는 줄곧 내분에 시달리고 있었다. 왕위를 둘러싸고 육친끼리 싸우고, 싸움에 지면 잘해야 감옥에 갇히는 상태가 계속되고 있었다. 벨리사리우스가 이끄는 비잔티움 군대가 접근하고 있는 것을 몰랐던 것은 아니다. 알고는 있었지만, 가진 힘을 결집하여 적을 맞아 싸울 태세를 갖출 수 있는 강력한 지도자가 없었다. 군사력이 열세였던 것도 아니다. 전투 원만 해도 15만 명에서 16만 명은 모을 수 있었다. 게르만계 야만족은 출생률이 높았기 때문이다.

하지만 이 군사력을 떠받치는 경제력은 계속 쇠약해지고 있었다. 반달족이 정복한 북아프리카에서는 '팍스 바르바리카'가 실현되지 않았다. 게르만족과 로마인의 공생은 성립되지 않았다. 문명도가 높고 재능이 우수한데도 패배자가 된 로마인은 난민이 되는 길을 택하여 아프리카를 떠났다. 반달족은 각종 인프라가 정비되어 있고 땅도 비옥하고 기후도 온난하고 게다가 인재까지 갖추어져 있었던 로마 시대의 북아프리카를 손아귀에 넣고도, 게르마니아 외진 곳에 살았던 북방 야만족에서 조금도 변하지 않았다.

반달족이 북아프리카를 정복한 것은 서기 430년. 벨리사리우스가 이끄는 동로마 군대가 쳐들어온 것은 533년. 로마 제국 치하에서는 갈리아보다 더 번영하고 문명도도 높았던 북아프리카가 이런 상태로 100년을 지낸 셈이다. 동로마군과 반달족의 전투는 두 번 되풀이되었지만, 반달 왕국은 두 번 다 패했다. 그리고 겨우 두 번 패배한 것만으로 어이없이 멸망해버렸다.

벨리사리우스가 콘스탄티노폴리스를 출항한 것은 6월 초였고, 북아프리카에 상륙한 것은 9월 초였다. 그리고 벨리사리우스가 카르타고에 입성한 것은 9월 15일이었다. 오늘날의 리비아·튀니지·알제리에 해당하는 지역을 100년 동안 지배해온 반달 왕국은 단 보름 만에 흔적도 없이 소멸해버렸다. 벨리사리우스의 전략이 절묘했기 때문이기도 하지만, 반달족이 그 100년을 아무 일도 하지 않고 허송세월한 것이 진짜 원인이었다.

북아프리카는 동로마 제국이라 해도 어쨌든 다시 로마 제국 치하로 돌아갔지만, 다시 로마 시대처럼 풍요로운 지방으로 돌아갈 수 있었나 하면 그렇지는 않았다. 땅이나 기후가 부흥의 결정적 요인은 될 수 없다. 인재가 없으면 비옥한 땅이나 온화한 기후도 활용할 수 없기 때문이다.

반달족의 정복으로 시작된 북아프리카의 사막화는 유스티니아누스가 탈환한 뒤에도 변함없이 지속되었다. 반달족은 패자와 동화하기는커녕 공생하는 것도 거절했지만, 동로마 제국이 행정 담당자로 파견한 그리스인들도 북아프리카 주민을 피지배자로 본 것은 반달족과 마찬가지였기 때문이다. 카르타고에 무혈 입성한 직후 벨리사리우스는 "반달족은 정복자로서 이 땅에 왔지만, 우리는 해방자로서 왔다"고 말했지만, 이 말도 결국 허공에 뜰 수밖에 없었다.

벨리사리우스는 카르타고에 입성한 뒤에도 북아프리카에 8개월 동안 머물러 있었다. 그 기간은 북아프리카에서 반달족 잔당을 몰아내는 순수한 군사행동에 바쳐졌다. 그는 마우리타니아인(무어인)을 궤멸시키는 것은 무리라고 판단하고, 그들이 오늘날의 모로코 땅에 계속 사는 것을 인정했다. 또한 북아프리카에서 거둔 승리를 내세워 이베리아 반도를 지배하고 있는 서고트 왕국을 위협한 결과, 지브롤터 해협 양쪽 지대까지 유스티니아누스 치하에 편입시키는 데 성공했다. 사르데나섬은 반달 왕국의 소멸과 함께 자동적으로 '수복'되어 있었기 때문에, 동로마 제국이 제해권을 유지하고 있던 동지중해와 마찬가지로 서지중해도 동로마 제국의 세력권이 되었다. 옛 서로마 제국 영토를 수복한다는 유스티니아누스 황제의 야망은, 적어도 여기까지는 완벽하게 달성되었다고 해도 좋았다.

하지만 벨리사리우스에게 허용된 것은 이런 군사행동뿐이었고, 주도면밀한 전후 처리를 통해 군사행동의 성과를 확실하게 다지는 것까지는 허용되지 않았다. 비잔티움 제국은 4세기 이후 중앙집권화가 더욱 진행된 후기 제정(절대군주정)의 연장선 위에 있었다. 문관과 무관의 직무는 완전히 분리되어 있었고, 전후 처리는 문관인 행정관료의 직무로 되어 있었다.

이것은 언뜻 보기에 더 합리적으로 진화한 시스템으로 생각된다. 하지만 전쟁에 승리하는 것은 전투를 하기 전에 수많은 정보를 수집하고 그것을 바탕으로 민정(民情)을 깊고 정확하게 통찰한 성과이기도 하다. 전투가 시작되면 싸우는 것은 병사나 부족장이지만, 총사령관은 그 전에 해두어야 할 일이 많았다. 그래서 승리한 전투의 총사령관은 패자가 된 사람들의 심정을 깊이 이해하게 되는 경우가 많다.

공화정에서 원수정까지의 역사를 통해 로마는 전쟁터에 파견한 사령관에게는 전투 지휘만이 아니라 전투가 끝난 뒤 패자와 강화를 맺는 것부터 정복한 땅의 전후 처리에 이르기까지 모든 것을 일임하는 방침으로 일관했다. 그랬기 때문에 로마 사령관은 포로가 된 적병을 심문하는 일도 부하에게 맡기지 않고 직접 하는 것이 관례로 되어 있었다. 사실을 아는 것만이 목적이라면 고문이라도 해서 불게 하면 그만이지만, 사실의 배후에 있는 속사정까지 알려면 거기에 관심을 가진 사람이 직접 심문해야만 효과를 기대할 수 있다. 하지만 로마인이 오랫동안 유지해온 이 관습도 4세기 이후에는 잊혀진 상태였다.

벨리사리우스가 카르타고에 입성한 것을 알자마자 유스티니아누스는 환관을 우두머리로 하는 네 명의 고급 관료를 보내왔다. 물론 거세된 남자라고 해서 무능한 것은 아니다. 무능하기는커녕, 음모가 소용돌이치는 황궁 안에서 출세했으니까, 그 방면의 능력은 충분했을 것이다. 동로마 제국이 오리엔트의 군주국처럼 환관에게 후궁 관리를 맡기지 않고 행정관료에 중용한 것은, 환관은 가족을 가질 수 없기 때문에 그만큼 주인에게 충성을 다하게 된다고 생각했기 때문이다. 하지만 환관은 국민이 아니라 주인의 얼굴만 보면서 행정을 하기 십상이었다. 환관의 통치가 엄격하고 폭압적이고 세금도 무자비하게 거두어들이고, 게다가 뇌물을 주고받는 것은 일상다반사라는 말을 들은 것도 그 때문이다. 인간적인 관계가 희박하면 왠지 인간은 사복을 채우는 데 열중하게 된다.

전쟁이 '악'(惡)인 것은 분명하다. 벨리사리우스는 그 전쟁을 보름이라는 짧은 기간에 끝내는 데 성공했다. 하지만 그에게서 배턴을 넘겨받은 행정관료들은 그 후 '선'(善)이라고 말해야 할 전후 처리도 끝내지 못했고 통치를 확립하지도 못한 채 20년 세월을 보내게 된다. 이것은 북아프리카만이 아니라 동로마 제국이 수복에 성공한 모든 지방에서 공통적으로 나타난 현상이다. 자연과 인간의 피폐가 북아프리카에서는 사막화로 나타나는데, 유스티니아누스의 '탈환'이나 '수복'을 통해 그 피폐가 개선되기는커녕 오히려 악화 속도가 빨라진 게 아닐까 하는 생각마저 든다.

이듬해인 서기 534년 가을, 벨리사리우스는 콘스탄티노폴리스로 개선했다. 유스티니아누스 황제와 테오도라 황후는 일부러 항구까지 마중을 나갔고, 콘스탄티노폴리스 총주교가 집전한 예배에서는 '이단'인 아리우스파의 굴레에서 가톨릭교도를 해방시킬 수 있었던 것을 신에게 감사드렸다고 한다. 또한 황제에게만 허용되는 개선식이 벨리사리우스에게만 특별히 허용되었다. 개선장군은 옛날처럼 네 마리의 백마가 끄는 전차를 타지 않고 말을 탔지만, 시민들은 진심으로 열광했다. 벨리사리우스는 황제의 추천으로 이듬해인 535년 담당 집정관으로 선출되기도 했다. 34세의 벨리사리우스로서는 생애에서 가장 빛나는 해였을 것이다. 하지만 유스티니아누스 황제는 그에게 집정관 일을 시킬 생각이 조금도 없었다.

오랜만에 돌아온 수도에서 만끽할 수 있었던 도시 생활은 채 1년도 계속되지 않았다. 535년 가을에 벨리사리우스는 다시 서방으로 파견되었다. 유스티니아누스의 다음 '수복' 목표는 동고트 왕국이 지배하고 있는 이탈리아반도였고, 그 전쟁의 보급기지로 삼기 위해서라도 시칠리아섬을 장악하는 것이 선결문제였기 때문이다.

이탈리아 진격

이탈리아 진격 작전을 위해 벨리사리우스에게 주어진 병력은 7,500명이었다. 중세 시대에 책을 필사할 때 실수한 것이 아닐까 싶을 정도다. 여기에다 벨리사리우스가 사병(私兵)으로 유지해온 1천 명을 더해도

8,500명밖에 안 된다. 북아프리카 수복 당시의 절반밖에 안 되는 이 병력으로 20만 명의 동고트족 병사가 기다리고 있는 이탈리아반도를 수복하라는 것이다.

게다가 이탈리아반도와 북아프리카는 사정이 전혀 달랐다. 이탈리아반도에서는 '팍스 바르바리카' 밑에서 지배자인 고트족과 피지배자인 로마인이 60년 동안이나 공생하고 있었다. 반달족이 지배한 북아프리카에서는 상층부의 로마인이 피난을 나왔지만, 고트족이 지배하는 이탈리아반도에서는 난민이 나오지 않았다. 아리우스파가 지배하고 있었지만, 가톨릭교회도 건재했다.

가톨릭파 교도인 로마인이 아리우스파를 신봉하는 고트족과 손잡고 가톨릭 국가인 비잔티움 제국의 군대와 맞서지는 않았을 것이다. 하지만 비잔티움 군대를 도와서 고트족을 타도하기 위해 적극적으로 나서는 것도 바랄 수 없었다. 100년이 지나도 반달족에 대한 반감이 주민들 사이에 남아 있었던 북아프리카와, 지배자와 피지배자가 공생해온 이탈리아반도는 사정이 전혀 달랐다. 그런 이탈리아를 절반밖에 안 되는 병력으로 공격하라는 것이니까, 무엇이 유스티니아누스의 머리에 그런 생각을 심어주었는지 의문이다.

적은 병력으로 전쟁을 수행하는 것은 합리적인 것처럼 보인다. 하지만 적은 병력밖에 투입하지 않으면 전쟁을 오래 끌 위험이 높다. 원수정 시대의 로마 제국에서는 우선 10만 규모의 병력을 준비하여 단번에 투입하는 것이 통례로 되어 있었다. 10만 명을 단번에 투입했기 때문에 1년 만에 상황을 종결지을 수 있었다. 전쟁은 변명할 여지가 없는 '악'이다. 그 '악'에 손을 대야 하는 군사 관계자가 명심해두어야 할 것 가운데 가장 중요한 것은 전쟁을 신속하게 끝내는 것이다.

동고트족은 시칠리아에 수비대도 거의 두지 않았기 때문에, 시칠리아는 간단히 탈환할 수 있었다. 하지만 후방기지로서 기능을 발휘하려면 수비대를 주둔시켜야 한다. 수비대를 배치하고 남은 병력은 5천 명. 벨리사리우스는 이 5천 명으로 이탈리아반도 탈환 작전을 수행해야 했다.

동고트 왕국 치하의 이탈리아를 탈환하는 것은 반달 왕국 치하의 북아프리카를 탈환한 것처럼 간단하지는 않으리라는 것을, 벨리사리우스는 콘스탄티노폴리스에 있을 때 이미 알고 있었다. 그래서 그는 전선을 둘로 나누어 양쪽에서 동시에 진격하는 방식으로 이탈리아를 탈환할 생각이었다. 제1군은 시칠리아를 보급기지로 삼고, 이탈리아반도 남쪽 끝에 상륙한 뒤 그대로 북상한다. 제2군은 아드리아해 동쪽 연안의 달마티아를 보급기지로 삼고, 그곳에서 아드리아해를 건너 동고트 왕국의 왕궁이 있는 라벤나를 공격한다. 20만 명이나 된다는 적의 병력을 양분하는 것이 이 작전의 목적이었다.

이 작전에는 유스티니아누스도 동의했다. 게다가 달마티아에 집결할 제2군을 편성해주겠다고 약속하기까지 했다. 하지만 이 약속은 이행되지 않았고, 처음 얼마 동안 벨리사리우스는 겨우 5천 명으로 20만 명을 상대해야 했다. 전쟁의 실상을 모르는 사람이 최고 책임자가 되면, 사람과 시간의 낭비를 피할 수 없다.

프로코피우스가 『전쟁사』에서 다룬 전쟁은 시칠리아 탈환을 간단히 끝내고 이탈리아반도로 진격하기 시작한 서기 536년부터 고트족의 마지막 왕이 전사한 553년까지 무려 17년 동안 계속된다. 이렇게 장기화한 전쟁으로 말미암아 누구보다도 많은 피해를 입은 것은 이탈리아반도에 사는 로마인이었다. 이들은 자체 방위력도 갖고 있지 않았기 때문에 전쟁 당사자도 되지 못했다.

시칠리아를 탈환한 직후, 벨리사리우스는 이탈리아반도로 진격할 준비를 하는 한편 교섭을 통한 해결도 시도했다. 5천 명의 병력으로 쳐들어갈 것을 생각하면 막막했을 것이고, 교섭으로 해결할 수만 있다면 그보다 좋은 일은 없기 때문이다.

테오다투스는 동고트족 왕이면서도 자기 이름을 라틴어로 쓰기를 좋아하고, 그리스 철학에 심취한 인물이었다. 그는 그리스어나 라틴어로 말하는 것도 좋아했다고 한다. 벨리사리우스는 로마에 머물고 있다는 테오다투스에게 평화적으로 문제를 해결하기 위한 사절을 보냈다.

비잔티움 군대가 시칠리아까지 다가오자 당황한 테오다투스는 이 교섭에 달려든다. 강화조약을 둘러싼 교섭은 아주 순조롭게 진행되어 협정서까지 작성되었다.

1) 동고트 왕국의 왕은 로마 제국 황제(실제로는 비잔티움 제국 황제)의 주권을 인정하고 그의 신하가 될 것을 공식적으로 표명한다.

2) 그 증거로 왕은 황제에게해마다 300리브라(112킬로그램)의 황금으로 만든 왕관을 바친다.

3) 황제가 요청할 때마다 병사 3천 명을 보내고 비용도 모두 부담할 것을 약속한다.

4) 어떤 이유로도 황제의 의향을 묻지 않고 가톨릭교회의 성직자와 원로원 의원을 사형에 처하거나 재산을 몰수하지 않는다.

5) 황제의 허가가 없이는 원로원 의원이나 '귀족'을 임명하지 않는다.

6) 공시(公示)나 공식 문서에서는 왕의 이름 앞에 황제의 이름을 쓰고, 조각상도 황제를 왕의 오른쪽에 세운다.

세금을 부과한 것도 아니고 자위권을 빼앗은 것도 아니니까, 이 협정서는 동고트 왕국의 독립성을 어느 정도까지는 인정했다고 말할 수밖에 없다. 그것이 황제에게 거부당할까봐 걱정이 되었는지, 이 협정서를 들고 아피아 가도를 따라 남쪽으로 내려가고 있던 사절을 테오다투스의 심부름꾼이 따라잡았다. 그리고 다시 로마로 돌아가달라고 부탁했다. 그래서 돌아온 사절과 고트족 왕 사이에 다음과 같은 대화가 오갔다.

"황제가 이 협상안으로 강화에 조인할 거라고 생각하나?"

"아마 조인할 겁니다."

"만약 거부하면 어떻게 되나?"

"전쟁입니다."

"이 전쟁은 올바르고 이치에 맞는 전쟁인가?"

"물론 올바르고 이치에 맞습니다. 다만 그것을 결정하는 기준은 양쪽의 입장에 따라 달라지겠지만요."

"그게 무슨 뜻인가?"

"당신은 철학자지만 유스티니아누스는 황제입니다. 플라톤의 제자를 자처하는 사람은 많은 민간인의 피까지 흘려야 하는 전쟁을 아무 저항감도 없이 치를 수는 없을 것입니다. 하지만 아우구스투스의 후계자에게 무엇보다 중요한 것은 그에게 주어진 정당한 권리의 회복이고, 유스티니아누스에게 그것은 무력을 써서라도 빼앗긴 옛 영토를 되찾는 것입니다."

이 일화가 진실인지 아닌지는 학문적으로 증명되지 않았다. 하지만 마키아벨리가 말하는 '진실이라 해도 이상하지 않은 거짓말'은 될지도 모른다. 협정서에 제시된 그런 조건으로 평화적인 해결을 볼 수 있다면 벨리사리우스도 동의했을 테고, 유스티니아누스도 승인하지 않았을까.

하지만 이 협상안은 끝내 햇빛을 보지 못했다. 비잔티움 제국이 거부했기 때문이 아니라 동고트 쪽이 거부했기 때문이다. 테오다투스는 모든 신하들에게 나약하다는 비난을 받고 퇴위를 강요당했을 뿐만 아니라 얼마 후 살해되었다. 대신 고트족의 환호를 받으며 동고트 왕국의 왕위에 오른 사람은 비잔티움 제국에 대해 강경파였던 위티기스다. 벨리사리우스는 5천 명의 병력을 이끌고서라도 이탈리아반도로 진격할 수밖에 없었다.

고트 전쟁

서기 536년 봄, 벨리사리우스는 행동을 개시했다. 시칠리아에서 폭이 3킬로미터인 메시나 해협만 건너면 바로 이탈리아반도 남쪽 끝에 상륙할 수 있다. 병력이 5천이면 많은 배를 징발할 필요도 없었을 것이다. 인근에 있는 어선만 끌어 모아도 충분했을 것이다. 남부 이탈리아에 상륙한 뒤 나폴리까지는 시칠리아를 점령했을 때처럼 순조롭게 진격했다. 고트족은 병력을 북이탈리아에 집중하여 배치해놓았기 때문에, 남부 이탈리아는 군사력의 공백 지대가 되어 있었다.

남부 이탈리아 주민들은 상륙한 뒤 로마 가도를 따라 북상하는 벨리사리우스 군대를 환영했다고 프로코피우스는 기술했다. 하지만 일단은 환영하는 것이 자위력을 갖지 못한 사람들의 처세술이기도 했다. 가톨릭교도인 그들에게는 해방군일 텐데, 북쪽으로 올라가는 벨리사리우스 군대에 가담하려고 달려온 의용군이 있었다는 기록은 없다. 프로코피우스도 쓰지 않았고, 다른 기록에도 그런 말은 나오지 않는다. 북아프리카에 상륙했을 때와는 역시 달랐다.

이 시대부터 남부 이탈리아 제일의 도시가 되어가고 있었던 나폴리에는 800명의 고트족 병사가 대기하고 있었다. 당시 나폴리에는 유대인이 많이 살았고, 유대인 공동체는 나폴리시의 행정에 대한 발언권도 강했다. 유대인들은 열렬한 가톨릭 신자인 유스티니아누스 황제가 동방에서 유대교도를 박해하고 있다는 것을 알고 있었다. 그래서 그런 사람의 군대에 성문을 열어주면 자신들의 운명이 어떻게 될까 걱정하면서, 벨리사리우스의 접근을 두려운 마음으로 기다리고 있었다. 실제로 유스티니아누스는 이 무렵 가톨릭으로 개종한 프랑크족도 고트족과의 전쟁에 끌어들이려고 프랑크 왕국에 다음과 같은 편지를 보냈다.

〈고트족이 이탈리아를 침략하여 그대로 눌러앉은 채 반세기가 지나버렸다. 이탈리아에 사는 사람들은 그리스도의 참된 가르침을 우리와 공유하는 사람들이기도 하다. 그 이탈리아를 영유할 정당한 권리는 나에게 있다. 그래서 나는 고트인들에게 그들이 부당하게 영유하고 있는 땅과 부당하게 지배하고 있는 사람들을 돌려달라고 요구했지만, 그들은 참기 어려울 만큼 무례한 회답을 보내왔다. 그래서 나는 그들에게 선전포고를 할 수밖에 없었다.

이번 전쟁의 목적은 이단인 아리우스파를 궤멸시키는 데 있다. 따라서 정통 신앙이 그릇된 믿음을 물리치기 위해 치러지는 것이 이번 전쟁이다. 우리(동로마 제국 황제와 프랑크 왕)는 둘 다 올바른 신앙을 지킬 책무를 신에게 위탁받은 몸이라는 공통점을 갖고 있다.〉

알프스를 넘어 북이탈리아로 진격하여, 북상하는 벨리사리우스 군대와 공동 전선을 펴달라고 프랑크 왕에게 호소한 편지지만, 이 권유는 적어도 당시에는 성공하지 못했다. 하지만 고트 전쟁을 시작하기로 결정한 유스티니아누스의 참뜻은 프랑크 왕에게 보낸 이 편지에 나타나 있다. 같은 기독교도라도 '이단'은 용납하지 않겠다고 결심한 비잔티움 제국 황제가 '이교'인 유대교를 인정할 리가 없었다. 나폴리에 사는 유대인들의 공포는 정당했고, 덕분에 벨리사리우스는 나폴리에서 처음으로 저항다운 저항을 받게 된다.

바다에 면해 있는 도시를 육지에서만 공격하여 함락시키는 것은 불가능한 일이다. 하지만 벨리사리우스에게는 해상 봉쇄에 동원할 수 있는 해상 전력이 없었다. 또한 차분하게 자리를 잡고 공격할 시간 여유도 없었다. 하지만 나폴리를 함락시키지 않고는 로마로 갈 수 없다. 빨리 함락시킬 방법을 궁리하고 있는 벨리사리우스에게 한 병사가 말했다. 낡아서 사용되지 않는 수도교에 시험 삼아 들어가 보았더니 시내로 통해 있는 것 같더라고.

벨리사리우스는 당장 부대장에게 몇 명의 병사를 주어 밤중에 아무도 몰래 그곳을 답사하게 했다. 돌아온 정찰대는, 작은 등불에 의지하여 고가수도 안에 뚫려 있는 갱도를 계속 따라가 보니 성벽 안쪽에 있는 폐가가 나왔다고 보고했다.

그 폐가는 고가수도 안에 뚫린 갱도를 흘러온 물을 일단 모아서 불순물을 제거한 뒤 시내의 각 지역에 공급하는 역할을 맡고 있던 '카스텔룸'(저수조)이 아니었을까. 수도를 쓸 수 없게 된 뒤 '카스텔룸'도 버려져 있었을 것이다. 하지만 '카스텔룸'이라면 성벽 안쪽에 있고 게다가 상당히 넓으니까, 수도교 내부를 지나 시내로 잠입한 병사들을 숨겨둘 곳으로는 안성맞춤이었다.

로마 가도와 함께 로마인이 이룩한 2대 인프라 가운데 하나인 수도는 이 고트 전쟁을 경계로 하여 수도가 아니라 유적으로 바뀐다. 신선한 물을 공급하기 위해 건설한 고가수도가 군사적 측면에서 주목받게 되었기 때문이다. 나폴리에서는 낡아서 쓰이지 않게 된 수도교를 이용했지만, 로마에서는 현재 쓰이고 있는 수도교가 대상이 된다. 누구나 신선한 물을 충분히 쓸 수 있다는 것 자체가 문명이지만, 물을 흘려보내는 것만 생각하고 수도를 건설하면 되었다는 것 자체도 '팍스 로마나'의 증거였다.

그 수도가 병사들의 잠입로로 주목받게 되면, 로마 문명은 더 이상설 자리가 없어진다. 수도 로마에는 11개, 속주 주도에는 서너 개, 작은 도시에도 반드시 한 개는 이어져 있어서, 그것을 볼 때마다 이렇게 작은 도시에도 수도가 있었구나 하고 쓴웃음을 짓곤 했지만, 사람들에게 신선한 물을 항상 충분히 공급한다는 것은 최소한의 문명이지만, 가장 중요한 문명이기도 하다. 그것이 고트 전쟁을 경계로 소멸해버린다. 가장 오래된 아피아 수도가 건설된 기원전 312년부터 헤아리면

850년, 기록에 남아 있는 맨 마지막 수도인 안토니니아나 수도가 건설된 해부터 헤아려도 320년 뒤, 일반 사람들한테 항상 물을 공급하는 것도 훌륭한 정치라고 생각한 로마 문명은 죽어버렸다.

벨리사리우스는 엄밀하게 작전을 짰다. 쓰이지 않게 된 수도 내부를 지나 시내로 잠입하는 것은 한밤중, 잠입한 뒤 '카스텔룸' 안에 숨어 있던 병사들이 그곳을 나와 가까운 성문을 지키는 적을 습격하여 빼앗은 열쇠로 성문을 여는 것은 동틀녘으로 결정했다. 물론 본대는 야음을 틈타 성벽에 접근하여, 그곳에서 새벽에 안쪽에서 성문이 열리기를 기다린다. 벨리사리우스는 이 작전을 병사들에게 알리고 나서 말했다.

"금이나 은을 빼앗는 것은 너희가 용감하게 싸운 보상으로 인정하겠다. 하지만 주민을 살육하는 것은 엄금한다. 그들은 가톨릭교도이고 너희들의 동포다."

작전은 완벽하게 성공했다. 하지만 주민이 모두 무사했던 것은 아니다. 비잔티움 병사들은 총사령관의 말을 저항하지 않는 자는 죽이면 안 된다는 뜻으로 받아들였기 때문이다. 이리하여 단순히 처자식을 지키려던 시민이나, 가톨릭 병사들에 대한 두려움 때문에 정신없이 저항한 유대인들이 저항했다는 이유만으로 살해되었다. 얄궂게도 저항만 하지 않으면 죽지 않는다는 것을 안 고트족 병사 800명은 포로가 되었을 뿐이다. 이 800명은 그대로 벨리사리우스 군대에 편입되었다. 20일 동안 계속되었다는 나폴리 공방전의 희생자는 일반 시민뿐이었다. 전쟁 당사자가 아닌 이탈리아인이 가장 막대한 피해를 입었다는 고트 전쟁의 특징이 이 나폴리에서 이미 뚜렷이 드러났다.

나폴리에서 로마로 가는 길에는 평야를 지나는 아피아 가도와 산악 지대를 누비며 가는 라티나 가도가 있다. 벨리사리우스 군대는 이 두 가도를 모두 이용했다. 위험을 분산했다기보다, 군대를 둘로 나누어 동시에 행군함으로써 되도록 빨리 로마에 도착할 생각이었을 것이다. 나폴리에서 로마까지 가는 동안 많은 수의 고트족 병사를 만날 위험은 거의 없었다.

벨리사리우스는 라티나 가도를 따라가는 병력을 이끌었고, 비서관 인 프로코피우스는 아피아 가도를 따라간 모양이다. 팔레스타인 태생 의 그리스인인 이 역사가는 200년이 넘도록 유지 보수도 이루어지지 않고 방치되어 있었는데도 아직 포석이 빈틈없이 이어진 상태로 남아 있는 이 '가도의 여왕'을 보고 감탄을 금치 못했다고 서술했다.

로마에서는 나폴리에서 벌어진 것과 같은 공방전을 피하려고 로마 주교가 중재에 나서는 대책이 마련되고 있었다. 고트족도 이 단계에서 철저히 항전하는 것이 상책이라고는 생각지 않았다. 그들의 총병력은 15만 명이 넘었다는데 우선 그 병력을 집결시킬 필요가 있었고, 그러 려면 일단 북이탈리아로 돌아가야 했다.

서기 536년 12월 10일, 고트족 병사들이 로마 북서쪽에 있는 플라 미니아 문으로 당당하게 대오를 갖추어 나가자마자, 그들과 교대하듯 벨리사리우스가 이끄는 비잔티움 병사들이 로마 남동쪽에 있는 아시 나리아 문으로 환성을 지르며 입성했다. 피 한 방울 흘리지 않고 이루 어진 지배자 교대였고, 잔악한 행위도 일어나지 않았다. 유대인도 그 들의 집단 거주지인 '테베레강 건너편'에서 숨을 죽이고 있으면 무사 했다.

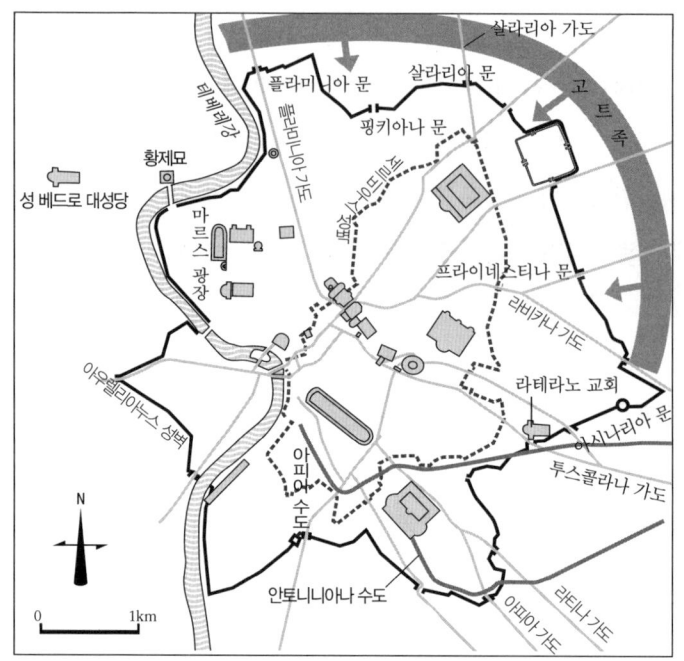

로마 시내 약도

　반세기 동안 지배한 이탈리아를 고트족이 간단히 포기하지 않으리
라는 것은 누구나 예상할 수 있는 일이었다. 벨리사리우스는 처음 보는
로마를 느긋하게 구경하고 다닐 겨를이 없었다. 20킬로미터에 이르는
성벽 보강공사는 만사를 제쳐놓고 서둘러야 했다. 특히 북이탈리아에
본거지를 두고 있는 고트족은 북쪽에서 쳐들어올 테니까, 로마의 북쪽
을 지키는 플라미니아 문에서 살라리아 문에 이르는 성벽의 보강공사
는 빼놓을 수 없다. 그런데 가톨릭 성직자들은 그 부분의 성벽은 완벽
하니까 보강할 필요가 없다고 말했다. 왜냐고 묻는 벨리사리우스에게
성직자들은 대답했다. 성 베드로가 지켜준다는 전승이 있기 때문이라
고. 벨리사리우스는 그런 의견을 흘려듣고 공사를 진행했다고 한다.

성벽을 보강할 뿐만 아니라 그 바깥쪽에 깊고 넓은 해자를 파는 공사도 진행하는 한편, 36세의 총사령관은 시칠리아에서 많은 밀을 수입하고 나폴리 근교의 농업지대에서 주식 이외의 식량을 구입하는 것도 잊지 않았다.

서기 536년에서 537년에 걸친 겨울은 공사장의 망치 소리와 사람과 수레가 오가는 소음 속에서 지나갔다. 처음 얼마 동안은 5천 명의 병력을 미심쩍은 눈으로 바라보던 시민들도 조금씩 협력하게 되었다. 벨리사리우스는 그들을 자위대로 편성하고, 비잔티움 병사들과 함께 방위를 맡게 했다. '자위대원'의 수는 3만 명에 이르렀다고 한다. 휘하 병력이 5천 명뿐이었던 벨리사리우스에게는 더없는 낭보였을 것이다.

로마 공방전

고대에는 전통적으로 3월에 전투가 시작되었다. 서기 537년 3월, 플라미니아 가도와 살라리아 가도를 남하해온 고트족은 로마 성벽 앞에 진을 쳤다. 테오다투스를 제거하고 동고트 왕국의 왕이 된 위티기스가 총지휘를 맡았다. 병력이 15만 명이었다니까 로마시 전체를 포위할 수 있었을 텐데, 무엇 때문인지 그렇게는 하지 않았다. 고트족 병사들의 천막으로 가득 메워진 것은 플라미니아 문에서 프라이네스티나 문까지, 즉 로마 북쪽에서 동쪽에 이르는 일대였고, 테베레강 건너편인 서쪽이나 아피아 가도와 라티나 가도의 출발점인 남쪽에는 무엇 때문인지 고트족 병사는 출몰하지 않았다.

벨리사리우스는 핑키아나 문 바로 안쪽에 본진을 두었다. 총사령관이 몸소 최전선에 나선 것이다. 그리고 아군 병력의 열세를 생각하여 적군이 가장 집중적으로 공격하리라 예상되는 성문에 방위력을 집중시켰다. 또한 각 성문의 방위대가 어떤 형편에 놓여 있는지를 항상 파악할 수 있도록, 총사령관과 각 부대 사이의 연락을 전문으로 하는 병사들을 조직했다. 15만 명을 3만 5천 명이 맞아 싸우는 것이다. 생각할 수 있는 방책을 모두 채택할 필요가 있었다.

하지만 벨리사리우스에게도 유리한 점이 없지 않았다. 반드시 이길 필요까지는 없다는 것이다. 지지 않고 버텨서, 적으로 하여금 체념하게 만들면 된다.

도시를 둘러싼 공방전은 성벽을 사이에 둔 양쪽 군대가 서로 노려보고만 있는 것은 아니다. 성문을 열고 나가서 싸우고 다시 성벽 안으로 돌아오기를 되풀이하는 것이 보통이다. 이때의 공방전도 그런 식으로 진행되고 있었다. 특히 벨리사리우스의 장기는 적극전법이다. 성벽 밖으로 나가서 싸울 때에도 그가 몸소 지휘를 맡을 때가 많았다. 그런 점도 작용했는지, 방어하는 쪽의 손실은 놀랄 만큼 적었다. 수적으로는 열세지만 적과 대등하게 싸우고, 때로는 적에게 큰 피해를 줄 만큼 잘 싸울 수 있었던 이유를 벨리사리우스 자신이 설명하고 있다. 그의 말에 따르면, 그 이유는 고트족 기병과 비잔티움 기병의 차이 때문이다. 고트족 기병은 말을 달리면서 창으로 찌르는 반면, 페르시아 궁병의 전법에 영향을 받은 비잔티움 기병은 말을 달리면서 활을 쏘기 때문에 먼 거리에서 적을 쓰러뜨릴 수 있다는 것이다.

공방전이 수비 쪽에 유리하게 진행되었기 때문이기도 하지만, 로마는 대도시이기도 했다. 전성기에 비하면 인구가 많이 줄어들었는데도 아직 15만 명은 살고 있었다고 한다. 북쪽 성벽을 사이에 두고 치열한 전투가 벌어지고 있었지만, 시민들의 일상은 평범하게 지나가고 있었다. 특히 시내의 남쪽 절반은 공방전이 벌어지고 있다고는 생각할 수 없을 만큼 평온한 분위기 속에서 일상생활이 영위되었고, 테베레강을 건너 서쪽에 있는 성 베드로 대성당에도 신자들의 참배가 끊이지 않았다. 공격하는 고트족은 아리우스파 기독교도였지만, 그들이 가톨릭파 교회에는 손도 대지 않는다는 것을 사람들은 오랜 경험으로 알고 있었다. 불가사의한 공방전이긴 했지만, 그것도 이 첫 번째 공방전에만 한정된 이야기다.

적의 총공격을 번번이 격퇴하고 아군은 출격할 때마다 수많은 고트족 병사를 쓰러뜨리고 돌아오는 일이 되풀이되고 있었지만, 고트족 진영은 조금도 체념하지 않았다. 그럭저럭하는 동안 봄이 지나고 여름이 왔다. 여기서 고트족은 물을 끊는 전법으로 나왔다. 이미 그들은 고가수도의 아치마다 장막을 쳐서 병사들의 막사로 전용하고 있었지만, 이번에는 물을 끊기 위해 수도교를 파괴했다. 수원지에서 물이 흘러나가는 것을 막지는 않았으니까 수도교가 파괴된 일대는 물바다가 되었을 게 분명하지만, 고트족도 자기네 진영이 물에 잠기지 않도록 적당한 곳을 골라서 파괴했을 것이다. 이것은 벨리사리우스에게 두 가지 걱정거리를 새로 안겨주었다.

첫째, 여름을 맞아 음료수를 확보하는 문제.

둘째, 파괴되어 물이 흐르지 않게 된 수도교 내부를 통해 적이 잠입할 경우에 대한 대책.

시내에 강이 흐르는 도시를 공격하는데 물을 끊는 전법을 쓰는 것 자체가 어처구니없는 일이다. 그리고 로마는 일곱 언덕에서 스며 나오는 물을 처리해야 할 필요성 때문에 상수도보다 하수도가 일찍 만들어진 도시다. 그래서 첫 번째 문제를 해결하기 위해 우물을 활용하도록 장려하여, 수도가 끊긴 것은 그리 심각한 문제가 되지 않았다. 하지만 목욕이 문제였다. 뜨거운 물에 몸을 담그거나 씻는 것은 쾌락을 위해서가 아니라 질병을 치료하기 위해서라고 생각하는 기독교로 개종한 뒤에도 목욕은 로마인이 좋아하는 생활 습관으로 남아 있었다. 그래서 뜨거운 물을 충분히 사용하여 목욕할 수 없게 된 것을 한탄하는 사람이 많았다.

두 번째 문제에 대해 벨리사리우스는 지극히 비로마적으로 대처했다. 물이 흐르지 않게 된 갱도를 우선 파괴하고, 파괴한 부분을 돌로 틀어막고, 다시 그 위에 회반죽을 발라서 굳혀버렸다. 이리하여 850년 동안 살아온 로마의 수도는 서기 537년에 완전히 죽어버렸다.

공방전이 길어지자, 저장해둔 식량도 바닥을 드러내기 시작했다. 얼마 전부터 엄격한 배급제를 실시했지만, 그래도 감당할 수 없게 되었다. 식량이 완전히 동나기 전에 과감한 대책을 세울 필요가 있었다.

벨리사리우스는 '입 줄이기'를 단행하기로 결정했다. 남부 이탈리아로 가는 가도는 아직 안전했다. 시내 각지에서 노인과 여자와 아이들에게 피난을 명령하는 총사령관의 포고령이 낭독되었다. 노예들도 딸려 보내기로 결정했다.

요컨대 전투에 참가할 수는 없지만 식량은 보장해주어야 하는 사람의 수를 최대한 줄이고 싶었던 것이다. 아피아 가도와 라티나 가도는 나폴리나 그보다 더 남쪽으로 피난하는 사람과 수레로 메워지고, 투스콜라나 가도와 라비카나 가도는 로마 근교의 농촌으로 피난하는 사람과 수레로 북적거렸다. 벨리사리우스는 이탈리아 남부로 가는 이런 가도의 안전 통행을 보장하기 위해 주민들의 피난이 일단락될 때까지 북쪽에 배치했던 병력의 일부를 남쪽으로 돌렸을 정도다.

이렇게 임전 태세를 확립한 것 때문에 더욱 불안해진 사람들도 있었다. 그중 한 사람이 로마 주교이자 교황인 실베리우스였다. 그는 벨리사리우스의 무혈입성을 실현시킨 사람이기도 했고, 벨리사리우스가 오기 훨씬 전부터 고트족 고관들과 알고 지낸 사이였다.

그는 주교니까 로마의 주교좌 교회인 라테라노 교회 옆의 주교관에서 살고 있었다. 로마 남쪽에 있는 이 교회 바로 옆에 아시나리아 문이 있었다. 이 문의 자물쇠를 밤중에 몰래 열어서, 가볍게 한 번 밀기만 하면 안으로 들어올 수 있게 해두는 것이 주교가 생각한 '로마 구제책'이었다. 잠입한 고트족 병사들이 시내를 종단하여, 북쪽을 지키고 있는 벨리사리우스 군대를 배후에서 습격하면 공방전도 끝날 거라고 주교는 생각했다.

누가 고자질했는지는 모르지만, 벨리사리우스는 그것을 알았다. 하지만 총사령관이라 해도 일개 무장에 불과한 그는 주교를 불러내어 책모의 세부 내용에 대해 심문할 수도 없었고, 그 책모가 이미 고트족 왕에게 전달되었는지 어떤지를 알아낼 수도 없었다. 벨리사리우스는 실베리우스 주교와 그 책모에 가담한 몇몇 원로원 의원을 콘스탄티노폴리스로 호송하여 유스티니아누스에게 판단을 맡길 수밖에 없었다.

이 사건을 통해 벨리사리우스는 비잔티움 군대의 존재를 싫어하는 분위기가 로마 주민들 사이에 감돌기 시작한 것을 알아차린다. 싫어하기 시작한 것도 이해가 갔다. 지금까지 반세기 동안 지배자와 공생해 왔다. 이단에게 지배를 받는다고 해서 불편한 점도 없었다. 그런데 반세기 뒤에 해방을 기치로 내세운 비잔티움 군대가 들어왔기 때문에, 장기간의 공방전까지 참고 견뎌야 한다. 벨리사리우스는 비로소 자기가 환영받지 못하는 아군이 되어가고 있는 것을 깨달았다.

지금까지는 순진하다고 해도 좋을 만큼 신용했던 로마인을 이제 그는 믿지 않게 되었다. 로마를 둘러싼 성벽에 뚫린 15개의 성문 열쇠를 앞으로는 매달 두 번씩 모조리 새것으로 바꾸고, 성문을 수비하는 로마인 자위대원도 자주 교대하기로 결정했다. 이 사실은 극소수의 측근에게만 알려주었다.

고트인과 이탈리아에 사는 로마인의 관계에도 변화가 일어나고 있었다. 로마를 공격하고 있는 고트족 왕 위티기스가 라벤나에 머물고 있는 원로원 의원들을 몰살하라는 명령을 내렸다. 북이탈리아의 상류 계급을 형성하고 있던 원로원 의원들은 달아날 수 있었던 두 사람을 제외하고는 모두 살해되었다. 실베리우스 주교의 책략을 벨리사리우스에게 밀고한 사람이 로마에 있던 원로원 의원인지도 모른다.

이리하여 게르만족과 이탈리아에 사는 로마인의 공생 관계는 끊어졌다. 서로마 제국이 멸망한 직후의 오도아케르 시대부터 헤아리면 60년 뒤, 피지배자와의 공생을 통치의 기본 방침으로 정착시킨 테오도리크 시대부터 헤아리면 43년 뒤에 게르만 민족과 라틴 민족의 공생은 종말을 고했다. 게르만족은 로마인을 적으로 보게 되었다. 아니, 적보다 더 미운 배신자로 보게 되었다.

벨리사리우스는 무장이었다. 무장이라면 일단 시작한 전투를 도중에 내팽개치는 것만큼 어리석은 짓은 없다는 것을 알고 있다. 또한 비잔티움 군대를 싫어하는 분위기도 일반 시민한테까지 미치지는 않았다. 그리고 '입 줄이기'의 효과도 나타나기 시작했다.

고트족은 주교의 책략을 전달받고 있었는지, 그때까지는 고트족 병사가 출몰하지 않았던 로마 남쪽과 서쪽도 공격하게 되었다.

그중에서도 적의 공격이 집중된 곳은 400년 전 하드리아누스 황제가 지은 황제묘(후세의 산탄젤로성)였다. 이곳이 함락되면 테베레강 서안 일대가 적의 손에 떨어지게 된다. 그렇게 되면 아홉 개나 되는 다리로 연결되어 있는 테베레강 동안 일대도 서쪽에서 쳐들어오는 적의 공격에 노출된다. 벨리사리우스의 명령에 따라 그날은 방어도 이곳에 집중되었다. 그날의 공방전을 프로코피우스는 다음과 같이 서술하고 있다.

〈신(新)아우렐리아 문에서 돌멩이를 던지면 닿을 거리에 하드리아누스 황제가 지은 황제묘가 있다. 볼 만하다고 말할 수밖에 없는 걸작 건축물이다. 직사각형으로 자른 커다란 돌을 시멘트도 쓰지 않고 정확하게 쌓아올린 뒤, 그 바깥쪽을 파로스섬에서 가져온 하얀 대리석으로 완전히 덮은 구조다. 건축물 자체는 정사각형이고, 한 변의 길이는 돌을 던지면 닿을 만한 거리다. 높이는 시내를 둘러싼 성벽보다 높다. 그 주위에는 흰 대리석으로 만든 신과 말의 조각상들이 즐비하게 늘어서 있는데, 그것이 또 조형미의 걸작이라고 말할 수밖에 없는 훌륭한 작품들이다.

오늘날의 산탄젤로성(로마 시대의 황제묘)

　공성기를 사용하지 않는 고트족 병사들은 수적 우세를 믿고 계속해
서 돌멩이를 던졌다. 그래서 우리가 주춤한 사이에 사다리를 성벽에
세우려고 한다. 사다리를 기어올라 수비병을 아래로 밀어 떨어뜨리는
작전을 세운 모양이다. 병사도 엄청나게 많았지만, 사다리의 수도 엄
청났다. 그 많은 병사가 황제묘를 향해 구름처럼 몰려들어 앞을 다투
며 사다리를 세우려고 한다.

　잠시 아군 병사들은 어떻게 반격해야 좋을지 몰라서 멍하니 그들을
내려다보고 있었지만, 누가 명령했는지 일단 행동을 시작한 뒤에는 재
빨랐다. 신이나 말의 조각상들을 끌어내려 파괴하고, 산더미처럼 쌓인
돌덩이를 두 손으로 들어올려 적병의 머리 위에 떨어뜨리기 시작한 것
이다. 이것은 효과가 있었다. 적은 사다리도 버리고 앞을 다투어 쏜살
같이 달아났기 때문이다.〉

로마 제국 전성기에 만들어진 걸작 대리석상의 '대량 살육'은 어쩔 수 없는 조치였을 것이다. 하지만 공화정 치하에서도 제정 치하에서도 로마의 장군들은 그리스인이 만든 조형미술의 걸작들에 대해서는 적의 요인을 포로로 잡았을 때와 같은 태도를 취했다. 로마 장군들도 필요하면 적을 살육했지만, 예술작품을 살육하는 짓만은 하지 않았던 것이다. 이렇게 승자가 패자의 유작을 존중했기 때문에 2,500년 뒤에 살고 있는 우리도 미술관에만 가면 그것을 감상할 수 있다. 하지만 하드리아누스 시대부터 겨우 400년이 지난 6세기에는 시대가 달라져 있었다. 벨리사리우스도 그런 시대의 무장이었고, 프로코피우스도 그리스·로마 문명을 이해하기는 했지만 역시 6세기의 역사가였다.

로마의 서쪽과 남쪽에 대한 고트족의 공격은 하드리아누스 황제묘를 함락하는 데 실패한 정도로는 멈추지 않았다. 로마의 외항 오스티아를 함락하는 데에는 성공했고, 그래서 벨리사리우스가 몸소 병사들을 이끌고 오스티아를 탈환하러 가야 했다. 이제 아피아 가도도 라티나 가도도 안전하지 않게 되었다. 프로코피우스는 식량이나 무기를 조달하기 위해 몇 번 나폴리에 파견된 적이 있지만, 이렇게 남부 이탈리아로 가는 길이 막히자 나폴리에서 군량이나 무기를 조달하는 것도 불가능해졌다.

장기간에 걸친 공방전은 공격하는 고트족 쪽에도 많은 불편함을 초래하고 있었다. 우선 벨리사리우스의 교묘한 전법에 우롱당하여 병사의 희생이 계속 늘어나고 있었다. 또한 반세기에 걸친 이탈리아 생활로 이제는 고트족도 문명 생활을 전혀 몰랐던 옛날의 야만족이 아니었다. 수도교의 아치 밑에 장막을 치고 야영하는 불편함에 불만을 털어놓게 되었다. 위티기스왕은 병사들의 지지로 왕이 된 사람이었다. 그가 거의 1년이나 계속되고 있는 공략 작전을 포기하고 군대를 철수하는 것은 절대로 허용되지 않았지만, 계속 쌓여가는 병사들의 불만을 무시하는 것도 허용되지 않았다.

어느 쪽이 먼저 말을 꺼냈는지는 알 수 없다. 어쨌든 휴전을 바라는 마음은 양쪽 다 갖고 있었다. 강화가 아니라 휴전이라면, 고트족 왕인 위티기스도 체면을 구기지 않고 군대를 철수할 수 있었다.

서기 538년 3월, 꼬박 1년하고도 9일 만에 로마를 둘러싼 공방전은 일단 막을 내렸다. 프로코피우스는 성을 지켜낸 사람들이 모두 기쁨으로 들끓었다고는 쓰지 않았다. 기쁨으로 들끓을 만한 기력조차 남아 있지 않았을지도 모른다. 하지만 38세의 벨리사리우스는 처음부터 휴전협정을 지킬 마음은 전혀 없었다. 다만 물러간 고트족을 따라가 군사행동을 시작하기 전에 유스티니아누스 황제에게 '직소'(直訴)라고 해도 좋은 편지를 써 보냈다.

〈폐하의 명령에 따라 고트족이 지배하고 있는 땅으로 진격하여 시칠리아를 탈환하고, 캄파니아 지방도 제패하고, 로마도 폐하의 손에 돌려드리는 데 성공했습니다. 하지만 수복은 명예로운 행위이기는 하나, 거기에 따른 희생도 엄청난 것이었습니다. 그래도 지금까지는 폐하의 병사들이 야만족 대군에 맞서 잘 싸웠고, 게다가 적에게 막대한 타격까지 주었습니다.

승리가 신의 뜻에 달려 있다는 것은 알고 있습니다. 하지만 왕이나 장군의 명성은 그들이 세운 계획이 좋은 결과를 가져왔느냐 아니면 나쁜 결과밖에 낳지 못했느냐에 달려 있습니다.

솔직하게 말씀드리겠습니다. 폐하의 병사들이 앞으로도 계속 살기를 바라신다면, 식량을 보내주십시오. 그들이 용감히 싸우고 계속 영토를 수복하기를 바라신다면, 무기와 말과 지원 병력을 보내주십시오.

이탈리아에 사는 로마인은 우리를 동포이자 해방자로 환영했습니다. 하지만 현재 병력과 군량이 부족한 우리 사정을 알고, 그들이 당초 우리에게 품었던 기대가 배신당했다고 생각한다면, 그들의 호의는 고스란히 우리에 대한 적개심으로 바뀔 것입니다.

저는 폐하께 봉사하는 데 인생을 바친 이상, 제 목숨을 어떻게 쓸지는 폐하가 결정하실 일입니다. 이 상황에서 저의 죽음이 폐하의 명성과 제국의 번영에 도움이 된다고 생각하신다면, 그것도 저는 달게 받을 각오가 되어 있습니다.〉

알기 쉽게 말하면 '갑자기 태도를 바꾸어 협박조로 나왔다'고 말할 수밖에 없는 이 편지를 읽고 나는 웃어버렸지만, 유스티니아누스 황제가 어떻게 읽었는지는 모르겠다. 하지만 지원군은 보내기로 했다. 보내는 사람과 방식은 유스티니아누스다웠다고 말할 수밖에 없지만.

이탈리아반도 서쪽의 티레니아해를 건너 이탈리아 남부의 테라키나(오늘날의 테라치나)에 상륙한 병력은 1,600명. 이탈리아 동쪽의 아드리아해를 북상하여 이탈리아 중부의 피체노에 상륙한 병력은 7천 명, 그리고 많은 금화와 은화. 처음에는 5천 명으로 시작한 이탈리아반도 수복 작전을 지원하는 것치고는 상당히 과감한 지원이다. 하지만 7천 명의 지원군을 지휘하도록 사령관을 또 한 명 보내왔다.

나르세스 장군

나폴레옹이었는지 누구였는지는 잊었지만, 뛰어난 두 장수는 평범한 한 장수보다 못하다고 말한 사람이 있다. 나르세스는 거세되어 궁정관료가 된 많은 환관들과 마찬가지로 출생지도 생년월일도 알려져 있지 않다. 하지만 서기 538년 당시 적어도 예순 살은 되었을 거라고 한다. 비정상적으로 비만하고, 관료로서의 능력은 뛰어나지만 사복을 채우는 능력도 뛰어나고, 황제를 바로 옆에서 모시는 것을 기회로 음모를 꾸며 우수한 인재를 파멸시킬 궁리밖에 하지 않는다는 것이 '에우누쿠스'(거세한 남자)에 대한 통념인데, 이 나르세스는 이런 통념에서 완전히 벗어난 이색적인 환관이었다.

몸은 젊은 시절부터 줄곧 날씬했고, 행동도 동료 환관들과는 달리 항상 정력적이었다. 물론 두뇌도 명석했다. 황궁의 하인으로 시작하여 황궁 전체를 책임지고 관리하는 지위에까지 출세한 것은 유스티니아누스 황제와 테오도라 황후의 신뢰를 한 몸에 받고 있었기 때문이다. 다만 이탈리아에 파견될 때까지 그가 쌓은 업적은 내정과 외교에만 한정되어 있고, 전투를 지휘한 경험은 없었다. 이 인물이 계속 중용된 이유는 어떤 상황에서도 해결책을 찾아내는 능력 때문이었다. 물론 나르세스도 자신감이 넘치는 남자였다.

유스티니아누스는 나르세스에게 '제국에 유효하다고 여겨질 경우에는 벨리사리우스 휘하에 들어가라'는 지시를 주어 이탈리아로 보냈다. 이만큼 전쟁이라는 것을 모르는 지시도 없었다. '제국에 유효하다고 여겨지는 경우'를 판단하는 것은 나르세스에게 맡겨져 있었다. 이 지시를 내린 유스티니아누스는 자신만만한 60세의 나르세스가 38세인 벨리사리우스의 명령에 고분고분 따를 거라고 생각했을까.

실제로 벨리사리우스 휘하의 6,500명과 나르세스 휘하의 7,000명은 각자 따로 행동했다. 로마는 지켜냈고, 병력은 두 배로 늘어났고, 그 여세를 몰아 공세로 전환한 시기였던 만큼, 우수한 두 장수의 병립 상태는 1년이나 되는 시간과 병사를 낭비하게 된다. 아니, 병사와 시간으로는 헤아릴 수 없는 커다란 손해까지 입게 되었다.

벨리사리우스도 이때는 황제한테 직접 호소하지 않았다. 하지만 벨리사리우스 휘하 장병들의 불만은 콘스탄티노폴리스에도 전달되었는지, 유스티니아누스는 나르세스를 불러들이고 그의 휘하에 있던 7천 명의 병사도 벨리사리우스 휘하에 넣기로 결정했다.

장수가 하나가 되면, 원래 평범한 장수도 아니었기 때문에 두 장수는커녕 세 장수나 네 장수보다도 나아진다. 지휘권을 한 손에 쥔 벨리사리우스는 전략을 완전히 바꾸었다. 적의 본거지인 라벤나를 직접 공격하기로 결정한 것이다. 그가 그것을 강행한 데에는 네 가지 이유가 있었다.

1) 숨 돌릴 틈을 주어버렸기 때문에, 15만 명이라는 고트족 병력이 위티기스 휘하에 다시 집결했고, 그것을 닥치는 대로 조금씩 격파해 가다가는 이탈리아반도 수복이라는 본래의 목표에 도달하는 시기는 계속 늦어진다는 것.

2) 유스티니아누스가 공동투쟁을 권유했는데도 지금까지 상황을 지켜보면서 참전하지 않았던 프랑크 왕이 이제 고트족이 수세에 몰리자 알프스를 넘어 북이탈리아로 쳐들어오기 시작했다는 것.

3) 고트족의 공격을 받고 궤멸 상태가 된 밀라노의 참상이 이탈리아

의 다른 지방에도 널리 알려지면, 이번에야말로 이탈리아 주민이 비잔티움 제국에 반대하는 쪽으로 완전히 돌아서버릴 위험이 있었다는 것.

4) 두 장수의 병립으로 통일전선을 짜지 못한 비잔티움 군대의 허점을 찔러 행동 범위를 넓힌 고트족이 중부 이탈리아 주민들까지 비참한 상태에 빠뜨리고 있었다는 것.

1)에 대해서 말하자면, 전쟁 상태가 장기화하는 것만큼 불리한 상황은 없고, 따라서 그것을 막을 수 있는 수단이 있다면 거기에 도박을 걸어볼 가치는 충분히 있었다.

2)에 대해서 말하자면, 이탈리아 침공을 단행한 프랑크 왕국은 같은 가톨릭교도로서 힘을 합쳐 이단인 아리우스파의 고트 왕국을 궤멸시키자는 유스티니아누스 황제의 제안에 동의했기 때문에 이탈리아를 침공한 것이 아니다. 로마 시대에는 '트란살피나'(알프스 저쪽)라고 불린 갈리아를 제패하고 있던 프랑크족에게 '키살피나'(알프스 이쪽)인 북이탈리아는 별개의 세계가 아니라 쉽게 왕래할 수 있는 하나의 세계였을 뿐이다. 따라서 벨리사리우스에게 프랑크 왕국은 동맹자가 아니고, 적은 아니더라도 항상 경계해야 할 존재였다. 프랑크 왕국의 세력이 미치기 전에 북이탈리아를 제압할 필요가 있었다.

3)에 대해서 말하자면, 벨리사리우스는 이미 밀라노를 방위하도록 1천 명의 병력을 보냈다. 그런데 이제 이탈리아에 사는 로마인을 모두 적으로 보게 된 고트족이 그 밀라노를 습격한 것이다. 그 상황을 프로코피우스는 다음과 같이 서술하고 있다.

〈수비병도 주민들도 고트족의 약속을 믿고 성문을 열었다. 약속이란, 저항하지 않으면 목숨은 보장하고 도시도 파괴하지 않겠다는 것이었다. 하지만 이 약속은 전혀 지켜지지 않았다. 우선 시내가 완전히 파괴되고 불태워졌다. 그리고 남자들은 노소를 불문하고 모두 살해되었다. 그 수는 무려 30만 명에 이르렀다(이것은 상당히 과장된 수다. 당시 밀라노 인구는 15만 명도 안 되었다고 연구자들은 말하고 있다―원주). 여자들도 모두 노예가 되어, 고트족 진영에서 참전한 부르군트족 병사들에게 분배되었다.

밀라노 장관이었던 레파라투스는 붙잡히자마자 살해된 것이 아니라, 산 채로 갈가리 찢긴 뒤 다시 잘게 토막난 상태로 개 먹이가 되었다. 수비대장 베르겐티누스만은 소수의 병사와 함께 탈출하여 이탈리아 북부를 횡단한 뒤 겨우 달마티아까지 달아나서, 황제에게 밀라노의 참상에 대한 보고서를 보낼 수 있었다.

그 후 고트족은 밀라노의 참극에 겁을 먹은 주변 도시들까지 간단히 함락했고, 이리하여 북이탈리아의 서쪽 절반을 다시 지배하는 데 성공했다.〉

밀라노(라틴어 이름은 메디올라눔)는 로마가 이름뿐인 수도가 된 뒤에는 이탈리아반도의 사실상 수도가 되어 있었다. 호노리우스 황제는 황궁을 라벤나로 옮겼지만, 그것은 방위상의 이유 때문이다. 포강 어귀의 습지대에 자리잡은 라벤나가 간선도로만 해도 네 개의 로마 가도가 모이는 평지의 밀라노를 대신할 수 있을 리가 없었다.

또한 밀라노는 가톨릭교회를 더욱 조직화하려고 애쓴 성 암브로시우스가 사반세기에 걸쳐 주교를 지낸 도시다. 이 우수한 '테크노크라트'의 영향으로 '격은 로마에 뒤지지만 신앙의 강도는 로마를 능가한다'는 말을 들을 정도의 가톨릭 도시가 되어 있었다. 유스티니아누스 황제의 옛 서로마 제국 영토 수복에 어느 곳보다 민감하게 반응한 것도 밀라노의 주민이다. 그렇기 때문에 벨리사리우스도 로마를 둘러싼 공방전이 휴전에 들어가자마자 바로 부하 장수에게 1천 명의 병사를 주어 밀라노를 방위하도록 내보낸 것이다.

이 밀라노가 아무도 없는 폐허로 변했다. 비잔티움 군대의 안전 보장이 얼마나 무력한지를 보여주는 더없는 증거였다.

도시는 철저히 파괴되고, 남자들은 살해되고, 여자들은 노예가 되어 부르고뉴 지방으로 끌려갔다. 밀라노는 로마 다음으로 인구가 많은 도시였지만, 이제는 촌락도 아니었다. 그리고 그대로 수백 년 동안이나 재기하지 못했다. 그동안 이탈리아 북서부의 중심은 30킬로미터 남쪽에 있는 파비아로 옮겨진다. 밀라노가 역사에 다시 얼굴을 내밀게 되는 것은 중세 후기에 접어든 뒤였다.

4)에서 말한 중부 이탈리아의 참상에 대해 벨리사리우스의 비서관이기도 했던 프로코피우스는 다음과 같이 서술하고 있다. 조금 길어지지만 그 부분을 모두 번역해서 소개하겠다. 전쟁터가 되어버린 곳에 사는 사람들이 어떤 상태에 있었는지를 알려주는 사료로서 이보다 나은 것은 존재하지 않기 때문이다.

〈그해(서기 538년)도 여름이 되었다. 밭에서는 밀이 여물기 시작했다. 하지만 전과 같은 풍작은 아니었다. 소가 끄는 쟁기로 판 고랑에 씨를 뿌리는 작업을 할 수 있을 만큼 농민의 수가 많지 않아서, 고랑도 파지 않은 땅에 씨를 그냥 흩뿌렸을 뿐이다. 그래서 싹은 별로 나지 않고, 결실을 맺는 경우는 더욱 드물었기 때문이다.

이것은 아이밀리아 지방에서도 일어난 일이었다. 그래서 자신들이 먹을 곡식조차 수확하지 못하게 된 농민들은 밭을 버리고 집도 버리고 가족과 함께 마르케 지방으로 옮겨갔다. 이 지방이라면 아드리아해에 면해 있고, 아드리아해의 제해권은 비잔티움 제국이 쥐고 있으니까 비잔티움 제국에서 보내오는 구호물자의 혜택을 받을 수 있으리라고 기대한 것이다.

밭에서 일할 사람이 줄어들어 농산물 수확량이 줄어드는 현상은 토스카나 지방에서도 일어났다. 토스카나 주민의 대다수는 고트족을 피해 산악지대로 피난했는데, 산은 충분한 식량을 베풀어주지 않는다. 그래서 그들은 도토리를 주워 가루로 빻아서 그 가루로 빵을 만들어 먹으며 연명하고 있었다.

이렇게 극단적인 식량 부족은 당연히 온갖 질병의 온상이 된다. 굶어죽지 않은 사람도 병들어 죽는 경우가 많았다. 마르케 지방만 해도 굶어죽은 사람이 5만 명을 밑돌지 않는다고 했다. 이탈리아 북동부의 베네토 지방은 사망자가 5만 명을 훨씬 웃돈다고 한다.

나도 실제로 그 참상을 목격한 사람으로서 그들이 어떻게 죽어갔는지를 글로 남기고 싶다.

우선 비쩍 마르고 안색이 누렇게 변한다. 음식을 보급받지 못하는 상태가 오래 계속되면, 육체는 옛사람 말마따나 '자기 살을 먹는' 방법으로 목숨을 이으려 하기 때문이다. 모든 기관의 기능이 떨어지면 담즙이 기관들을 침범할 만큼 퍼지게 되어, 피부색도 누렇다기보다 다갈색으로 변한다. 이 상태가 심해지면 피부가 원래 갖고 있던 수분을 잃고 상상할 수도 없을 만큼 건조해져서, 무두질하지 않은 가죽처럼 쭈

글쭈글 주름이 새겨지고, 그것이 뼈에 직접 붙어 있는 것처럼 보이게 된다.

그러는 동안 다갈색은 납빛으로 변하고, 더욱 심해지면 검은색으로 변한다. 여기까지 오면 인간의 몸뚱이는 불에 타서 검게 변한 나무 촛대처럼 된다. 눈은 이제 아무것도 보지 않고 그저 놀란 듯이 크게 뜨여 있을 뿐이고, 대개는 그 상태로 죽음을 맞이한다.

너무나 굶주려서 체력도 극도로 떨어져 있고, 어쩌다 풀이라도 발견하여 캐 먹으려 해도 풀을 뽑을 기력조차 남아 있지 않다. 그래서 풀을 뽑으려던 손을 앞으로 뻗은 채 땅바닥에 고꾸라진 모습으로 죽는다.

송장도 그대로 방치된다. 무덤을 파서 송장을 묻을 만한 체력이 아무에게도 남아 있지 않기 때문이다. 방치된 송장이 보이면 게걸스럽게 먹어치우는 개도 송장을 쪼아먹는 새도 굶어죽은 송장은 쳐다보지도 않는다. 개나 새조차 먹을 것이 전혀 남아 있지 않은 송장이기 때문이다. 굶주림으로 자신의 육체까지 다 소모해버린 뒤에 찾아오는 것이 이들을 덮친 죽음이기 때문이다.〉

나르세스가 소환되고 단독 사령관이 된 뒤, 다시 1년 전처럼 혼자서 전략을 결정하게 된 벨리사리우스는 이를 계기로 상황을 역전시킬 필요가 있었다. 그렇지 않으면 무엇 때문에 지난 3년 동안 고생했는지 알 수 없게 된다. 서기 539년이 되자마자 벨리사리우스의 과감한 공세가 불을 뿜는다. 무엇보다 우선 상황을 역전시켜야 하고, 게다가 가능한 한 짧은 기간에 그것을 이루어야 했기 때문이다.

라벤나 함락

라벤나 공략은 이제까지 거의 30년 동안 몇 번이나 시도되었다. 서로마 제국 말기의 황제들이 라벤나에 황궁을 두었고, 서로마 제국을 쓰러뜨린 북방 게르만계 야만족 왕들도 거기에 계속 왕궁을 두었기 때문이다. 주위에 수로가 그물눈처럼 둘러쳐져 있는 라벤나는 육지 쪽에서 공격하는 한 난공불락이었다.

벨리사리우스는 이 라벤나를 육지와 바다 양쪽에서 공격했다. 육지 쪽 수로는 메워버리고, 바다 쪽은 주변 항구도시에서 배를 총동원하여 봉쇄했다. 그래도 반년은 걸렸다. 서기 539년 12월에 마침내 동고트 왕국의 위티기스왕이 항복한다. 벨리사리우스의 권고를 받아들여 휘하 장병 모두와 함께 투항한 것이다.

벨리사리우스는 항복을 받아내기 위해 한 약속을 모두 지켰다. 왕은 가족과 친척들과 함께 콘스탄티노폴리스로 보내지겠지만, 벨리사리우스의 진언을 받아들인 유스티니아누스 황제가 그들의 목숨은 보장한다는 것이 그의 약속이었다. 동고트족의 값나가는 재물도, 왕과 함께 라벤나를 지킨 병사들도 콘스탄티노폴리스로 보내기로 결정했다.

그런데 왕을 비롯한 고트족 모두의 목숨을 보장해달라는 요청을 승낙한 황제의 편지에는 다음과 같은 내용도 적혀 있었다.

〈앞으로 고트족과의 전쟁은 군이 장군만한 무장을 번거롭게 할 가치가 없다고 생각한다. 그리고 황제는 이번 승리의 최대 공로자를 직접 만나 치하할 수 있는 날을 애타게 기다리고 있다. 또한 제국 최고의 장군 입에서 나오는 고견을 들을 수 있는 날도 고대하고 있다. 오리엔트에서 다시 시작된 페르시아의 공세에 맞설 수 있는 사람은 우리 장

군밖에 없기 때문이다.〉

　한마디로 말해서 다른 사람은 벨리사리우스를 대신하기 어렵다는 이유로 이탈리아에서 돌아올 것을 명령한 것이다. 물론 왕궁이 있는 라벤나는 함락시켰다. 왕과 그의 부하들 가운데 중요한 자들은 비잔티움 제국의 배에 실려 콘스탄티노폴리스로 떠나려 하고 있다.

　하지만 고트족 병사들 대다수는 아직 이탈리아반도에 남아 있었다. 그것도 10만 명을 밑돌지 않는 세력이다. 게다가 유스티니아누스는 벨리사리우스를 귀환시키는 대신 다른 사령관을 보내오지도 않았다. 벨리사리우스가 떠나면 지금까지 벨리사리우스 휘하에서 싸운 11명의 대대장이 고트족 소탕작전을 계속하면 된다는 것이다. 두 장수가 병립하는 정도가 아니라 이번에는 열한 명이 난립하게 되었다.

　벨리사리우스는 한마디도 항의하지 않았다. 측근인 프로코피우스한테도 속마음을 털어놓지 않았다. 아무 말도 하지 않고 콘스탄티노폴리스로 가는 배에 올라탔다. 배에서도 다른 이야기는 했지만 황제의 편지에 대해서는 한마디도 언급하지 않았다. (벨리사리우스가 라벤나를 함락시켰을 때 고트족은 그에게 서로마 황제가 될 것을 제의했으나 벨리사리우스는 이를 거절했다. 하지만 이 일로 유스티니아누스 황제는 의심을 품게 되었고, 그래서 벨리사리우스를 콘스탄티노폴리스로 불러들였다고 한다-옮긴이)

　콘스탄티노폴리스로 돌아온 벨리사리우스에게 북아프리카 수복 때와 같은 개선식은 허용되지 않았지만, 그것은 아마 벨리사리우스도 바라지 않았기 때문일 것이다. 하지만 서민들의 존경과 호의는 갓 마흔 살이 된 벨리사리우스에게 집중되었다. 유스티니아누스 황제도 벨리사리우스에게만은 7천 명이나 되는 사병을 거느리는 것도 허락해주었고, 신하라기보다 봉건군주에 가까운 지위까지 주었다. 하지만 유스티니아누스에게 벨리사리우스는 어디까지나 신하이고 장군일 뿐이었다. 1년도 지나기 전에 벨리사리우스는 오리엔트로 파견된다. 페르시아와의 전쟁이 벨리사리우스의 다음 임무였다.

동고트족 왕인 위티기스는 콘스탄티노폴리스에서 포로라고는 말할 수 없는 안락한 생활을 하며 가톨릭으로 개종했다. 포로인 왕이 원로원 의석을 얻고 '귀족' 반열에 오를 수 있었던 것은 황제의 친구가 되었기 때문이다. 동고트족의 재물은 비잔티움 국고로 들어갔지만 생활은 걱정할 필요가 없었다. 콘스탄티노폴리스에 온 뒤 2년 동안 여유있게 살았다고 한다. 또한 왕과 함께 항복한 고트족 병사들은 비잔티움 군대에 편입되었다. 물론 그들도 가톨릭으로 개종했기 때문이다.

전쟁 재개

예상된 일이기는 했지만, 벨리사리우스가 떠난 뒤 이탈리아반도에서는 왕을 적에게 빼앗기고 궤멸적인 타격을 받았을 터인 고트족이 완전히 재기한다. 벨리사리우스가 떠난 지 1년도 지나지 않은 서기 540년 가을, 고트족은 새로 왕에 선출된 토틸라 휘하에 다시 결집하는 데 성공했다. 이탈리아반도를 무대로 비잔티움 군대와 고트족 군대의 전쟁이 재개되었다. 밀라노의 참극이나 피체노의 지옥이 다른 곳에서 되풀이되었다. (다른 역사 자료에 따르면, 위티기스가 콘스탄티노폴리스로 끌려간 뒤 일디바드가 고트족 왕으로 선출되었다. 하지만 그의 치세는 1년 만에 암살로 끝나고, 아들 에라릭이 뒤를 이었으나, 그도 왕위에 앉자마자 암살되었다. 541년에 에라릭의 사촌인 토틸라가 왕으로 선출되었다 ─옮긴이)

이런 상태로 4년이 지났다. 11명이나 되는 지휘관이 각자 따로 지휘하는 비잔티움 군대는 토틸라의 지휘 아래 통일된 전략으로 싸움을 진행한 고트족 군대에 번번이 우롱당했다. 게다가 비잔티움 쪽은 군사에서만이 아니라 통치에서도 계속 점수를 잃는다.

비잔티움 행정관들은 위정자에게 가장 중요한 안전 보장이라는 책무는 다하지 못하면서도 세금을 징수하는 일만은 열심이었다. 게다가 행정관료들의 부패와 뇌물수수가 일상다반사인 비잔티움 제국의 관행이 이탈리아에도 들어왔다. 이탈리아반도에 사는 사람들의 마음이 고트족 쪽으로 기울어지기 시작한 것도 무리는 아니었다.

고트족 왕 토틸라는 이것을 활용한다. 한마디로 말하면 청렴과 관용을 앞에 내세운 것이다. 대우에 불만을 품고 탈영한 비잔티움 병사들을 받아들였을 뿐만 아니라, 그들을 이용하여 아직 비잔티움 진영에 남아 있는 병사들에게 탈영을 권유하기도 했다. 또한 고트족 병사에게는 농민이나 시민 같은 민간인을 습격하면 안 된다고 엄명을 내렸다. 지금까지는 별장에 피난해 있는 여자들을 납치하여 몸값을 요구했지만, 몸값을 받지 말고 여자들을 돌려보내라고 명령했다. 토틸라는 올바른 행동에서도 비잔티움 군대를 이기지 않으면 안 된다고 병사들을 직접 설득했다. 또한 토틸라는 로마 원로원에 편지를 보내 원로원

토틸라

의원들을 '친애하는 친구인 로마인'이라고 부르면서, 자기네 고트족은 일찍이 테오도리크가 택한 로마인과의 공생 노선을 답습할 작정이라고 약속하기도 했다. 말뿐만 아니라 행동으로도 이것을 보여주었기 때문에, 고트족의 공정함은 프로코피우스도 인정할 수밖에 없었다.

그 결과는 어떻게 되었을까. 고트족의 지배는 이탈리아 북부만이 아니라 중부에까지 미치게 되었고, 더 나아가 나폴리 이남의 루카니아·풀리아·칼라브리아까지 미치게 되었다. 테오도리크 시대에도 게르만계 야만족의 지배권 밖에 있었던 남부 이탈리아까지도 고트족 치하에 들어간 것이다. 비잔티움 쪽에 남은 것은 라벤나에서 로마에 이르는 띠 모양의 지방뿐이다. 계속 밀린 비잔티움 쪽에 유일한 구원은 아드리아해와 티레니아해의 제해권만은 아직 갖고 있다는 것이었다.

상황이 이렇게 되자 유스티니아누스도 타개할 필요성을 느꼈을 게 분명하다. 황제의 머리에 떠오른 것은 이때도 역시 벨리사리우스였다. 페르시아 전선에서 황제의 명령을 받은 벨리사리우스는 콘스탄티노폴리스에는 잠깐 들르기만 하고 다시 이탈리아 전선으로 달려갔다. 벨리

유스티니아누스(왼쪽)와
벨리사리우스

사리우스도 44세가 되어 있었다.

그해 가을에 라벤나에 들어간 벨리사리우스는 그가 없었던 4년 동
안의 이탈리아 전선 상황을 보고받고, 자기 눈으로 시찰도 했다. 그 후
그가 어떤 생각을 품었는지는 알려져 있지 않지만, 유스티니아누스 황
제에게 다음과 같은 편지를 보냈다.

〈지고하시고 신의 깊은 은총을 받으신 황제 폐하, 이탈리아에 돌아
와서 처음 안 것은 우리 쪽에는 병사도 군마도 무기도 군자금도 부족
하다는 것입니다. 요컨대 전쟁을 수행할 때 필요한 모든 것이 거의 없
다고 해도 좋을 정도입니다.

저는 여기에 도착하기 전에 트라키아와 일리리아 지방을 지나오면
서 병사를 모았습니다. 그런데도 4천 명밖에 모으지 못했습니다. 게다
가 이 4천 명은 무장을 갖추지 못했을 뿐만 아니라, 훈련도 전혀 받지
않아서 무기 사용법조차 모르는 자들입니다.

이탈리아에 있는 아군 병사들도 군량 부족과 급료 지연으로 불만이 폭발하기 직전입니다. 게다가 지난 4년 동안 당한 패배 때문에 자신감을 잃고 공포에 떨고 있어서, 고트족이라는 말만 들어도 무기와 말을 내버리고 달아나는 형편입니다.

이탈리아 주민들에게 세금을 부과하려 해도, 그것조차 불가능해진 지 오래입니다. 세금을 징수할 수 있는 지방은 이제 야만족 치하에 들어가버렸기 때문입니다. 세금도 거둘 수 없고 그래서 병사들에게 급료도 지불하지 못하면, 우리 지휘관은 병사들을 질책하고 명령에 복종시킬 권리도 행사할 수 없습니다.

알고 계십니까, 폐하. 많은 아군 병사들이 이미 고트족 진영에 투항하고 있다는 사실을.

제가 죽는 것만으로 전쟁을 끝낼 수 있다면 지금 당장이라도 그렇게 할 수 있습니다. 하지만 폐하가 바라시는 것이 승리라면 거기에는 많은 준비가 필요합니다. 군사력이 없이는 장군도 허울뿐인 존재에 불과합니다.

무엇보다 먼저 제 사병이 이탈리아에 오는 것을 허락해주십시오. 고트족과 다시 싸우려면 저도 필요한 최소한의 병력은 갖고 있어야 합니다. 또한 이탈리아에 오는 도중에 발칸 지방에서 얻은 정보에 따르면, 훈족 기병대가 참전할 뜻이 있다고 합니다. 그들을 고용할 수 있다면 큰 도움이 될 것입니다. 다만 그들은 현금을 보여주지 않으면 참전을 승낙하지 않으니까, 이 경우에도 먼저 필요한 것은 돈이라는 이야기가 됩니다.〉

벨리사리우스는 이 편지를 신임하는 부대장에게 주어 반드시 황제에게 직접 전달하라고 엄명하고, 급히 콘스탄티노폴리스로 보냈다. 하지만 유스티니아누스는 벨리사리우스의 편지가 의미하는 바를 이해하지 못했는지, 아니면 그럴 필요까지는 없다고 생각했는지, 편지를 가져간 부대장의 노고를 치하하고 결혼 상대까지 주선해주면서도 답장은 끝내 써주지 않았다. 사병 7천 명이 이탈리아에 가는 것은 허락한 모양이니까, 그것으로 충분하다고 생각했는지도 모른다.

아무리 기다려도 황제가 군자금도 무기도 말도 병력도 보내주지 않자, 벨리사리우스는 휘하 병력만으로 전쟁을 재개할 수밖에 없었다. 이 무렵에는 이탈리아반도의 태반이 고트족 치하에 들어가 있었기 때문에, 남부에서 치고 올라온 8년 전과 전쟁 상황이 같을 리는 없었다. 그때그때 임기응변으로 악전고투를 거듭하는 동안 2년이 눈 깜짝할 사이에 지나갔다.

급료도 군량도 무기도 충분히 보장해주지 못하는 사령관은 부하를 통솔하는 데에도 한계가 있다. 벨리사리우스가 로마를 수비하도록 파견한 부대장 두 사람은 휘하 병력이 3천 명밖에 안 되는 데 전의를 상실했는지, 고트족 군대가 쳐들어오는데도 방어 준비에 전념하기는커녕 군용 물자를 암거래하는 데 전념하는 형편이었다. 서기 546년 여름, 로마는 다시 고트족의 공격을 받게 되었다.

9년 전에는 적이 로마를 둘러싼 성벽의 절반에만 공격을 집중시켰기 때문에 포위전이라는 말도 쓸 수 없는 공방전이었지만, 이번에는 달랐다. 토틸라가 지휘하는 고트족 군대는 테베레강 건너편의 로마 서쪽까지 포함하여 로마시 전체를 포위했다. 테베레강에도 튼튼한 쇠사슬을 쳐서, 오스티아에서 로마로 들어가는 배도 전혀 다닐 수 없게 되었다. 물론 로마에서 남쪽으로 가는 아피아 가도와 그밖의 가도들도 모두 봉쇄되었다. 이 시기에는 로마 시내 인구가 더욱 줄어들어 있었지만, 그래도 10만 가까이는 남아 있었다고 한다. 그 많은 사람들이 완벽하게 봉쇄된 도시 로마에 갇혀버렸다.

벨리사리우스는 봉쇄 돌파를 결행한다. 오스티아에서 모은 200척의 배에 보병과 무기를 싣고, 소들이 테베레강 양쪽 연안을 나아가며 끌어당기는 힘과 노를 젓는 힘에 의지하여 테베레강을 거슬러 올라간다. 기병대는 강을 따라 뻗어 있는 '오스티아 가도'와 '항만 가도'를 나아가면서, 강을 거슬러 올라가는 선단을 호위하는 역할도 맡았다. 로마 시내를 흐르는 테베레강을 이용하여, 포위되어 있는 수비대에 지원군과 물자를 보내려 한 것이다.

앞장선 두 척의 배는 다른 배들보다 크고, 특히 뱃머리는 견고하게 보강되어 있었다. 강에 쳐진 쇠사슬을 끊는 것이 이 대형 선박 두 척의 임무였다. 다른 배들도 육지에 있는 적의 공격에 대비하여 배의 동체 부분에 두꺼운 널빤지를 둘러치고 있었다.

고트족도 쇠사슬을 쳐놓았을 정도니까, 테베레강을 이용한 봉쇄 돌파 작전은 예상하고 있었던 게 분명하다. 쇠사슬을 쳐놓은 곳의 양쪽 연안에 높은 탑을 쌓고 200명의 병사를 배치하여 강을 지키게 했다.

그래도 벨리사리우스가 뱃머리에 서서 직접 지휘한 돌파 작전은 완벽하게 성공했다. 양쪽 연안의 탑은 파괴되고, 고트족 병사들은 한 사람도 남김없이 몰살당했다. 배를 강변에 대는 데에도 성공했고, 가도를 따라온 기병대는 성벽 밖에서 기다리는 고트족 진영과 마주보는 거리까지 접근했다.

하지만 밀사를 보내 미리 지시를 해두었는데도, 비잔티움 쪽 수비 대장 두 명과 그 휘하에 있는 3천 명의 병사는 움직이지 않았다. 적어도 벨리사리우스가 기대한 대로 움직이지는 않았다. 이렇게 되면 벨리사리우스와 그의 군대는 포위되어 있는 로마에 그대로 갇혀버린다. 벨리사리우스는 타고 온 배에 다시 올라타고, 다른 배들과 병사들에게도 오스티아로 돌아가라고 명령할 수밖에 없었다.

이 봉쇄 돌파 작전에 호응하여 일어나지 않은 것은 비잔티움 장병만이 아니었다. 지난번과 다른 점은 로마 주민들도 자위대를 편성하여 일어나려고 하지 않았다는 것이다. 그들은 굶주렸고, 굶주림은 그들의 육신만이 아니라 의지까지 둔하게 만들었다.

지난번 공방전과 다른 점은 공격하는 고트족 쪽에서도 찾을 수 있었다. 고트족은 9년 전의 공방전처럼 자주 공격해오지 않고, 이번에는 그냥 포위만 계속하고 있을 뿐이었다. 외부에서 포위하여 완전히 봉쇄한 뒤 시내의 소모를 기다리는 듯한 기묘한 공방전이었다. 벨리사리우스의 비서관으로서 그 로마를 관찰한 프로코피우스는 다음과 같이 서술했다.

〈토틸라에게 완벽하게 포위된 로마 시내에서는 모든 물자가 부족했다. 그중에서도 식량 부족은 심각했고, 상황은 나날이 악화되고 있었다. 사람들은 평소에는 먹어볼 생각조차 하지 않을 것까지 찾아다니게 되었다.

이 로마인을 방위하도록 파견된 비잔티움의 두 장군과 부하 병사들은 방어에 나서기는커녕, 그들 몫으로 특별히 저장되어 있었던 밀을 시민에게 비싸게 파는 데 열중하고 있었을 뿐이다. 하지만 이 곡식을 살 수 있는 사람은 극히 한정되어 있었다. 1모디우스(약 10리터)의 밀을 사려면 금화 일곱 닢이 필요할 만큼 값이 폭등했기 때문이다.

그래서 시민 대다수는 쐐기풀을 캐먹을 수밖에 없었다. 이 풀은 신전이나 목욕장이나 공회당이 허물어진 자리에 나는 잡초인데, 로마 시내에 많이 있었던 유일한 풀이었기 때문이다. 다만 잔가시가 나 있어서 그대로 먹으면 입안이나 목구멍에 상처가 난다. 그래서 부드러워질 때까지 데칠 필요가 있었다.

하지만 쐐기풀만 먹으면 체력이 떨어진다. 사람들의 몸은 포위가 길어질수록 비쩍 여위어갔다. 안색도 납빛으로 변해서 망령들이 걸어다니는 것 같았다. 망령으로밖에 보이지 않는 사람들은 입안에서 쐐기풀을 질겅질겅 씹으면서 걷다가 갑자기 픽 쓰러져 죽는다. 시내에는 매장할 곳도 없기 때문에, 그런 송장은 길가에 그대로 버려져 있었다.〉

벨리사리우스는 시내에 있는 부대장에게 입을 줄이라고 명령한 모양이다. 하지만 그것도 9년 전의 공방전 때와는 전혀 다른 결과를 낳았다.

9년 전의 '입 줄이기'는 남쪽으로 뻗은 가도를 가득 메운 수많은 사람과 수레 행렬로 나타났다. 이들은 달아날 곳이 있었던 사람들이고, 가재도구와 옷가지와 당분간 먹을 식량까지 수레에 싣고 가는 피난민이었다. 하지만 서기 546년의 피난민들은 이렇게 풍족하지 못했다. 프로코피우스는 다음과 같이 서술했다.

〈비잔티움 군대의 두 장수는 마침내 시민들이 로마를 떠나 각자 원하는 곳으로 피난하는 것을 허락했다. 그래도 로마에 남기를 선택한 사람은 소수였고, 대다수는 로마를 떠나는 쪽을 택했다.

하지만 열린 성문 밖으로 나온 이들은 길을 걷는 동안 차례로 쓰러져 죽어갔다. 오랜 굶주림으로 체력이 떨어져 있어서, 길을 걷는 것조차 무거운 부담이 되었기 때문이다. 이들은 길가에서, 또는 근처를 흐르는 강가에서 차례로 죽음을 맞았다.

가도를 따라 앞으로 나아간 사람들은 기다리고 있던 고트족 병사들을 만났다. 고트족 병사들은 싸울 필요조차 없었다. 저항할 기력도 없는 피난민들은 고트족 병사들의 창에 찔려 죽었다.

이것이 과거에는 전 세계 사람들이 동경하는 눈으로 바라본 빛나는 로마 시민의 현재 모습이었다.〉

그로부터 얼마 지나지 않은 12월, 고트족 군대가 로마에 입성했다. 그들은 로마가 내부에서 스스로 무너지기를 기다리고 있었을 뿐이다. 로마를 방위하도록 파견된 비잔티움 병사들은 그 전에 몰래 달아나버렸다.

고트족 왕 토틸라는 무엇보다 먼저 테베레강 건너편의 바티칸에 서 있는 성 베드로 성당에 참배했다. 아리우스파이기는 했지만, 고트족도 역시 기독교도였다. 하지만 그 후 토틸라는, 로마인을 친애하는 친구라고 부르고 테오도리크의 공생 노선을 자기도 답습하겠다고 약속했던 토틸라와는 딴 사람이 되었다. 자신들은 지배자이고, 피지배자의 운명은 자기들한테 달려 있다는 생각을 토틸라는 행동으로 확실하게 보여주었다.

우선 성벽의 3분의 1을 파괴했다. 그것도 여기저기에서 파괴한 길이를 모두 합친 것이 전체의 3분의 1이니까, 도처에서 성벽을 끊어 아무 쓸모도 없게 파괴한 것이다. 게다가 토틸라의 명령을 받고 실제로 성벽 파괴에 동원된 것은 남아 있던 로마 시민이었다. 로마에 남아 있던 원로원 의원들과 가족들은 모두 붙잡혀서, 몸값이 올 때까지 고트족이 가는 곳마다 끌려 다니게 되었다. 하지만 오랫동안 계속된 고트 전쟁으로 원로원 의원들의 경제적 기반인 대농장도 황폐해져 있었다. 고트족 왕이 기대한 만큼 많은 몸값을 조달할 수는 없었다. 원로원 계급이라고 불리며 오랫동안 권세를 자랑하던 원로원 의원과 그 일가친척은 이 시기에 육체적으로 소멸했다. 살해당하지 않은 사람들도 행방불명이 되었다.

이것이 기원전 753년에 로마가 건국된 이래 국가 로마와 영광을 함께 누려온 '로마 원로원'(senatus romanum)의 최후였다.

고트족은 이제 로마에는 아무런 매력도 느끼지 않았는지, 빼앗을 수 있는 만큼 빼앗은 뒤에는 원로원 의원들을 억지로 끌고 로마를 떠났다. 그 후 40일 동안, 과거에는 '세계의 수도'라고 불리며 광대한 로마 제국 주민이라면 누구나 알고 있었던 로마도 누구 한 사람 돌아봐주지 않는 비애와 황폐 속에 버려져 있었다. 해가 바뀌어 이듬해 2월, 벨리사리우스가 다시 찾은 것은 이런 상태의 로마였다.

벨리사리우스는 성벽을 복구하는 일부터 시작하여 로마를 재건하려고 애썼지만, 유스티니아누스는 그에게 그럴 시간을 주지 않았다. 로마 방위는 남에게 맡기고, 이탈리아 남부와 시칠리아에서 고트족 세력을 몰아내는 것을 우선하라고 명령한 것이다. 이 시기에 유스티니아누스 황제는 이탈리아에서 벌어지고 있는 고트 전쟁의 진행 상황을 알고 명령을 내리는 것이 아니라, 콘스탄티노폴리스 황궁에 찾아온 사람들이 전하는 정보와 진정서를 토대로 명령을 내린 것 같지만, 이탈리아 남부로 전선을 이동하라는 명령도 남부나 시칠리아에 대농장을 소유하고 있는 누군가가 황제에게 진정한 결과였는지 모른다. 어쨌든 황제의 명령을 받은 벨리사리우스는 남쪽으로 군대를 돌릴 수밖에 없었다.

1년을 소비한 남부 이탈리아 쟁탈전에서는 벨리사리우스가 빛나는 승리를 얻은 모양이다. 그리하여 이탈리아 남부와 시칠리아에서 고트족 세력은 말끔히 사라졌다. 하지만 그것이 일단락된 서기 548년 가을, 벨리사리우스에게 유스티니아누스 황제의 귀환명령이 떨어졌다. 이번에는 페르시아 전쟁을 맡기기 위해 불러들이는 것이 아니었다. 콘스탄티노폴리스로 돌아간 뒤의 임지에 대해서는 아무것도 씌어 있지 않았다.

하지만 사람들은 이 귀환명령이 사실상 해임이라는 것을 느끼고 있었다. 콘스탄티노폴리스에서도 이탈리아 전선에서도 사람들은 벨리사리우스가 고트 전쟁을 오랫동안 끝내지 못한 책임을 지고 해임당했다고 수군거렸다.

그가 이탈리아 전선으로 다시 파견된 지 4년이 지나고 있었다. 그동안 고트족 세력은 전혀 약해지지 않고, 고트족 왕 토틸라도 건재했다. 호의적으로 평가해도, 상황이 더 악화되는 것을 막는 데 성공한 정도의 전과밖에는 거두지 못했다. 하지만 이탈리아에 돌아왔을 당시 벨리사리우스를 기다리고 있었던 상태와 그에게 주어진 병력을 생각하면, 그 이상의 전과를 올리는 것은 아예 불가능했다.

전제군주 국가의 군주는 결정은 내리되 책임은 지지 않는다. 반면에 신하는 결정권은 없지만 책임은 져야 한다. 특히 기독교 국가의 군주는 신의 뜻을 받아 그 지위에 오른 존재이고, 그 군주에게 책임을 묻는 것은 곧 신에게 책임을 묻는 것이다. 신에게 책임을 물을 수 없는 이상, 군주에게도 책임을 물을 수 없다. 유스티니아누스 황제도 기독교 국가의 군주로서 신하에 불과한 벨리사리우스를 대했을 뿐이다. 그런데 벨리사리우스를 소환하기는 했지만, 그를 대신할 사람을 이탈리아에 보내지는 않았다.

비잔티움 제국은 발칸 지방으로 쳐들어오고 있는 슬라브족에게 주의를 집중해야 할 형편이 되어 있었기 때문이다. 발칸 지방은 콘스탄티노폴리스 바로 서쪽에 있지만, 이탈리아반도는 콘스탄티노폴리스에서 보면 멀리 떨어진 땅이었다.

벨리사리우스가 떠난 뒤 이탈리아반도의 상황은 비참한 정도를 훨씬 넘어서고 있었다. 고트족 군대와 비잔티움 군대가 이탈리아반도 각지에서 수없이 충돌을 되풀이했기 때문이다. 이탈리아의 가톨릭교회 주교들은 보다 못해 콘스탄티노폴리스로 대표를 보내 유스티니아누스 황제에게 요청했다. 이제 이탈리아에서는 제발 전쟁을 하지 말아달라고.

황제는 애원과도 비슷한 이 요청을 무시했다. 그렇다고 병력을 증원하여 단번에 결말을 내려고 하지도 않았다. 이런 상태로 다시 4년이 지났다. 그동안 벨리사리우스는 이따금 도나우강 하류로 파견되어 불가르족이나 슬라브족과의 전투를 지휘했을 뿐이고, 그밖에는 명예를 얻고 황궁 안에서 지위는 높았지만 사실상 '무임소' 상태로 지냈다. 남자가 인생의 마지막 승부를 걸 나이인 48세부터 52세까지의 시기를 벨리사리우스는 한직에서 보낸다.

종전

서기 552년이 되어서야 겨우 유스티니아누스는 고트 전쟁에 결말을 짓기로 마음먹은 모양이다. 하지만 총사령관에 임명된 것은 52세의 벨리사리우스가 아니었다. 70세가 넘은 나르세스를 이번에는 단독 총사령관으로 파견하기로 결정했다. 그 나이에도 나르세스는 장년 남자에 못지않은 지적 능력을 유지하고 있었다.

나르세스는 궁정관료로 경력을 쌓았다. 반면에 벨리사리우스는 오로지 군인으로 평생을 보냈다. 벨리사리우스는 임명되자마자 전쟁터로 가서 군사행동을 펼친 뒤에 최고사령관인 황제에게 직소하는 타입이었지만, 나르세스는 준비가 완전히 갖추어지지 않으면 전쟁터에 가지 않는 타입이었던 모양이다.

서기 552년, 발칸 지방을 가로질러 이탈리아 북부로 들어간 나르세스가 어느 정도의 병력을 이끌고 있었는지는 분명치 않다. 이탈리아에 남아 있던 병력까지 합해서 총병력은 3만 명이었다. 5천 명으로 시작한 이탈리아 수복 전쟁은 17년 동안이나 질질 끌었고, 결국에는 여섯 배나 많은 병력을 투입하게 된 것이다. 나르세스도 그 사정은 잘 알고 있었을 것이다.

나르세스는 결전으로 승부를 내기로 했다. 고트족 군대를 회전(會戰) 방식의 전투로 끌어내어, 적의 우두머리를 죽여서 단번에 승부를 결판내는 방식이었다.

이 전략 자체는 나쁘지 않았다. 하지만 나르세스는 목적을 위해서는 수단 방법을 가리지 않는 사람이기도 했다. 그가 이끌고 온 병사들 가운데 가장 눈에 띈 것은 1만 명이 넘는 랑고바르디족 남자들이었다.

랑고바르디족은 유럽 북동부에서 일어나 이제 세력의 공백 지대가 된 도나우강 중류의 남쪽 일대에 살게 된 야만족이다. 6세기에 오면, 갈리아에 세력을 확립하고 있는 프랑크족이나 히스파니아를 제패하고 있는 서고트족을 여전히 '야만족'이라고 부르기가 망설여졌지만, 북방 야만족 중에서도 가장 신참 부족인 랑고바르디족만은 문자 그대로 '야만족'이었다.

나르세스는 그 랑고바르디족에게 무기를 주고, 그 활용법을 가르치고, 용병료로 지급되는 돈을 통해 화폐경제도 경험하게 하고, 게다가 고트족과의 전투에 투입하여 실전 경험까지 쌓게 했다. 말하자면 야만족 사내들을 제구실을 하는 어엿한 전사로 만들어준 것이다. 하지만 이것은 곧 이탈리아인과 비잔티움인에게 심각한 타격을 주게 된다. 이들 랑고바르디족이야말로 고트 전쟁으로 피폐해진 이탈리아반도의 다음 주인이 될 야만족이기 때문이다.

넓은 평원을 전쟁터로 삼아 양쪽 군대가 마주보고 포진한 뒤, 호령을 신호로 양군 병사들이 격돌하는 회전은 한 번의 싸움으로 승패가 결정되기 때문에 전투의 꽃이지만, 양군 사령관이 그럴 마음을 먹지 않으면 성립되지 않는 것이 결점이다. 나르세스가 아무리 회전을 벌이고 싶어도, 고트족 왕 토틸라의 마음이 내키지 않으면 회전은 성립되지 않는다. 벨리사리우스가 소환된 뒤에는 고트족이 우세하게 전쟁을 이끌어가고 있었기 때문에, 토틸라는 고자세였다.

서기 552년 여름, 나르세스가 이끄는 비잔티움 군대는 플라미니아 가도를 남하하고 토틸라가 이끄는 고트족 군대는 같은 길을 북상했다. 양쪽 사이의 거리가 18킬로미터까지 좁혀졌을 때, 나르세스가 토틸라에게 전령을 보내 편지를 전달했다. 그 편지는 강화를 제의한 것이 아니라 '항복하면 봐주겠다'는 것이었다.

편지를 읽은 토틸라는 전령에게 구두로 대답했다. 대답도 간단했기 때문이다. "이기느냐 죽느냐, 둘 중 하나뿐이다"가 그의 대답이었다. 전령이 물었다. "언제 전투를 하시겠습니까?" 토틸라는 이 질문에도 간단히 대답했다. "여드레 뒤에."

하지만 고트족 군대는 이튿날 아침에 벌써 비잔티움 진영을 공격해 왔다. 그런데 나르세스는 그것도 예상하고 있었던 모양이다. 수적으로 우세한 아군이 충분히 싸울 수 있을 만큼 넓은 평원을 골라서 야영을 하고 있었기 때문이다. 그래서 적의 습격을 알자마자 재빨리 포진을 끝냈다. 노장은 사기를 북돋우는 연설 따위를 하느라 시간을 낭비하지 않았다. 그가 정렬한 병사들 앞을 지나간 것은 용감히 싸운 병사에게 줄 수많은 금목걸이를 보여주기 위해서였다.

해가 기울 때까지 격렬한 전투가 계속되었다. 랑고바르디족 병사들은 쓰러뜨리는 적보다 더 많은 수가 쓰러졌지만, 그래도 지정된 위치는 목숨을 걸고 지켰다. 한편 고트족 전사자는 6천 명에 이르렀고, 토틸라왕도 일단 포위망을 빠져나가 달아났지만 곧 따라잡혀 장렬하게 전사했다.

승리한 나르세스는 적병의 시체로 가득 메워진 평원에 무릎을 꿇고,

신과 그리스도와 성모 마리아에게 감사 기도를 올렸다. 패배한 고트족도 아리우스파 기독교도였지만, 신은 자신들과 함께 있고 적 쪽에는 없다고 믿어 의심치 않는 사람들이 정통 가톨릭교도였다.

감사 기도를 드린 뒤에 나르세스가 한 일은 랑고바르디족 병사들에게 용병료를 지급하고 해고한 것이었다. 랑고바르디족 병사들은 플라미니아 가도를 따라 북쪽으로 올라가서 알프스 너머에 있는 고향으로 돌아갔다. 돌아가는 길에 약탈과 폭행을 일삼은 것은 말할 나위도 없다.

나르세스는 남은 비잔티움 군대를 이끌고 고트족 병사들의 송장을 짓밟으면서 플라미니아 가도를 따라 계속 남쪽으로 내려갔다. 그리고 벨리사리우스가 떠난 뒤 또다시 고트족에게 점령되어 있던 로마에 개선장군으로 입성했다.

이 로마가 걸은 운명은 이탈리아반도가 걸은 운명 그대로였다.

536년—벨리사리우스 입성.

546년—토틸라 입성.

547년—벨리사리우스 입성.

549년—토틸라 입성.

552년—나르세스 입성.

이것이 자신을 지킬 힘을 갖지 못한 자들이 걸을 수밖에 없었던 운명이었다.

거의 17년 동안 계속된 고트 전쟁으로 말미암아 이탈리아와 그곳 주민들은 피폐해질 대로 피폐해졌지만, 비잔티움 군대와 고트족 군대도 소모를 면할 수 없었다. 15만 내지 20만 명의 병력을 자랑했던 고트 왕국은 이제 전처럼 강한 세력이 아니었다. 같은 게르만계 부족인 알라만족에게 공동투쟁을 호소했지만, 약점이 잡혀서 오히려 알라만족의 공격을 받았다. 하지만 비잔티움 군대와 계속 싸울 기력은 아직 남아 있었다. 전사한 토틸라 대신 테이아를 왕으로 선출하고, 군대를 재편성하는 작업에 착수했다.

나르세스는 그 작업이 끝나기를 기다리지 않았다. 고트족이 군대 재편성에 필요한 자금을 쿠마(라틴어 이름은 쿠마이)의 신전에 감추어둔 것을 알자마자, 나르세스는 나폴리 근처에 있는 이 고대 도시를 공격했다. 이를 알고 테이아가 쿠마를 지키기 위해 달려올 것을 예상하고 파놓은 함정이었다.

이리하여 서기 553년 봄, 첫 번째 회전이 끝난 지 반년 뒤, 비잔티움 제국과 고트 왕국의 결전은 티레니아해가 바라보이는, 베수비오산 근처의 몬테라타로 평원에서 벌어졌다. 치열한 전투는 하루로 끝나지 않고 이틀 동안 계속되었다. 이틀째 저녁, 석양이 티레니아해를 황금빛으로 물들일 무렵, 많은 병사들과 함께 동고트 왕국의 마지막 왕 테이아도 목숨을 잃었다. 있는 힘을 다해 눈부시게 싸운 끝에 맞은 죽음이었다.

왕이 죽은 것을 안 고트족은 목숨을 보장해준다는 조건으로 투항했다. 나르세스는 그들에게 비잔티움 황제의 지배에 복종하고 이탈리아에 살든가, 아니면 알프스 북쪽으로 떠나든가 둘 중 하나를 택하라고 강요했다. 고트족 병사들 대다수가 후자를 택하여 알프스 너머로 떠나갔다.

이탈리아의 죽음

〈이리하여 프로코피우스가 서술한 이 전쟁의 18년째도 끝났다.〉

프로코피우스는 이렇게 쓰고 『전쟁사』의 펜을 놓았다. 시칠리아를 탈환한 해부터 헤아리면 18년에 이르는 유스티니아누스 황제의 이탈리아 수복 전쟁도 서기 553년에 드디어 막을 내렸다. 로마 제국이 건재했던 시대에는 제국의 본국이었던 이탈리아는 18년 동안이나 계속된 이 전쟁으로 말미암아 땅도 사람들도 상상할 수 없을 정도의 타격을 받고 피해를 보았다. 1세기 전인 5세기에 거듭된 야만족의 습격보다도 같은 가톨릭파 기독교를 믿는 비잔티움 제국이 일으킨 고트 전쟁이 이탈리아와 그곳 사람들에게 훨씬 더 심각한 타격을 주었다. 이것은 근현대의 역사 연구자들 대다수가 인정한 사실이다. 인구는 격감했고, 토지는 황폐해졌고, 부흥을 이끌 수 있는 지도층도 소멸해버렸기 때문이다.

또한 이 고트 전쟁은 다행히 살아남은 자들에게도 밝은 내일을 베풀어주지 않았다. 이번에는 '황제 대리'라는 관명으로 이탈리아와 시칠리아를 통치하게 된 나르세스가 전제군주국 관료의 본색을 노골적으로 드러냈기 때문이다. 그는 콘스탄티노폴리스에 있는 유스티니아누스 황제가 전쟁에 쓴 비용을 회수하고 싶어하는 것을 알고 있었다.

황제 대리 나르세스는 비잔티움 제국 영토가 된 이탈리아와 시칠리아 주민들에게 엄청나다고 말할 수밖에 없는 세금을 부과했다. 인구는 격감하고 경작지는 황폐해지고 생산성도 떨어진 상태에서 무거운 세금을 강요당한 것이다. 게다가 나르세스는 장수를 누렸는지, '황제 대리'로 15년 동안이나 이탈리아에 군림했다. 이탈리아와 시칠리아 주민들은 18년 전쟁이 끝난 뒤에도 15년 동안 압제에 시달리게 되었다. 제국의 본국이었던 이탈리아와 제국의 수도였던 로마의 숨통을 끊은 것은 야만족이 아니라 동포인 동로마 제국이었다.

시골 저택이라고 번역하든 별장이라고 번역하든, 로마 시대의 '빌라'는 농업 생산 기지였다. 근래에 그 유적이 이탈리아 전역에서 발굴되고 있는데, 규모가 크고 농업 생산 기지였다는 사실이 분명한 '빌라'는 남부 이탈리아와 시칠리아에 많다. 빌라의 유적을 발굴하고 있는 고고학자들에 따르면, 서로마 제국 시대부터 존속한 이들 '빌라'가 6세기 후반에 접어든 뒤에도 존속했다고 증명하기는 어렵다고 한다. 아무래도 그 시기부터 넓은 빌라도 폐허가 된 것 같다고 한다.

이들의 말이 옳다면, 야만족이 서로마 제국을 멸망시켰을 때도 견뎌낸 '빌라'가 비잔티움 제국이 시작한 전쟁과 그 후의 압제에는 견디지 못했다고 말할 수도 있을 듯하다. 고대의 대농장은 오늘날의 기간산업이었기 때문이다.

벨리사리우스의 죽음

이탈리아에서 나르세스가 마음껏 권세를 누리고 있던 서기 559년, 오랜만에 지휘권을 얻어 발칸 지방에서 불가르족과 싸워서 승리한 벨리사리우스가 콘스탄티노폴리스로 귀환했다. 이것이 59세의 그가 지휘한 마지막 전쟁이 되었다. 그 후로는 또다시 한직으로 밀려났지만, 서기 561년에 절대군주 국가에서는 치명적이 될 수 있는 사고를 일으킨다.

유스티니아누스 황제가 죽었다는 소문이 콘스탄티노폴리스 전역에 퍼졌을 때의 일이다. 유스티니아누스도 79세가 되어 있었으니까 죽었다 해도 이상할 게 없었지만, 벨리사리우스는 진위를 확인도 하지 않고 그 소문을 믿어버렸다. 그리고 유스티니아누스를 거리낌 없이 비판했다.

이것을 안 유스티니아누스는 격노한다. 황제가 격노하면 궁정을 소굴로 삼고 있는 관료들이 이때라는 듯이 음모를 꾸미는 것도 절대군주국이기 때문에 나타나는 현상이다. 벨리사리우스의 친구 한 사람이 체포되어 벨리사리우스가 황제 암살 음모를 꾸미고 있다고 자백했다.

하지만 무엇 때문인지 벨리사리우스에게 내릴 '벌'이 결정되는 데 2년이나 걸렸다. 563년이 되어서야 겨우 내려진 판결은 재산 몰수와 가택 연금이었다. 유스티니아누스도 40년 동안이나 수많은 승리를 제국에 안겨준 충신을 감옥에 처넣을 결심은 서지 않았는지도 모른다. 하지만 이 상태도 반년 뒤에는 백지상태로 돌아간다. 새로 내려진 판결은 무죄였고, 벨리사리우스는 재산과 신체의 자유를 되찾을 수 있었다(다른 역사 기록에 따르면, 벨리사리우스는 횡령 혐의로 체포되어 유죄판결을 받았으나, 나중에 그것이 모함이라는 게 밝혀져 명예와 재산을 되찾았다고 한다 - 옮긴이).

하지만 그것을 누릴 수 있었던 것도 8개월뿐이었다. 서기 565년 3월 13일, 비잔티움 제국 사상 최고의 무장은 죽음을 맞았다. 향년 65세였다.

유스티니아누스의 죽음

벨리사리우스가 죽고 또다시 8개월이 지난 565년 11월 14일, 유스티니아누스도 세상을 떠난다. 향년 82세. 보기 드문 장수를 누리고 맞이한 죽음이었다.

하지만 38년 동안이나 계속된 치세 가운데 마지막 15년 동안은 고민이 많았다. 늙은 황제의 걱정거리는 크게 다음 세 가지로 나뉜다.

1) 타성화하고 만성화되어가고 있는 사산조 페르시아와 비잔티움 제국의 전쟁은 동방의 양대 강국인 두 나라를 모두 피폐시켰다. 얼마 후 사산조 페르시아는 신흥 민족인 아랍 민족 앞에 맥없이 무너지지만, 그것도 비잔티움 제국과 오랫동안 소모적인 전쟁을 벌인 여파로 볼 수 있다.

2) 도나우강 하류를 건너 발칸 지방으로 몰려들고 있는 슬라브족과 불가르족의 침공을 비잔티움 제국은 막지 못하고 있었다. 유스티니아누스와 벨리사리우스가 태어난 땅이고, 비잔티움 제국의 시조인 콘스탄티누스 대제의 출생지였던 발칸 지방에서도 제국의 힘은 계속 쇠퇴하게 된다.

3) 오리엔트와 발칸, 그리고 특히 서방에서 오랫동안 계속된 고트 전쟁은 비잔티움 제국의 재정에도 깊은 타격을 주고 있었다. 유스티니아누스의 조카이자 그의 뒤를 이어 황제가 된 유스티니아누스 2세는 치세 초기에 다음과 같이 말했다.

"내 앞에 열린 국고에는 많은 채무증서밖에 없었다. 제국의 재정 상태는 절망적이라고 말할 수밖에 없다. 군자금이 부족하면 군사력이 약해지고, 이대로 가면 야만족에게 유린당할 수밖에 없다."

이것이 영토를 최대로 확장하고 최고의 권세를 자랑하고 가장 번영했다는 말을 들은 유스티니아누스 시대의 동로마 제국 또는 비잔티움 제국의 모습이었다.

후세가 대제라고 칭송하는 유스티니아누스가 죽은 지 3년 뒤, 이탈리아에서 압제를 펴고 있던 나르세스도 죽는다. 그리고 이 568년은 랑고바르디족이 남하해온 해이기도 했다. 이탈리아에는 이 새로운 야만족의 침공에 저항할 사람도 없고, 그럴 힘도 남아 있지 않았다.

18년이나 걸려서 고트족을 몰아내고 되찾은 이탈리아를 15년 뒤에 랑고바르디족에게 도로 빼앗긴 셈이다. 고트족의 지배 따위는 지배도 아니었다고 여겨질 만큼, 랑고바르디족의 지배는 이탈리아반도에 깊고 참혹한 상처를 남기게 된다.

이때부터 45년이 지난 서기 613년, 아라비아반도에서는 예언자 무하마드가 포교 활동을 시작한다. 그 후 이슬람 세력은 놀랄 만큼 강해져서, 비잔티움 제국은 영토를 차례로 빼앗기게 된다.

636년―시리아가 이슬람화.

642년―이집트가 이슬람화.

650년―아랍인이 소아시아를 침공하고 한때 콘스탄티노폴리스까지 육박.

670년―북아프리카가 이슬람화.

698년―북아프리카의 요충인 카르타고가 이슬람교도에게 함락.

그리고 8세기에 접어들자마자 이슬람 세력은 이베리아반도에까지 이르게 되고, 피레네산맥을 넘어 프랑스를 침공했지만 732년에 푸아티에 전투에서 저지당한다. 하지만 그 무렵에는 이슬람이 중동에서 북아프리카와 이베리아반도에 이르는 강대 세력이 되어 있었다.

지중해는 서쪽도 남쪽도 동쪽도 모두 이슬람 세력에 포위되었다. 북쪽만 기독교 세력에 남겨진 느낌이었다. 그리고 이런 상태로 중세가

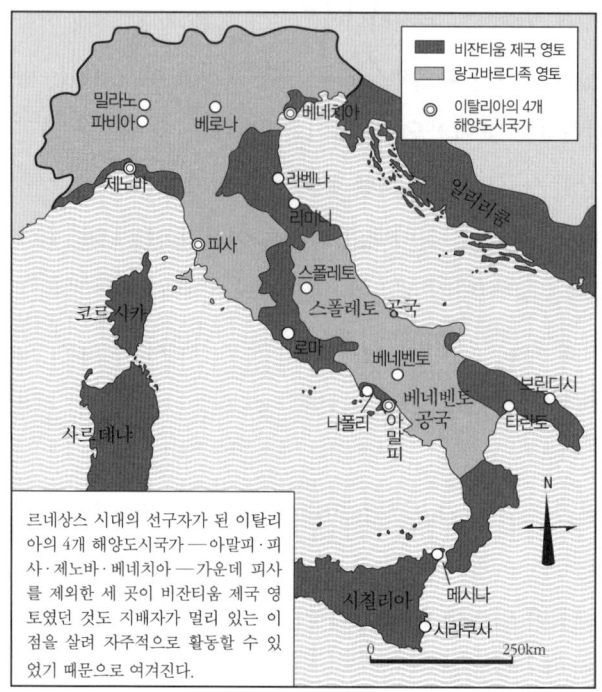

밀라노○
파비아○
베로나○
베네치아◎
제노바○
라벤나
리미니
피사○
알러리쿰
코르시카
스폴레토○
스폴레토 공국
로마○
베네벤토
베네벤토
공국
나폴리○아
말
피 브린디시○
타란토○
사르데냐
N
비잔티움 제국 영토
랑고바르디족 영토
이탈리아의 4개
해양도시국가

르네상스 시대의 선구자가 된 이탈리아의 4개 해양도시국가 ── 아말피·피사·제노바·베네치아 ── 가운데 피사를 제외한 세 곳이 비잔티움 제국 영토였던 것도 지배자가 멀리 있는 이 점을 살려 자주적으로 활동할 수 있었기 때문으로 여겨진다.

시칠리아
메시나
시라쿠사
0   250km

6~7세기의 이탈리아반도(A. Giardina, G. Sabbatucci, V. Vidotto의
『*Manuale di Storia*』제1권에서)

지나간다.

지중해는 이제 로마인의 '내해'(Mare internum)가 아니었다. 다른 종교와 다른 문명 사이에 가로놓인 경계선이 되었다.

비행기를 타면 이탈리아 수도 로마에서 튀니지의 수도 튀니스까지 가는 시간은 로마에서 파리에 가는 시간보다 짧다. 하지만 공항을 나오면 다른 문명권에 왔다는 것을 느끼지 않을 수 없다. 어느 문명이 더 우수하고 열등하다는 것이 아니라, 그냥 '다르다'는 것뿐이다. 그런데 미술관에 가서 로마 시대의 조각상이나 모자이크를 감상하거나, 교외

에 나가서 지금도 많이 남아 있는 로마 시대 유적 앞에 서면, 로마의 포로 로마노나 콜로세움에 갔을 때와 같은 느낌을 받을 것이다.

고대에는 지중해 북쪽과 남쪽이 같은 문명권에 속해 있었다. 양쪽이 분리된 것은 7세기 이후의 일이다. 따라서 과거에는 연결되어 있었지만 현재는 떨어져 있다. 하지만 그것은 로마인이 창조해낸 로마 세계는 아니다.

로마 세계는 지중해가 '내해'가 아니게 되었을 때 소멸했다. 지중해가 양쪽을 연결하는 길이 아니라 양쪽을 갈라놓는 경계선으로 변했을 때 로마 세계는 사라져버렸다.

그 후 지중해는, 사라센 해적의 내습을 알려주어 사람들을 산으로 도망치게 하는 역할을 맡고 있던 '토레 사라체노'(사라센 탑)가 절벽 위에는 반드시 서 있는 바다가 되었고, 십자군 병사들을 태운 배가 동쪽으로 항해하는 바다가 되었다.

서기 1,000년이 지날 무렵에는 동방의 이슬람 세계와 활발하게 교역하는 이탈리아의 해양도시국가들 — 아말피 · 피사 · 제노바 · 베네치아 등 — 의 배가 오가는 바다로 변해간다. 그리고 그 후에는 고대의 부흥과 인간의 권리 회복을 기치로 내건 르네상스 시대의 바다가 되어간다.

성한 자는 반드시 쇠하고, '제행'(res gestae)은 무상하기 때문일 것이다.

이것이 역사의 이치라면, 후세를 살고 있는 우리는 옷깃을 여미고 그것을 배웅하는 것이 인간 노력의 집적이기도 한 역사에 대한 예의가 아닐까 생각한다.

책 끝에

왜 로마사를, 그것도 열다섯 권씩이나 썼느냐고 묻는다면, 그 질문에 대한 대답은 아주 간단하다. '역사를 쓰는 법'이나 '현세에 대한 문제의식'과는 전혀 관계없이, '소박한 의문'이라고 말할 수밖에 없는 것이 발단이었기 때문이다.

로마사라고 말하면 '쇠망'이라는 말이 돌아온다. 그것이 지금까지 일반적인 경향이었다. 에드워드 기번의 『로마 제국 쇠망사』의 영향이 아닐까 싶지만, 내 첫 번째 의문은 여기에서 출발한다. 쇠망했다면 그 전에 우선 융성했어야 할 텐데, 왜 융성기에는 관심을 갖지 않고 쇠퇴기만 문제 삼는가 하는 의문이었으니까.

그래서 우선 로마는 왜, 어떻게 해서 융성했는가를 알고 싶어졌다. 이 시기를 다룬 부분은 제1권부터 제5권까지인데, 이 다섯 권에서 묘사된 로마는 전쟁만 하면서 지내지만, 그렇기 때문에 로마사에서는 '고도성장기'이기도 했다. 처음에는 왕정이지만 그 후 오랫동안 공화정 체제로 일관한 시대이기 때문인지, 이 '공화정 로마'를 다룬 근현대의 역사서와 연구서는 방대한 수량에 이른다. 프랑스 혁명의 영향인지, 근현대의 역사가와 연구자들은 공화정 시대의 로마를 선호하는 모양이다.

그 때문인지 공화정에서 제정으로 이행하자마자 일반 독자용 역사

책에서 학술 연구에 이르기까지 모든 자료가 질적으로나 양적으로 격감한다. 무엇 때문일까 생각해보았는데, 제정 로마 시대는 정치사의 통념에서 벗어나 있었기 때문이 아닐까 생각한다. 왕정에 이어 귀족정이라고도 부를 수 있는 원로원 주도의 공화정을 거친 뒤에는 민주정으로 나아가는 것이 정치사의 통념인데, 원수정이나 군주정이 되어버린 로마는 역사의 역행—바꿔 말하면 보수 반동—으로 여겨졌기 때문일 것이다.

하지만 나는 베를린 장벽이 붕괴된 시대에 살고 있다. 정치 이데올로기의 무력함을 알아버린 시대의 사람이다. 정치사의 통념 따위는 무시하고, 일반 사람들에게 선정이었느냐 악정이었느냐만 문제 삼으면 되지 않을까 생각했다.

그렇게 생각해보면, 원수정인 제정 시대를 지금처럼 소홀히 다루는 것은 아깝다는 생각이 든다. 무엇보다도 이 시대는 융성기에 얻은 열매를 오랫동안 널리 맛보았다는 의미에서 로마 역사상 '안정성장기'에 해당하기 때문이다.

역사에 나타났다 사라져간 국가들은 대부분 융성한 뒤에는 곧 쇠퇴하기 시작한다. 융성기와 쇠퇴기 중간에 오랜 안정성장기까지 가질 수 있었던 나라는 드물다. 그 때문인지 장수를 누린 국가는 어김없이 안정성장기를 갖고 있다. 중세와 르네상스 시대의 베네치아 공화국도, 고대 로마 제국도.

제정 로마의 두 번째 특색은 '팍스'(평화)를 달성했다는 것이다. '팍스 로마나'는 '로마에 의한 국제 질서'였다. 게다가 로마가 주도하는 이 평화는 오랫동안 넓은 제국 전역에 걸쳐 유지되었으니까 대단하다. 유럽과 북아프리카와 중동에서 200년 동안 전쟁이 없었다니, 그 후 2천

년이 지난 지금도 그것을 생각하면 한숨이 나온다.

이 '팍스'가 왜 어떻게 실현되었는지를 아는 것이 목적인 이상, 정치 체제가 제정이라도 상관없다고 나는 생각했다.

여기에 빛을 비춘 것이 제6권부터 제10권까지 다섯 권이다. 다만 '로마에 의한 국제 질서'의 '아이디어 맨'은 율리우스 카이사르이기 때문에, 그를 따로 떼어놓고는 이야기가 진전되지 않는다. 로마 제정을 알려면 카이사르를 다룬 제4권과 제5권도 반드시 읽어야 한다. 카이사르는 로마사가 공화정에서 제정으로, 즉 '고도성장기'에서 '안정성장기'로 이행하는 과정을 엮어낸 '연출자'였기 때문이다. 로마인들 자신도 사실상 최초의 로마 황제는 카이사르라고 생각하고 있었다. 수에토니우스의 『황제 열전』도 카이사르부터 시작된다.

마지막 3분의 1은 제11권부터 시작하여 제15권으로 끝나는 시대인데, 여기서 비로소 로마사라면 반드시 머리에 떠오르는 쇠망의 시대에 다다른다.

로마의 쇠망을 논한 역사서나 연구서는 그야말로 바닷가의 모래알만큼 많지만, 황당무계하다고 말할 수밖에 없는 것들을 제외하면 그 모든 것이 다소는 옳다. 그것들을 주워 모으면 로마가 쇠망한 요인을 손쉽게 알 수 있을 정도다. 하지만 한 번뿐인 인생을 남의 업적이나 주워 모으는 작업에 소비할 마음은 나지 않았다.

그래서 이 마지막 다섯 권에서는 특히 '왜'보다 '어떻게' 쇠망해갔느냐에 중점을 두어 쓰기로 했다.

한 나라의 역사도 한 사람의 생애와 비슷하다. 어떤 사람을 철저히 알고 싶으면 그 사람이 태어나 죽을 때까지 평생을 더듬어갈 수밖에 없다는 점에서 그렇다.

내가 탄생에서 사망까지를 추적하는 이른바 통사(通史)를 쓴 것은 두 번째다. 『바다의 도시 이야기』라는 제목의 '베네치아 공화국 역사'가 첫 번째였고, 이 『로마인 이야기』가 두 번째다. 하지만 이 두 나라의 역사는 1천 년이 넘는 장수를 누렸다는 점에서는 비슷하지만, 동시대의 다른 나라나 후세에까지 막대한 영향을 주었다는 점에서는 비교할 수도 없을 만큼 다르다. 『바다의 도시 이야기』는 두 권으로 끝낼 수 있었는데 『로마인 이야기』는 열다섯 권이나 되어버린 이유는 바로 그것이다. 아니, 적어도 열다섯 권은 쓰지 않으면 로마 역사를 쓸 수 없었다.

나는 나 자신이 로마인을 알고 싶다는 생각에서 『로마인 이야기』를 썼다. 다 쓰고 난 지금은 진심으로 '로마인을 알겠다'고 말할 수 있다. 그리고 독자들도 다 읽고 나서 '알겠다'고 생각해준다면, 나에게 그보다 더 큰 기쁨은 없을 것이다. 책이란 저자가 쓰고 출판사가 만들고 그것을 독자가 읽어야만 비로소 성립되는 매체지만, 이 삼자를 연결하는 붉은 선이 바로 '마음을 공유하는' 것이니까.

2006년 가을, 로마에서
시오노 나나미

로마인이 자신들의 '기본 도덕(Mores Majorum)'으로 삼은 덕목 일람표

라틴어 원어	시오노 박역어	이탈리아어	영어	프랑스어	에스파냐어	독일어	로마인이 생각한 의미 해석
pietas	경건	pietà	piety	piété	piedad	Pietät	영원의 가치 존중. 신들의 의지에 대한 경의, 현실 생활에서 좋은 행실 중시.
humanitas	인간성	umanità	humanity	humanité	humanidad	Humanität	인간관계 중시. 그것이 가족이든 친구이든 국가이든 간에.
libertas	자유	libertà	liberty	liberté	libertad	Freiheit	개인의 인격 존중. 자신만이 아니라 남의 인격도 지켜주는 의지.
clementia	관용	clemenza	clemency	clémence	clemencia	Nachsicht	행복한 자에 대한 관용. 다른 종교·문화·풍습이 하늘.
mores moralis	도덕	morale	morality	morale	moralidad	Moral	어떤 시대도 어떤 개인도 개별적으로는 중요할 수 없는, 긴 세월을 거친 지혜의 집적. 따라서 존중할 가치가 있는 전통.
autorita	권위	autorità	authority	autorité	autoridad	Autorität	윗사람이나 권력자이나가 따르는 것이 아니라 지혜와 경험이 풍부한 사람이기 때문에 따르는 가치.
fides	신의	féde	fidelity	fidélité	fidelidad	Treue	친구 사이만이 아니라 로마인의 의향에 존중이 담겨 있는 사람들과의 사이에도 마땅히 존재해야 할 감정이 기반.
disciplina	규율	disciplina	discipline	discipline	disciplina	Disziplin	가족·사회·국가를 불문하고 인간이 함께 살아가기 위해 필요한 규율. 그리고 그것들을 남보다 훈련하여 육성하는 것.
severitas	엄격	severità	severity	sévérité	severidad	Severität	남보다 자기 자신에게 부과되어야 하는 규율.
gravitas	위엄	gravità	graveness	gravité	gravedad	Gravität	진실로 중요한 것을 깨닫고, 그것을 행해야 있게 하는 것.
constantia	일관성	costanza	consistency	consistance	consistencia	Konsequenz	방침이 결정되면, 그 방침으로 끝까지 작성하게 나아가는 일관된 태도.

주 : 로마인이 자신들의 기본 도덕으로 생각했던 것이 그 후의 민족들에게서 답하여진 것은 아니다. 다만 같은 단어로 기독교도에게는 신에 대한 신앙을 의미하는 것처럼.

단은 'fides'만도 기독교도에게는 신에 대한 신앙을 의미하는 것처럼, 다만 같은 단어이라도 그 의미가 달라질 뿐이다.

부록 2

비잔티움 제국(동로마 제국)의 성쇠(서기 395~1453년)
로마 제국의 동방은 서방에서 분리한 뒤에도 1천 년이 넘게 존속했다고 한다.
그래서 그 1천 년의 실태를 그림으로 나타내보았다.

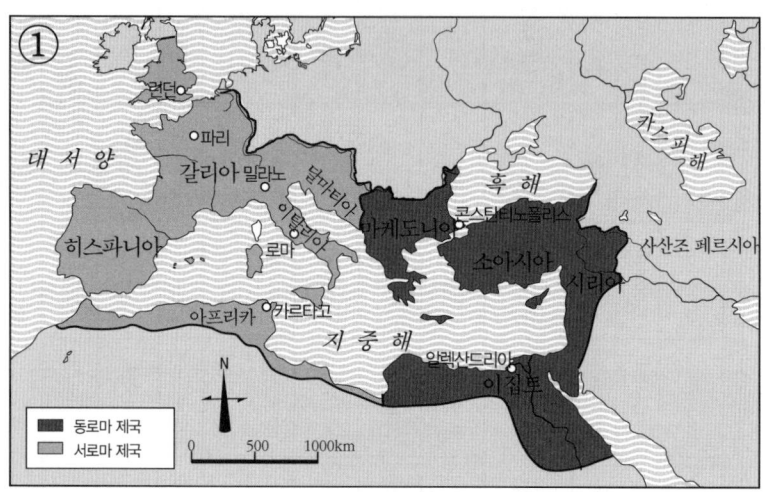

서기 395년 무렵의 동로마 제국

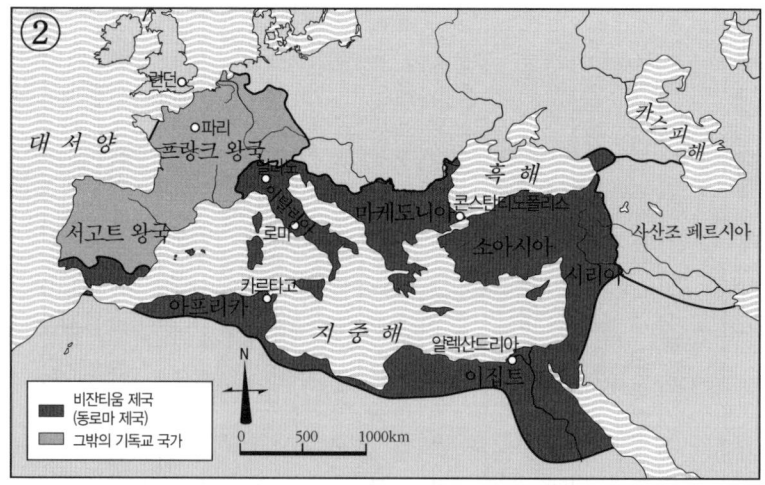

서기 565년, 유스티니아누스 대제가 죽은 해의 비잔티움 제국(동로마 제국)

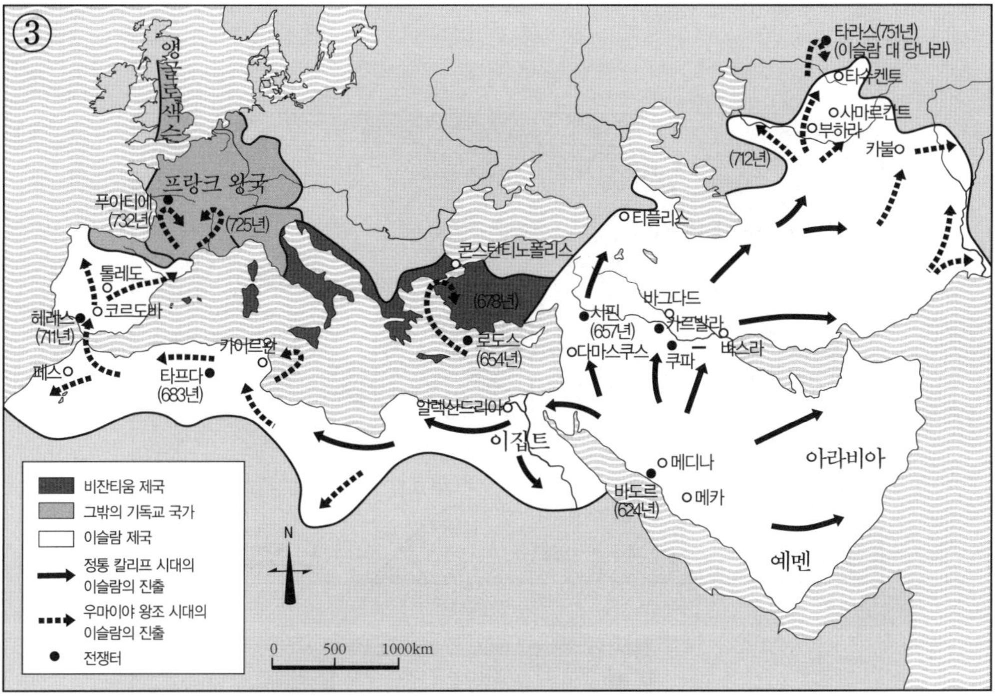

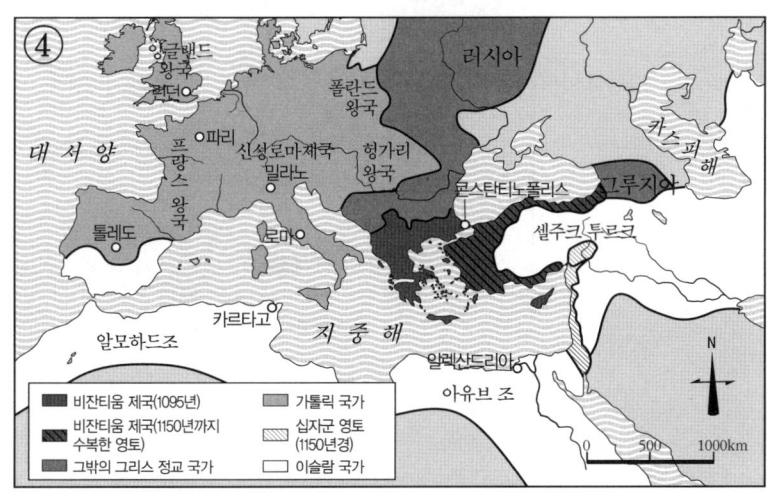

③

앵글로색슨

프랑크 왕국

푸아티에
(732년)
(725년)

톨레도

헤라스
(711년)
ㅇ코르도바

페스

타프다
(683년)

카이르완

로도스
(654년)

콘스탄티노폴리스

(678년)

티플리스

타라스(751년)
(이슬람 대 당나라)

ㅇ타슈켄트

ㅇ사마르칸트
ㅇ부하라

(712년)

카불ㅇ

바그다드
ㅇ시핀
(657년)
ㅇ다마스쿠스
카르발라
쿠파
바스라

알렉산드리아

이집트

바도르
(624년)

ㅇ메디나

ㅇ메카

ㅇ아라비아

예멘

N

■	비잔티움 제국
■	그밖의 기독교 국가
□	이슬람 제국
→	정통 칼리프 시대의 이슬람의 진출
⇢	우마이야 왕조 시대의 이슬람의 진출
●	전쟁터

0   500   1000km

서기 740년 무렵의 이슬람 세력권(A. Giardina, G. Sabbatucci, V. Vidotto의 『*Manuale di Storia*』 제1권에서)

④

앵글랜드
왕국
런던ㅇ

대서양

프랑스
왕국
ㅇ파리

폴란드
왕국

러시아

신성로마제국
밀라노

헝가리
왕국

카스피해

툴레도

ㅇ로마

콘스탄티노폴리스

그루지아

셀주크 투르크

카르타고ㅇ

지중해

알렉산드리아ㅇ

알모하드조

아유브 조

N

■	비잔티움 제국(1095년)	■ 가톨릭 국가
▨	비잔티움 제국(1150년까지 수복한 영토)	▨ 십자군 영토 (1150년경)
■	그밖의 그리스 정교 국가	□ 이슬람 국가

0   500   1000km

자군 시대의 비잔티움 제국(1180년경)

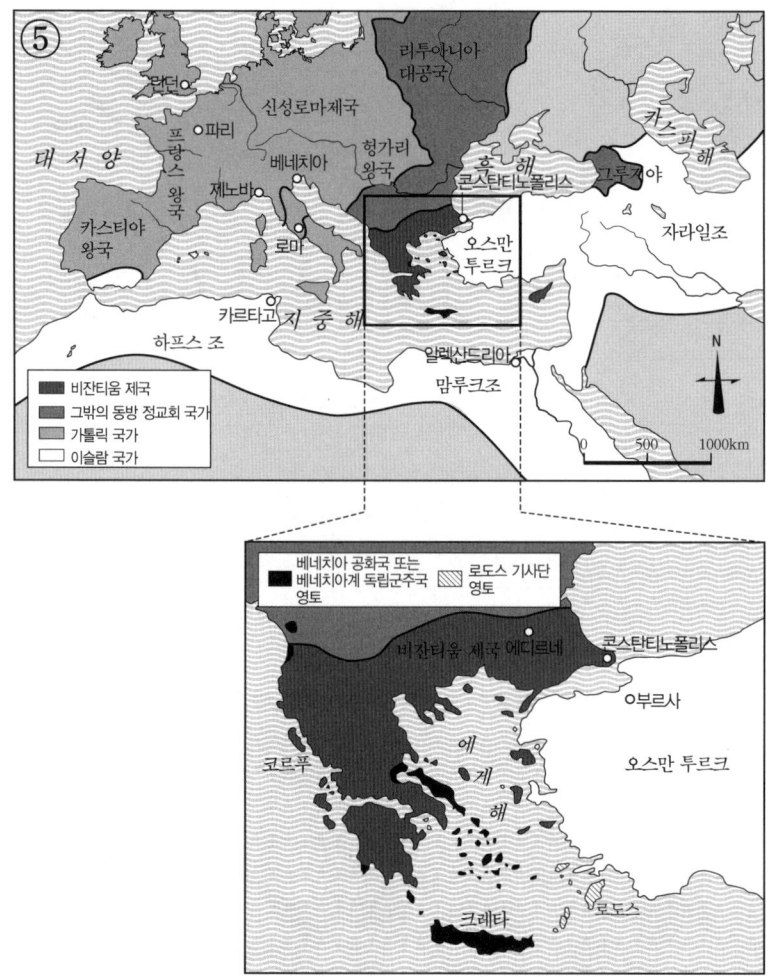

1340년경의 비잔티움 제국

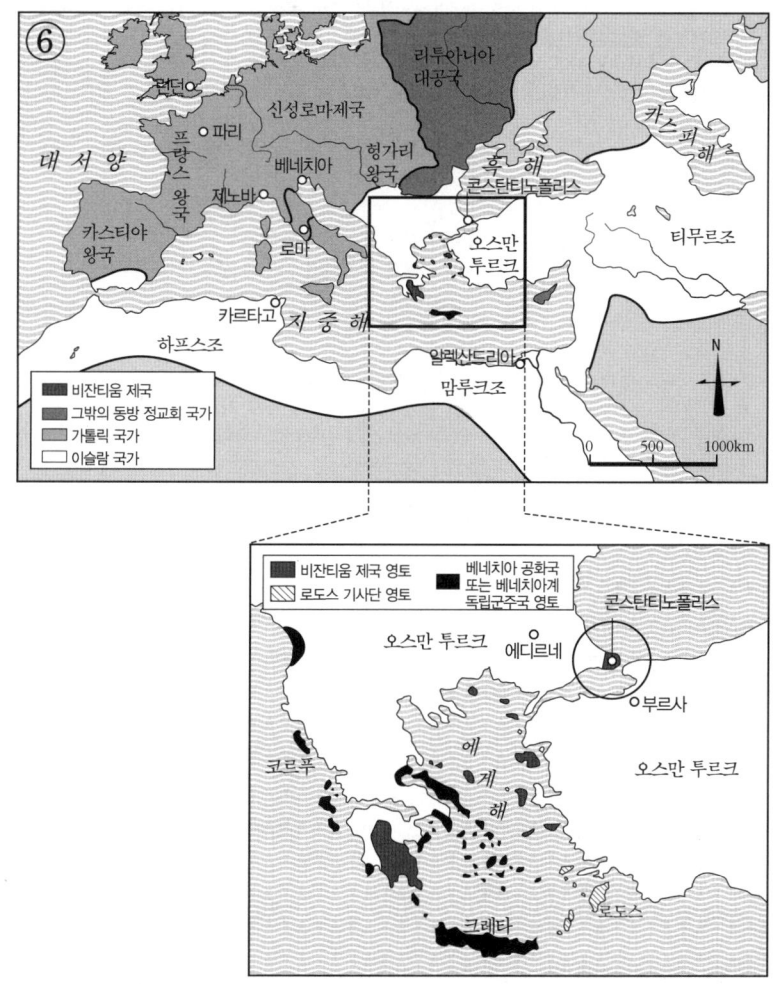

멸망하기 직전의 비잔티움 제국(1453년)

서기	서로마 제국 (이탈리아·라인강 유역·갈리아·브리타니아·에스파냐·북아프리카)	동로마 제국 (중동·소아시아·이집트·발칸·도나우강 유역)	그밖의 세계
395년	테오도시우스 황제, 반달족 출신인 스틸리코를 총사령관에 임명. 1월 17일, 테오도시우스 황제 사망. 제국 동부는 장남 아르카디우스에게, 서부는 차남 호노리우스에게 물려줌. 이때부터 로마 제국의 동서 분리가 결정적. 알라리크를 수령으로 하는 서고트족이 발칸 지방에 침입. 스틸리코가 이끄는 로마군이 이들을 맞아 싸우지만, 동로마의 재상 루피누스가 군대를 철수시킴.	11월 27일, 콘스탄티노폴리스에서 열병식이 한창 진행되고 있을 때, 재상 루피누스가 병사에게 살해됨.	(일본) 고분(古墳)시대 (한국) 고구려, 광개토 대왕 즉위(391년).
396년		알라리크, 병력을 이끌고 다시 발칸 지방에 침입하여 그리스 전역까지 약탈 자행.	
397년	아우구스티누스, 북아프리카의 히포레기우스 주교로 선출됨. 봄, 스틸리코, 군대를 이끌고 이탈리아를 떠나 그리스로 향함. 아프리카 담당 사령관 길도, 동로마 제국 황제 아르카디우스에게 충성을 선언. 북아프리카에서 이탈리아로 식량 수출을 금지. 로마 원로원, 길도를 공공의 적으로 선언.	스틸리코의 서로마군이 알라리크를 격퇴. 동로마 제국 황제 아르카디우스는 달아난 알라리크를 일리리쿰 담당 사령관에 임명.	
398년	길도를 토벌하기 위해 길도의 친동생 마스케젤을 파견. 길도의 군대는 전투도 하기 전에 항복하고 길도는 살해됨.		
401년	가을, 도나우강 상류 북쪽에 사는 야만족이 속주 라이티아에 침입. 스틸리코, 군대를 이끌고 출정. 알라리크, 서고트족을 이끌고 이탈리아 북부를 침공.	제국 안에서 야만족과 이단에 대한 배척 운동이 격렬해짐. 고트족 출신인 동로마군 사령관 가이나스가 실각하고 살해됨.	
402년	스틸리코, 군대와 함께 이탈리아로 돌아와 알라리크 토벌에 착수. 4월 6일, 스틸리코, 폴렌초에서 알라리크와 회전을 벌임. 회전은 스틸리코의 승리로 끝나고, 알라리크는 발칸 지방으로 달아남. 이듬해까지 스틸리코는 방어체제 정비		

	에 몰두. 갈리아에 있는 로마군의 거점을 트리어에서 남프랑스의 아를로 옮김.		
404년	가을, 스틸리코의 승전을 기념한 개선식이 로마에서 거행됨. 서로마 제국 황제의 거점이 밀라노에서 라벤나로 옮겨감.		
405년	가을, 라다가이소가 이끄는 동고트족을 비롯한 게르만계 야만족이 서로마 제국 영토에 침입.		
406년	5월, 스틸리코, 노예를 징병할 수 있는 법률을 성립시킴. 6월, 서로마군이 중부 이탈리아의 피에솔레에서 라다가이소가 이끄는 야만족 군대와 싸움. 스틸리코가 지휘하는 서로마군이 야만족 군대를 포위 공격. 8월 23일, 야만족 군대가 항복하여 서로마군의 승리로 끝남. 12월, 게르만계 야만족이 라인강을 건너 다시 갈리아에 침입.		
407년	콘스탄티누스 3세를 자칭하는 병사가 브리타니아에 주둔해 있던 로마군을 이끌고 갈리아에 진입하기 시작. 가을, 스틸리코, 토벌군을 갈리아로 파병.		
408년	스틸리코, 서고트족 족장 알라리크와의 동맹 교섭을 공표. 원로원은 논의한 끝에 알라리크와의 동맹 협약에 합의. 스틸리코의 맏딸이자 호노리우스 황제의 아내 마리아가 사망. 스틸리코, 둘째 딸을 호노리우스의 후처로 삼음. 호노리우스 황제의 파비아 군단기지 방문을 이용하여, 그곳에 있던 스틸리코파 장군들이 살해됨. 8월, 스틸리코, 라벤나 황궁으로 호노리우스 황제를 찾아가지만 반역죄로 처형. 알라리크가 이끄는 서고트족이 발칸 지방에서 이탈리아로 쳐들어와 협약 이행	5월, 아르카디우스 황제 사망. 아들 테오도시우스 2세가 제위에 오르고, 어머니 에우독시아가 섭정을 맡음.	

	을 요구하며 로마를 봉쇄. 로마 원로원, 많은 금품을 지불하는 데 동의하여, 봉쇄가 풀림.	
409년	여름, 알라리크가 이끄는 서고트족이 다시 로마를 포위 공격하기 시작.	
410년	8월 24일, 서고트족이 로마 시내에 침입. 닷새 동안의 '로마 겁탈'이 시작됨. 호노리우스 황제의 누이동생 갈라 플라키디아가 서고트족에게 끌려감. 호노리우스 황제, 속주 방위를 각 속주에 맡긴다는 편지를 발송. 알라리크, 로마를 떠나 남부 이탈리아로 가는 도중에 사망. 아타울프가 뒤를 이어 서고트족 족장이 됨. 아타울프, 갈리아 남부에서 갈라 플라키디아와 결혼식을 거행. 호노리우스 황제는 이 결혼을 인정하지 않음.	
411년	호노리우스 황제, 야만족의 겁탈로 황폐해진 로마를 부흥시키기 시작(417년까지) 겨울, 갈리아에 들어와 있던 콘스탄티누스 3세가 부하에게 살해되고 브리타니아 병사들은 혼란에 빠짐.	
412년	호노리우스, 브리타니아 병사들을 인솔하고 야만족을 평정하기 위해 콘스탄티우스 장군을 갈리아에 파견.	(한국) 고구려, 광개토대왕릉비 건립(414년).
415년	서고트족 족장 아타울프가 살해됨. 갈라 플라키디아, 이탈리아로 귀환. 콘스탄티우스, 갈라 플라키디아와 결혼. 서로마 제국, 서고트족과 동맹을 맺음. 갈리아 서부가 서고트족의 정착지로 결정됨.	
419년	콘스탄티우스와 갈라 플라키디아 사이에 아들(발렌티니아누스 3세)이 태어남.	
421년	1월, 호노리우스, 콘스탄티우스를 공동 황제로 지명. 8월, 콘스탄티우스 사망.	(중국) 유유(劉裕), 동진을 멸하고 송(宋)을 세움(420년).

	갈라 플라키디아, 아들 발렌티니아누스 3세를 데리고 동로마 제국으로 거처를 옮김.		
423년	가을, 호노리우스 황제 사망.		
425년	황제 발렌티니아누스 3세, 어머니 갈라 플라키디아와 함께 서로마 제국으로 돌아옴. 갈라 플라키디아, 보니파키우스 장군을 재상에 등용하는 동시에 북아프리카 담당 사령관에도 임명. 또한 아이티우스 장군을 갈리아 담당 사령관에 임명.		
427년	갈라 플라키디아, 보니파키우스에게 소환령을 내리지만 보니파키우스는 이를 거부. 갈라 플라키디아, 고트족을 중심으로 하는 토벌군을 북아프리카에 파병.		(한국) 고구려 장수왕, 평양 천도(427년).
429년	보니파키우스, 반달족에 지원을 요청. 겐세리크를 족장으로 하는 반달족 전체가 에스파냐에서 북아프리카로 이주. 보니파키우스, 토벌군을 회유하여 함께 반달족과 싸우려 함.		
430년	8월, 북아프리카의 주요 도시 히포레기우스가 반달족에게 함락. 보니파키우스, 이탈리아로 달아남. 히포레기우스의 주교 아우구스티누스 사망.		
432년	보니파키우스, 북이탈리아의 리미니 부근 평원에서 아이티우스와 대결. 아이티우스가 승리하고 보니파키우스는 전사. 갈라 플라키디아, 아이티우스를 총사령관에 임명.		
437년	황제 발렌티니아누스 3세, 동로마 제국 황제 테오도시우스 2세의 딸과 결혼.		
439년	카르타고가 함락되어 북아프리카 전역이 반달족의 지배를 받게 됨.		중국) 북위(北魏), 양쯔강 이북을 통일. 남북조시대 시작.

442년	서로마 제국과 반달족이 강화를 맺음. 반달족의 북아프리카 영유가 공식 인정.	
444년		훈족의 아틸라, 형의 죽음으로 훈족 전체를 통솔하게 됨. 아틸라, 훈족을 이끌고 동로마 제국을 침공하여 콘스탄티노폴리스에 당도.
447년		동로마 제국, 훈족을 '동맹자'로 인정하는 협약을 맺음.
450년		7월 28일, 황제 테오도시우스 2세 사망. 누나이자 사실상의 최고 권력자인 풀케리아는 원로원 의원 마르키아누스를 후계자로 지명. 풀케리아, 마르키아누스와 결혼. 마르키아누스, 훈족과 맺은 협약을 파기.
	갈라 플라키디아 사망. 갈라 플라키디아의 딸이자 황제 발렌티니아누스 3세의 누나인 호노리아가 아틸라에게 사절을 보내 청혼. 아틸라는 청혼을 받아들이지만 발렌티니아누스 3세가 거절함.	
451년	아틸라가 이끄는 훈족이 라인강 중류를 건너 갈리아에 침입. 아이티우스, 서고트족을 비롯한 게르만계 부족들과 공동투쟁 교섭을 벌임. 6월 24일, 샹파뉴 평원에서 훈족과 서로마 군대가 회전을 벌임. 서로마 제국이 승리하여 훈족은 갈리아에서 철수. 가을, 훈족이 이탈리아를 침공.	
452년	훈족, 북이탈리아 전역을 약탈. 가을, 로마 주교 레오가 원로원 의원들을 데리고 아틸라를 만나 이탈리아를 떠나라고 요청. 아틸라가 그 요청을 승낙하여, 훈족은 도나우강 북쪽으로 돌아감.	
453년	아틸라 사망.	
454년	아이티우스, 자기 아들과 발렌티니아누스 3세의 딸을 결혼시키자고 황제에게	

	제의. 여기에 흥분한 황제가 아이티우스를 살해.		
455년	3월 16일, 황제 발렌티니아누스 3세가 로마에서 군대를 열병하다가 살해됨. 로마 원로원은 페트로니우스 막시무스를 후임 황제로 선출. 북아프리카의 겐세리크가 이끄는 반달족이 이탈리아에 상륙하여 오스티아를 점령. 6월, 황제 막시무스가 살해됨. 6월 15일, 로마 주교(교황) 레오, 겐세리크를 찾아감. 반달족의 '로마 겁탈' (6월 29일까지). 아비투스, 갈리아에서 황제에 옹립됨.		
456년	아비투스, 이탈리아에 들어가지만 살해됨.		
457년	야만족 출신 군인인 마요리아누스가 황제로 선출. 마요리아누스, 에스파냐에서 해군력 증강을 꾀하고 북아프리카 원정 계획을 세움.	마르키아누스 황제 사망. 군인 레오가 후임 황제로 선출.	
461년	마요리아누스 황제가 살해됨. 세베루스가 후임 황제에 선출.		
465년	세베루스 황제 사망. 궁정관료 리키메르의 주선으로 동로마 제국의 전황제 마르키아누스의 사위인 안테미우스가 제위에 등극.		
467년	안테미우스, 로마에 들어와 대관식을 거행.		
468년	동서 로마 제국이 힘을 합쳐 북아프리카의 반달족을 제압하기 위해 군대를 파병. 겐세리크의 간계에 빠져 로마 제국 군대가 카르타고에서 궤멸.	레오 황제, 겐세리크와 강화를 맺음.	
472년	3월, 궁정관료 리키메르가 올리브리우스를 제위에 앉힘.		

	7월, 안테미우스 군대가 올리브리우스·리키메르 연합군과 로마 시내에서 대결. 7월 11일, 안테미우스 전사. 8월 20일, 리키메르 병사. 10월 23일, 올리브리우스 암살.		
474년		동로마 제국, 달마티아 담당 사령관 율리우스 네포스를 서로마 제국 황제로 지명.	
475년	10월 31일, 재상 오레스테스의 아들 로물루스 아우구스투스가 제위에 오름.	동로마 제국 황제 제노, 제위에서 쫓겨남.	
476년	야만족 출신 장군 오도아케르가 반기를 들다. 9월, 오도아케르가 황제 군대에 승리. 오레스테스는 살해되고, 로물루스 아우구스투스는 퇴위당함. 서로마 제국 멸망. 오도아케르, 이탈리아 왕을 자칭.	제노, 제위에 복귀. 테오도리크, 동고트족 족장을 계승.	
477년	반달족 족장 겐세리크 사망.		(중국) 소도성(蕭道成), 송을 멸하고 제(齊)를 건국(479년).
481년	클로도베크, 프랑크 왕이 됨(511년까지).		
488년		테오도리크, 동고트족을 이끌고 서쪽으로 향함.	
489년	4월 28일, 오도아케르 군대가 이탈리아 북동부의 이손초강에서 동고트 군대와 대결. 테오도리크가 이끄는 동고트 군대가 승리.		
490년	8월 11일, 오도아케르 군대가 밀라노 부근에서 다시 동고트 군대와 대결. 패배한 오도아케르는 라벤나로 달아남. 동고트 군대의 라벤나 공성전 시작.		
493년	5월, 오도아케르, 테오도리크와 강화를 맺지만 그 직후에 살해됨. 테오도리크, 이탈리아에서 권력을 장악.		

500년	테오도리크, 로마를 방문하여 시민의 환영을 받음.		(중국) 제가 멸망하고 양(梁)이 건국(502년).
525년	원로원 의원 알비누스, 동로마 제국 황제와 몰래 내통하여, 테오도리크를 비롯한 아리우스파를 이탈리아에서 몰아내려 했다고 고발됨. 중신인 보이티우스가 알비누스를 변호하여 유폐됨.		
526년	보이티우스 처형됨. 8월, 테오도리크 사망.		
527년		4월 4일, 유스티니아누스, 외삼촌 유스티누스의 공동 황제로 임명됨. 8월 1일, 유스티누스 황제 사망. 유스티니아누스가 단독 황제에 취임. 『로마법 대전』을 편찬하기 시작.	(한국) 신라 법흥왕, 불교 공인(527년).
529년	베네딕투스, 수도원을 설립.		
533년	9월 15일, 벨리사리우스, 카르타고에 입성. 반달 왕국 멸망.	유스티니아누스 황제, 벨리사리우스 장군에게 옛 서로마 제국 영토를 수복하라고 지시. 6월, 벨리사리우스와 그의 군대가 콘스탄티노폴리스를 출발하여 북아프리카로 감.	
534년		가을, 벨리사리우스, 콘스탄티노폴리스에 개선.	
535년		벨리사리우스, 집정관에 선출. 가을, 유스티니아누스 황제, 벨리사리우스를 다시 서방에 파견.	
536년	봄, 벨리사리우스, 이탈리아반도에 상륙. 벨리사리우스, 남부 이탈리아 도시를 공략. 고트족은 북이탈리아로 달아남. 12월 10일, 벨리사리우스가 이끄는 비잔티움 군대가 로마에 입성. 궁정관료 카시오도루스, 공직에서 은퇴		

	하고 남부 이탈리아에 학원을 설립.		
537년	고트족이 남하하여 로마를 공격하기 시작.		
538년	3월, 벨리사리우스, 로마를 지켜내고 고트족한테서 강화를 끌어냄.	유스티니아누스 황제, 궁정관료 나르세스를 장군으로 삼아 이탈리아에 파견.	이 무렵 백제가 일본에 불교를 전래.
539년	벨리사리우스, 라벤나를 공략. 동고트 왕 위티기스가 투항. 벨리사리우스, 동로마 제국과 페르시아의 정세가 긴박해진 데 대응하기 위해 콘스탄티노폴리스로 불려감.	벨리사리우스, 오리엔트에 파견되어 페르시아와의 전쟁을 지휘.	
540년	가을, 고트족이 토틸라를 새 왕으로 선출하고 재집결하여 이탈리아반도를 침공하기 시작.		
544년		가을, 유스티니아누스 황제, 벨리사리우스를 다시 이탈리아에 파견.	
546년	고트족이 로마를 공략. 벨리사리우스, 군대를 이끌고 오스티아에서 테베레강을 거슬러 올라가 로마에 도착. 12월, 로마 성벽이 파괴되고 고트족이 시내에 침입. 원로원이 폐지됨.		
547년	2월, 벨리사리우스, 로마에 입성. 그 후 유스티니아누스의 명령으로 남부 이탈리아와 시칠리아에서 고트족 소탕 작전에 나섬.		
548년	벨리사리우스, 콘스탄티노폴리스로 귀환 명령을 받음.		
552년	여름, 나르세스, 랑고바르드족을 주력으로 하는 군대를 이끌고 고트족과 대결하여 승리.	유스티니아누스 황제, 나르세스를 이탈리아에 파견.	

553년	봄, 비잔티움 제국과 고트족이 대결. 나르세스가 이끄는 비잔티움 군대가 승리하여 고트족이 이탈리아에서 자취를 감춤.		(중국) 진패선(陳覇先), 양을 멸하고 진(陳)을 세움(557년).
559년		벨리사리우스, 발칸 지방에서 야만족을 무찌르고 콘스탄티노폴리스로 귀환.	
561년		벨리사리우스, 유스티니아누스 황제를 비판.	
563년		벨리사리우스, 전 재산 몰수와 가택 연금을 선고받지만 반년 뒤에 무죄가 됨.	
565년		3월 13일, 벨리사리우스 사망. 11월 14일, 유스티니아누스 황제 사망.	
568년	나르세스 사망. 랑고바르디족이 남하하여 이탈리아를 제패함.		(중국) 진이 멸망하고 수(隋)가 중국을 통일(589년). (일본) 쇼토쿠(聖德) 태자, 섭정에 취임(593년). (한국) 고구려, 살수 대첩(612년).
613년		예언자 무하마드, 포교를 시작.	
636년		시리아의 이슬람화.	
642년		이집트의 이슬람화.	
650년		아랍인이 소아시아를 침공. 콘스탄티노폴리스까지 바싹 접근.	(일본) 다이카 개신(大化改新)(645년).
670년	북아프리카가 이슬람화.		
698년	카르타고가 이슬람에 함락.		(한국) 신라, 삼국통일 완성(676년). (한국) 발해 건국(698년).
1453년		5월 29일, 콘스탄티노폴리스가 오스만 투르크의 공격에 함락. 동로마 제국 멸망.	

참고문헌

원사료(동시대인이 쓴 저작)

Ambrosius(암브로시우스)

De obitu Theodosii, Corpus Scriptorum Ecclesiasticorum Latinorum (CSEL) Vol. LXXIII ; De obitu Valentiniani, CSEL Vol. LXXIII ; Epistulae XL, Patrologia Latina(PL) Vol. XVI.

Augustinus(아우구스티누스)

De civitate Dei libri XXII, PL Vol. XLVIII ; Epistulae, PL Vol. XXXIII.

Aurelius Symmachus(심마쿠스)

Monumenta Germaniae Historica, Auctores Antiquissimi(MGH, AA) Vol. VI(O. Seeck 편).

Aurelius Victor(빅토르)

Epitome de Caesaribus, Leipzig, 1911(Pichlmayer 편).

Cassiodorus(카시오도루스)

Chronicon, MGH, AA Vol. XI(Th. Mommsen 편) ; Variae, MGH, AA Vol. XII(Th. Mommsen 편).

Chronica Minora saec. IV, V, VI, VII(3 vols.), MGH, AA Vols. IX, XI, XIII, Berlin, 1892~98(Th. Mommsen 편).

Claudius Claudianus(클라우디아누스)

Invectives contre Eutrope, MGH, AA Vol. X, Paris, 1933(Th. Birt 편) ; De bello Gildonico ; De bello Pollentino sive Gothico ; De consolatu Stilichonis ; Epithalamium de niptiis Honorii Augustii ; Fescennia da nupitiis Honorii Augustii ; In Eutropium ; In Rufinum ; Panegyricus de quarto consolatu Honoriis Augusti ; Panegyricus de sexto consolatu Honoriis Augusti, Panegyricus de tertio consolatu Honorii Augusti, MGH, AA Vol. X, Paris, 1892(Th. Birt 편).

Codex Theodosianus, Lyon, 1665(J. Gothofredus 편) ; 같은 책, Berlin, 1905(Th. Mommsen & P.M. Meyer 편).

Corpus Inscriptionum Latinarum(CIL), Berlin, 1863.

Corpus Iuris Civilis(Institutiones, Digesta, Codex Iustinianus, Novellae), Berlin, 1912~22(Mommsen, Krueger, Schoell, Kroll 편).

Corpus legum ab imperatoribus romanis ante Iustinianum latarum, Leipzig, 1857(G. Haenel 편).

Corpus Scriptorum Ecclesiasticorum Latinorum(CSEL) Vol. V, Wien, 1882 (Zangemeister 편).

Epigraphica, 《Rivista italiana di epigrafia》, Milano, 1939~.

Eunapius(에우나피우스)

　Fragmenta Historicorum Graecorum Vol. IV, Leipzig, 1870(C. Mueller 편).

Eusebius(에우세비우스)

　Historia Ecclesiastica ; Vita Constantini, Berlin, 1903~09(E. Schwartz 편).

Eutropius(에우트로피우스)

　Breviarium ab Urbe condita, Leipzig, 1887(F. Ruehl 편).

Fragmenta Historicorum Graecorum(FHG) (5 Vols.), Paris, 1841~84(C. Mueller & Th. Mueller 편).

Georgius(게오르기우스)

　Historia Francorum, MGH, Scriptores rerum Merovingicarum Vol. I, Paris, 1884(W. Arndt 편).

Hieronymus(히에로니무스)

　In Rufinum, PL Vol. XXIII ; Epistolae, PL Vols. XXII-XXX, Vienna, 1910~18.

Isidorus(이시도루스)

　Historia Vandalorum, MGH, AA Vol. XI ; Historia vel Origo Gothorum, MGH, AA Vol. II.

Libanius(리바니우스)

　R. Foerster, Libanii opera(12 vols.), Leipzig, 1903~27(R. Foerster 편).

　Monumenta Germaniae Historiae, Auctores Antiquissimi(MGH, AA).

Ammianus Marcellinus(마르켈리누스)

　Rerum gestarum libri(Clark 편), Berlin, 1910 ; Historiae(A. Selem 편), Milano, 1994.

Rutilius Namatianus(나마티아누스)

　De reditu suo, Milano, 1992(A. Fo 편).

Paulus Orosius(오로시우스)

　Historiae adversus paganos libri VII, Wien, 1882.

Panegyrici latini veteres, Leipzig, 1911(E. Baehren 편).

Patrologia Greca(PG), Paris, 1857(J. P. Migne 편).

Patrologia Latina(PL), Paris, 1878(J. P. Migne 편).

Paulus Diaconus(파울루스 디아코누스)

Historia Langobardorum(이탈리아어 대역판 Storia dei Longobardi, Milano, 1991). 랑고바드디족 출신자가 라틴어로 쓴 랑고바르디족과 그 시대의 역사.

Procopius(프로코피우스)

Anecdota(이탈리아어판 Storia segreta, Roma, 1972) ; Polemon(이탈리아 어판 Le guerre persiana, vandalica, gotica, Torino, 1977).

Regesten der Kaiser und Paepste fuer die Jahre 311 bis 476 n. Chr., Stuttgart, 1919(O. Seeck 편).

Festus Rufius(루퍼우스)

Festi Breviarium rerum gestarum populi Romani, Leipzig, 1886(G. Wagener 편).

Sidonius Apollinaris(시도니우스 아폴리나리스)

Camina, MGH, AA Vol. VIII, Berlin, 1887(G. Lütjohann 편).

Socrates(소크라테스 : 서기 4세기~5세기의 교회사가)

Historia Ecclesiastica, PG Vol. LXVII.

Flavius Vegetius(베게티우스)

Epitoma rei militaris(이탈리아어 대역판 L'arte della guerra romana, Milano, 2003).

Zosimus(조지무스)

Ἱστορία νέα , Leipzig, 1887(L. Mendelssohn 편).

작자 불명(제정 말기의 인물)

De Rebus Bellicis(이탈리아어 대역판 Le cose della guerra, Milano, 1989).

후세의 연구 저작

Aalberg, N., *Die Franken und Westgothen in der Völkerwanderungszeit*, Upsala, 1932.

Adriani, M., *Tolleranza e intolleranza religiosa nella Roma antica*, 《Studi Romani》 6, 1958 ; *Il concetto di tolleranza religiosa nella storia delle religioni*, 《Cultura e Scuola》 1, 1961.

Aegyptus, Rivista italiana di Egittologia e di Papirologia, Milano, 1920.

Agnello, S.L., *Silloge di iscrizioni paleocristiane della Sicilia*, Roma, 1953.

Albertini, E., *L'Empire Romain*, Paris, 1929.

Albertoni, G, *L'Italia carolingia*, Roma, 1997.

Alföldi, A., *On the foundation of Constantinople, a few notes*, 《Journal of Roman Studies(JRS)》 37, 1947 ; *The conversion of Constantine and pagan Rome*, Oxford, 1948 ; *A conflict of ideas in the Later Roman Empire, the clash between the Senat and Valentinian I*, Oxford, 1952.

Alföldy, G., *Noricum*, London, 1974 ; *The Social History of Rome*, London, 1985.

Allard, P., *La persécution de Dioclétien*, Paris, 1908 ; *Storia critica delle persecuzioni*, Firenze, 1913~18(이탈리아어판).

Altheim, F., *Attila und die Hunnen*, Baden-Baden, 1951 ; *Römische Religionsgeschichte II*, Milano, 1960(이탈리아어판).

Amari, M., *Storia dei Musulmani in Sicilia*(3 voll.), Catania, 1933~39.

Amatucci, G.A., *Storia della letteratura romana*, Napoli, 1912~16 ; *Storia della letteratura latina cristiana*, Bari, 1929.

Amory, P., *People and Identity in Ostrogothic Italy*, Cambridge, 1997.

Andreoli A., *Contributo topografico alla battaglia dei Campi Catalaunici*, 《Historia》 1, 1927.

Angenendt, A., *Studien zu Pirmin und den monastischen Vorstellungen des frühen Mittelalters*, München, 1972.

Anton, H., *Der König und die Reichskonzilien im westgotischen Spanien*, 《Historisches Jahrbuch》 92, 1972.

Arce, J., *El último siglo de la Hispania romana*, Madrid, 1986.

Arquillière, H., *L'Augustinisme politique. Essai sur la formation des théories politiques du moyen âge*, Paris, 1934.

Atti del IV Congresso Internazionale di Archeologia Cristiana, Città del Vaticano, 1940.

Ausenda, G.(편), *After Empire. Towards an Ethnology of Europe's Barbarians*, Woodbridge, 1995.

Azzara, C., *Gregorio Magno, i Longobardi e l'Occidente barbarico. Constanti e peculiarità di un rapporto*, 《Bullettino dell'Istituto storico italiano per il Medio Evo e Archivio muratoriano》 97, 1991 ; *L'ideologia del potere regio nel papato altomedievale(secoli VI~VIII)*,

Spoleto, 1997.

Balducci, C., *La politica di Valentiniano III*, Bologna, 1934.

Baratta, M., Fraccaro P. & Visintin, L., *Grande atlante geografico, storico, fisico, politico, economico*, Novara, 1939.

Barbagallo, C., *Lo Stato e l'istruzione pubblica nell'Impero Romano*, Catania, 1911 ; *Giuliano l'Apostata*, Genova, 1912 ; *Storia Universale, Vol. II-2 : Roma antica. L'Impero*, Torino, 1932.

Barker, E., *L'Italia e l'Occidente dal 410 al 476*, 《Storia del mondo medievale》1, Milano, 1978.

Barnes, T.D., *"Patricii" under Valentinian III*, 《Phoenix》, 1975.

Baron, S.W., *Histoire d'Israel*, Paris, 1957.

Barra, G., *Acta Martyrum*, Torino, 1945.

Bartoli, A., *Il senato romano in onore di Ezio*, 《Rendiconti della pontificia accademia romana di archeologia》22, 1946~47.

Bartolini, E., *I barbari, Le invasioni barbariche nel racconto dei contemporanei*, Milano, 1982.

Bassett, S.(편), *The Origins of Anglo-Saxon Kingdoms*, London-New York, 1989.

Bayet, J., *Histoire politique et psychologique de la religion romaine*, Paris, 1959.

Bayless, W.N., *The Visigothic Invasion of Italy in 401*, 《Classical Journal》72, 1976.

Baynes, N.H., *Constantine the Great*, London, 1929.

Beaujeu, J., *La religion romaine à l'apogée de l'empire Vol. I : La politique religieuse des Antonins*, Paris, 1955.

Beck, H.G., *Kirche und theologische Literatur im byzantinischen Reich*, München, 1959 ; *Konstantinopel – das neue Rom*, 《Gymnasium》71, 1964 ; *Konstantinopel. Zur Sozialgeschichte einer frühmittelalterlichen Hauptstadt*, 《Byzantmische Zeitschrift》58, 1965.

Beloch, J., *Der Verfall der antiken Kultur*, 《Historische Zeitschrift》84, 1900.

Bertolini, O., *Roma di fronte a Bisanzio e ai Longobardi*, 《Storia di Roma》4, Bologna, 1941 ; *Storia Universale Vol. III-1 : I Germani, migrazioni e regni nell'Occidente già romano*, Milano, 1959~65.

Bloch, G., *L'empire romain*. Evolution et décadence, Paris, 1922.

Boak, A.E.R., *Manpouwer Shortage and the Fall of the Roman Empire in the West*, London, 1955.

Bognetti, G.P., *L'età longobarda*(4 voll.), Milano, 1966~68.

Boissier, G., *La fin du paganisme*, Paris, 1891.

Bouché-Leclercq, A., *L'intolerance religieuse et la politique*, Paris, 1911.

Brion, M., *La vie d'Attila*, Paris, 1933 ; *Theoderic*, Paris, 1935.

Brogiolo, G.P., & Gelichi, S., *La città nell'alto medioevo italiano. Archeologia e storia*, Roma-Bari, 1998.

Brown, P., *The World of Late Antiquity. From Marcus Aurelius to Muhammad*, London, 1971 ; *Religion and Society in the Age of Saint Augustine*, London, 1972.

Bühler, J., *Die Germanen in der Völkerwanderung*, Leipzig, 1922.

Bugiani, C., *Storia di Ezio generale dell'Impero sotto Valentiniano III*, Firenze, 1905.

Bulic, F., *L'imperatore Diocleziano*, Spalato, 1916.

Buonaiuti, E., *Sant'Ambrogio*, Roma, 1926.

Burckhardt, J., *Das Zeit Constantins des Grossen*, Stuttgart, 1929.

Burns, T.S., *A History of the Ostrogoths*, Bloomington, 1984.

Bury, J.B., *A History of the Later Roman Empire from Arcadius to Irene*, London, 1889 ; *The Provincial List of Verona*, 《JRS》13, 1923 ; *Later Roman Empire from the Death of Theodosius I to the Death of Justinian*(2 vols.), London, 1923 ; *The Invasion of Europe by the Barbarians*, New York, 1967.

Calderini, A., *Aquileia romana*, Milano, 1930 ; *Manuale di Papirologia*, Milano, 1938.

Calza, G., *La statistica delle abitazioni e il calcolo della popolazione in Roma imperiale*, 《Rendiconti dei Lincei》, 1917.

Cameron, A., *Theodosius the Great and the Regency of Stilicho*, 《Harvard Studies in Classical Philology》73, 1969 ; *Claudian : Poetry and Propaganda at the Court of Honorius*, Oxford, 1970 ; *Circus Factions. Blues and Greens at Rome and Byzantium*, Oxford, 1976 ; *Il tardo impero romano*, Bologna, 1995 ; *Un impero, due destini. Roma e Constantinopoli fra il 395 e il 600 d. C.*, Genova, 1997.

Cantarelli, L., *Annali d'Italia dal 455 al 476*, 《Studi e Cocumenti di Storia e Diritto》, 1896 ; *La Diocesi Italiciana*, Roma, 1903.

Caravale, M., *Ordinamenti giuridici dell'Europa medievale*, Bologna, 1994.

Carcopino, J., *Aspects mystiques de la Rome Païenne*, Paris, 1941.

Carraresi, G., *Cronologia generale dell'era volgare dall'anno 1 all'anno 2000*, Firenze, 1875.

Carrington, P., *The Early Christian Church*, Cambridge, 1957.

Carson, R.A.G., Kent, J.P.C. & Burnett, A.M., *The Roman Imperial Coinage X*, London, 1994.

Carson, R.A.G., Hill, P.V. & Kent, J.P.C., *Late Roman Bronze Coinage, A.D. 324~498*, London, 1965.

Cecchelli, C., *Mausolei imperiali e reali del Basso Impero e dell'alto Medioevo*, 《Atti del III Convegno Nazionale di Storia dell'Architettura》, Roma, 1941.

Cerfaux, L., & Tondriau, J., *Un concurrent du Christianisme*, Paris-Roma, 1956.

Cesa, M., *Impero tardoantico e barbari : la crisi militare da Adrianopoli al 418*, Como, 1994.

Cessi, R., *Marcellino e l'opposizione imperiale romana sotto il governo di Maioriano*, 《Atti del R. Istituto Veneto》, 1915~16 ; *La crisi imperiale degli anni 454~455 e l'incursione vandalica in Roma*, 《Archivio Società Romana di Storia Patria》 40, 1917 ; *Regnum e imperium in Italia*, Bologna, 1919.

Chadwick, N., *The Celts*, Harmondsworth, 1970.

Chastagnol, A., *Observations sur le consulat suffect et la préture du Bas-Empire*, 《Revue historique(RH)》 219, Paris, 1958 ; *La préfecture urbaine à Rome sous le Bas-Empire*, Paris, 1960 ; *Les fastes de la préfecture de Rome au Bas-Empire*, Paris, 1962 ; *Le sénat romain sous le règne d'Odoacre. Recherches sur l'epigraphie du Coliseé au V Siècle*, Bonn, 1966 ; *Le Bas-Empire*, Paris, 1969 ; *L'evolution de l'ordre sénatorial aux III et IV siècles de notre ère*, 《RH》 496, Paris, 1970 ; *Le recrutément des sénateurs au IV siècle*, in *Recherches sur le structures sociales dans l'Antiquité classique* (Colloque de Caen, aprile 1969), Paris, 1971 ; *La fin du monde antique. De Stilicon à Justinien*, Paris, 1976.

Chenon, E., *Etude historique sur le defensor civitatis*, Paris, 1889.

Christlein, R., *Die Alamannen. Archäologie eines lebendigen Volkes*, Stuttgart-Aalen, 1979.

Chrysos, E.K., & Schwarcz, A., *Das Reich und die Barbaren*, Wien-Köln, 1989.

Ciccotti, E., *Il tramonto della schiavitù nel mondo antico*, Torino, 1899 ; *Motivi demografici e biologici nella rovina della civiltà antica*, 《Nuova Rivista Storica》, 1930.

Cilento, N., *L'Italia meridionale longobarda*, Milano-Napoli, 1966.

Claude, D., *Die byzantinische Stadt im 6. Jahrhundert*, München, 1969.

Clover, F.M., *Geiseric the Statesman : A Study of Vandal Foreign Policy*, Chicago, 1966.

Cohen, H., *Description historique des monnaies frappées sous l'Empire Romain*, Paris, 1880~92.

Contamine, Ph., *La guerre au Moyen Age*, Paris, 1980.

Costa, G., *Graziano il cristianissimo*, 《Religione e politica nell'Impero Romano》, Torino, 1923.

Costanzi V., *La rivolta di Pavia e la catastrofe di Stilicone*, 《Bull. della Società Pavese di Storia Patria》, 1904.

Courcelle, P., *Histoire littéraire des grandes invasions germaniques*, Paris, 1948.

Courtois, C., *Les Vandales et l'Afrique*, Paris, 1955.

Cracco Ruggini, L., *Economia e società nell'Italia annonaria. Rapporti fra agricoltura e commercio dal IV al VI secolo d.C.*, Milano, 1961 ; *Il paganesimo romano tra religione e politica*(384~394 d.C.) : *per una reinterpretazione del Carmen contra paganos*, 《Atti della Accademia Nazionale dei Lincei. Rendiconti Classe di Scienze morali, storiche e filologiche》 376, Roma, 1979 ; *La fine dell'impero e le trasmigrazioni dei popoli*, La storia, Milano, 1993.

Cumont, F., *Les religions orientales dans le paganisme romain*, Paris, 1929.

Dagron, G., *La città bizantina, in Modelli di Città. Strutture e funzioni politiche*(Pietro Rossi 편), Torino, 1987 ; *La romanité chrétienne en Orient. Héritages et mutations*, London, 1984.

Dalton, O.M., *Byzantine Art and Archaeology*, Oxford, 1911 ; *East Christian Art*, Oxford, 1925.

Daniel, N., *Gli Arabi e l'Europa nel medioevo*, Bologna, 1981.

De Bacci Venuti, T., *Dalla grande persecuzione alla vittoria del Cristianesimo*, Milano, 1913.

De Labriolle, P., *La réaction payenne. Étude sur la politique antichrétienne du I au VI siècle*, Paris, 1934.

Delbrück, H., *History of the Art of War. The Barbarian Invasion Vol. II*, Lincoln-London, 1980.

Delbrueck, R., *Antike Porphyrwerke*, Berlin, 1932.

De Lepper, J.L.M., *De rebus gestis Bonifatii comitis Africae et magistri militum*, Tillburg-Breda, 1941.

Delogu, P., Guillou, A., & Ortalli, G., *Longobardi e Bizantini*, Torino, 1980.

Demandt, A., *Die Kelten*, München, 1998.

Demougeot, E., *Note sur la politique orientale de Stilicon*, de 405 à 407, 《Byzantion》 20, 1950 ; *De l'unité à la division de l'Empire romain, 395~410. Essai sur le gouvernement impérial*, Paris, 1951 ; *La formation de l'Europe et les invasions barbares Vol. II*, Paris, 1969 ; *Constantin III, l'empereur d'Arles*, Montpellier, 1974.

De Regibus, L., *Politica e religione da Augusto a Costantino*, Genova, 1953.

De Rossi, G.B., *Inscriptiones Christianae Urbis Romae I~II*, Roma, 1857~88 ; *Roma sotterranea cristiana*, Roma, 1864~67 ; *Inscriptiones Christianae urbis Romae septimo saeculo antiquiores*, Roma, 1957.

Díaz Martinez, P.C., *El alcance de la ocupacíon sueva de Gallaecia y el problema de la germanización, in Galicia : da romanidade á xermanización. Problemas históricos e culturais*, Santiago de Compostela, 1992.

Diehl, E., *Inscriptiones Latinae Christianae Vol. I~III*, Berlin, 1925~31.

Dill, S., *Roman Society in the last Century of the Western Empire*, London, 1898.

Doehaerd, R., *Le Haut Moyen Age occidental : économies et sociétés*, Paris,

1971.

Duchesne, L., *Le dossier du donatisme*, 《Mélanges de l'Ecole Française de Rome》, 1890.

Dudden, F.H., *The Life and Times of St. Ambrose*, Oxford, 1935.

Dufourcq, A., *Le Christianisme et l'Empire*, Paris, 1930.

Dvornik, F., *Byzance et la primauté romaine*, Paris, 1964.

Ensslin, W., *Gottkaiser und Kaiser von Gottes Gnaden*, Monaco, 1943 ; *Theodoric der Grosse*, München, 1947.

Etienne, R., *Le culte impérial dans la péninsule Ibérique d'Auguste à Dioclétien*, Paris, 1958.

Fargues, P., *Claudien. Étude sur sa poesie et son temps*, Paris, 1933.

Ferrari Dalle Spade, G., *Immunità ecclesiastiche nel diritto romano imperiale*, 《Atti R. Istituto Veneto di Scienze, Lettere ed Arti》 99, 1939~40.

Ferrero, G., *La rovina della civiltà*, Milano, 1926.

Ferril, A., *The Fall of the Roman Empire : the Military Explanation*, London, 1986.

Fliche, A. & Martin, V.(편), *Histoire de l'Eglise, Vol. II : De la fin du II siècle à la paix Constantinienne ; Vol. III : De la paix Constantinienne à la mort de Théodose*, Torino, 1938~40(이탈리아어판).

Follieri, E., *La fondazione di Costantinopoli : riti pagani e cristiani, in Roma, costantinopoli, Mosca. Da Roma alla Terza Roma.*

Fournier, G., *Les Mérovingiens*, Paris, 1966.

Fracassini, U., *L'Impero Romano e il Cristianesimo. Da Nerone a Costantino*, Perugia, 1913.

Francovich, R., & Noyé, G., *La storia dell'alto medioevo italiano(VI~X secolo) alla luce dell'archeologia*, Firenze, 1994.

Frank, T.(편), *An Economic Survey of Ancient Rome*(6 vols.), Baltimore, 1933~40.

Frediani, A., *Gli itinerari alpini delle invasioni barbariche*, 《Archivio di Studi per l'Alto Adige》, Firenze, 1993 ; *Gli assedi di Roma*, Roma, 1997.

Freeman, E. A., *Aetius and Boniface, in Western Europe in the Fifth Century*, London, 1904.

Frey, I.B., *Corpus inscriptionum Iudaicarum*, Roma, 1936~52.

Gabba, E., *Iscrizioni greche e latine per lo studio della Bibbia*, Torino, 1958.

Gabotto, F., *Storia dell'Italia occidentale nel Medio Evo*, Torino, 1911.

Gabrieli, F., & Scerrato, U., *Gli Arabi in Italia. Cultura, contatti, tradizioni*, Milano, 1979.

Galdi, M., *La religione dei romani, Storia delle religioni I*(Tacchi Venturi, P.편), Torino, 1954.

Galassi, G., *Roma o Bisanzio*, Roma, 1930.

Gallina, M., *Potere e società a Bisanzio. Dalla fondazione di Costantinopoli al 1204*, Torino, 1995.

Garcia Moreno, L.A., *Historia de España visigoda*, Madrid, 1989.

Garrucci, R., *Storia dell'arte cristiana nei primi otto secoli della Chiesa*, Prato, 1873~85.

Gasparri, S., *Prima delle nazioni. Popoli, etnie e regni fra Antichità e Medioevo*, Roma, 1997.

Cautier, E.F., *Genséric roi des Vandales*, Paris, 1933.

Geary, P., *Before France and Germany. The Creation and the Transformation of the Merovingian World*, Oxford-New York, 1988.

Geffcken, J., *Der Ausgang des griechisch-römischen Heidentums*, Heidelberg, 1920.

Gentili, R., *La rivalità tra Ezio, Felice e Bonifacio e l'invasione dei vandali in Africa*, 《Il Mondo Classico》 5, 1935.

Gerosa, P., *S. Agostino e la decadenza dell'impero romano*, Torino, 1916.

Gibbon, E., *The Decline and Fall of the Roman Empire*, London, 1776~88 ; *A History of the Decline and Fall of the Roman Empire*, London, 1896~1900(J.B. Bury의 해설 첨부) ; 이탈리아어판, Torino, 1926~27 ; *Declino e caduta dell'impero romano*, Milano, 1986 ; *Storia della decadenza e caduta dell'impero romano*, Torino, 1987.

Gigli, G., *La crisi dell'impero romano*, Palermo, 1947.

Ginsburg. G., *Rome et la Judée*, Paris, 1928.

Ginzel, F., *Handbuch der mathematischen und technischen Chronologie*, Leipzig, 1906~14.

Giovanditto, A., *Teodorico e i suoi Goti*, Novara, 1993.

Giovannoni, G., *Nuovi contributi allo studio della genesi della basilica cristiana*, 《Atti Pont. Accad. di Archeologia》, 1920 ; *La tecnica della costruzione presso i Romani*, Roma, 1925.

Gitti, A., *Eudossia e Genserico*, 《Archivio Storico Italiano(ASI)》, 1925 ; *Ricerche sui rapporti tra i vandali e l'impero romano*, Bari, 1953.

Goffart, W., *Barbarians and Romans A.D. 418~584*, Princeton-Oxford, 1980.

Gordon, C.D., *The Age of Attila : Fifth Century Byzantium and the Barbarians*, Ann Arbor, 1960.

Goyau, G., & Cagnat, R., *Chronologie de l'empire romain*, Paris, 1891.

Graley, G., *Ces fameux Champs Catalauniques*, Troyes, 1964.

Grant, M., *The Fall of the Roman Empire : A Reappraisal*, London, 1976.

Grégoire, H., *Recueil des inscrip. grecques chrét. d'Asie Mineure*, Paris, 1922 ; *Les persécutions dans l'Empire romain*, Bruxelles, 1964.

Gregorovius, F., *Storia della città di Roma nel Medioevo*, Roma, 1912.

Grenier, A., *Le génie romain dans la religion, la pensee et l'art*, Paris, 1938.

Grisar, H., *Roma alla fine del mondo antico*, Roma, 1930(이탈리아어판).

Grossi Gondi, F., *Trattato di epigrafia cristiana latina e greca*, Roma, 1920.

Grumel, V., *L'Illyricum de la mort de Valentinien I(375) à la mort de Stilicon(408)*, 《Revue des études byzantines》 9, 1951.

Guarducci, M., *I graffiti sotto la Confessione di S. Pietro in Vaticano*(3 voll.), Città del Vaticano, 1959.

Gutermann, S.L., *Religious toleration and persecution in Ancient Rome*, London, 1951.

Gwatkin, H.M., *Studies on Arianism*, London, 1900.

Haarhoff, Th., *Schools of Gaul. A study of pagan and christian education in the last century of the Western Empire*, Oxford, 1920.

Hadrill, W., *Occidente barbarico*, Milano, 1963.

Halphen, L., *Les barbares*, Paris, 1926.

Hansen, A., *De vita Aetii*, Dorpat, 1840.

Hartmann, L., *La rovina del mondo antico*, Torino, 1904(이탈리아어판).

Heater, P., *Goths and Romans, 332~489*, Oxford, 1991 ; *The Goths*, Oxford, 1996.

Heering, W., *Kaiser Valentinian*, Magdeburg, 1927.

Hefele, K.J. & Leclercq, H., *Histoire des Conciles*, Paris, 1907~21.

Heitland, W.R., *The Roman Fate. An Essay of Interpretation*, Cambridge, 1922.

Hillgarth, J.N., *Christianity and Paganism, 350~750. The Conversion of Western Europe*, Philadelphia, 1986.

Hodgkin, T., *Italy and her Invaders Voll. I~II*, Oxford, 1880~90.

Homo, L., *Les empereurs romains et le Christianisme*, Paris, 1931 ; *Le haut Empire* 《Histoire Romaine》 3, Paris, 1933 ; *Topographie et démographie dans la Rome Imperiale*, 《Comptes Rendus de l'Acad. des Inscriptions》, 1933.

Hönn, K., *Konstantin der Grosse. Leben einer Zeitwende*, Leipzig, 1940.

Howald, E., *Kultur der Antike*, Potsdam, 1935.

Hübener, W.(편), *Die Alemannen in der Frühzeit*, Bühl-Baden, 1974.

Hughes, K., *The Church in Early Irish Society*, London, 1966.

Huttmann, M.A., *The Establishment of Christianity and the Proscription of Paganism*, New York, 1914.

Jalabert, L. & Mouterde, R., *Inscriptions grecques et latines de la Syrie*, Paris, I, 1929 ; II, 1939.

James, E., *The Franks*, Oxford, 1988.

Julien, Ch.A., *Histoire de l'Afrique du Nord*, Paris, 1931.

Juster, J., *Les Juifs dans l'Empire Romain*, Paris, 1914.

Kaegi, W.E., *Byzantium and the Decline of Rome*, Princeton, 1968.

Karsten, S., *Die Germanen*, Berlin, 1928.

Kollwitz, J., *Oströmische Plastik der theodosianischen Zeit*, Berlin, 1941.

Kornemann, E., *Das Problem des Untergangs der antiken Welt*, 《Vergangenheit und Gegenwart》, 1922.

Krautheimer, R., *Corpus Basilicarum christianarum Romae*, Città del Vaticano, 1937 ; *Three Christian Capitals. Topography and politics*, Berkeley-Los Angeles-London, 1983 ; *Trecapitali christiane. Topografia e politica*, Torino, 1987(이탈리아어판).

Lanciani, R., *Pagan and Christian Rome*, London, 1892 ; *Ruins and Excavations of Ancient Rome*, London, 1897.

Lanzoni, F., *Le Diocesi d'Italia dalle origini al principio del secolo VII*,

Faenza, 1917.

Laqueur, R., *Eusebius als Historiker seiner Zeit*, Berlin, 1929.

Last, H., *The study of the persecutions*, 《JRS》 27, 1937.

Latouche, R., *Les grandes invasions et la crise de l'Occident au v. e siècle*, Paris, 1947.

Latte, K., *Die Religion der Römer und der Synkretismus der Kaiserzeit*, Tubingen, 1927.

Leciejewicz, L., *Gli slavi occidentali*, Spoleto, 1991.

Lemerle, P., *Les plus anciens recueils des miracles de S. Démétrius et la pénétration des Slaves dans les Balkans*(2 voll.), Paris, 1979~81.

Leon, J., *The Jews of Ancient Rome*, Filadelfia, 1960.

Le Patourel, J., *The Norman Empire*, Oxford, 1976.

Levi, M.A., *L'Impero romano*, Torino, 1963.

Lizérand, C., *Aetius*, Paris, 1910.

L'Occidente e l' Islam nell' alto Medioevo(2 voll.), Spoleto(연구회논문집).

Lot, F., *De l'étendue et de la valeur du caput fiscal sous le Bas Empire*, 《Revue Historique de Droit》, 1925 ; *La fin du monde antique et le début du moyen âge*, Paris, 1927 ; *Du régime de l'hospitalité*, 《Revue belge de philologie et d'histoire》 7, 1928 ; *L'impôt foncier et la capitation personnelle sous le Bas Empire*, Paris, 1928 ; *Les invasions barbares et le peuplement de l'Europe*(2 voll.), Paris, 1937.

Lot, F., Pfister, Ch. & Ganshof, F., *Les destinées de l'empire en Occident de 395 à 888*, Paris, 1928.

Lugli, G., *Aspetti urbanistici di Roma antica*, 《Rendiconti Pont. Accademia d'Archeologia》, 1937.

Maddalena, A., *Le fonti per la storia di Diocleziano e di Costantino*, 《Atti del R. Istituto Veneto》 45.

Maenchen-Helfen, O.J., *The World of the Huns*, Berkeley-Los Angeles, 1973.

Manaresi, A., *L'Impero Romano e il Cristianesimo*, Torino, 1914.

Marchesi, C., *Storia della letteratura latina*, Messina, 1932~33.

Marrou, H., *Μουσικός α'ήρ*, Grénoble, 1938 ; *St. Augustin et la fin de la culture antique*, Paris, 1938 ; *Decadenza romana o Tarda antichità? III~IV secolo*, Milano, 1979.

Martroye, F., *Une tentative de révolution sociale en Afrique. Donatistes et circoncellions*, 《Revue des questions historiques》 76, 77 ; *Genséric. La conquete vandale en Afrique et la destruction de l'empire d'Occident*, Paris, 1907.

Marucchi, O., *Epigrafia cristiana*, Milano, 1910.

Matagrin, A., *Histoire de la tolerance*, Paris, 1905.

Matthews, J., *Western Aristocracies and Imperial Court, A.D. 364~ 425*, Oxford, 1975.

Mattingly, H., *Christianity in the roman empire*, Dunedin, 1955.

Maurice, J., *Numismatique Constantinienne*, Paris, 1908~12.

Martindale, J.R., *Prosophography of the Later Roman Empire Vol. II*, Cambridge, 1980.

Mayr Harting, H., *The Coming of Christianity to Anglo-Saxon England*, London, 1972.

Mazzarino, S., *La politica religiosa di Stilicone*, 《Rendiconti R. Istituto Lombardo》 70, 1938 ; *Stilicone. La crisi imperiale dopo Teodosio*, Roma, 1942 ; *Serena e le due Eudossie*, 《Real. Ist. Stud. Rom》, Roma, 1946 ; *Antico, tardoantico, ed era costantiniana*, Bari, 1974 ; *Aezio, la "Notitia Dignitatum" e i Burgundi di Worms, Renania romana*, Roma, 《Atti dei Convegni Lincei》 23, 1976 ; *Stilicone. La crisi imperiale dopo Teodosio*, Milano, 1990.

Mazzarino, S. & Giannelli, G., *Trattato di Storia romana Vol. II*, Roma, 1962.

Mazzolai, A., *Alarico*, Firenze, 1996.

McCormick, M., *Eternal Victory. Triumphal Rulership in late Antiquity, Byzantium and the early medieval West*, Cambridge, 1986.

Melucco Vaccaro, A., *I Longobardi in Italia. Materiali e problemi*, Milano, 1982.

Mochi, S., *Vescovi e città(sec. IV~VI)*, Bologna, 1933.

Momigliano, A., *La caduta senza rumore di un impero nel 476 d. C.*, 《Annali della scuola normale superiore di Pisa》 3, 1973.

Mommsen, Th., *Stilicho und Alarich*, 《Gesammelte Schriften》 4, Berlin, 1906 ; *Le province romane da Cesare a Diocleziano*, 《Romisch. Gesch.》 5, Torino-Roma, 1879(이탈리아어판).

Monumenta Asiae Minori Antiqua Voll. I~VIII, 1962.

Moorhead, J., *Theoderic in Italy*, Oxford, 1993.

Moreau, J., *La persécution du Christianisme dans l'empire*, Paris, 1956.

Moricca, U., *Storia della letteratura latina cristiana*, Torino, 1925.

Morpurgo, A., *Arbogaste e l'Impero Romano dal 379 al 394*, Trieste, 1883.

Musset, L., *Les invasions. Le second assaut contre l'Europe chretienne (VII~XI siècles)*, Paris, 1965 ; *Le invasioni barbariche*, Milano, 1989.

Nagl, M.A., *Galla Placidia*, Paderbon, 1908.

Negri, G., *L'imperatore Giuliano l'Apostata*, Milano, 1902.

Niel, J.C., *451. Attila dans les Gaules, La bataille de Troyes*, Guénange, 1951.

Nischer-Falkenhof, E., *Stilicho*, Vienna, 1947.

Oberziner, L., *Le guerre germaniche di Flavio Giuliano*, Roma, 1896.

Obolensky, D., *Byzantium and the Slavs. Collected Studies*, London, 1971.

O'Flynn, J.M., *Generalissimos of the Western Roman Empire*, Edmonton, 1983.

Olivetti, A., *Sulle stragi di Costantinopoli del 337*, 《Rivista di Filologia》 43, 1915 ; *Osservazioni storiche e cronologiche sulla guerra di Costanzo contro i Persiani*, Torino, 1915.

Orlandis, J., *Historia social y economica de la España visigoda*, Madrid, 1975.

Ortega & Rubio, *Los Visigotos en España*, Madrid, 1903.

Ostrogorsky, G., *Geschichte des byzantinischen Staates*, München, 1963.

Palanque, J.R., *St. Ambroise et l'Empire Romain*, Paris, 1933.

Papini, M.A., *Ricimero, l'agonia dell'impero romano d'Occidente*, Milano, 1959.

Paredi, A., *S. Ambrogio e la sua età*, Milano, 1941.

Pareti, L., *Storia di Roma e del mondo romano Voll. IV~VI*, Torino, 1955, 60, 61.

Paribeni, R., *L'età di Cesare e di Augusto*, Bologna, 1950.

Parker, H.M.D., *The Legions of Diocletian and Constantin*, 《JRS》 23, 1933.

Paronetto, V., *La crisi politica in Africa alla vigilia dell'invasione vandalica*, 《Miscellanea greca e romana》 4, 1975.

Passerini, A., *Linee di storia romana in età imperiale*, Varese-Milano, 1949.

Pastorino, B., *La prima spedizione di Alarico in Italia*, Facoltà di Magistero dell'Università di Torino, 1975.

Pavan, M., *La politica gotica di Teodosio nella pubblicistica del suo tempo*, Roma, 1964.

Pepe, G., *Il medioevo barbarico in Italia*, Torino, 1941 ; *Il medioevo barbarico in Europa*, Milano, 1967.

Perrin, O., *Les Burgondes*, Neuchatel, 1968.

Pfister, K., *Der Untergang der antiben Welt*, Leipzig, 1940.

Picotti, G.B., *Il patricius nell'ultima età imperiale*, 《ASI》 4, 1928 ; *Sulle relazioni tra re Odoacre e il senato e la chiesa di Roma*, 《Rivista Storica Italiana》 4, 1939.

Pietri, Ch., *Roma christiana. Recherches sur l'Eglise de Rome, son organisation, sa politique, son idéologie de Miltiade à Sixte III(311~ 440) Vol. I~II*, Rome, 1976.

Piganiol, A., *L'impôt foncier des clarissimes et des curiales au Bas-Empire romain*, 《Mélanges d'archéologie et d'histoire》 27, 1907 ; *L'impôt de capitation sous le Bas Empire Romain*, Paris, 1916 ; *L'empereur Constantin*, Paris, 1932 ; *L'Empire chrétien(325~395)*, Paris, 1947.

Pincherle, A., *Cristianesimo e Impero romano*, 《Bull. Com. Int. Sc. Hist.》, 1933.

Pippidi, D.M., *Recherches sur le culte impérial*, Paris, 1939.

Pirenne, H., *Mahomet et Charlemagne*, Bruxelles, 1937.

Pohl, W., *Kingdoms of the Empire. The Integration of Barbarians in Late Antiquity*, Leiden-New York-Köln, 1997 ; *Die Germanen*, München, 1998.

Puech, H.Ch.(편), *Histoire des religions*, Paris, 1970~76.

Ravegnani, G., *Giustiniano*, Teramo, 1993.

Rehm, W., *Der Untergang Roms in abendländischen Denken*, Leipzig, 1930.

Reinhart, W., *Historia general del reino hispánico de los Suevos*, Madrid, 1952.

Rougé, J., *Recherches sur l'organisation du commerce maritime en Méditerranée sous l'Empire romain*, Paris, 1966.

Ricciotti, G., *Storia d'Israele*, Torino, 1942.

Riché, P., *Les invasions barbares*, Paris, 1953.

Ridley, R.T., *Zosimus the Historian*, 《Byzantinische Zeitschrift》65, 1972.

Rinaldi Tufi, S., *Archeologia delle province romane*, Roma, 2000.

Roberti, M., *Invasione vandalica dell' Africa Romana*, 《Rivista di Storia del Diritto Italiano》, 1938.

Romano, R., *Le dominazioni barbariche in Italia(395~1024)*, Milano, 1910.

Rose, H.J., *Roman Religion 1910~1960*, 《JRS》, 1960.

Ross Taylor, L., *The divinity of the Roman Emperor*, Middleton, 1931.

Rostagni, A., *Giuliano l'Apostata*, Torino, 1920.

Rostovtzeff, M., *The Social and Economic History of the Roman Empire*, London, 1926.

Rostowzew, M., *The Decay of the ancient World and its economic Explanations*, 《The Economic History Review》, 1930.

Ruggini, L., *"De Morte Persecutorum" e polemica antibarbarica nella storiografia pagana e cristiana : a proposito della disgrazia di Stilicone*, 《Rivista di storia e letteratura religiosa》4, 1968.

Runciman, S., *A History of the First Bulgarian Empire*, London, 1930.

Rusca, L., *Saggio sulle persecuzioni dei cristiani, in Plinio il Giovane, Carteggio con Traiano*, Milano, 1963.

Sabatier, I., *Description générale des médailles byzantines*, Paris, 1862.

Saitta, B., *Società e potere nella Spagna visigotica*, Catania, 1987.

Salvatorelli, L., *Costantino il grande*, Roma, 1928 ; *Storia della letteratura latina cristiana*, Milano, 1936 ; *L'Italia Medievale. Dalle invasioni barbariche agli inizii del sec. XI*, Milano, 1940.

Sant'Ambrogio nel XVI centenario della nascita. Raccolta di studii, Milano, 1940.

Schiavone, A.(편), *Storia di Roma Vol. III-1-2 : L'eta tardoantica*, Torino, 1993 ; *Il mondo tardoantico, Storia medievale Donzelli*, Roma, 1998.

Schmidt, L., *Geschichte der Vandalen*, Leipzig, 1901 ; *Geschichte der germanischen Frühzeit*, Bonn, 1925.

Schreiber, H., *Gli unni*, Milano, 1983 ; *I Vandali*, Milano, 1984.

Schultze, V., *Geschichte des Untergangs des griechisch-römischen*

Heidentums, Jena, 1887~92.

Schurer, E., *Gesch. des jud. Volkes in Zeit. Jesu Christ*, Leipzig, 1901.

Scott, K., *The imperial Cult under the Flavians*, Stuttgart, 1939.

Seaver, J.E., *Persecution of the Jews in the Roman Empire(300~438)*, University of Kansas, 1952.

Senac, Ph., *Musulmans et Sarrasins dans le Sud de la Gaule du VIII au XI siècle*, Paris, 1980.

Sesan, V., *Kirche und Staat in römisch-byzantinischen Reiche seit Konstantin bis zum Falle Konstantinopels*, Czernovitz, 1911 ; *Die Religionspolitik der christlichen römischen Kaiser von Konstantin bis Theodosius*, Leipzig, 1911.

Simon, M., *Verus Israel*, Paris, 1948.

Sinnigen, W.G., *The officium of the urban prefecture during the Later Roman Empire*, 《Papers and Monographs of the American Academy in Rome》 17, Roma, 1957.

Solari, A., *Gli Unni e Attila*, Pisa, 1916 ; *La tradizione geografica sugli Unni, Sulle leggi di Costanzo II contro i Pagani*, 《Rendiconti Accad. di Bologna》 9, 1924~25 ; *Coerenza ideale nell'attività legislativa dell'imp. Giuliano*, 《Atti del III Congresso Studi Romani》, 1930, *La elezione di Gioviano*, 《Klio》, 1933 ; *La questione sociale nel dissidio tra Valentiniano ed Ezio*, 《L'Antiquite classique》 2, 1933 ; *Intorno alla reazione sociale del 408~410*, 《Klio》, 1935 ; *L'Impero romano*(4 voll.), Genova-Roma, 1940~47.

Sorel, G., *La ruine du monde antique*, Paris, 1923.

Spengler, L., *Der Untergang des Abendlandes*, Berlin, 1920~22.

Staccioli, R., *Guida di Roma antica*, Milano, 1986.

Stauffer, E., *Le Christ et les Césars*, Paris, 1956(프랑스어판).

Stenton, F.M., *Anglo-Saxon England*, Oxford, 1943 ; *Angli e Sassoni al di qua e al di là del mare*(2 voll., Spoleto의 연구회논문집).

Straub, J., *"Parens Principum"* : *Stilichos Reichpolitik und das Testament des Kaisers Theodosius*, 《Regeneratio Imperii》, 1972.

Tabacco, G., *La storia politica e sociale. Dal tramonto dell'Impero alle prime formazioni di Stati regionali*, Torino, 1974.

Teillet, S., *Des Goths à la Nation gothique. Les origins de l'idée de nation en Occident du V au VII siècle*, Paris, 1984.

Terzaghi, N., *Storia della letteratura latina da Tiberio a Giustiniano*, Milano, 1934.

Testini, P., *Archeologia cristiana*, Roma, 1959.

The Cambridge Ancient History Vol. X : The Augustan Empire, 44 b, c ~ 70a.D., 1934 ; *Vol. XI : The imperial Peace, a.D.70~192*, 1936 ; *Vol. XII : The Imperial Crisis and Recovery a.D.193~324*, 1939.

The Cambridge Mediaeval History Vol. I : The Christian Roman Empire and the Foundation of the Teutonic Kingdoms, 1936 ; *Vol. IV : The Byzantine Empire(1 : Byzantium and its Neighbours ; 2 : Government, Church and Civilisation)*, 1966~67.

Thompson, E.A., *Storia di Attila e degli Unni*, Firenze, 1963 ; *The Visigoths from Fritigern to Euric*, 《Historia》 12, 1963 ; *The Early Germans*, Oxford, 1965 ; *The Goths in Spain*, Oxford, 1969 ; *Barbarians Invaders and Roman Collaborators*, 《Florilegium》 2, 1980 ; *Romans and Barbarians*, Madison, 1982.

Thouvenot, R., *Salvien et la ruine de l'Empire Romain*, 《Mélanges de l'Ecole Française de Rome》, 1920.

Todd, M., *The Early Germans*, Oxford-Cambridge(Mass.), 1992.

Toesca, P., *Storia dell'arte italiana Vol. I*, Torino, 1927.

Tomaselli, G., *Il crollo dell'impero romano in Occidente*, Messina-Firenze, 1973.

Tramontana, S., *La monarchia normanna e sveva*, 《Il mezzogiorno dai Bizantini a Federico II》, Torino, 1983.

Turchi, N., *La religione di Roma antica*, Bologna, 1939.

Vaccari, A., *S. Girolamo*, Roma, 1921.

Valentini, R. & Zucchetti, G., *Codex topographicus Urbis Romae I*, Roma, 1940.

Vàrady, L., *Stilicho proditor arcani Imperii*, 《A. Ant. Hung.》 16, 1968.

Vasiliev, V., *Histoire de l'empire byzantin I*, Paris, 1932.

Vassili, L., *La figura di Nepoziano e l'opposizione ricimeriana al governo imperiale di Maggioriano*, 《Athenaeum》, 1936 ; *Rapporti fra regni barbarici impero nella II metà del V secolo*, 《Nuova Rivista Storica》 21, 1937.

Vessel, C., *Inscriptiones Christianae Graecae veteres Occidentis*, Halle, 1936.

Villari, P., *Le invasioni barbariche in Italia*, Firenze, 1901.

Vlasto, A.P., *The Entry of the Slavs into the Christendom. An Introduction of the Medieval History of the Slavs*, Cambridge, 1970.

Vogt, G., *Kaiser Julian und das Judentum*, Leipzig, 1939.

Wallace-Hadrill, J.M., *L'Occidente barbarico, 400~1000*, Milano, 1963.

Weber, W., *Die sozialen Gründe des Untergangs der antiken Kultur*, 《Die Wahrheit》, 1896.

Webster, G., *The Roman Imperial Army*, London, 1979.

Werner, H., *Der Untergang Roms. Studium zum Dekadenzproblem in der antiken Geistesgeschichte*, Stuttgart, 1939.

Wes, M.A., *Das Ende des Kaisertums im Westen des römischen Reichs*, The Hague, 1967.

Westermann, W., *The economic Basis of the Decline of ancient Culture*, 《American Historical Review》, 1915.

Wickham, C., *Early Medieval Italy. Cenrtal Power and Local Society, 400~1000*, London, 1981.

Wilcken, U. & Mitteis, L., *Grundzuge und Chrestomathie der griech. Papyrusurkunden*, Berlin, 1916~12.

Wilpert, G., *I sarcofagi cristiani antichi*, Roma, 1929.

Wilpert, J., *Roma fondatrice dell' arte monumentale paleocristiana e medievale*, 《Atti del X Congresso Internazionale di Storia dell' Arte》, Roma, 1912 ; *Die Mosaiken und Malereien der christlichen Bauten*, 1916.

Wolfram, H., *Geschichte der Goten bis zum Mitte des 6. Jahrhundert*, München, 1979 ; *Storia dei Goti*, Roma, 1985.

Wood, I., *The Merovingian Kingdoms, 450~751*, London-New York, 1994.

Wroth, W., *Catalogue of the Imperial Byzantine Coins in the British Museum*, London, 1908.

Zecchini, G., *Aezio : l'ultima difesa dell'Occidente romano*, Roma, 1983.

그림 출전 일람

옮긴이의 덧붙임

마침내 끝났습니다.

처음 출발할 때만 해도, 끝이 보이기는커녕 그 끝이 있기나 한 것일까, 그곳에 정말 갈 수 있을까 하는 두려움과 걱정이 앞서기도 했던, 그 멀고 오랜 길이 이제는 다 끝나고, 마침내 목적지에 도착한 것입니다.

15년에 걸친 대장정의 고난과 성취, 그 빛나는 영광은 물론 저자인 시오노 나나미 선생의 몫입니다. 나는 그저 책이 나올 때마다 한 달 남짓 번역에 매달리면서, 선생이 닦아놓은 길을 따라 고대 로마 세계를 돌아다니곤 했는데, 그 시공을 넘나든 여행을 마친 기분을 표현하자면, '임페라토르' 카이사르를 따라 갈리아 전선을 누비고 다니다가 전쟁이 끝난 뒤 어느 시골에 정착한 로마 병사의 기분이 이런 게 아니었을까 싶기도 합니다.

이런 경우, 흔히 '시원섭섭하다'고 말합니다. 그 오랜 작업에 보람도 있고 미련도 남아 있겠지만, 이제는 그 고달픔을 훌훌 털어버리고 싶을 테니까요.

나도 그런가 하고, 내 속을 들여다보았습니다. 솔직히 말하면 나는 『로마인 이야기』와 함께 한 세월이 언제나 신났고, 그래서 행복했습니다.

돌이켜보면, 『로마인 이야기』와는 첫 만남부터가 운명적이었습니다. 1995년 봄에 한길사에서는 '시오노 나나미 저작집'을 준비하면서 세 사람에게 검토를 요청했습니다. 오정환 선생과 정도영 선생 그리고 나. 당시 시오노 나나미는 우리나라에 생소한 이름이었고, '일본의 여류 아마추어 저술가'에 대한 출판계 일각의 회의적인 견해도 없지 않았던 모양이지만, 검토자들은 그의 책들이 아주 재미있으며, 출판해볼 만하다고 입을 모았습니다. 이런 평가에 책임을 지듯 책을 하나씩 맡아 번역하게 되었는데, 오정환 선생은 마키아벨리(『나의 친구 마키아벨리』)를, 정도영 선생은 베네치아(『바다의 도시 이야기』)를 맡았고, 나에게 로마가 주어진 것은 순전히 젊다는 이유 때문이었습니다(15년 작업을 수행하려면 그만큼 젊어야 하니까). 그렇게 해서 『로마인 이야기』와 관계를 맺게 된 것인데, 그것은 실로 행운이었고, 그 인연을 나는 고맙고 소중하게 여깁니다.

나는 책에도 나름의 유전(流轉)이 있다고 믿는 사람입니다. 책은 그렇게 자신의 바퀴를 굴리며 팔자를 만들어가는 것이지요. 저자의 품에서 태어나 편집자의 손에서 행색을 갖추어도, 독자들의 보살핌이 없으면 책은 성장을 멈추고 맙니다. 심한 경우, 태어나자마자 죽는 경우도 적지 않습니다. 이런 맥락에서 나는 독자들 — 1995년 가을 시독회(試讀會)를 가졌을 때 참석하여 좋은 의견을 내준 독자들부터, 책이 나오고 나면 벌써 다음 책이 언제 나오느냐고 성화(?)를 부렸던 열성 독자들까지 — 에게 감사를 드립니다.

독자들 중에는 역자인 나에게 직접 성원과 질책을 주신 분들도 있습니다.

첫 권이 나온 직후인데, 어느 나이 지긋한 독자께서는 전화로, '로마인'이 아니라 '로마 사람'이라고 해야 우리말 어법에 맞다고 지적해주었습니다. 일면 수긍을 하면서, 책 제목이기 때문에 어쩔 수 없는 사정을 설명드렸지만, 『로마인 이야기』 번역을 마칠 때까지 내내 그분의 매서운 가르침을 가슴에 담아둔 채, 우리말다운 번역이 되도록 늘 조심하고 노력했습니다.

『로마인 이야기』는 햇수와 권수를 더해갈수록 독자의 폭과 층이 넓어지고 깊어졌지만, 처음엔 일반 독자들보다 재계 쪽에서 많은 관심을 보여주었습니다. 그것은 아마 천년 제국을 경영했던 로마인들의 지혜가 당시 우리나라에 구호처럼 던져진 '세계화' 담론에 단서를 제공했기 때문일 것입니다. 예컨대, 어느 기업체 사장은 역자와 발행인을 근사한 식당에 초대하여 『로마인 이야기』의 번역 출간을 기뻐해주었는데, 보이든 보이지 않든 이런 격려와 성원은 번역에 최선을 다하도록 나에게 힘을 보태주었습니다.

중·고등학생을 상대로 실시한 독후감 모집에서 수상자로 뽑힌 아이들이 한길사 회의실에 모였을 때, 그 열띤 표정이며 초롱초롱한 눈빛들도 잊을 수 없습니다. 나는 그들 앞에서 심사 소감을 말한 적이 있습니다. "『로마인 이야기』를 읽은 여러분은 앞으로 세상을 바라보는 눈이 크게 달라질 것이다. '우물 안 개구리'의 시야에서 벗어나 좀더 넓고 먼 시선으로 세상을 바라보게 될 테니까. 이런 체험과 세계관이 얼마나 중요한 자산인지는 여러분이 대학에 들어간 뒤, 그리고 사회에 나아간 뒤에 더욱 절감할 수 있을 것이다." 나는 지금도 같은 믿음을 가지고 있고, 이 책을 집어든 청소년 독자가 있다면 그에게도 같은 말을 해주고 싶습니다.

『로마인 이야기』는 리더십의 문제를 제기하여, 제대로 된 지도자에 목마른 독자들에게 시대적 관심을 불러일으키기도 했습니다. 시오노 선생이 한국을 방문했을 때 가진 강연회도 청소년을 상대로 한 '지도 자란 무엇인가'였습니다. 우리나라에서 『로마인 이야기』가 그렇게 인기를 얻은 이유에 대해서 한 친구는, 우리도 '카이사르 같은 지도자'를 한번 가져보고 싶다는 국민적 열망의 반영이 아니겠느냐고 설명하더군요. 참 그럴듯한 해석이라고 무릎을 친 적이 있는데, 리더십 문제는 이제 우리 앞에 더욱 중대하고도 피할 수 없는 현안으로 다가오고 있습니다.

이 책을 처음 번역하던 1995년 무렵에 나는, 번역은 조강지처 같고 창작은 애인 같다는 소리를 하면서 양다리를 걸치고 있었습니다. 하지만 속으로는 창작의 어려움 때문에 소설을 그만 쓰고 싶다는 생각을 하고 있었는데, 그때 나에게 용기와 명분을 준 것이 『로마인 이야기』였습니다. 시시한 소설 쓰느니 좋은 번역을 하는 게 훨씬 뜻있고 수지맞는 사업임을 깨달았던 것이지요. 그래서 과감히 애인과 헤어지고 아내한테 돌아갈 수 있었습니다. 이 선택과 전향을 나는 지금도 다행으로 여기고 있고, 그런 만큼 번역은 나에게 소중한 존재이기도 합니다.

보통 가을이면 나오던 원서가 제10권부터는 12월 중순에 출간되었고, 그때 책을 받아 번역에 들어가면 연말연시의 흥겨움을 즐기거나 송구영신의 기분으로 어디 여행 한번 다녀올 여유도 없이 지내곤 했는데, 이런 고역도 이젠 끝이구나 생각하면 굴레를 벗어난 듯 가뿐한 것도 같지만, 해마다 그렇게 몸살을 앓듯 몸과 마음을 다잡으며 한해를 마감하고 새해를 맞이하곤 했던 일은 이제 독한 그리움으로 남아 있을 것입니다.

다 알다시피 시오노 선생은 1992년에 『로마인 이야기』 제1권을 내면서, 2006년까지 해마다 한 권씩 발표하여 전15권으로 완결지을 예정이라고 공언한 바 있습니다. 그 책 끝에 덧붙인 '역자 후기'에서 나는 이렇게 썼습니다. "선생의 비장한 각오와 부단한 노고에 찬탄과 경의를 표하면서, 이 책의 번역 작업에 나 또한 끝까지 참여할 수 있기를 바라는 마음으로 옷깃을 여민다."

강산이 한 번 변하고도 반쯤 더 변하는 동안, 50대 중반이었던 시오노 선생은 이제 칠십 고개를 넘었습니다. 완간에 즈음하여 가진 인터뷰에서 선생은, 병원에 가면 의사가 여기저기 아픈 데를 찾아내어 입원시킬까봐 아예 병원엔 가보지도 않았다고 말했더군요. 그런 열정과 책임감 앞에 누구인들 고개가 숙여지지 않겠습니까. 선생의 노익장에 새삼 경의를 표하면서, 또한 번역 작업에 끝까지 참여할 수 있었던 행운에 감사하면서, 선생의 건강하고 행복한 노년을 축원하는 마음으로 다시금 옷깃을 여밉니다.

2007년 1월
김석희

로마인 이야기 15

로마 세계의 종언

지은이 **시오노 나나미**
옮긴이 **김석희**
펴낸이 **김언호**
펴낸곳 **(주)도서출판 한길사**

등록 • 1976년 12월 24일 제74호
주소 • 10881 경기도 파주시 광인사길 37
    www.hangilsa.co.kr
    E-mail: hangilsa@hangilsa.co.kr
전화 • 031-955-2000~3
팩스 • 031-955-2005

ROMAJIN NO MONOGATARI XV
ROMA SEKAI NO SHUEN
by Nanami Shiono

Copyright ⓒ 2006 by Nanami Shiono

Original Japanese edition published by Shincho-sha Co., Ltd.
Korean translation rights arranged with Shincho-sha Co., Ltd.
through Japan Foreign-Rights Centre

제1판 제1쇄 2007년 2월 25일
제1판 제45쇄 2025년 8월 27일

Published by Hangilsa Publishing Co., Ltd., Korea, 2007

값 21,000원
ISBN 978-89-356-5488-8 04900
● 잘못 만들어진 책은 구입하신 서점에서 바꿔드립니다.